U0579102

让 我 们 甲骨文 oracode 一 起 追 寻

The Island at the Center of the World: The Epic Story of Dutch Manhattan and the Forgotten Colony That Shaped America

曼哈顿传奇
世界中心的岛
THE ISLAND AT THE CENTER OF THE WORLD
Russell Shorto
［美］萧拉瑟 / 著
陈丽丽 吴奕俊 / 译
于舒畅 / 校
社会科学文献出版社
SOCIAL SCIENCES ACADEMIC PRESS (CHINA)

本书获誉

华盛顿·欧文奖获奖作品

纽约荷兰学会优秀文学金奖

精彩……这是殖民史领域的精选之作，它展现了一幅全新的画面，是一扇突然打开的窗户……通过再现一个活灵活现、血气方刚而又尚未为我们所熟知的美国爱国者形象，萧拉瑟做出了一份实实在在的贡献。

——《纽约观察家报》

实至名归的畅销作品……让人不忍释卷，发人深省，具有不可估量的历史价值。

——《卫报》

（一部）让人目不转睛，愉悦感官，有时带有一点儿黄色幽默的叙事作品，书中刻画了妓女、海盗、探险家和学者的形象。萧拉瑟的文风清爽潇洒，富有生气，为读者展现了地理大发现时代错综复杂的历史。

——《泰晤士报文学增刊》

正如萧拉瑟在这部让人过目难忘的著作中所展现的一样，

那段我们不了解的故事甚至比我们所知的情况还要令人着迷……史学家们现在肯定要对他们过去所认为的纽约的起源重新认真思考一番了。

——《纽约邮报》

萧拉瑟在关于美国的起源的口水战中发射了一颗重磅炸弹……他抓住了一个很有说服力的事实，用萧拉瑟的话来说就是“曼哈顿是美国的起源”。读者们……发现自己都沉浸在一个秘密情节中，这个情节是围绕两个强人展开的，此二人对于荷属北美洲的未来有着相互矛盾的看法。

——乔伊丝·古德弗伦德，美国的《全国天主教周刊》

引人入胜……一幅内容丰富细致的画像，其背景是世界舞台上的一连串事件。

——《纽约生活志》

萧拉瑟具有化腐朽为神奇的才能，他通过一丝不苟的研究和在一块巨大的画布上作画的方式再现了这座城市的历史里这一极富影响力的篇章，让它变得栩栩生动、激动人心……在文笔优雅、旁征博引的散文中，他捕捉到了上至国王、下至娼妓的不同历史人物的生活。

——《匹兹堡邮报》

了不起……饶有趣味，让人欲罢不能……萧拉瑟认为，曼哈顿在其作为荷兰殖民地的短短几十年间已经形成了它欢腾喧闹而又不拘一格的精神品格。

——《新政治家》

萧拉瑟用令人信服、引人入胜的方式刻画了这部非虚构的大戏中形形色色的人物。

——《沃斯堡明星电讯报》

一段生机勃勃、信息量大的历史……萧拉瑟提供了清晰易懂、全面的历史背景，从中我们可以看到这个殖民地的前途和动荡……呈现出清晰、多姿多彩又趣味横生的内容。

——《西雅图时报》

萧拉瑟的著作用令人信服的方式证明了荷兰人不仅仅影响了这个作为美国的前身，相对开放、宽容、多元文化并存的社会，他们还做出了最初的也是最重要的贡献。

——《美国历史》

萧拉瑟的散文内容丰富，读来饶有趣味，他讲述的故事——大量引用了最近才为人们所知的原始资料——给我们带来了一个又一个惊喜。他对于彼得·施托伊弗桑特的死敌——阿德里安·范·德·邓克的再探索非常引人入胜。

——普利策历史奖得主，
《哥谭镇：纽约的历史1898年》
作者之一，
爱德华·G. 伯罗斯

一部里程碑式的作品……萧拉瑟以老练的笔法描绘出他书中的人物们的情绪和态度，并赋予每个人真实可信、栩栩如生的风采。

——《泰晤士报》

既是一部成功的学术著作，又是一部趣味盎然的叙事作品……一部激动人心的大戏，揭示了美国自由的根源。

——《富兰克林传：一个美国人的一生》作者，

沃尔特·艾萨克森

献给我的父亲

目　录

第三部分　传承

致 谢

没有查尔斯·格林（Charles Gehring），就没有这本书。这位“新尼德兰项目”（New Netherland Project）的主管耗费30年的时间翻译了“新尼德兰”殖民地的荷兰语手稿记录。在两年多的时间里，除了将译稿出版，他还欢迎我进入他的工作区，允许我利用他搜集的资料，给我提供建议、向我介绍许多情况，并通过其他各种途径为我提供帮助。从越南菜到微酿啤酒，在奥尔巴尼海滨和阿姆斯特丹运河边，他一直是我的向导。查理，我要向您致以最诚挚的谢意。

我还要感谢“新尼德兰项目”的珍妮·维尼玛（Janny Venema），她也为我提供了类似的帮助，我们之间建立了友谊。她花费数日为我誊写尚未出版的手稿，还给了我一本关于17世纪的荷兰语手抄文稿阅读方法的初级读本。她使长期以来被奥尔巴尼市淹没的贝弗韦克镇（Beverwyck）重现于我面前。

还有许多人曾帮助过我。我要感谢荷兰莱顿美国清教徒前辈移民博物馆（American Pilgrim Museum）的Jeremy Bangs和Carola de Muralt，他们让我了解到17世纪荷兰人的生活特点，还花了整整一个下午带我在他们独一无二的博物馆中参观，那真是一次美妙的经历。纽约大学历史学荣誉退休教授（Patricia Bonomi）在我启动这个项目时就为我提供指导，还在我向项目终点冲刺的过程中给予鼓励。纽约州立图书馆的彼得·克里斯托夫（Peter Christoph）与我分享了他发现这些荷兰语手稿并将它们翻译出来的辛劳往事。纽约地底博物馆、南街海港博物馆的考古学家 Diane Dallal 帮我将曼哈顿下城区的峡谷中的“新阿姆斯特丹”转换为可视化影像。史学家兼作家 Firth Fabend 在许多方面，特别是在了解北美洲的“荷兰特
XII 质”自 17 世纪以来的变迁以及评价这个殖民地的功过方面，给予我帮助。“新尼德兰”的朋友们邀请我在他们 2003 年的年会上发言，这给了我一个机会，使我得以表达对这个荷兰殖民地的一些观点。阿姆斯特丹自由大学的杰出史学家、研究“新尼德兰”及其居民方面的权威——威廉·弗里霍夫（Willem Frijhoff）为人慷慨大方，为我提供了绝妙、及时的建议，并鼓励我关注阿德里安·范·德·邓克（Adriaen van der Donck）。出生于荷兰的学者 Elisabeth Paling Funk 是研究华盛顿·欧文（Washington Irving）的权威，她帮助我解开历史的谜团，并为我翻译了一些 17 世纪的诗歌。纽约公共图书馆的 Wayne Furman 以及该图书馆的纽约史和系谱学部门的员工们在我的研究过程中为我提供了便利。我要向纽约早期历史领域的权威——丹佛大学的 Joyce Goodfriend 致谢，她与我就历史和史学家的观点进行了有益的谈话，为我提供了建议和忠告，还向我介绍了奥尔巴尼的一家餐馆——Jack's Oyster House。美国国家美术馆的 Anne Halpern 在我研究阿德里安·范·德·邓克的肖像时为我提供了帮助。皇后学院的历史学教授 Leo Hershkowitz 曾用同样优美的文字描写过“新阿姆斯特丹”的犹太人和“特威德老大”，世界上很少有人像他一样了解纽约历史，他的观点令我获益良多。纽约州档案馆的管理员 Maria Holden 带我初步了解了如手工艺品般的，有关纸张、墨水及

其保存方法的荷兰语文献。

7 月 4 日上午，阳光灿烂得令人目眩，在莱顿市的 Stadscafe 的露台上，阿姆斯特丹大学的 Jaap Jacobs 拓宽了我在 17 世纪美国殖民史方面的视野，让我不仅将这段历史视为后来的美国历史的伏笔，更是欧洲历史以及英国与荷兰共和国之间的全球力量斗争的一部分；我还从他关于“新尼德兰”和 17 世纪的“宽容”概念的佳作中获益颇多，而且他正在撰写彼得·施托伊弗桑特（Peter Stuyvesant）的传记，我们讨论了这个暴躁易怒的人物。我还要感谢 Joep de Koning，他可能是世界上最早收集“新尼德兰”地图的人，他与我交谈、分享见解，并且给我机会尽情参观他独一无二的收藏品。感谢纽约贝德福德 Fox Lane 高中的 Dennis Maika，他关于 1653 年纽约市政章程的重要性，以及该殖民地后来发展壮大的论文和观点在塑造我自己的思想方面发挥了作用。感谢东英吉利亚大学的 Simon Middleton，他为我提供了关于尼德兰现代共和主义的建议，而且同样热衷于研究范·德·邓克的他给了我很多鼓励。感谢南街海港博物馆的主管 Peter Neil；感谢“半月号”（Half Moon）的船主 Chip Reynolds 带我登船并让我对这艘船有了感性认识；感谢 17 世纪荷兰食品方面的权威 Peter Rose 为我研究烹饪知识提供了帮助；感谢纽约波坎蒂科山区洛克菲勒档案馆的 Thomas Rosenbaum 给我机会参观该机构收藏的 17 世纪荷兰语公证记录，那些收藏品令人叹为观止。感谢 Ada Louise Van Gastel 在阿德里安·范·德·邓克研究方面付出的努力以及对我的鼓励；感谢纽约市尼德兰中心的 Hanny Veenendaal 传授我荷兰语的基础知识并帮助我翻译和阅读古老的荷兰语文献；感谢 Greta Wagle 欢迎我加入“新尼德兰迷之家”，让我接触其成员并进行了总体而言是很愉快的交往；感谢荷兰泰尔斯海灵岛贝豪登豪斯博物馆（'t Behouden Huys Museum）的馆长 Gerald de Weerdt 与我分享他对荷兰航海业的相关见解；感谢西康涅狄格州立大学的 Laurie Weinstein 帮助我了解荷兰人、英国人、印第安人之间的互动情况；感谢 Thomas Wysmuller 与我探讨荷兰历史并热心支持我。

特别感谢 Firth Fabend、Charly Gehring、Leo Hershkowitz、Joep de Koning、Tim Paulson、Janny Venema 以及 Mark Zwonitzer 阅读我的书稿并给出宝贵的评论和批评意见。本书经他们的指正有了很大的改进，当然，如有任何错误之处，责任在我。

我还要感谢 Coen Blaauw，西密歇根大学的 Jośe Brandão，纽约州立图书馆的 Marilyn Douglas，Howard Funk，Dietrich Gehring，得克萨斯州农工大学的 April Hatfield，纽约历史学会的 L. J. Krizner，纽约大学的 Karen Ordahl Kupperman，Hubert de Leeuw，《纽约系谱与传记记录》的编辑 Harry Macy，从《纽约时报》编委会退休的 Richard Mooney，纽约州立图书馆和档案馆的员工们，"新尼德兰之友"（Friends of New Netherlard）的 Hennie Newhouse，Martha Shattuck，纽约市地标保护委员会的 Amanda Sutphi，哈佛大学的 Martine Julia van Ittersum，新罕布什尔大学的 Cynthia van Zandt，Loet VeJmans，纽约荷兰学会会员兼 *de Halve Maen* 的主编 David William Voorhees，"新尼德兰之友"的 Charles Wendell，以及中田纳西州立大学的 James Homer Williams。

我还要向我的团队致谢。我的经纪人也是我的朋友 Anne
XIV Edelstein 抓住了我脑海中一闪而过的念头，并让这一切成真。Laura Willams 在选题策划初期提供了建议，Emilie Stewart 在最后阶段协助过我。Anne Hollister 和 Elisabeth King 核查了事实并以谨慎的态度和高雅的品位检查了书稿。在写作初期，我有一些不成熟的想法，Tim Paulson 聆听我漫谈我的观点，推动我着手开展工作，而且一直为我提供明智的建议。双日出版社（Doubleday）编辑 Bill Thomas 从开始阶段就支持这一项目，并且始终以其饱满的热情和敏锐的批评眼光给予全力支持。我还要感谢双日出版社的 Kendra Harpster、John Fontana 和 Christine Pride。此外，在伦敦，环球出版社（Transworld）编辑 Marianne Velmans 表达了她对于英荷问题的看法，并以深刻的洞察力评价了这部书稿。

最后，我要感谢我的妻子 Mamie Henricksson 在这个项目进行的几年中包容我，她与我分享了美好的时光，并且陪我度过了一些确实不那么好的日子。她是我一生挚爱，我的一切都归功于她。

以上是对生者的感谢。在本书的写作过程中，我的脑海中曾闪过一个念头，那就是阿德里安·范·德·邓克和彼得·施托伊弗桑特的灵魂正在我身边的某个地方徘徊：前者也许是注意到有人打算将他从被淹没的历史中拽出来，后者也许是察觉到自己可能可以挽回形象，而不再是漫画式的历史人物。我还感觉到另一个灵魂的存在，只是它的存在感没有那么强烈——我要对已故的 Barbara W. Tuchman 表示感谢。首先，她树立了注重史实又强调叙述技巧的作家模范；其次，作为第一批受欢迎的历史学家之一，她在自己最后一本书《第一次敬礼》（*The First Salute*）中承认了为人们所忽视的，荷兰人对美国早期历史的贡献；最后，对我来说也许也是最重要的一点，是她为了纪念自己父亲而向纽约公共图书馆捐献遗物，这促成了韦尔特海姆研究室（Wertheim Study Room）的建立，本书的大部分研究工作都是在那里完成的。

序言　失踪的楼层

如果你走进奥尔巴尼的纽约州立图书馆的电梯间，你会发 1
现，虽然这座建筑有十一层，但是没有到达八楼的按钮。要到不对公众开放的八楼去，你就要乘电梯到七楼，穿过一道安全门，向桌边的图书馆管理员说明来意，然后走进另外一部电梯，再坐一程。

当你走过默默朽坏的成架的书和期刊——自 1923 年以来堪萨斯州的预算案、澳大利亚人口调查记录、《北方矿业》（*Northern Miner*）全套装订本——可能先听到的是东南角的一个小房间中传来的德国歌剧声。在门口窥视，你可能会看到一个相当粗笨的男子在一张桌子旁边弓着腰，也许他正眯着眼透过一个钟表匠用的老式放大镜研究着什么。此处很隐蔽，这里的工作也是如此。查尔斯·格林正聚精会神地研究的也许是他照看的上千件手工艺品中的某一件——一旦这些手工艺品在他的努力下吐露出自己的秘密，它们就会令三个世纪以来为大多数人所遗忘的历史一瞬重见天日。

这本书述说的就是那一瞬间的故事。那是一个关于地理大发现时代的令人激动的冒险故事——当时，弗朗西斯·德雷克（Francis Drake）、亨利·哈德逊（Henry Hudson）和约翰·史密斯（John Smith）船长正在全世界开疆扩土，而莎士比亚、伦勃朗、伽利略、笛卡尔、墨卡托、维米尔、哈维和培根正在彻底改变人类的思想和言论。这是一个非同寻常的欧洲故事，但也是美利坚起源的重要组成部分。这是关于美国海滨地区的一块最初的欧洲殖民地的故事，它最终被其他殖民地吞没。

2 本书的中心是一座岛——一座在已知世界边缘的，细长的荒岛。在历史上第一个真正的全球化时代，当欧洲列强派出他们的海军和商业探险家在海上游弋时，这座岛将变成国际力量角力的支点，是控制一片大陆和一个新世界的关键所在。这个故事将围绕计划控制这块宝地的国王和将军展开，但是处在故事中心的是一群身份较为低下的人：来自欧洲不同地区的探险者、创业者，以及海盗、妓女等三教九流，他们都在这座荒岛上寻找财富。这个令人意想不到的组合构成了一个新的社会。他们是最早的纽约人，也是曼哈顿岛上的欧洲原住民。

过去我们常常认为美国建国初期是由十三块英国殖民地组成——认为美国历史发端于英国，而后随着时间的流逝，许多其他民族的文化嫁接到此根源上并创造出一种新的社会形态，这种社会形态如今已变成世界各地多民族进步社会的典范。然而事实并非如此。谈到十三个最初的英国殖民地，我们就会忽略另一个欧洲殖民地，一个以曼哈顿为中心、先于纽约而存在的殖民地，而这一殖民地的历史却在英国人接手后被抹去了。

我们所说的这块殖民地占据了新形成的弗吉尼亚和新英格兰这两块英国领土之间的区域，它大致是从今天北方的纽约奥尔巴尼延伸至南方的特拉华湾，包括后来的纽约州、新泽西州、康涅狄格州、宾夕法尼亚州和特拉华州的全部或一部分。这块殖民地是由荷兰人建立的，他们将它称为“新尼德兰”（New Netherland），不过此地的居民有一半来自其他地方。它的首府由一小群粗糙的建筑组成，这些建筑坐落在无边无际的荒野边，然而这里泥泞的巷陌和水边穿梭着语言各异的人——挪威人、日耳曼人、意大利人、犹太人、非洲人（奴隶和自由人）、瓦隆人、波西米亚人、门西人（Munsees）、蒙托克人（Montauks）、莫霍克人（Mohawks）和许多其他民族的人，仿佛“通天塔”故事中的场景一般。他们都生活在帝国边缘，努力寻找共存的方式，在混乱与秩序、自由与压迫之间寻找一种平衡。海盗、娼妓、走私者、坑蒙拐骗的生意人在此当道。这里是“曼哈顿”，换言之，这里从一开始就是一个与众不同的地方，无论是在北美殖民地还是在别处都是如此。

由于此处的地理位置、人口加上受荷兰人控制（即使是
在当时，它的母城阿姆斯特丹也是欧洲最自由的城市）的缘 3
故，在这座岛城上，美国海岸边蒸蒸日上的第一个多民族社会即将形成，而且这种社会形态将在美国各地乃至世界各地被复制。2001 年 9 月 11 日，那些打算向美国力量的中心发起一次象征性进攻的人选择了世界贸易中心，这并非巧合。如果说美国之所以伟大是因为它对不同文化独树一帜的开放性，那么曼哈顿岛南端的这块小三角地就是这种理念在“新大陆”中的发源和成形之地。许多人——无论是住在中心地带还是“第五大道”上——都认为纽约市在文化融合方面显得非常狂野、极端，在美利坚合众国中，它是一个异类，几乎是一个异邦。本书对此提供了另一种观点：在神话、政治和崇高理想的层面之下，从现实生活中人们生活和互动的层面来看，曼哈顿就是美国起步的地方。

1664 年，以曼哈顿为中心的原欧洲殖民地走到了尽头，变成了英国的殖民地。约克公爵、国王查理二世的兄弟詹姆斯将其重新命名为纽约，并将其纳入英国在美国的其他殖民地。

在最早的美国史学家看来，那一天标志着这一地区在历史上的真正起点，而此前由荷兰人统治的殖民地几乎顿时就被认为是无足轻重的了。当人们要纪念国家起源的时候，英国清教徒和新英格兰的清教徒的故事提供了一个更好的模式。清教徒的故事更加简单，没有那么散乱，而且也没有那么多海盗和娼妓的成分，无需找理由就可以搪塞过去。这使人们可以很轻易地忽略一个事实：清教徒为了躲避宗教迫害，乘船抵达美国海岸，在站稳脚跟之后建立了一个残忍而偏狭的政权，一个冷酷的、神权统治的一元文化——这与这个国家未来的走向大相径庭。

仅有的几本早期的有关这块荷兰殖民地的书，读来都令人不快，这也无可厚非，因为甚至连这些书的作者都认为这块殖民地是一个与历史主流毫无关联而又闭塞落后的地方。华盛顿·欧文笔下的“尼克伯克”（knickerbocker）讲述了纽约的历史，那是一部历史题材的滑稽讽刺作品，作者从未打算将其当作事实看待——尽管人们曾尝试了解这块以曼哈顿为中心的殖民地上发生过的真实情况，但这部作品令一切变得模糊不清。在流行文化的影响下，有关这块殖民地的故事被简化为一些含糊随意的事实：这里曾被一个脾气暴躁、装着木头义肢的
4 总督管辖，而最臭名昭著的事件是荷兰人竟以价值 24 美元的日用品从印第安人手里买下了这座岛。所有想要进一步探个究竟的人也许都会以为这个殖民地太过微不足道，以至于没有留下相关的记录。正如一位历史学家所说：“关于曼哈顿岛上的早期荷兰殖民者的原始资料并不多，内容也不丰富（因为）……荷兰人的文字记录少得可怜，总之他们的记录总体而言十分贫乏。”[1]

然后，我们跳转到 1973 年的一天，35 岁的学者查尔斯·

格林被人领进奥尔巴尼的纽约州立图书馆的地下室，犹如海盗看到了满满一箱祖母绿宝石一样，他看到了令他赏心悦目的东西。格林是研究 17 世纪荷兰语（任谁都会觉得这是个晦涩难懂的研究议题）的专家，当时他刚刚完成了自己的博士论文，正在寻找相关的工作，而他自己也知道这工作不好找。这时，命运朝他露出了微笑。几年前，该图书馆的历史手稿管理人彼得·克里斯托夫在档案室中发现了很大一批焦黑色、布满霉点的文件。他知道这些东西是什么，也知道它们是研究美国史前史的巨大财富。它们从战争、大火、洪水和被人们遗忘了几个世纪的境地中幸存了下来。值得注意的是，他怀疑自己是否有能力让它们重见天日——那段历史在当时依然被人们认为是历史中奇怪的旁枝末节，人们对此几乎毫无兴趣。他拨不出资金去聘用翻译，而且，世界上也没有几个人能将这些文书解码。

终于，克里斯多夫接触到了一个有影响力的荷裔美国人，他是一位已退休的准将，而且名号很响亮：科兰特·凡·伦斯勒·斯凯勒（Cortlandt van Rensselaer Schuyler）[①]。斯凯勒将军当时刚刚替他的朋友纳尔逊·洛克菲勒（Nelson Rockefeller）总督视察了奥尔巴尼的帝国广场建筑，这是州政府的中心建筑群。斯凯勒给洛克菲勒打了一通电话。洛克菲勒当时正是在野人士，他很快就会被杰拉尔德·福特（Gerald Ford）发掘并成为后者的副总统。在洛克菲勒打了几个电话后，图书馆得到了一小笔钱，项目可以启动了。克里斯多夫又给格林打了电话，告诉他，他有工作了。于是，就在这个国家正从“水门事件”

---

① 北京外国语大学欧洲语言文化学院荷兰语讲师林霄霄对本书正文内的荷兰语人名、地名的翻译进行了审校，在此表示感谢。——编者注

这一中年危机中恢复过来时，一扇通往它诞生时期的窗户就要打开了。

查尔斯·格林 1974 年接收照看的是 1.2 万张粗纸，纸上
满是 17 世纪荷兰人的字迹，一圈一圈的很潦草。在没学过这
种文字的人看来，它们就像是我们的罗马字母与阿拉伯文或泰
文交杂在一起的文字——今天，即便是说现代荷兰语的人也无
5 法破译其中的大部分文字。在这些纸页上，350 年前以墨水写
就的文字如今有一部分已经模糊在棕色的腐烂纸张里，在这些
文字中，一个由荷兰人、法国人、德国人、瑞典人、犹太人、
波兰人、丹麦人、非洲人、美洲印第安人和英格兰人构成的不
寻常的群体活了过来。自亨利·哈德逊 1609 年顺着以他的名
字命名的河流上行后，这个定居点发展了起来，而由信件、契
约、遗嘱、账簿、会议纪要和法庭审理文书组成的宝库成为这
一定居点的官方记录。用他们自己的话来说，这里住的就是最
早的曼哈顿人。格林博士知道，破解并翻译这些文件，让它们
重见天日，将是穷尽毕生之力才能完成的任务。

26 年之后，查尔斯·格林已经是一位 61 岁的老爷爷，他微笑时嘴角上斜，有着像焦糖一样令人舒服的男中音。当我在 2000 年见到他的时候，他还在继续研究这个宝库。他译出了 16 卷文书，但是还有很多等着他完成。在很长一段时间里，他都是孤军奋战，州立图书馆大楼中的那个“失踪的楼层”就是他工作的地方，而这个楼层恰恰隐喻了历史上被人忽略的荷兰殖民地时期。然而在过去几年间，由于这一工作取得的成果数量已经着实不小，格林博士和他的译文集重新引起了人们对这一殖民地的历史的学术兴趣，而且变成了这方面的学术中心。在我写这本书的时候，历史学家们正在利用这方面的材料

构思博士论文，教学机构也在编写教学指南以将这块荷兰殖民地的历史纳入美国殖民地的历史记录。

格林博士不是尝试翻译这些档案的第一人。实际上，这些冗长、残破的殖民地历史记录反映的是历史对待这块殖民地本身的方式。很早之前，人们就意识到这些文件的重要性。1801年，一个委员会宣称：“我们应该采取措施出资聘请人来翻译。”[2] 该委员会的领导不是别人，正是阿龙·伯尔①，不过最后他们还是没有采取任何行动。19 世纪 20 年代，一个处于半失明状态、英语水平还是半吊子的荷兰人译出了一份有大量错误的手稿——在 1911 年烧毁纽约州立图书馆的那场大火中，这个译本被付之一炬。[3]20 世纪初，一位高水平的译者开始翻译整个文集，然而两年辛劳的成果也在同一场大火中灰飞烟灭。他的精神崩溃了，最后放弃了这个任务。

许多意义更为重大的、关于这块殖民地的政治文件在 19 6
世纪被翻译了出来。这些文件变成了历史记录的一部分，但是，没有其余的部分——关于婚姻纠纷、生意失败、持剑决斗、贸易商将烟草和皮草装到单桅帆船上的情况以及邻里之间偷窃对方的猪的信件、报纸和法庭案件记录。简而言之，如果没有社会历史方面的素材，那么政治文件的这层虚饰只会加深这块殖民地给人的不稳定且无关紧要的印象。格林博士的著作纠正了这种印象，而且改变了人们对美国起源的理解。在过去 20 年间，正是由于他的著作，历史学家们如今才意识到以曼哈顿为中心的荷兰殖民地曾是一个充满活力、自给自足的社

① 美国副总统阿龙·伯尔（Aaron Burr）在 1801～1805 年担任美国副总统，后因涉嫌计划在北美西部及南方成立帝国而被判叛国罪。——译者注

会——甚至到了英国人接管曼哈顿时，他们还是保留了这里不同寻常的自由社会架构，以确保早期殖民地的特征继续存在。

关于荷兰人对美国历史所做的贡献的观点乍看似乎新奇，但那是因为早期美国的历史是由英国人写就的，而英国人在整个 17 世纪都一直忙着和荷兰人斗个你死我活。不过，如果换一个角度想想，这种关联非常顺理成章。一直以来，人们公认在 17 世纪的欧洲国家中，荷兰共和国拥有最先进的、文化最为多元的社会制度。伯特兰·罗素（Bertrand Russell）曾就该国对思想文化史的影响写道："说荷兰在 17 世纪有多重要都不为过，因为那是唯一一个有思辨自由的国家。"[4] 这一时期的尼德兰是欧洲的大熔炉。荷兰共和国的宽容政策使这个国家变成了所有人——从笛卡尔和约翰·洛克（John Locke）到被流放的英国王室成员，再到来自欧洲各地的农民——的天堂。当这个社会建立起一个以曼哈顿岛为根据地的殖民地时，这块殖民地也就拥有了和母国一样的宽容、开放和贸易自由的特征。这些特征赋予纽约以独特性，而且渐渐地在一些很基本的方面对美国产生了影响。那这一切是怎么发生的？这正是本书要探讨的问题。

可以这么说，这个主题不是我想出来的，而是我亲身体验的。当时我住在曼哈顿东村，长期以来，人们把这个地区视为艺术和反主流文化的中心，它也是一个因夜生活和有许多民族特色的餐馆而闻名的地方。但在 350 年前，这是脏乱的新阿姆斯特丹大西洋沿岸港口的重要组成部分。我经常带着年幼的女
7 儿绕过我们所住的公寓楼的拐角，到包厘街圣马克教堂（St. Mark's-in-the-Bowery）去。在那里，她会在教堂墓地的无花果树

下跑来跑去，而我则会研究这座城市最早人家的墓碑上褪色的碑面。墓园中最引人注目的一个坟墓——实际上它已经嵌入教堂的一侧——是这块荷兰殖民地最著名的居民彼得·施托伊弗桑特的坟墓。17 世纪中期，人们清理了这个地区的树林和草甸，种上作物，于是这里就变成了“一号农场”（Bouwerie Number One）——这块岛上最大的农场公地被施托伊弗桑特据为己有。圣马克教堂就建在他的家庭小教堂附近，他就被埋葬在那里。在整个 19 世纪，纽约人都坚持认为这个老男人的鬼魂在这个教堂中出没——夜里，你能听到他在教堂走廊中踱步时木腿踩在地上的咚咚声，他的殖民地被拱手让给了英国人，这让他永难安息。我从来没听到过这种咚咚声，但久而久之我开始好奇，不过我好奇的事情和施托伊弗桑特没有多大关系，因为他太令人生畏了，不适合好奇这个词，而我好奇的是最早的殖民地的情况。我想了解最早到来的欧洲人发现的那座岛屿是怎样的。

终于，我联系到了查尔斯·格林。我了解到他保管的那些特别的文件，了解到“新尼德兰项目”这个组织正是他为了提高人们对于这个被遗忘的历史时期的兴趣而建立的。2000 年秋，我参加了一个由他赞助的关于该主题的研讨会，会上我遇到了数十位专家。他们正在探索这个被遗忘的世界，发掘这个几个世纪以来无缘得见天日的残片。从波士顿到安特卫普，他们一直在挖掘档案，而且找到了至今仍为人们所遗忘的报纸、航海日记和账簿。这些新的研究拓展了我们对于地理大发现时代的认识。在对格林博士和其他专家的采访中，我意识到史学家们正在打造一个关于美国史前时期的全新视角，而且还没有人尝试将所有不同的元素、人物和遗产融为一个故事。简而言之，没有人讲述最初的曼哈顿人的故事。

事实证明，这段历史由两个故事组成。一开始吸引我的是一个具有讽刺意味的小故事，故事中的男男女女在偏远的荒野上开辟出一个生存之地，如今这个地方已经变成世界上最著名的城市景观之一。他们肩扛火枪到密林中进行狩猎探险，而这些密林如今变成了曼哈顿城中林立的摩天大楼群。但如果你追
8 根究底，那么更为宏大的故事就开始展现在你的眼前了。纽约的起源与美国其他城市不同。那些最初的定居者不是与世隔绝的拓荒者，而是在一场席卷全球的戏剧中扮演各种角色的人，而这场戏剧正是贯穿整个 17 世纪、影响全球的帝国奋斗史。无论是好是坏，这段历史都造就了现代社会的架构。

从记录中详细记载的个人奋斗经历到当时的地缘政治事件，当你穿梭其中时，你能感受到一个观念，在这个观念的引导之下，曼哈顿即将转变为世界最强大城市的中心。人们大量开发新占领的地区——从拥有大量鳕鱼的纽芬兰沿岸，到广阔无垠的北美洲，再到巴西的甘蔗田——因此欧洲正在迅速转变。在所有这些新领地中，有一个狭长的岛坐落在辽阔的新荒地海岸边最大的自然港口里，而且就处在即将变成通向大陆的咽喉要道的河口上：它将是最有价值的新领地。它的位置和地势——“仿佛一个绝佳的天然码头，随时准备迎接世界各地的商贾”，[5] 一位早期的作家在描述它时如是说——将令它变成欧洲人抵达宽广得不可思议的北美洲大陆的门户。拥有它，你就控制了通向上游的哈德逊河的通道，然后向西顺着莫霍克河谷（Mohawk River Alley）通向五大湖，再伸向大陆的正中心。后来的人口迁移模式证明这一判断丝毫不差！连接哈德逊河和五大湖的伊利运河（Erie Canal）令中西区飞速发展并巩固了纽约作为国内最强大的城市的地位。在 17 世纪，这一切还为

时尚早，但是渐渐地，这个故事中的重量级人物在很多方面都感受到了这座岛的重要性，他们嗅到了它的价值。于是，当理查德·尼科尔斯（Richard Nicolls）——这位上校于 1664 年 8 月带领一支炮舰船队进入纽约港——从彼得·施托伊弗桑特手中夺下这座岛屿的控制权时，他立即将这座岛称为“国王陛下在美洲的最佳岛屿”[6]。

所以曼哈顿起源的故事也是 17 世纪欧洲探险和征服的故事。在这些素材的核心部分，我找到了一个叙事规模小得多的故事：两个男人为了殖民地的命运以及个人自由的意义和价值而爆发的私人争斗。他们的私人争斗令原先在英国人统治之下，后来又变成美国城市的纽约市得以发展为一个独特的地
方。这里孕育出密集、杂糅的多元文化，同时也成为求知欲、 9
艺术和商业的沃土。

这场争斗的其中一位主人公是彼得·施托伊弗桑特。历史描述中的他几乎就是一个卡通人物的形象：身上安着木腿、脾气暴躁，通常在正剧中插入的滑稽场面时出现，引来几句笑声，然后退出舞台。他退场后，美国历史的实质性内容才开始上演。然而，我们过去所了解的关于施托伊弗桑特的信息是从新英格兰殖民地的记录中得来的，而对于新英格兰来说，以新阿姆斯特丹为中心的荷兰殖民地是敌对势力，所以历史接受的是最爱诋毁施托伊弗桑特的那些人对他的描述。相比之下，在新尼德兰的记录中，他给人的印象是血统纯正、性格复杂：他是一个不折不扣的独裁者，一个宠溺孩子和妻子的父亲和丈夫，一个在几乎没有胜算且被敌人（英国人、印第安人、瑞典人、他自己的殖民地中的反对者，甚至从某种程度上来说，他在阿姆斯特丹的公司董事们）重重包围的时候能够表现出

钢铁般的意志和大胆的军事直觉的政治家。他是一个痛恨不公的人——公开惩罚在商业交易中欺骗印第安人的荷兰殖民者——但是，作为一位毫不妥协地奉行加尔文主义的大臣之子，他在阻止犹太人在新阿姆斯特丹定居的问题上表现严苛。他是一个悲剧人物，而毁掉他的正是他所拥有的最好的品质——坚定不移。然而施托伊弗桑特并非孤军奋战。这块殖民地的精神遗产在这一时期的另一个人物身上重现了。那是一个名叫阿德里安·范·德·邓克的男人，虽然历史已经将他遗忘，但是他最终成了故事的主角。而且，我认为他应当被视为早期美国的预言家、美国独立战争时期的先驱，这些称号他当之无愧。

但是如果说这块殖民地的终结指明了美国社会未来前进的方向，那么它的起源则是为另一个人物所主宰。这个人任性、幽怨、饱受苦难，他让人联想到更早的年代。他就是亨利·哈德逊，是属于文艺复兴时期的人。因此，曼哈顿的诞生变成了这两个世界之间的一座桥梁。所以，故事的起源与美洲的荒野相去甚远，而是在文艺复兴晚期的欧洲中心。

说了这么多，那些荷兰的文档最初之所以令我着迷就在于它们提供了一种方式，让我们对还是一片荒野时的纽约市有了另一番想象——这个想法贯穿我整个研究。此外，最重要的是，本书将邀请读者去完成一件不可能的事：将所有关于权力、混凝土和玻璃的曼哈顿岛的联想从你脑海中剥去；让时间完全逆转，将那些巨大的垃圾填埋场清空，让那些范围广阔的
10 平山填壑的工程回到原点；让被迫流入地下排水沟的溪流回到它们原来奔流或顺势蜿蜒的河道中。与此同时，见证瀑布再次出现，看淡水池塘代替沥青铺就的交叉路口；让高楼大厦消

失，取而代之的是成片的针栎树、枫香树、椴树、霍桑树；想象盐沼、泥滩、草地、豹蛙、鹂鹛、鸬鹚、麻鸦重现眼前；再次探索纯净的河口，裹挟着扇贝、贻贝、牡蛎、圆蛤和蛤蜊；看枫树环抱的草甸上鹿儿成群，高丘变成狼群的天下。

然后停止时光机，让它在一个岛的南端徘徊片刻。岛的一头是欧洲文明和大西洋，另一头是一块未经开发的新大陆。让那一刻放大，聆听群鸥尖锐的叫声、海浪拍打的声音，想象同样的这些声音——海浪声、鸟鸣声，海浪声、鸟鸣声，破坏力巨大的风暴经常会打断它们，多少个世纪以来这一切从未改变。

然后让时间再次向前，地平线上好像有什么东西出现在我们眼前。起航。

第一部分
“有个岛叫曼哈顿”

第一章　万物的尺度

1608 年夏末的一天，一位绅士走过那座叫作伦敦的城市。13 他志向远大，恃才傲物，冲劲十足——一句话，就是他这个年纪的男子常有的样子。和我们一样，他身处一个人们的眼界扩大、世界迅速缩小的时代。在那个时代，追求个人梦想的举动带来了新发现，而新发现反过来又催生出更新、更大的梦想。他复杂的性格——包括时不时地因意志消沉而无力施展抱负的状态——是建立在非凡的自信心之上的。眼下，他几乎确信自己前去参加的会议具有历史性意义。[1]

他往西朝着圣保罗大教堂的方向走去，当时的大教堂和它现在一样独绝天际。但是，远处的建筑物却不是今天的圣保罗教堂。今天的圣保罗教堂是一座尊贵的皇家建筑，象征着秩序和人类理性，它那壮丽的穹顶闪耀着文艺复兴和启蒙运动的精神。而他所看到的圣保罗教堂有一座样式陈旧的塔楼而非穹顶（原来的塔尖在差不多半个世纪以前遭到雷击但没有被拆除重建）；那是一座黑暗的中世纪风格的教堂，它和 17 世纪初的伦敦倒是很相称——当时的伦敦还是一个中世纪的集镇。他走过的街道狭窄、幽暗，有种令人恐惧的幽闭感，向中央的污水沟倾斜。街道两旁的房屋都是木制建筑，围墙是抹灰篱笆墙，那是一座以木结构为主的城市。

因为我们已经知道他的目的地，也对他的住所有所了解，所以我们可以追踪到船长亨利·哈德逊在那年夏天去见莫斯科公司（Muscovy Company）的董事们时走过的大致路线。该公司就是他开启探险和发现之旅的资助者。[2] 从塔街区（Tower Street Ward）通往考德维那街区（Cordwainer Street Ward）最
14 宽的一条大道就是“塔街”。在他首先穿过的一个街区上，尽管人们由此可以看到伦敦塔上的绞刑台和绞刑架，但这里有相对较新的“许多比较气派的大房子”，正如同时代编年史家约翰·斯托（John Stow）所描述的那样，其中一些房子曾为地位显赫的贵族所有。

然后出现在他左手边的是东区高高耸立的圣邓斯坦教堂和一件能让他想起自己家族传统的物件。莫斯科公司先前不仅至少两次资助了亨利·哈德逊的航海旅行，回首该公司过去半个世纪的历史，其名册上至少包含了几位哈德逊家族人士。在1555 年该公司的创办成员名单中还有一位亨利·哈德逊，他由卑微的皮革商或制革匠起家，后来变成富有阶层的一员和伦敦市的一名市政官，而且他应该就是这位探险家的祖父。[3] 所以我们的亨利·哈德逊应该就是为海洋和这家公司而生的。在他现在经过的教堂中，那位在莫斯科公司名册中与他同名的人士就躺在一块镀金雪花石膏纪念碑下。碑上刻着如下一段墓志铭：

> 亨利·哈德逊之遗体长眠此地，
> 此石墓之中：
> 他将灵魂（全凭信仰基督之死）付予天上神明，
> 飞升上九重。
> 他生前乃市政官和制革匠，

> 美德乃其心之所向，
> 罪恶乃其心之所恶。[4]

如果这位航海家选择绕道走下山经过那座教堂，那么他应该会来到浩渺的泰晤士河河边。从那里望向西面河畔的下游风光，映入眼帘的是横跨河面的伦敦桥和它的 20 个石拱，以及摇摇欲坠地立在河道两旁的房屋。直接越过这条低声吟唱、令人神往的河就是萨瑟克区（Southwark），那是一片荒凉偏僻之地，因此也是寻欢作乐之所。妓院遍布大街小巷，而且这里能看到“耍狗熊”（bear bayting）的舞台，那曾是最受大众欢迎的消遣之一。过了萨瑟克区就是还保持着圆形木结构原样的 15
“环球剧院”。那一刻，在萨瑟克区那边的某处，在住在这个自治区中的商人、娼妓、“身强力壮的乞丐”[5] 和“跑龙套的普通演员”中，莎士比亚——他当时 44 岁，与哈德逊几乎处于同一时代，后来成为当时风头最劲、名望最高的戏剧家——很可能正忙着做他的生意，和他的演员朋友理查德·伯比奇（Richard Burbage）和约翰·赫明（John Heminge）在“美人鱼”酒馆中过夜，或者也许正对着大页纸苦思冥想《科利奥兰纳斯》（*Coriolanus*）的情节。此剧大约就是写于这个时代，而且是紧随着那些伟大的悲剧写成的，因此可能让人感觉有些空洞。

塔街变成了小东市场路（Little Eastcheap），然后并入坎德尔维克路（Candlewick），然后是布奇道（Budge Row）。哈德逊的公司就在这里，在一座名叫“莫斯科大楼”（Muscovy House）的壮观建筑中，那是莫斯科公司的总部。1608 年的伦敦呈现出来的中世纪风貌掩盖了英国日渐崛起为全球帝国的实际情况，而这个国家崛起的其中一大动力就在这些门的后面。从这家公司虚张声势的正式名称——“探寻土地、领土、岛屿与未知领地的英格兰商人冒险家公司”（Merchants Adventurers of England for the Discovery of Lands, Territories, Iles, Dominions, and Seigniories Unknown）——来看，人们可以理所当然地认为它是靠着纯粹的、不可阻挡的旺盛精力建立起来的。[6]早在半个多世纪以前，组建了这家公司的商人和贵族团体包括16世纪中期伦敦许多最有名望的人——王室财政大臣、女王的王室总管、掌玺大臣、海军大臣，以及一些其他的骑士和绅士。不过，虽然全球大发现——当时的知识与商业的良机——将他们联系到了一起，但是没有人将这项事业视为惊心动魄的探险，是绝望的境地迫使他们开拓新的视野。16世纪40年代的英国已经是一潭死水，经济萧条、趋于保守，被西班牙和葡萄牙这两个主要的海上帝国的阴影笼罩。羊毛是这个国家的主要商品，但是在一个多世纪的时间里，英国商人们无法涉足欧洲的主要市场。[7]经济的停滞与思想的停滞紧密相连：当文艺复兴运动在欧洲大陆上正如火如荼时，英国对更广阔的世界却兴趣寥寥，而且为数不多的几个由英国发起的探险航行大部分都是
16 由像威尼斯的约翰·卡伯特（John Cabot）[8]这样的外国人领军。谈起海上航行，英国人对此敬谢不敏。

按照传统看法，历史上英国在这一时期的崛起是与1558年伊丽莎白女王登上王位联系在一起的，但是这实际上可以追溯到1547年。当时，一个对知识如饥似渴的20岁年轻人——约翰·迪伊（John Dee）做了一件后来被无数学生效仿的事：他夏天出国游历，然后兴奋地带着新的知识和见解回国。他曾在剑桥大学做了一段时间的学问，并在那里显露出自己的数学

天赋。在那之后，他又游历至今天比利时境内的鲁汶大学。也许布拉班地区充沛的夏日阳光本就足以启发人的心灵，但没过多久，迪伊发现自己走进了一个大讲堂，盯着一件东西看，对于他来说，那样东西是超出自己经验的。讲堂上的老师是伽玛·弗里修斯（Gemma Frisius），一位佛兰德数学家和未知乐土的描绘者。迪伊看到的是一幅地图，它巨细靡遗的程度、其上描绘的新土地，甚至连上面的字母都令人吃惊。他发现，低地国家在学习新事物方面领先于他的岛国。

许多个夜晚，迪伊在烛光中与一位名叫格哈德·克雷默尔（Gerhard Kremer）的佛兰德学者一起聚精会神地研究弗里修斯的地图。克雷默尔是一位训练有素的雕刻家，他在学术界的笔名是墨卡托（Mercator）。十年前他制作了一幅巴勒斯坦的地图，这幅地图所描绘的“圣地”比以往所有地图都准确得多，他也因此名声大噪。墨卡托是真正的“文艺复兴”式的人物——他是制图大师，能熟练使用望远镜、六分仪、勘测设备以及其他高敏度测量装置的工程师，福音书经文汇编的编者，可令地图印刷得更加清晰可辨的新斜体字型的推广者——他成了迪伊的知己。1569 年，墨卡托的那幅令他流芳百世的地图即将出版，地图中的经纬线都是直线，经线等距均匀分布，而且越靠近两极，平行的纬线之间的距离就越大。它将解决海上航行过程中的一个棘手的问题：有了它，水手们就可以标绘并沿着一条直线航行而无须经常重新计算他们的位置。（墨卡托投影至今依然是航海图的一大特色，不过，即使在当时，有些水手也会像后世的学童们一样被墨卡托投影导致的尺寸扭曲弄糊涂。[9]）

低地国家与不列颠群岛之间错综复杂的纠缠将决定下一个

17 世纪的走向，当迪伊带着墨卡托和弗里修斯制作的地图、测量设备和地球仪回到伦敦时，便已为这种关系埋下了奇妙的伏笔。这将带动英国崛起，并使它成为世界霸主。迪伊的英国同事们觉得这些地图和地球仪最吸引人的地方正是大部分人会忽略的一个区域：顶部的北极圈。弗里修斯的地图视角看起来像是从北极星往下看，上面显示出的一条明显的开放水道径直穿过北极，制图者自信地用拉丁文将它标为“Fretum trium fratrum”（三兄弟海峡）。看到地图上大胆标出的“三兄弟海峡”时，迪伊的英国朋友们肯定倒吸了一口气。所有饱学之士和爱冒险的人所追求的“圣杯”就是发现通往富饶的亚洲的一条短短的通道，找到它，投资者就将得到许多倍的回报。对于英国人来说，这一发现能让他们的经济跳出中世纪，使英国一跃成为欧洲的领军力量。不过即便在当时，人们也搞不清楚“三兄弟海峡”的传说是怎么回事，但它似乎是在科尔特·雷亚尔兄弟（Corte Real brothers）冒险故事的基础上诞生的。科尔特·雷亚尔兄弟是葡萄牙航海家。16 世纪初，他们探索了纽芬兰周边区域，而且有些人认为，他们曾见到过也许甚至还航行穿过了这条传说中的海峡，抵达了亚洲，直到其中两人消失在茫茫的北极中。（讽刺的是，西班牙人对于这条神秘的海峡也有一番理论，只不过他们把它称为“英国人的海峡”。[10]）现在，它就在弗里修斯的地图上，这显然是托了与葡萄牙航海家们取得联系的弗里修斯的福。墨卡托的地球仪上也有这条海峡，不过他只是简单地将其标记为“fretum arcticum”，意为“北极海峡”[11]。无论如何，对于大多数人来说，看到它已经出现在印刷品上，看到制作者用精巧而又明确的方式将它的海岸和海湾呈现出来，这一点就已经证明了它的真实性。

似乎是命运让天时、地利、人和齐备。英国经济和精神的双重危机的解决方案就在“外面”。于是，这个国家的领导者们组成了一个商业圈，以每股 25 英镑的价格筹资，最后总共筹得了 6000 英镑。[12]

委托人们排成了长龙，资金也已准备就绪，剩下的事情就只是选择最有希望的路线了——要么是弗里修斯的地图上指明的那条路线，要么是其他几条同样由信心满满的人提出的线路。关键是要找到北方的通道，因为这样的捷径将终结西班牙和葡萄牙在南半球的垄断地位，而且在这条路上遇到的北方人也可能会成为英国羊毛最有潜力的买家。每个人都对北冰洋路线的存在深信不疑。我们知道，从物理学的角度来说，使用木 18
制帆船来验证这一想法是不可能办到的事情，但知识界的观点一致，而且这一观点是建立在几个论据基础上的。比如有一个观点是由荷兰大臣、地理学家彼得·普朗修斯（Peter Plancius）① 提出的：“在极点附近，太阳会持续照耀五个月；尽管它的光线微弱，但由于持续日照的时间长，所以有足够的强度使地面变暖，使得气温变得适宜人类居住，而且会出产足够的草为动物提供养料。”[13]

这家鼎鼎大名的公司被它资助的第一次航行抢走了风头。一位勇敢的、名叫理查德·钱塞勒（Richard Chancellor）的航海家走了东北航线，尽管他没能发现通往东方的通道，但是他成了那个时代第一个登上俄国领土的英国人。所谓的莫斯科贸易也随之而来——在贸易过程中，英国人找到了羊毛的销路，而且还从伊凡大帝（Ivan the Terrible）的王国进口了大麻、鲸

---

① 即彼得勒斯·普朗修斯（Petrus Plancius）。——译者注

油和皮草——这些贸易带来的利润如此丰厚，以至于英国人基本上放弃对通往亚洲的北方路线的寻找。

公司扩大了，国家也随之扩大。伊丽莎白女王登基；弗朗西斯·德雷克（Francis Drake）环游世界；莎士比亚写作。1588 年，当时西班牙的菲利普二世派遣舰队入侵英国，意图将该岛纳入其帝国，迫使那里的人民回归罗马天主教，而相比之下规模很小的英国海军因击溃无敌舰队而震惊全球。胜利之后随之而来的是这个国家突然意识到自己已经进入一个新时代。英国伟大的诗人告知英国人民，他们到底不是一个黑暗而寒冷的岛屿，而是一块“银色海洋中的宝石”。

然而到了 17 世纪初，命运之轮又转了一圈。女王死了，俄国贸易量也下跌了。再次面对金融危机，该公司的董事们决定回归原来的目的——他们将重振文艺复兴时期的梦想，再次努力寻找通往亚洲的北方通道。

现在他们找的那个帮他们重启探索之旅的人，不是这个故事的主人公，而是一位先驱者，他将这个故事从不可能变为可能。在传奇探险家的行列中，亨利·哈德逊是被冷落的一员。在他所处的时代，他不像弗朗西斯·德雷克、马丁·弗罗比舍（Martin Frobisher）或约翰·卡伯特那样为英国公众所称道，而且比起对哥伦布或麦哲伦的描述，历史学家对他的事迹着墨不多。这其中有性格使然的逻辑：德雷克定义了一个时代的男儿气概；意大利人卡伯特虽然品格差些，但充满魅力（在他
19 从“新大陆”归来一举成名之后，他就习惯于向自己在小酒馆中见到的人承诺他会用这些人的名字为岛屿命名）。但是，当我们谈到亨利·哈德逊时，我们会看到一个阴郁且喜怒无常的人物，他盘旋在这些历史记录的后面，似乎更享受藏在历史

阴影之下的自在感。不过，要重新了解北美荷兰殖民地，我们就势必要重新评价这个男人，他时不时心血来潮做出的决定改变了历史的走向。

我们对他早年的职业一无所知，但从他是一艘船的船长这一事实来看，到 1608 年出现在历史舞台上时，他已经在这一行做了很长一段时间。我们有理由认为他曾经在 20 年前大败无敌舰队的战役中出过力，尽管我们并没有这方面的信息。莫斯科公司经常会让男孩们从学徒做起，好让他们设法了解一个或多个方面的业务：当行政员、当管理人（即代理人），或者当水手。因此，一个名叫克里斯托弗·哈德逊（Christopher Hudson）的人升到了公司主管负责人的位置，并在这个位置上从 1601 年做到了 1607 年。有些历史学家认为他应该是亨利·哈德逊的叔伯。他从销售与营销部门做起，年轻时是公司的德国业务代表。走进历史的聚光灯下时，亨利·哈德逊已经 40 多岁了，他是一个经验老到的海员，有一个能干而又足智多谋的妻子，还有三个儿子。他不仅是为海洋而生、为海洋而长，而且注定是要探索通往亚洲的北方通道的人。从幼时起就对先辈们的传奇故事耳熟能详的他大概是不由自主地对此着了迷。

一位名叫理查德·哈克卢特（Richard Hakluyt）的英国同胞点燃了英国国内的狂热之火，当然他自己心中的狂热之火也被点燃了。哈克卢特是莫斯科公司的顾问，但更重要的一点是他是当时独一无二的人物：既是记者，又是大众明星，还爱结交名流，更是支持英国国际主义事业的狂热分子。16 世纪 80 年代，他开始收集航海日志、日记以及其他航海记录，并将它们一拨接一拨地全部出版了——其中主体部分收录在《英吉利民族航海与发现大事记》（*The Principle Navigations Voyages*

Traffiques and Discoveries of the English Nation）中。这一部分内容出版得可谓恰逢其时——就在大败无敌舰队之后不久——因此使英国人对海上探险的热情越涨越高。结果就是，英国意识到了自己在国际背景下的地位，看到了欧洲国家都在地理大发现的新时代中将目光投向外面世界的事实。哈克卢特勉励他的
20 同胞要为自己生活在这样一个时代而感到自豪："上帝让这片土地上每个年轻人的心中都燃起渴望，渴望了解地球上每个角落的面貌。"[14]

拜哈克卢特所赐，航海者们现在看到了自己在历史中的位置；也因为哈克卢特，哈德逊——一个原本意志坚定、沉着冷静的人——公开表明自己渴望跻身哥伦布、麦哲伦、卡伯特、科尔特斯和达·伽马之列，而且对于哈德逊来说，荣誉的象征只有一种。在哥伦布、卡伯特、钱塞勒、弗罗比舍、卡蒂埃（Jacques Cartier）、韦拉扎诺（Verrazzano）等人接连失败之后（虽败犹荣，但终究还是失败了），他最终会成为找到传奇中如缎带一般的冰蓝水域的那个人——穿过那片水域，出现在充满肉豆蔻香气的中国大地之上，单枪匹马地开疆拓土。他相信自己就是那个人。

他想错了。然而，命运就是这么爱捉弄人。他成就一番事业的梦想终会实现，而且他的成果会很丰硕，只是成就梦想的方式比他所能想象到的要离奇得多。命运会让他变成一座大城市的主保圣人式的人物，这多少让人觉得有点儿啼笑皆非。这座大城市未来不但将崛起并获得世界之都的张扬名号，它还会在一个久远的年代中变成全世界的模范社会。一条摇晃但坚不可摧的链条会从哈德逊的身上伸向一个遥远的、大杂烩式的地方：那里有摩天大楼和酒庄、中式点心和嘻哈街舞、超市和地

铁、豪华轿车、蛋蜜乳、金融和时尚——随着时间的推移，杂乱的配料炖到一起，融会成了一个具有 21 世纪风格的世界之都。（他将达到一个人所能达到的极限，成为历史转折的支点：木头和钢铁构成的世界将转变为硅和塑料构成的世界。）

他的首次海上之旅完全是个疯狂之举。当地理学家们还在为那条难以捉摸的通往亚洲的航道究竟是在西北方向经加拿大，还是东北方沿着俄罗斯而争论时，第一次指挥船只的哈德逊做出了比其中任何一种说法都要大胆得多、荒谬得多的尝试，一个从来没有人进行过的尝试：一直往上走，跨越世界的顶端。他依靠的是一种“由来已久”的理论——80 年前，由罗伯特·索恩（Robert Thorne）首次提出。罗伯特·索恩是一个商业探险家，他声称幸运的海员在靠近极点的时候除了会发现融化的冰之外，还会在冒险跨越世界的顶端后得助于“永无黑夜的晴天”[15]。日光也许派得上用场，但这种勇气令人难以想象：特意驾驶一艘长 70 英尺、载有 12 名船员、仅靠风力 21
供能的木船沿笔直的水道一直向北，朝世界的顶端而去，挑战 600 万平方英里的北极冰盖，而且计划直接破冰穿过，让船只倾斜地驶向这个星球的另一端。[16]无怪乎在 1607 年 4 月 19 日的早上，哈德逊和他的小船队——其中包括他的小儿子约翰，约翰应该和当年的他一样正在受训——会从微弱的春日阳光中走出，小心翼翼地走进了主教门（Bishopsgate）内的圣埃泽布加教堂（Church of St. Ethelburga）黑暗古老的内室（显然他们成功地忽略了教堂门口附近扎堆的酒馆：“天使”酒馆、“四天鹅”酒馆、“青龙”酒馆、“黑牛”酒馆），在会众中就座，恳求先祖之神保佑他们事业有成。[17]

哈德逊决定进行这样一次海上之旅本身就已经很了不起，更了不起的是他还在旅行中活下来了。划破浓雾和坚冰，靠吃熊和海豹维持生命（船员们一度因吃了腐坏的熊肉而生病），顶住来势汹汹的风暴和企图从他们船的龙骨下浮出水面的鲸鱼所带来的恐慌。他们走到了一个北纬 80 度以北，距离北极只有 600 英里的地方，这时哈德逊语气冷淡地记录道：“今天早晨我们被大量的冰包围了……现在我能确定……此路不通。”[18]

按照任何常理来衡量，这次航行都应该被认为是一个失败之举，但是常理不管用——现在是 17 世纪，一个广阔无垠的新世界正等着人们去探索。企业家和船长都知道，把一条错误的道路从名单中划掉就是一种进步。莫斯科公司不但没有将他的尝试看作失败之举［更何况，哈德逊的报告中提到了斯匹次卑尔根岛（Spitzbergen Island）附近有“许多鲸”，因此，在接下来的几年里，那里兴起了大规模捕鲸的热潮，为人们带来了丰厚的利润，可想而知，大批的鲸因此而被杀害］。在他 1607 年 9 月回来后，莫斯科公司马上与他签订合同，请他在下一年的这个季节再度攻坚克难。

哈德逊在他伦敦的家中度过了冬天。他一边在壁炉旁取暖，一边一头扎进自己的海图以及航海家同行和地理学家的来信中。他在家人的陪伴下制订计划，也许还和哈克卢特本人见了面——这时两人已经成为朋友——讨论有哪些可选方案。在接下来的季节到来时，他马上动身——1608 年 4 月 22 日——还是在同一艘莫斯科公司的船“霍普韦尔号”（Hopewell）上，这一次他带了 14 名船员。当船从泰晤士河畔的码头离开时，他
22 坐在壁橱大小的船长室里，心随着升高的肾上腺素而怦怦地跳着，他小心翼翼地在自己的航海日志上写道：“我们在圣凯瑟

琳码头（Saint Katherines）起航，顺流而下至布莱克沃尔（Blackewall）。”[19]

这一次他选择了一条新路线：向东北走。其他人，包括他在莫斯科公司的前辈们，也曾尝试过走这条路线，但是董事们依然相信，在俄国东面有最有可能通往亚洲的通道。哈德逊本人也许对此半信半疑——他有理由相信朝西北方向更有可能成功——但是他愿意遂他们的愿，或者表面看来如此。他第二次航行的失败没有 7 月 6 日发生的事情那么有看头。在那一天之后，他就下了结论，不可能继续航行下去（他一进入那道他寄予希望的海峡就敬畏地写道：“到处都是冰，你想都想象不到”[20]）。在新地岛（Nova Zembla）［今天的新地岛（Novaya Zemlya）在俄罗斯北极地区］周边他找不到路，此时他觉得“向东北方找通道已是无望”[21]，因此他计划彻底改变航线，抛弃公司的任务指令而朝西北方走。在与北极的恶劣天气苦斗十周之后，直接绕道穿越大西洋、进入一个全新的荒凉世界的想法让头脑清醒的船员们畏缩了。接下来，一场近乎哗变的骚乱发生了；哈德逊被迫把眼光从他痴迷的远方收回，转而关注于甲板上在他面前的人们。他让步了，他们随后返回了伦敦。

然而，他一到家就开始忙着准备下一次冒险之旅。他现在干劲十足：连续两个季度的两次航行，让他排除了两条路线，现在还剩下一条。他坚信自己的目光正在渐渐对准这条通道，整个文艺复兴时期困扰着欧洲的谜团就要被解开。现在看来，答案很确定：它就在那片雾气蒙蒙，最近刚在地图上被标为美洲的未知区域。

大约就是在这个时候——应该是 1608 年的航行之前——他收到了他的朋友和探险家同行、经历相当富有传奇色彩的约翰·史密斯（John Smith）的来信。史密斯曾在匈牙利对土耳其人作战，在战斗中被俘并被卖到伊斯坦布尔做奴隶，但他赢得了俘虏他的女人的芳心，经俄罗斯逃往特兰西瓦尼亚，然后艰苦跋涉，穿越北非——这一切都发生在他 25 岁生日之前。有这样的履历，史密斯犹嫌不足。1607 年，他作为先锋，带
23 领人们在弗吉尼亚建立起了殖民地——北美海岸线上第一个永久性的欧洲殖民地［沃尔特·雷利（Walter Raleigh）于 1587 年建立起的罗阿诺克（Roanoke）殖民地在 1590 年援兵赶到之前就已经消失了］。在那里，他和他的同伴们过着人间炼狱般的生活（最初的 150 名殖民者中只有 38 人熬过了第一个冬天）。史密斯给哈德逊寄去了北美洲海岸线的地图，同时也介绍了自己一直致力发展的某些理论。这些正是哈德逊想要听到的内容，也正符合他自己的那套理论：弗吉尼亚北面某处的海或河会流向“中国海”（Sea of Cathay）。（史密斯似乎是从印第安人那里得到这个消息的，印第安人谈到经哈德逊河就可以到达一片海——那应该是五大湖，通过陆路经莫霍克河谷即可到达。）

于是我们就见到了本章开头部分出现的那个哈德逊。1608 年 8 月底或 9 月初登陆后不久，他正要走进莫斯科大楼——身穿有浆洗过的绉领和刺绣的短上衣，应该是为了一次正式会面而如此打扮——他必须见见公司的董事们。他一直心绪难平。一方面，史密斯的消息支撑着他的信念，他相信自己正对着目标而去。可另一方面，该公司的一位董事，和哈克卢特一样倡导英国海上探险的塞缪尔·帕切斯（Samuel Purchas，我们对于哈德逊航行的大部分了解都来自他），在哈德逊刚回国后的某一天与他偶遇，并发现哈德逊再次“陷入了情绪的低谷，

没有人能让他振作起来。虽然他靠毅力和勤奋完善的北方地图让英国变得更加富有，但这对他而言没有意义。我对他说，他的美名也将永世流芳，但是他不听我的”[22]。这完全是性格使然：哈德逊似乎就是那种典型的精力充沛、容易入迷，但时不时又因绝望而一蹶不振的人。当他走进莫斯科大楼时，刚刚经历失败的现实以及可能会到来的荣耀肯定从两个相反的方向敲打着他的心。他似乎就是在这样的压力、这样的矛盾中成长起来的：他沉浸在自然的虚空中，力图拓展人类文明；他在生活便利的文明与社会的中心漫步，可腐烂的熊肉带有的充满野性的刺鼻味道却依然在他的舌尖停留。

我们无法跟着他进去。这座建筑本身，以及莫斯科公司的
所有记录都毁于那场大火①。就算曾经有关于这次会议的公司 24
记录，记载了谁投票反对再次资助他以及反对的原因，那么这份记录也已经丢失了。我们只能想象，当他们拒绝了他，放弃了这场伟大的探险，抛弃了他们中的一员时，哈德逊内心有多么震惊。也许他们已经察觉到了他的偏执和容易引发哗变的性格，也可能是莫斯科公司已经日薄西山（该公司很快就要遭受17世纪企业收购的冲击，被更年轻、更富有活力的东印度公司收购）。

如果让心理医生诊断，哈德逊应该会被认为是情绪敏感之人，但他还没来得及继续消沉下去，一条让他意想不到的新的大道便已在他面前展开。刚走出公司大楼，走进夏日的耀眼阳光，他就发现有一位彬彬有礼、谨言慎行的72岁绅士前来搭

---

① 伦敦大火（the Great Fire）发生于1666年，是英国历史上最严重的一次火灾，烧毁了包括圣保罗大教堂在内的许多建筑物。——译者注

讪。艾曼努尔·范·梅特伦（Emanuel van Meteren）出生于安特卫普，不过在他 15 岁时，全家搬到了伦敦，从那以后他就一直生活在这里，接受英国教育和英国人的文雅做派，但他骨子里依然是荷兰人。在过去 30 年间，他一直担任荷兰驻伦敦领事，与两国的许多声名显赫的商人、贵族和探险家关系密切。他早已发现莫斯科公司打算放弃哈德逊——凭他与公司董事的亲密关系，他也许比哈德逊还更早知道了这件事。

当气度不凡的范·梅特伦出现在哈德逊面前的那一刻，他发现了这位航海家真正心心念念的兴趣所在，那与船长的身份和他为之工作的公司无关。哈德逊追求的目标是与突然席卷欧洲列强的历史潮流联系在一起的，那是对摆脱贯穿各国中世纪历史的“地中海范式”，以及探索全球各个角落的自觉需要：他想要发现，开拓，扩张，做生意。范·梅特伦代表某些荷兰商人说话，这些怀有热切渴望的荷兰商人看到哈德逊的同胞失去了信心，便希望支持哈德逊施展抱负。总之，他们想聘请他。

这位航海家显然没有因为对他的出生国或培养过他的公司不忠而感到痛苦。哈德逊只是把行程推迟到了 9 月中旬，参加完一个孙女（他儿子奥利弗的孩子爱丽丝）的洗礼之后，他就登船，打算穿越海峡。当时他浑然不知自己对于历史的贡献并非发现通往东方的道路，而是命运的转折使其进行的一系列大胆、精彩、误入歧途却气势磅礴的曲折航行。

第二章　传播者

17 世纪，走进阿姆斯特丹，你会受到轻微的感官冲击：25
盘旋着的海鸟的尖叫声和船桨的击水声；混杂在一起的各种气味：卷心菜味、油炸煎饼味、运河的臭气。走进运河构成的混浊的青蓝色格子，你会有种走进一个井然有序的密闭空间的感觉。细长的砖房造型典雅而不张扬，房子的尖顶框住了天空，让天空也显得温和了起来。铺满鹅卵石的码头上热闹非常，工人们推着手推车或者蹒跚着把压在身上的麻布袋装到驳船上。身穿短裙、露出臀部曲线的女人们擦洗着门廊，又往上撒了一大把沙子；狗、马和孩子到处可见。

当亨利·哈德逊于 1608 年秋天抵达阿姆斯特丹时，他身边的世界正在发生改变。一个多世纪以来善于处理南美和东印度事务的西班牙和葡萄牙帝国正在衰落，两个新的强国先后崛起。荷兰和英国齐头并进，很快将达到巅峰，他们会为世界带来伦勃朗、维米尔、显微镜、郁金香、证券交易以及私密的现代家居概念。

荷兰人当然是为海洋而生的，保留这种特质是他们的一种生活方式。因此，水就是他们的心之所向；他们是欧洲大陆的造船者、水手、向导和非法买卖者，水是他们帝国的钥匙。当西班牙和葡萄牙联盟在 1580 年对荷兰贸易商关闭了里斯本口岸（荷兰人长期以来都在此接收亚洲商品，再将其转销全欧）

时，荷兰商人们采取了激进的做法——在船上装满火药和加农炮弹，直接开赴伊比利亚货源地，即东印度群岛，经南路进行
26 了一年多的航行。抵达后，他们火力全开，夺取了葡萄牙的军品交易站，将爪哇、苏门答腊和马来半岛变成了新帝国的前哨。1599 年，当第一支成功的护航队返回故乡时，他们的船上载着 60 万磅辣椒和同样数量的肉豆蔻、丁香等其他香料，丰硕的成果令阿姆斯特丹人震惊了。全城的教堂都响起了钟声，世界强国开始崛起。

地理环境塑造城市性格。哈德逊走进的这座城市的性格和他刚刚离开的那座城市迥然不同。单凭这一点就能解释为什么曼哈顿，这座由哈德逊画出最初轮廓的城市，会变得和波士顿或费城非常不同。英国与荷兰共和国之间的一个不同点包含在一个抽象的，在我们听来显得软弱无力的名词之中：宽容。英国正濒临百年宗教战争的边缘，王室成员的头颅就要满地乱滚，成群的平民四处逃散。荷兰人——交易商和水手的目光总是聚焦于“外面的世界”，即别处的土地、别处的人和他们的产品——必须对分歧保持宽容的态度。在外国货物进出他们港口的同时，外来的思想和外来民族也在此进出。现在谈到“赞扬多样性”这种观点已经太过时了，但是在当时的欧洲，荷兰人在对外国事物、宗教分歧和异类的接纳程度方面表现突出。哈德逊的新雇主就是一个例子。这些“东印度公司阿姆斯特丹商会”的成员中有天主教徒和新教徒，其中许多人还是在南方或其他地方因宗教迫害而流亡的难民。他们来到这里，融入社会，力争上游。在整个 17 世纪，荷兰共和国成了笛卡尔、约翰·洛克和英国清教徒的知识或宗教的天堂，后者在莱顿住了 12 年之后才开始在新英格兰建立起一座新“耶路

撒冷圣城”。哲学家巴鲁赫·斯宾诺莎（Baruch Spinoza）就出身于阿姆斯特丹活跃的犹太社区。时至今日，阿姆斯特丹人都在骄傲地用“Mokum”这个几世纪之久的犹太名字来称呼这座城市。（而且，在俚语中，阿姆斯特丹人是用意第绪语的“de mazzel”来表示“回头见”。）

地形还有政治层面的意义，低洼地区的省份——尼德兰这一个不折不扣的巨型河口三角洲——一直都很容易成为侵略者的目标。14世纪，法国人通过扩张活动入侵了这些省份，然 27
后，在1495年，即哥伦布航行的3年之后，西班牙将低地国家纳入了自己的帝国版图。当哈德逊进入阿姆斯特丹的时候，尼德兰联合省已经为了从他们的西班牙领主手中获得独立而奋斗了近40年。长年累月的战争让他们变得坚强，变得团结，在军事和经济方面更加强大。在那之前，他们人心涣散，每个省都习惯于按自己的方式行事。西班牙天主教的专制统治——包括迫使清教徒们回归天主教会的血腥的宗教裁判策略——令他们团结了起来，还为他们带来了一位国父式的人物，即史称“沉默者威廉”（William the Silent）① 的奥兰治亲王威廉一世（Willem I, the Prince of Orange）。这位英雄式的军事领袖遭到暗杀，给了格罗宁根（Groningen）的农民、弗利然的马贩子、泽兰（Zeeland）的造船工人、四海为家的艺术家和阿姆斯特丹的商人一个共同的焦点。他们也有自己的民兵组织，这个被称为“海上乞丐”（Sea Beggars）的组织是由一群罗宾汉式的水手组成的。这些水手克服重重困难，击败了训练有素的西班

---

① 威廉·范·奥兰治（Willem van Oranje，1533—1584），尼德兰著名的爱国贵族，因听说西班牙国王腓力二世讲述把教徒逐出尼德兰的计划时大感震惊、缄默不语而被称为“沉默者”。——译者注

牙正规军，从他们手中夺下了海滨城镇布里尔（Briel）。这第一次给荷兰人带来了摆脱外国势力钳制的希望。

也许，尼德兰与英国之间最大的区别就在于在奋斗中团结起来的荷兰七省在欧洲完全是个异类：从都铎王朝的伊丽莎白到路易十四，在君主制当道的时代中，荷兰人开创了一个共和国。它和启蒙运动全盛时代的共和国不是一个概念——它不属于理想主义式的，自以为是地称“我们认为这些真理不言而喻”① 的模式，那是美利坚合众国的建国理念，而是在各个城镇团结在一起，捍卫它们的利益的过程中逐渐形成的共和国。但它是一个源自人民自上而下的体系。法国人有他们复杂的风尚与礼仪体系，西班牙王室有他们摇摇欲坠的“巨型喷泉式”[1] 赞助模式，英国人有他们的阶级制度和根植于国民灵魂中的贵族政治。而 17 世纪的荷兰人独树一帜，他们要当“可靠的平民”。他们有蔑视君主制和华而不实的制度的文化传统——正如当时的一位作家所写，他们有着“对待专制政权强烈的反抗意识”[2]。他们信奉勤奋工作、生财有道，并且为人谦虚。他们认为英国人把精力都放在巫婆身上的做法是偏执的表现。

荷兰人穿着简朴，以至于外国人抱怨他们在阿姆斯特丹的
28 街道上连市政长官和普通的店主都分不清。在 17 世纪初，阿姆斯特丹几乎没有豪华的房子，在绅士运河（Herengracht）和酿酒者运河（Brouwersgracht）岸边排开的房子依然是简朴的独门独户。荷兰人不提倡养成群的仆人，富贵人家也就只有一两个仆人，这在当时殊为奇怪。一位登上荷兰战舰的法国海军指

① 此句出自《美国独立宣言》。——译者注

挥官惊讶地发现舰长正在打扫自己船舱。这里也有贵族家族，但是他们不像其他欧洲贵族一样大权在握。相反地，权力归于那些成就事业的人之手，即商人和当地市政长官。人性使然，随着时间的推移，这些人创造出了一个新的人群——商界贵族，有时候他们甚至会向手中缺钱的外国人买头衔，但是这种做法本身又突显了这种观点。[3] 力争向上是荷兰人性格中的一部分：如果你卖力工作、头脑精明，那么你的地位就会提高。今天，这是健康社会的象征；但在 17 世纪，这却很奇怪。

国父，年轻而富有朝气的共和国，独立战争，精明务实、蔑视君主制、对差异抱有开明接纳心态的民众，这一切都令人有似曾相识的感觉，它们在下一个世纪的美国开创者身上保留了下来。正如第一位出访阿姆斯特丹的美国大使约翰·亚当斯（John Adams）在 1782 年所写："这两个共和国（合众国）的源头是如此相似，其中一者的历史似乎就是另一者历史的翻版，因此每个了解美国革命这一话题的荷兰人都肯定会断言美国革命是正义之举、势在必行，或者对它永垂不朽的先辈们的伟大壮举有所非议。"[4] 这些相似点之中有一些是不可避免的（所有的造反运动中不都有英雄和烈士吗?）但是，我希望本书能够说明，最本质的一点——文化的敏锐性，其中包括对分歧坦然接受的心态和相信个人成就比出身更加重要的观点——至少在部分程度上是由一种文化到另一种文化的基因转移，是荷兰人的观念栽种于未来美国的一个重要地区的结果，这些观念将成为美国人品格的一部分。这一文化基因的传递者就在这里，就是此地的此人，尽管当时看来毫无征兆，他对此也毫不知情。

和英国人一样，荷兰人对寻找通往亚洲的北方航线的兴趣也由来已久。15 年前，荷兰探险家威廉·巴伦支（Willem Barents）已经三次尝试寻找东北通道。虽然他在最后一次航
29 行中冻死了，但是荷兰当地对这一项目热情不减。“荷兰东印度公司”最近刚冒出了头，他们在东南亚之旅中获得了巨大的成功，而且很快就要部署一支水手人数不下 5000 名的巨型舰队。比起莫斯科公司，这家公司的组织更加严密，而且可支配的资金更多。正如该公司的情报报告描述的那样，如果哈德逊马上就要发现他们寻找已久的、通往亚洲市场的北方通道，那么他们就要拿下哈德逊。

然而想拿下哈德逊的不只是他们。哈德逊抵达荷兰共和国时恰逢一个关键时刻，当时整个欧洲都在关注这些低地省份。两年前，荷兰舰船在雅克布·范·黑姆斯克尔克（Jacob van Heemskerck）的指挥下，发起了密集的舰船和火药攻势，大开杀戒，在停泊于直布罗陀海峡边的西班牙舰队中轰出一条血路。这为英国人 20 年前大败无敌舰队的壮举画上了句号，西班牙国王腓力三世终于被迫坐到谈判桌前。当哈德逊正着手与荷兰商人洽谈合约时，欧洲各国代表在距离海牙 35 英里处碰头，打算制定出一个与各方利益息息相关的停战协定。如果停战协议真能达成，那么这就相当于承认尼德兰联合省是一个独立的国家。

哈德逊在荷兰如鱼得水，甚至他也许早年曾在这个国家生活过。[5] 他在这里也有朋友——约斯特·德·洪特（Joost de Hondt），此人是一位雕塑家和制图师。约斯特在合约洽谈时充当了哈德逊的翻译，哈德逊还在他海牙的家中过了冬。哈德逊的另一位朋友是地理学家彼得·普朗修斯（就是提出极地太阳论的人），那年冬天，哈德逊和他一起度过漫漫长夜，聚精

会神地研究地图和零零碎碎的信息或传闻。在整个荷兰，普朗修斯是最了解地球形貌的人。他是相信通往亚洲的航线在东北方的其中一人，但是哈德逊坚信最有可能存在的通道是在西北方。普朗修斯不知通过什么手段弄来了一件东西——它进一步坚定了哈德逊的这种看法，这件东西现在归他了：那是英国人乔治·韦茅斯（George Weymouth）的航海日志，七年前，此人尝试寻找西北航线并详细记录下了这一过程。

当哈德逊坐在可以俯瞰平静碧绿的乔德仕街运河（Geldersekade）的东印度公司大楼里与荷兰商人洽谈时，海牙停战协议代表团的探子正在监听这一切，因为这与他们有关。 30
这次会议的主要议题是停战，但其弦外之音则是荷兰国力正在提升。西班牙和葡萄牙的代表们还在为荷兰在亚洲进行突袭的事情而感到恼火，他们想让这些荷兰舰船撤退，并将其作为和谈条件。英国也有同感。詹姆斯一世，这个取代伊丽莎白登上了王座的迂腐而又笨拙的苏格兰人，指示他的海牙谈判代表争取终止荷兰在东方的贸易。

VOC——即将闻名于世的“荷兰东印度公司”的荷兰名称“de Verenigde Oostindische Compagnie”的首字母，人们以纹章的形式将其装饰在世界所有港口的船只上——获得了特许状，但特许状也规定它只可以垄断南方航线的亚洲贸易。所以，如果有人能找到从北方通往亚洲的后门，那么他就能遏制该公司崛起。所以拿下哈德逊就是当务之急。然而，在 VOC 达成协议之前，其他人在百般引诱他。和谈中的法国代表团团长皮埃尔·让南（Pierre Jeannin）匆忙给国王亨利四世写了一封公函，告知他新的动向，这一动向会令“眼下为‘荷兰议会’（States General）争取停战的和谈”[6] 横生枝节。让南报告，据说荷兰人将与英国航海家哈德逊达成协议，后者即将找到通往亚洲的近道。（让南听信普朗修斯的谬见，声称哈德逊“已经发现越往北走越不冷”[7]。）让南提到一个名叫艾萨克·勒·梅尔（Isaac Le Maire）的叛变的荷兰商人制订的计划，这个叛徒打算把哈德逊从VOC那里偷偷拉过来，让他和法国控制的财团签署协议。让南还补充道：“有许多富有的商人将欣然加入。”[8]

这时，英国已为自己放走哈德逊的事情大为光火。与此同时，荷兰商人们听到了法国人的风声，这促使他们加快速度与这位航海家签订协议。欧洲几大主要势力手忙脚乱的举动凸显了哈德逊作为历史支点的意义：他们都意识到这位海员即将去往某处——未来就在他要去的方向上，他们想要追随他的脚步。

那么就朝海洋进发。船从一个被称为“泪塔”
31 （Schreierstoren）的低矮砖塔下水，这里的城墙面对着海水，世世代代的荷兰女人都曾站在这里，提心吊胆地凝视远方，等待她们的男人归来。哈德逊在1609年春天出发，当时正是航海的最佳季节。他有了一艘新船——88英尺长的“半月号”（“Halve Maen”），以及一支由16人组成的船员队伍，其中一半是英国人，一半是荷兰人。而且，他有命令在身：要找到东北方向的航线。他肯定强烈要求过往西北方向走，因为荷兰商人回绝了；他们在附加指示中警告他除了东北线“不要考虑其他任何路线”[9]。但他还是我行我素，完全违背了他们的意思。他往俄国的方向走，在沿着挪威的海岸线进行了一次冒险尝试之后，顺着一股强烈的西风继续前行。他计划往他许诺前往的目的地的反向航行 3000 英里，对于其他船长来说，这是不可想象的；可对于他来说，这是相当正常的做法。因此，他的历史之旅完全是他个人所为，尽管其结果也是在他意料之外的。

在海中央劝服自己的船员们逆转航向之后，他有两个选择：要么遵照乔治·韦茅斯航海日志中提到的一条真正的西北通道，航行穿过今天加拿大北部的岛屿和浮冰；要么根据约翰·史密斯的笔记中提到的那条实际上根本不在西北方向，而是在西南方向的通道，直接穿过北美大陆。他听了史密斯的建议。在靠近纽芬兰之后，他沿着海岸线向南走了 6 周，直到他进入距离弗吉尼亚的詹姆斯敦殖民地仅有 10 英里的地方，那里还有他的朋友。然后，突然之间，他停住了。他很清楚自己身在何处，他的英国大副在自己的航海日志中记录道："这是弗吉尼亚'国王河'（Kings River）的入口，我们的英国同胞就在这里。"[10]他们所在的地方是切萨皮克湾（Chesapeake Bay）的河口，也就是现在架起切萨皮克湾桥的地方。哈德逊意识到自己是在为一家荷兰公司航行，因此如果他驶入英国殖民地，那里的人们可能不会欢迎他的到来。他把船开到这里来应该是想让自己确定方位。他转头向更南边走，在抵达哈特拉斯角岛（Cape Hatteras Island）之后，开始向北走。8 月 28 日，他进入了特拉华湾（Delaware Bay），成为第一位发现此处的欧洲人。但他刚进入特拉华湾，船员就发现了危险的浅滩和沙洲。船长很快就下了结论，这条河不是通往中国的那条广阔的深水航道。

于是他们继续北上：几度晨雾迷蒙，几度残阳如血，海岸

线如长而平滑的切口一般；海浪永不停止地拍打着沙丘；远处
32 寂静荒凉。他们知道，自己背负着一个新的世界，那是一个黑暗得令人难以置信、完全未知的地方，是不可想象的维度的产物，而且他们还不清楚要怎么进入。

然后，他们感觉到有情况发生。在一个钩状的地点附近，他们惊讶地发现了三条河流，悬崖峭壁拔地而起——这片土地“非常宜人，海拔高，地势陡深，适合落脚”。他们在纽约港的外围地区沿史坦顿岛海岸线行进。密密麻麻的鱼群在他们身边涌现：鲑鱼、鲻鱼，还有幽灵般的鳐鱼。他们抛锚上岸，眼前的原始橡木和“大量蓝色的梅子”[11]让他们惊叹不已。

然后，就有人出现了。这些人坦诚地向他们走来。他们身穿兽皮，个性温和，带着几分高贵，他们给哈德逊一行人提供了玉米面包和青烟叶。1801 年，摩拉维亚传教士约翰·赫克韦尔德（John Heckewelder）采访了长岛（Long Island）的一名印第安人，发表了一篇从印第安人的视角讲述哈德逊到来的文章。[12]这个在特拉华的印第安人中世代相传的故事与哈德逊的大副罗伯特·朱特（Robert Juet）对双方第一次相遇的描述是一致的：和平，谨慎，好奇。印第安人讲述他们看到了水面上浮着“一间色彩斑斓的大房子”（荷兰人的船上确实画着颜色鲜艳的几何图案）。在朱特讲述的关于印第安人的故事中，他们和几名包括其首领在内的来客在陆地上第一次见面，这些人是划船上岸的。这个有关印第安人的故事中还补充了来客首领身穿“带有金色蕾丝，闪闪发光的红外套”的细节——对于哈德逊肖像一个毫不违和的补充。

当地产品出场了。大麻、黑加仑干、牡蛎、豆子，刀子、短柄斧和玻璃珠。在接下来的三天，这艘船探索了星罗棋布的岛屿、海湾和河流，在布鲁克林、史坦顿岛和新泽西海岸上来回搜索时，他们有两次与印第安人兵戎相见的经历，朱特称是印第安人先挑起事端。结果有人丧生。说来讽刺，刚刚进入未来纽约市的周边水域，就发生了两件事：贸易和暴力。

然后，哈德逊驾着他的三桅小木船驶进竞技场一般的港口内部，它是“一个非常好的避风港”[13]。他站在高高的艉楼甲板上，俯瞰他的船员们，下令向上游行进。随着面前的景色次第展开，他的心跳肯定也加快了。朱特写道：“这条河宽 1 英 33
里，看起来像是通往人们所向往的世界另一端的通道，它的两岸有很高的陆地。”在上游，他们遇到了更多当地人，“一个非常有爱心的族群……我们都受到了精心照顾”。哈德逊和他们一起上了岸，到他们用树皮搭建的圆屋中做客。“这是我有生之年曾踏足的最适宜耕种的土地，”他写道。他和他的手下记录了他们可以从当地人身上得到的更多馈赠：皮草。

然后一切就结束了。河面越来越窄浅：没有船能通过；亚洲并不在那里。他们再次向南，与河流南端的印第安人之间发生了更多小冲突。我们无法确定，哈德逊是否意识到他们在一个雨夜“驾船平静地”经过的一片土地是一座岛——在第一篇关于这座岛名字的文字记录中，朱特提到“这条河的这一面叫‘Manna-hata’”。不管怎样，哈德逊尽责地记下了此处有开展贸易的可能性——壮美的海港和河流、他们将在这片大陆上建立的立足点，但此时，他自己的目光从未离开他魂牵梦萦的地平线。他两手空空地回家了。

奇怪的是，哈德逊没有驾船直奔阿姆斯特丹，而是驶入英格兰达特茅斯的港口。他也许是要让他的几位英国船员下船——这趟航行又引来了诸多怨言；船员内部又起了争执，而船长还在神游天外。不管怎么样，当他到达的时候，一场国际冲突爆发了。合同中规定他的义务是把所有海图、航海日志和笔记提交给他在阿姆斯特丹的雇主，然而英国政府在想方设法阻止他。他们扣留了哈德逊本人，并且至少看了一部分他的记录。国际间谍还在跟踪他。“胡安·哈德逊，”一位西班牙间谍在“半月号”驶入达特茅斯之后不到一个月就给腓力三世写信，“已经……抵达伦敦此地并且没有向他的雇主提供完整的报告。”[14]最后，哈德逊设法将他的航海日志传到范·梅特伦手中，由梅特伦将日志连同一份报告送到了阿姆斯特丹。

哈德逊河上航行的消息通过了荷兰政界与商界的筛查。阿姆斯特丹港滨的赞德胡克（Zandhoek）和彼特坎特（Buitekant）那些一心向海的商人一边密切注视着满载西班牙塔夫绸、德国瓷器、瑞典铜和东印度香料的驳船卸货，一边寻找下一个商业机遇。当他们仔细研究范·梅特伦的报告时（该报告被发表了出来，向世界宣告这一发现属于荷兰人），寻找通往亚洲新通道的希望被抛在了脑后。在报告中，他们获
34 悉了新发现的情况和通往尚未勘察过的大陆的水道的图纸。那条水道“宽广深邃，是人们所能找到的最佳水道，两岸有理想的锚泊地”[15]；此处还住着一小撮“友善有礼的人”，这是意外的收获。不过，一下子吸引住他们的是其他的字眼，那是几个清晰可辨，充满“钱”景的名词——“Vellen... Pelterijen... Maertens... Vossen...”[16]。这份报告明白无误地保证那里有“许多皮草和生皮、马丁鸟、狐狸，以及许多其他有价值的物品”。

于是故事回到了半个世纪前，英国和俄国建立皮草贸易的时候。这项贸易已经缩减了，一定程度上是因为俄国人的屠杀

效率超过了海狸的繁殖能力。而北美洲有新鲜的、似乎无穷无尽的供货源。有一段时间，荷兰贸易商曾试图迂回地插手法国在更北方的加拿大的皮草贸易，但是没能成功。他们再也不必如此了：现在他们在那片大陆上有了自己的据点。荷兰人宣示了他们对于哈德逊驾船驶过的这片领土的主权，随后探险家阿德里安·布洛克（Adriaen Block）把它绘在了地图上——那是一片由三个河道系统包围的狭长地带，这三个河道系统最后会变成特拉华河、哈德逊河和康涅狄格河，在北美东海岸占据一席之地，成为通往北方英国领土的通道。沃尔特·雷利以他的“童贞女王”[①] 的名字为这片英国领土命名，以向女王致敬——他转眼就忘了这位航海者。

这也没什么，因为当哈德逊浪子回头时，英国人想把他要回去。他的眼睛一直盯着自己的目标，但这个目标现在已经偏离了历史的焦点。他痴心不改，最后，这份痴心让他变成了一个属于过去的人：他还怀揣着文艺复兴时期航海到中国的梦想。他哄骗了三个极其富有的年轻贵族，让他们相信自己马上就要有新发现了。在排除约翰·史密斯的航线之后，他现在把一切都押在了韦茅斯港上，有迹象表明，那里能通往冰天雪地的北方，不过要通过被人们称为“狂暴湍流”（the Furious Overfall）的地方（即通往“哈德逊湾”的海峡，如今此海峡被称为“哈德逊海峡”）。这三名贵族毫不迟疑地为他提供资金赞助，他召集到了一批船员就动身，一拍也没有落下，第二年春天就出发了。他的计算结果和他的预感都指向了一个不容

① 英国女王伊丽莎白一世的称号。——译者注

置疑的结果：那条通道肯定就在那里。[①] 他非去不可。如果这个世界要阻止他，就只能杀掉他。

后来发生的事情就是如此。哈德逊没料到他的船员们不像
35 自己那样信念坚定，而且会为了自保而不择手段。他的傲慢无以复加，以至于他没有看到自己大限将至。即使在他双手被绑在身后，穿着一件“小丑似的袍子”，被船员们从他自己的船的甲板上弄到小船里——其中一个叛变者后来在证言中如是说道（他们是在破晓时分抓住了走出船长舱的哈德逊）——他依然不知道发生了什么。[17] “你们这是干什么？”他一头雾水地问道。他们把他绑了起来，并告诉他，他很快就会晓得的。他曾经月复一月地怂恿、哄骗、威逼这 22 个人前进，于是他们和浮冰展开了毫无胜算的搏斗。他们头顶的侧支索和帆冻住了，食物也耗尽了，他们再也看不到天边有熊和海豹出没的白色地带，沦落到爬上岸搜寻苔藓果腹。起初，他们的牙龈出血，然后牙齿松动了。从一个脚趾到另一个脚趾，冻疮腐蚀了他们的肉体，所以许多人再也无法忍受，他们简陋的小床塞满了船上每一处可用的空间。终于，他们坚持不下去了。

除了哈德逊之外，被装到小船上的那一小部分人中还有病入膏肓的和那些依然忠诚于他的人，其中包括其儿子约翰，他当时还是个孩子。在他们被放逐后的某一时刻——那时大船驶离他们，进入一个开阔水域，船的上桅帆在一阵清风中撑起满帆，哈德逊看着船体消失在清晨的白霜之中，只留他们在小船

---

① 据记载，哈德逊的想法是对的。1906 年，罗尔德·阿蒙森（Roald Amundsen）终于通过了西北航道，但是到了那时，那完全就是一种个人冒险了，通过北方航线到亚洲经商的可能性基本上已经在海上航行的残酷现实面前消失殆尽了。

上，让他们独自面对恶劣的自然环境，没有食物、生活用水或火源，只有身边 30 万平方英里浮冰拥塞的大海——他的钢铁意志最终肯定还是坍塌了。在寒冷侵入他的血液和心脏之前，他肯定还被迫承受了双重噩梦：眼见自己无辜的孩子因自己的愚蠢而受苦死去，他一生的雄心壮志全盘尽毁。在他的思绪停止之前，他应该会承认，他的探索之梦将在此破灭，正如他本人即将死去一样。

在他的结局中，具有讽刺意味的一幕是当生还的叛变者们一瘸一拐地回到伦敦，因叛变与谋杀受审时，他们无耻却很机智地声称实际上哈德逊"已经"找到了西北通道，而且他们知道这条通道在哪里，因此而被免罪。然后，这些生还者不但没有被绞死，反而与伦敦的一些最为声名显赫的人一道接受了国王詹姆斯的任命，成为一家新公司的成员，这家公司就是"西北通道商业探索者公司"（Company of the Merchants Discoverers of the Northwest Passage）。该公司获颁特许执照， 36
可以通过他们新发现的海峡开始"向鞑靼、中国、日本、所罗门群岛、智利、菲律宾等伟大王国和其他国家"[18]开展贸易。

一度被哈德逊毫不费力地驾驭的历史浪潮，很快就吞没了他。他注定要扮演传播者的角色，将并非他自己母国文化的胚种带到一片新的土壤中，他在如今的"哈德逊湾"南端冻死之前，在阿姆斯特丹的海滨，一个名叫阿尔努·沃格思[19]（Arnout Vogels）的年轻人正忙得不可开交。30 岁的沃格思出生于南部的安特卫普，充满冒险精神，干劲十足。许多人为了躲避欧洲其他地方的麻烦事而来到阿姆斯特丹这个避风港，他就是这些人中的一员，是在西班牙军队 1585 年入侵他的家乡之后来到这里的。他带着一个在战火中成长，知道人生何其短暂的人所特有的热情，全身心地投入到商业中去。在为一家贸易公司工作时，他成了一名皮草生意方面的学徒，但是他渴望着自立门户。当哈德逊发现新航线的消息传到码头边的阿姆斯特丹贸易商办事处时，沃格思迅速行动了起来。1610 年 7 月 26 日，当哈德逊前往那个宽广结冰，即将送他走上末路的海湾时，沃格思与赛门·朗博茨·毛乌（Sijmen Lambertsz Mau）船长握手达成协议，决定在一片新的尚未开发的土地上开展贸易。在大部分欧洲人的脑海中，这个目的地依然模糊不清，因此，这份合同上关于目的地的陈述很宽泛："西印度群岛以及邻近地区"。现在全美各地区依然在使用"西印度群岛"这个词。

一夜之间，时代变了。寻找通往亚洲的近路，这个曾经最为时尚的想法在沃格思这一代人看来，似乎突然变得过时和古老。未来在更近的地方，就在大西洋的另一端。英国人哈德逊已经为后来那些富有进取精神的荷兰人搜寻过这个地方了。时至今日没有人关注过英国自相矛盾的说法：英国人已经在弗吉尼亚建起了一个摇摇欲坠的桥头堡，但是他们的新英格兰定居点在未来许多年后才得以建立，而哈德逊代表荷兰人进行的探险比清教徒登陆早了十几年。所以，这片区域曾经畅通无阻，荷兰贸易商们的脑海中不断重复着一首歌："许多皮草和生皮、马丁鸟、狐狸，以及许多其他有价值的物品"，"一个非常好的避风港"。一个画面在他们的脑海中成形，那是一个目标，一把钥匙，一条通向新大陆中心的道路，"是人们所能找到的最佳河流……有 1 英里宽"——那是一条通往无限可能的、闪闪发光的大道。

第三章　这座岛

卡特琳娜·特瑞科（Catalina Trico），一个说法语的少女。约里斯·拉帕里（Joris Rapalje），一名佛兰德纺织工人。巴斯蒂安·克罗尔（Bastiaen Krol），一个来自农业省弗里斯兰的带职信徒。1624 年和 1625 年，十几二十岁的他们来到这里，驾着轻舟、双桅平底船、双桅纵帆船、带气窗的帆船和大舢板在狂暴的波涛之上颠来簸去。这些木船工艺精良，但依然脆弱，令人心惊胆战。他们在甲板下容易让人患上风湿病的狭窄空间中撞来撞去，每次摔得鼻青脸肿的时候都会被猪拱，饿着肚子的羊还在旁边咩咩地叫。动物的臭气和他们自己的呕吐物、酸臭的秽物散发出的臭味混杂在一起，每个人都抓着他或她的那包万灵丹，想避开黑死病、恶魔、海难和“要命的痢疾”。他们那些船的名字——“好运，亚伯拉罕的牺牲”——暗示着笼罩在他们头上的两种极端情绪：希望与恐惧。[1]

要花三个月的时间才能追上哈德逊的脚步，如果风向不利，那就要花四个月。从阿姆斯特丹出发，这些船穿越了被称为“IJ”的广阔内海和它危险的浅滩，抵达海风吹拂的泰瑟尔岛，然后进入白霜覆盖的北海。他们对葡萄牙海岸线敬而远之，又绕开北非沿岸的加那利群岛，他们的船长技术娴熟，运气也好，躲过了掠夺成性的私掠船和海盗（或者不是这样，有些船已被这两者俘获了）。然后，乘着信风①，他们征服了位于西南方向，横跨蓝灰色的茫茫大西洋的那条漫长而令人生畏的弧线。接着再次转向上行至巴哈马北面，沿着新世界、新大陆的海岸线行进，同时留心寻找哈德逊记录下的那个钩状的半岛，就这样进入那个大港口的怀抱。

哈德逊之旅已过去 15 年，莎士比亚写就《暴风雨》也已是 10 年前的事情了。这部剧中描写了一次美洲航行途中，在虚构的魔岛（百慕大）发生的一场海难。然而仍有人相信这
38 可能是通往闷热潮湿，有着不同信仰和异国风情的东方文明的门户。在他们看来，50 年后就要被命名为“新泽西”的西岸可能实际上就是中国的后门，而湿气迷蒙，充斥着神和咖喱的印度就在那些断崖之后。但是这些人不是探险家而是定居者，他们更关注的是此处，即这条河，这个新家。在哈德逊有了新发现之后的 15 年间，侦察兵和贸易商已与住在当时被荷兰人称为“毛里求斯河”（River Mauritius）的印第安人有了充分的接触，这条河是以拿骚的毛里茨（Maurits of Nassau）的名字命名的，他是被刺杀的英雄“沉默者威廉”的儿子，还是当时反抗西班牙的起义军领袖［不过这条河已经有了一个新的名字：早在 1614 年，皮草贸易商就开始管这条河叫“哈德逊河”[2]（de rivière Hudson），以向他们的先驱致敬］。“河上印第安人”（贸易商这样叫他们，他们其实是马希坎和伦尼莱纳佩部落的人）划着瘦长、安静的独木舟，从北面、东面、西面，从未知的旷野来到他们面前，随身还带着数量可观的优质皮草。这里确实大有商机，贸易商们在报告中称。于是，几个规模较

① 表示信风的 trades 与表示贸易的 trade 拼写相同。——译者注

小的利益集团组成了一个财团，打算以系统的方式开发此地。

西班牙和荷兰共和国在哈德逊航行当年商定的停战协议维持了12年。这一协议很快就在1621年被撕毁，荷兰右翼分子旋即磨枪霍霍。一位名叫威廉·尤瑟林克斯（Willem Usselincx）的爱国商人，行动敏捷，心怀宗教热忱，多年来，他一直坚持一个观点，即荷兰诸省在“新大陆”中的动力将来自商业和加尔文教徒的热情。尤瑟林克斯在促成西印度公司（West Indin Company）成立的一连串会议上称，“如果一个人想要挣钱，他们就得提出方案，这样才能推动投资者进行投资。为了这一目的，上帝的荣耀将以某种方式帮助我们，而以其他方式，以有益于我们的祖国的方式令西班牙失利；但是首要的、最强大的诱因是每个人能使自己获利，这是显而易见的……”[3] 他强调，新大陆上住着的不是狂暴的野人，而是聪明的原住民，荷兰人可以在他们中间建立起一个殖民地。那里有尚未开采的自然资源，其中可能有金、银和可作为“军费之源”[4] 的原材料。

和西班牙重新开战与这一计划是一致的：荷兰私营公司的护卫舰既可以安上枪炮，突袭加勒比和南美水域中的西班牙船
只，又可以在“新大陆”的口岸开展贸易。私掠巡航——被 39
政府批准对敌人船只进行的海上掠夺——是一种可以接受的战时行为。

商人和政客突然都兴致勃发。富商们自己组织了五个地区的商会，每个商会都出了启动资金。国家的主管机构总议会又加了一小笔钱，到1623年10月，西印度公司已成为史上资金最充裕的新公司了，该公司的金库中有700万荷兰盾。东印度公司对亚洲的开发已经取得了令人难以置信的成果；如今，其

新同行的脚步将遍及环大西洋地区——它的垄断地位延伸至西非、加勒比群岛和北美沿岸地区。那将是战争和贸易的产物，商人、船长、水手、会计、木匠、武器制造商和士兵形成了一个网络，以超乎寻常的速度渗透了这个新的利益属地。到了1626年，该公司向董事提供的财产清册上包括以下内容：

> 12艘去往非洲几内亚、贝宁、安哥拉、格列恩（Greyn）和阔夸（Quaqua）沿岸地区开展贸易的舰船和帆船，船上载有出口货物，预期可获得回报……
>
> 1艘由多德雷赫特开往佛得角的船，船上载着货物……
>
> 1艘开往亚马孙和圭亚那沿岸地区开展贸易的船……
>
> 1艘载重约130拉斯特的船，1艘装备精良的帆船，这两艘船将开往新尼德兰开展贸易并开拓殖民地……
>
> 33艘船……本公司的这些船还停泊在港内，船上配有金属与铁制枪支以及各种作战用的弹药物资、火药、火枪、武器、军刀以及各种可能需要用到的装备，可满足海上之需……
>
> 资金……金库中的资金将用于维持上述船只在海上的开支，这不仅是为了打击西班牙王室，而且是在上帝庇佑之下行使阁下的权威，开展本公司的各项业务，并为合伙人们赢得丰厚的利润。[5]

北美领地在这一计划中具有经济上的用途。该公司将开发这里的皮草和木材资源，而且会将其作为交通枢纽——船只从
40 欧洲出发，先到南美洲和加勒比，然后抵达北美港口，最后返航。当然，必须有定居者，事实证明，养活这些人是创建大西

洋帝国这项复杂的事业中最困难的部分之一。在故乡的时光是美好的，未来看起来更美好。阿姆斯特丹也许是世界上的穷人们最好的安身之所（一位英国领事以略带夸张的笔调写道，那里的救济院“不像穷人的住所，倒像王子的宫殿”[6]）。要让人们签字同意踏上征途，去往如今被称为新尼德兰的地方，他们就得找到那些足够愚昧或绝望或贫穷的人，只有这些人才会愿意离开高度文明的阿姆斯特丹的怀抱——离开那里铺平的街道，擦洗一新的地板，一车车的乳酪和一杯杯的优质啤酒，松软的枕头，贴有蓝白瓷砖的壁炉和温暖舒适的泥炭火——冒险到偏远地区，到绝对无情的荒凉之地去。

但是，和往常一样，这个国家到处都有难民。通过向人们许诺服务六年即可换得土地，该公司召集了一小撮强壮的瓦隆年轻人——从如今的比利时来的说法语的流亡者——公司确保他们像《圣经》中的诺亚一样，每个男人能有一个配对的女人，并抓紧时间把他们推到阿姆斯特丹会议室中，让他们在那里宣誓效忠于该公司和荷兰政府。

组织这次宣誓活动的议员克拉斯·皮特斯赞（Claes Peterszen）是著名的内外科医师。[7] 如今我们知道这位医生是因为伦勃朗的名画《蒂尔普教授的解剖课》（*The Anatomy Lesson of Dr. Tulp*）（“Tulp”或“tulip”是这位医生的绰号，这个绰号来自画在他前门上的郁金香），而在当时，是因为他同意伦勃朗画这幅肖像画，才让伦勃朗有了名气，这位医生的名气之大由此可见一斑。于是这位身穿黑衣、仪表堂堂、神情严肃、脸上留着 V 字形黑色尖胡子的医生兼治安官的形象就在我们的脑海中变得生动了起来。在这位来自荷兰政治与科学机构的代表的面前，年轻的男男女女身穿乡村服饰，朝气蓬勃，他们因神经紧张和原始的青春活力而不断动来动去、轻轻颤抖，就是这群人要在被称为“曼哈顿”的蛮荒之地中开创一个新社会。

这个队伍中有许多青涩的年轻人，有四对夫妇在海上成婚，船长科内利斯·梅（Cornelis May，新泽西的“梅角”就是以他的名字命名的）是证婚人。另外一对——在本章开头处提到姓名的那两个人，卡特琳娜·特瑞科和约里斯·拉帕里[8]——则更加精明。也许他们知道船上的情形会是怎么样的，
41 所以对于在那里完婚的想法不抱期望。他们同意加入这项极为危险的事业，条件是该公司首先为他们举行一场比常规更仓促的婚礼。这场婚礼在他们的船于 1624 年 1 月 25 日离开阿姆斯特丹的四天之前举行。“瓦朗谢讷的约里斯·拉珀别与卡特琳·特瑞科（Joris Raporbie de Valencenne, et Caterine triko），”阿姆斯特丹的瓦隆教堂牧师记录道，甚至没时间把名字写对，“1 月 21 日成婚（Espousé le 21 de Janvier）”。这不识字的夫妇二人都在这一页上留下了印记。他 19 岁，她 18 岁；双方都没有父母在登记册上签字，这说明他们要么就是在世上无依无靠，要么就是在那块地方无依无靠，其结果都是一样的。和其他许多追随他们脚步的人一样，他们没什么好失去的。

考虑到先是在海上，然后是到达之后等待着他们的巨大危险，赌徒也不会愿意把钱押在这种情况下缔结的婚姻上。然而，60 年后，当宾夕法尼亚和马里兰的英国殖民地卷入边界争端，而且需要证明“基督教徒”对东海岸某些地区的所有权时，威廉·佩恩（William Penn）的代表们找到了一个老妇人做证，因为人们知道她是第一批来自欧洲的定居者之一。卡特琳娜·特瑞科当时已是一个八十几岁的寡妇，但是她和约里

斯的婚姻不但长久且硕果丰盛。[9]新尼德兰的记录中显示，作为第一批在荒凉的曼哈顿南部买下土地的人，他们在距离边界贸易站仅几步之遥的珍珠街（Pearl Street）上建了两座房子，买了一头奶牛，向行省政府借了钱，将他们的宅地搬到河对面布鲁克林（Breuckelen）新村的一大片农田中去，而且还生了 11 个孩子，并让这些孩子受洗。[10]人们认为，他们的第一个孩子莎拉（Sarah），是第一个在今日的纽约出生的欧洲人（1656 年，30 岁的她宣称自己是“第一个诞生于新尼德兰的基督徒的女儿”）。她出生于 1625 年，同一个记录显示她于 1639 年在后来的格林威治村（Greenwich Village）嫁给了一个烟草种植园的监工，也记录了她 8 个孩子的出生。从短暂的新尼德兰时期到纽约时期，拉帕里一家的孩子和后代在这个地区遍地生根。18 世纪 70 年代，约翰·拉帕里（John Rapalje）变成了纽约州议会议员（他反对革命，变成了保皇党）。他们的后代预计超过 100 万人。[11]而且，在纽约哈德逊河谷的菲什基尔镇有一条拉帕里路（Rapalje Road），
这条静谧的郊区小路见证了多年前阿姆斯特丹海滨两个年轻 42
的无名之辈仓促却持久的婚姻。和所有政治事件一样重要，他们的婚姻标志着移民的开始，标志着划地为界、宣示主权的文化的开始，这不仅仅是曼哈顿文化的一部分，也是美国文化的一部分。[12]

当因海上的旅程而变得残破不堪的船终于进入港口时，乘客们往外望去，那是一片全新的景象，比他们离开的平坦土地更加陌生、更加复杂。用现代科学词汇来形容，这个未来会变成他们新家园的地区由三种交叉的地貌景观组成：多沙的海岸平原、绵延起伏的山地丘陵和陡峭的变质岩山脊，

山脊的大部分都在上一个冰河时期的冰川作用之下呈现刀削斧砍的形貌，裸露出星星点点的河床、凌乱的冰碛石和冰川湖。[13]这支船队静静地驶入内港，向曼哈顿岛的南端靠近，渐渐进入了一片宽阔的滩涂湿地，那里芦苇丛生，如沼泽一般（曼哈顿在莫霍克语中叫 Gänóno，翻译过来就是“芦苇”[14]或“芦苇之地”）。这是一个复杂的淡水和海洋物种的交汇区，海湾、沼泽林和蛇纹岩荒地孕育出一飞冲天、鸣声四起的岸禽——鸻、矶鹞、半蹼鹬、黄足鹬，还有大量恋家的绿头鸭。这里还吸引了成群迁徙而来的长尾鸭、秋沙鸭和赤颈鸭，11月的灰色天空中黑压压的全是它们的身影。贻贝、海螺、蛤蚌和玉黍螺镶嵌在河口上，而且最重要的是，一位定居者写道，不少牡蛎“个头挺大而且有的里头还有小珍珠”，其他的牡蛎则又小又甜，还有另外一种“适合蒸煮和油煎。每一个都够装满一大勺，够你吃上一大口”[15]。在芦苇丛生的岛屿海岸线上，郁郁葱葱的丘陵拔地而起：对于此地印第安语名的来源猜测最可能的是特拉华的“mannahata”，意为“多山的岛屿”[16]。不过有些人提出，翻译为简单的“岛屿”或者“小岛”才更为准确。

当定居者们踏上坚实的地面时，他们就知道，自己喜欢上了眼前看到的一切。“能到这个国家来，我们非常心满意足，”有个人在家书中写道，“在这里，我们发现了美丽的河流，泉水冒着泡泡流入山谷；平原上有流淌的活水，林中还有可口的水果，比如草莓、鸽莓、胡桃，还有……野葡萄。林中的橡子累累，我们可以用它喂猪，这里还有野味。河中的鱼数目可观；土地适宜耕种；这里进出特别方便，无须惧怕赤身裸体的原住民。如果有牛、猪和其他供食用的牲畜（我们日夜期盼

着第一批船上能有这些牲畜），那我们就不想回荷兰了，因为 43
我们在荷兰梦想去往的天堂就在这里，等着我们去发现。”[17]在欧洲，像现在这样的报纸还没出现，定期发行的小册子是人们主要的消息来源。当新尼德兰的第一批定居者开始写家书时，在阿姆斯特丹的一位名叫尼古拉斯·范·瓦塞纳尔（Nicolaes van Wassenaer）的医师开始发行半年一期的小册子，介绍远方的那片土地上的事情。“那里环境宜人，虽然荒芜，但物产丰美，”他在1624年12月写道，“葡萄非常美味，不过，今后我们的人民会将它培育得更好，但是那里找不到莓果。有各种飞禽，水里游的，天上飞的。天鹅、鹅、鸭、麻鸭，多得很。”[18]

一开始，该公司让他们为数不多的定居者在广阔的区域中分散而居。按照荷兰人的理解，要占有一块土地，人们就需要在那里居住（对于英国人来说，在一片土地上，只要原先没有被基督教徒宣示主权，那么他们只需要派一个官方代表踏足此地即可宣示占有这片土地，不过后来这成了一个问题）。而且，按照荷兰人的理解，水在任何一片土地上都是必不可少的。因此，该公司开始让它为数不多的殖民者分别在他们领土上的三条主要水道之间居住。英国人后来管这条河叫“特拉华河”，哈德逊曾想过探索这条河流，但是这里的港湾有许多浅滩，所以很快他就认为这不会是通往亚洲的通道，将其排除。荷兰人则称其为“南河”（South River），因为这里是他们领土的南端边界，所以这个名字顺理成章。在他们定居北美洲的大部分时间里，他们将哈德逊河称为“北河”（North River）（以固守成规和抗拒变革而著称的水手们至今依然还这么叫它）。另外一条主要水道，也就是后来将其所在的州一分为二的康涅狄格河（Connecticut River），荷兰人将其称为“鲜河”（Fresh River）。

这些河道是该地区的交通要道，是印第安人带来毛皮的地方，是探索内地的必经之路。该公司派了为数不多的定居者在每条要道上安营扎寨——这些定居者的人数可是名副其实地少。两家人和6名单身男子扬帆向东抵达“鲜河”。两家人和8名男子顺海岸而下抵达“南河”。8名男子待在港口的小岛上。剩下的几家人乘船向上游150英里处的“北河”而去，穿过颜色如泥土般的碎浪，顺着西海岸沿岸雄伟的岩壁，经过
44 两岸连绵起伏的高地，抵达交易商们所说的印第安人的咽喉要道。在这里，向东流的莫霍克河从五大湖区一路奔流而出，形成高达70英尺的瀑布，河水飞流直下，然后注入“北河”。新来的定居者们在此登陆上岸，站在高耸入云的松树前不知所措。一开始，为了有个栖身之所，他们在地上挖出方形的坑，用木头将坑围起来，然后盖上树皮做的屋顶（几年后，人们已经开始修建像样的房子了，一位大臣在到达此地时嘲笑第一批抵达此地的人“挤在而非住在”“茅舍和洞穴”[19]中）。

卡特琳娜和约里斯就在从曼哈顿向上游走到瀑布去的第一批人中，那里正在修建贸易要塞。在定居者们跌跌绊绊地上岸没多久之后，这个国家的原住民现身了，双方交换了礼物，原住民们向船长表示友好。初来乍到的定居者们感到茫然不知所措，但是这里的阳光带着春日的温暖，疏松的黑土仿佛在告诉他们这里生机无限。拉帕里夫妇和其他夫妇在这个地方待了两年，秋天，他们收获的粮食堆得“有人那么高”[20]，当第二年春天悄声诉说着祷告者的感恩，该公司的三艘船——“牛号”、“羊号”、“马号”到这里出售他们的货物。晚年的卡特

琳娜回忆道，在这段时间里，“像羊羔一样安静”的印第安人经常来这里和定居者们进行自由的贸易。

最初的计划是要将距离曼哈顿一百多米远的“南河”上的一个岛变成新省份的省会。这是因为人们误以为这个后来变成新泽西南部的地方的气候会像西班牙人发现的佛罗里达一样。报告中的温暖惬意在荷兰人听来很不错，他们不必应付冬天港口结冰导致贸易和通信中断的大麻烦。不过第一批到此定居的人还是觉得很灰心，因为他们没有发现棕榈树的踪迹。更糟糕的是，这个海湾在第一年冬天和接下来的冬天还是结冰了，所以人们的注意力转移到了北方的海湾。由于地理上的特殊性，那里的海湾虽然处于高纬度，却很少结冰。

在 250 英里长的沿岸地区分散而居的殖民者们开始工作了——清理地面，伐树，修建防御用的栅栏，播种粮食。船来了。殖民者们和印第安人们交易并建立了交易体系：1625 年，前者买下了 5295 张海狸毛皮和 463 张其他的兽皮并将它们装船运回。反过来，这些船也给他们捎来了消息。在英格兰，伊 45
丽莎白的继任者詹姆斯一世去世了。他是一个糟糕的君主——经常说胡话且沉溺于一些怪异的癖好——从来不像伊丽莎白一样德高望重。他试图在英国民众对天主教恨之入骨的时候与西班牙结盟，以遏制荷兰的崛起，但是失败了。［不过，他也监督了世界文学名著之一《英皇詹姆斯钦定本圣经》（*King James Bible*）的编写。］当他的儿子——英俊、正派、高贵的查尔斯——继承王位时，整个国家都松了一口气。他们还不知道将来他们对查尔斯和这个国家的希望将会以最暴力的形式化为泡影，而且会对整个遥远的荷兰省份产生巨大的影响。

在“联合省”也是如此，权力已经在兄弟之间移交。奥兰治亲王毛里茨，这个国家的总督，这位最有权势的贵族，自父亲“沉默者威廉”于 1584 年去世之后就一直领导人民进行抗击西班牙的斗争。但是近年来他的声望日渐衰落。六年前，他以将伟大的政治家约翰·范·奥尔登巴内费尔特（Johan van Oldenbarnevelt）斩首的方式解决与其之间的权力争斗，这削弱了他的正统地位。毛里茨的兄弟，即比他小 17 岁、时年 41 岁的弗雷德里克·亨德里克（Frederik Hendrik）是一位杰出的外交官和军事战略家，他会继续将斗争进行到底，并带领这个国家看到独立的曙光。在这些新领袖的领导下，荷兰人民和英国人民在新教教义的指引下团结一致，签订合作条约，抗击他们共同的敌人——信奉天主教的西班牙。这份条约规定，这两个国家可以进入对方的港口，各外省的港口也不例外。

胸口因剧烈的呼吸而起伏，脸上挂着一条条汗水的新尼德兰定居者们不得不停下手中的活计去消化这个消息。他们清楚地知道，一群英国清教徒们几年前已经在他们的北面安营扎寨——当时他们按照主张脱离国教的传教士罗伯特·勃朗（Robert Browne）的名字称这些人为“勃朗派”——而且他们希望双方能相安无事。实际上，相安无事是意料之中的事。值得注意的是，占荷兰殖民地早期人口大多数的瓦隆人都是来自莱顿（Leiden，在当时的拼写是 Leyden）大学城的救济院，而那里也是英国清教徒们的栖身之所。为了躲避英国国内的宗教
46 迫害，清教徒们接受了荷兰人 12 年的款待，然后才动身前往“新大陆”建立一个全新的神权政体。

接下来发生的一些事情很快就令荷兰省最初的殖民策略偏离了轨道。约里斯·拉帕里、他的妻子卡特琳娜和其他定居者们在如今被称为奥兰治堡（Fort Orange，在英国人统治下这里

将变成奥尔巴尼）的地方眼见自己艰苦工作的成果在1626年春天戛然而止。他们在河岸上的定居点原来是马希坎人的猎场，马希坎人曾欢迎他们的到来。北面和西面是莫霍克人的地盘。这两个部族——前者是说阿尔冈昆语的民族，后者是易洛魁联盟五大部族之一——有着非常不同的背景和信仰。他们的语言就像英语和俄语那样不同，他们风俗各异而且对对方没什么敬意。几十年来，他们一直在断断续续地争斗着，出现在他们中间的欧洲交易商让他们的冲突再次升级。此外，在与欧洲人接触了十几年之后，这些部族的生活因获得的舶来品而发生了转变，比如鱼钩、斧头、水壶、玻璃器皿、针、锅、刀和粗呢［这种粗糙的羊毛布料源自佛兰德的迪弗尔镇（Duffel），“圆筒状的行李袋”（duffel bag）这个词就源于此］。[21]再往后，枪支和酒自然也出现在清单中。马希坎人甚至将他们的村庄搬到了离荷兰人更近的地方，好和他们结成贸易与防御联盟。说这是友谊也好，为了自身利益也罢，到了1626年，马希坎人和荷兰人已经建立了紧密的关系。

也许正是这种紧密的关系令奥兰治堡指挥官丹尼尔·范·克利肯彼克（Daniel van Crieckenbeeck）无视禁止干涉部族间事务的明令，才造成了后来的局面。正如一位作家所写的那样，1626年春，二十几个马希坎人——像荷兰人一样“仪表堂堂”，他们的头发“乌黑发亮，又滑又直，发丝粗得像马尾一样”，而且，从那个时期和季节看来，他们身上应该穿着宽松的鹿皮，腰间也系着鹿皮——走进粗糙原木围成的栅栏，请求范·克利肯彼克让荷兰人出手相助，帮他们对付莫霍克人。[22]这个前来求助的人应该是一个名叫莫尼敏（Monemin）的部族首领。范·克利肯彼克有命令在身：西印度公司曾明确指示该省总督威廉·费尔哈斯特（Willem Verhulst），“他应当谨慎行事，不可轻易卷入（印第安人之间的）争执或战争或者
47 偏向某一边，应当保持中立……”[23]但范·克利肯彼克肯定觉得自己有责任确保那些随船而来的年轻夫妇能够在离家乡千里之外的林间安居乐业，其中包括不少孕妇，而且可能还有一些新生儿。帮助马希坎人情有可原，因为现在对他们的帮助能换来未来牢固的同盟关系。于是他同意了。马希坎人带路，他和6个手下跟随其后，他们的身影消失在松林之中。

在距离堡垒3英里远的地方，他们被箭雨淹没了。在一次迅速、血腥的袭击中，一群伏击的莫霍克人令荷兰大－马希坎联盟走向末路，而且在无意之间改变了世界历史。范·克利肯彼克及其3名手下和包括莫尼敏在内的24名马希坎人遭到致命创伤。这些莫霍克人炫耀了自己的胜利，而且为他们造成的这一恐怖事件画上了“圆满”的句点：一个名叫泰门·鲍文茨（Tymen Bouwensz）的荷兰人特别不走运，被莫霍克人们烤着吃了。

与此同时，“北河”边的另一个定居点也发生了骚乱。之前这个港口中的定居点是要建在一个泪珠状的小岛上的，殖民者们根据他们在这里找到的胡桃树和栗子树把这个岛称为“坚果岛（Noten Island）”。第一批到这里安营扎寨的定居者和他们的牲畜被赶到500码之外，海湾对面的“曼哈顿岛”上去。这块殖民地的临时主管威廉·费尔哈斯特从一开始就在制造麻烦。他实行的惩罚很严厉而且前后不一致，这激怒了殖民者们。他和他的妻子可能还挪用了公款或者——犯了更加恶劣的过错——欺骗了印第安人。一方面，信奉加尔文教义的殖民者们认为这是不正当的行为，另一方面，从现实角度来考虑，

惹恼身边的原住民实在不是明智之举。于是西印度公司向费尔哈斯特下达了关于处理印第安人事务的明确指令："他应当确保没有人以任何形式伤害或者以暴力对待、欺骗、嘲笑或侮辱印第安人，除了善待印第安人之外，还应当在所有合同、交易和交往中诚实、守信、真诚，不缺斤短两，维护好与他们之间的友谊……"[24]不管实际上费尔哈斯特和他的妻子犯下了什么罪行，他们都已令殖民者们愤怒咆哮，他们想让他走人。

正当这场危机愈演愈烈之时，一艘从上游定居点来的船捎来了该定居点遭到印第安人攻击的消息。那块殖民地建立起来还不到一年就已经陷入混乱，有瓦解的危险。那里需要一个领袖，有个人挺身而出了。

他在成长过程中说的是德语，荷兰语只是他的第二语言， 48
但他的祖先是法国人，所以他的名字念起来像法语——"米努伊特"（Min-wee）。[25]我们对这个人了解得越多就越想了解他，他就是这样的一个历史人物——没有受过军事训练，但是一个具有领导才能的个人主义者，即将在多个方面影响历史进程。他的父亲是北上躲避西班牙军队和异端审判官的清教徒移民之一，他们在德国的小镇韦塞尔（Wesel）落脚，这个在荷兰边境附近的小镇正是彼得·米努伊特（Peter Minuit）① 长大的地方。他之后变成了一个斗志旺盛，没有固定效忠对象且奋勇向前的商人，而且他娶了附近克列沃镇（Kleve）镇长的女儿，走出了人生中的第一步好棋，体面地向社会更高层流动。后来，他和妻子搬到了西边 75 英里之外的乌特勒支

① 即 Pierre Minuyt。1626 年，荷兰西印度公司总督彼得·米努伊特以布料、罐头、玻璃珠、短刀与印第安人换来曼哈顿岛。——译者注

（Utrecht），这个荷兰城市更大一些。米努伊特在那里接受训练，成为钻石切割工。然而他觉得这个工作很乏味，并且听说了西印度公司成立的消息。通过向法语圈内的熟人打听，他进一步了解到一群瓦隆人正要签订合同，成为探索新大陆的先锋。1624 年的一天，他出现在阿姆斯特丹酿酒者运河边上西印度公司富丽堂皇的大楼里，请求该公司派自己前往新尼德兰。显然，他不是以定居者或公司官员的身份去的，而是以一个私人“志愿”商人的身份去探索贸易机会。董事们肯定对他活力四射的表现印象深刻。米努伊特似乎是和第一批定居者一起乘船离开的，因为该公司在给费尔哈斯特的最初指令中写道：“他应当指示志愿者彼得·米努伊特及其他他认为有才干的人想方设法到河流上游的最远处去调察这块土地的情况……”[26]

因此，米努伊特加入了卡特琳娜·特瑞科和约里斯·拉帕里所在的队伍，一起乘船到河流上游去，而且，他似乎在早期就已经搜集到关于这块新大陆的大量信息。后来，他显然回到阿姆斯特丹待了一段时间，也许他是要递交公司指令中要求他提供的“染料、药物、树胶、草药、植物、树木和花的样本”。记录中显示，他于 1626 年 1 月再次离开荷兰共和国并于 5 月 4 日返回新尼德兰。所以他的确在殖民地度过了一段时间，这段时间足以让他用自己的能力给定居者们留下深刻的印象，然后再返回欧洲；如今，他又回来了。在他的“海鸥号”穿过史坦顿岛（Staten Eylandt，为了纪念联合省的总议会而以
49 此命名）和长岛（Lange Eylandt，这个名字的由来显而易见）之间的峡口，在港口下锚之后没多久，他就要被坏消息淹没了。

新成立的移民委员会的成员们碰了头。他们对费尔哈斯特进行审判并投票决定将他和他的妻子逐出该省。费尔哈斯特没有心甘情愿地离开，他怒不可遏、怀恨在心，他发誓自己有一天会以外国军队首领的身份回到这里并凭借对这块领地和这里防御工事的了解做出一番作为——这番威胁的言论很有意思，因为 12 年后这么做的不是他，而是米努伊特。

然后，殖民者们投票选举米努伊特担任他们的新指挥官。在其角色从私人探险者变为该省的官员之后，米努伊特迅速采取了行动。他似乎已经做出了第一个决定，这是个影响至为深远的决定。阿姆斯特丹的主管们之前曾尝试远程监管这个定居点，但是这种做法十分不便、效率低下，而且费尔哈斯特这个在现场的人也没能看出明显的问题所在。定居者人数太少，而且他们被安排在数百英里的领地上分散而居；奥兰治堡传来的消息令米努伊特确信，安全是个大问题。坚果岛（也就是今天的总督岛）作为初期的集结地十分有用，但是如果要把这里作为定居点，就太小了。“南河”名不副实。任何一个头脑务实、对后勤有概念的人都清楚地知道，独立于坚果岛之外，与坚果岛之间仅隔着一条小小的河道，“子弹都能打到对岸”的曼哈顿岛能满足所有的需求。它既不会太小也不会太大，足以容纳一定人口，同时岛的最南端的堡垒又能够满足防御需求。岛上的林间有大量猎物；平原适宜耕种，又有淡水溪流。它位于河口，印第安皮毛商贩会从方圆数百英里之外的地方来到这里，而且与其他深入内陆的水道相连。它还是海湾的入口，坐落在宽广而又引人注目的海港中，那里似乎在冬季也不会结冰。简而言之，它是文明高度发达的欧洲大陆和蛮荒而又令人充满好奇的北美洲大陆之间的天然支点。这是一座完美的岛。

于是他把它买了下来。[27]这是众所周知的事情。彼得·米
50 努伊特以价值60荷兰盾的商品，或者根据19世纪历史学家埃德蒙·奥卡拉汉（Edmund O'Callaghan）计算的价值24美元的商品，从一群印第安原住民手中购得了曼哈顿岛。自17世纪到20世纪初，美洲原住民做了成千上万宗地产买卖——面积从小城镇到中西部的州不等——向英国、荷兰、法国、西班牙和其他欧洲定居者出售土地。但是只有一宗买卖是传奇式的，只有一宗买卖是人尽皆知的，只有一宗买卖是在百老汇的歌曲中被反复吟唱，经久不衰的［“把它还给印第安人”（“Give It Back to the Indians”），引自1939年罗杰斯与哈特的音乐剧《姑娘成群》］，而且，20世纪末，幽默作家戴夫·巴里（Dave Barry）在他的专栏中把这宗买卖作为笑料写出来（“……荷兰定居者彼得·米努伊特花了24美元外加每月16.7万美元的维护费，从印第安人手里购得曼哈顿”）。[28]

这宗买卖之所以停留在文化记忆中变成了传奇，其原因是显而易见的——这宗买卖的价格和价值极不相称，太过荒谬。这是一个生动的例子，展现了从原住民手中夺取土地的漫长过程。世界贸易的中心，一座承载着价值数万亿美元房地产的岛，过去是被人以价值24美元的日用品从在人们想象中还生活在石器时代的倒霉蛋们手中买下的，这实在是个精彩绝伦、不能轻易放过的想法。它直指我们对美国早期历史的看法：那是懂行而又无情的欧洲人密谋、欺骗、奴役和威胁无辜又厚道的原住民们，让他们交出土地和生命的历史。这是即将展开的对这片大陆的全面征服的缩影。

除此之外，这个买卖片段之所以引人注目，是因为这是唯一一段与曼哈顿殖民地有关，且成为历史一部分的事件。也正是因为这个原因，这一事件值得我们探究。

那么，是什么让印第安人同意进行这笔交易的呢，他们认为这场交易意味着什么呢？那些被欧洲定居者习惯称为印第安人（这是因为哥伦布一开始以为自己到了印度外围）的祖先走过上一个冰河世纪，也就是一万两千多年前一直存在的陆桥，从西伯利亚到阿拉斯加，渐渐地分布在美洲大陆的各个地区。他们来自亚洲；他们的基因构成与西伯利亚人和蒙古人很接近。[29]他们稀稀落落地分布在宽广得超乎想象的美洲大陆上，造就出人类历史上空前丰富的语言：据估算，当哥伦布抵达“新大陆”时，全部人类语言中有 25% 都是北美的印第安语。[30]

有两种势均力敌、根深蒂固的成见阻碍了人们对这些民族 51
的理解：一种是源自人们长久以来对美洲印第安人的文化蔑视，他们认为印第安人是“原始”人；而在另一种现代的固有观点中，他们则被视为高贵而手无寸铁的人。这两者都是漫画式的形象。近来的关于基因、考古学、人类学和语言学的著作都明确表述了一个显而易见的事实：马希坎人、莫霍克人、德拉瓦人、蒙淘克人、胡萨托尼克人和其他民族占领了一度被称为“新尼德兰”的土地，还有马萨诸塞人、万帕诺亚格人、索克吉人（Sokoki）、彭纳库克人、阿布纳基人、奥奈达人、奥内达加人、苏斯克汉诺克人、南蒂科克人和其他住在后来的纽约州、马萨诸塞州、宾夕法尼亚州、康涅狄格州、佛蒙特州、新罕布什尔州、缅因州、特拉华州、马里兰州和新泽西州的人，他们无论是从生物学、遗传学还是智力的角度上来说，都与 17 世纪初和他们打交道的荷兰人、英国人、法国人、瑞典人和其他人毫无二致。印第安人和遇到他们的欧洲人一样有手段，懂得阳奉阴违，能够思考神学问题，也有巧妙的技术头脑，既机灵又固执，既好奇又残忍。在以曼哈顿为中心的殖民地上，了解他们的人们——那些在他们的村庄中待过一段时间，和他们一起打猎、做交易、学习其语言的人——对于这一点了然于心。直到后来，双方分裂为两大敌对阵营时，之前提到的成见才开始形成。17 世纪初期是比未拓荒时的“狂野西部”年代有趣得多的时代，印第安人和欧洲人就像平等的参与者，他们和对方以盟友、竞争者和伙伴的身份相处。

但是，如果印第安人如此聪明而且处于这么有利的地位，那么为什么他们会卖掉自己的土地，即他们所拥有的最宝贵的东西呢？这么一问就引出了每个中学生都耳熟能详的观点：印第安人对于土地所有权的看法与欧洲人不同。东北部的印第安人没有永久财产转移的概念，他们把地产交易看作两个人群之间的租约与条约或联盟。印第安民族分裂并细分为部落、村庄和其他群落。他们经常交战，或者因担心受到其他群体的攻击而经常与某个群体结为防守同盟，这就涉及分享部落的某些土地以换取人数优势。这种想法影响到印第安人对于他们与荷兰人和英国人之间的土地交易的看法。他们要让新来的人使用一部分他们的土地，作为交换，他们会获得毯子、刀子、水壶等
52 其他非常有用的商品，而且还能建立军事联盟。他们对于土地交易的看法在几个案例中都恰如其分地展现了出来，例如 18 世纪 50 年代在南卡罗来纳殖民地总督和切罗基人首领之间的一次土地交易中，印第安人卖出土地，但是拒绝任何回报。在他们看来，保护性的同盟就足够补偿这一切了。[31]

马希坎族的莫尼敏在接触倒霉的丹尼尔·范·克利肯彼克时心里应该就是这么想的：他要求荷兰人履行他认为是奥兰治堡土地交易的一部分责任，帮助他在一场战役中对敌作战。范·克利肯彼克应该清楚这是马希坎人关于财产转移的理念的一部分，他尽力去做了马希坎人期望他做的事情，尽管这是违抗命令之举。

印第安人的情况就是这样。至于荷兰人方面，人们之所以对购买曼哈顿的传奇故事记述得简单干脆，其中的原因与史学家对于荷兰殖民地缺乏关注以及他们所认为的信息缺乏不无关系。如果你希望了解这块以曼哈顿为中心的殖民地的历史，1821 年发生的事件是一场巨大的灾难。这一年，尼德兰政府突发奇想——要打扫卫生（荷兰人向来在清洁卫生方面很挑剔），他们把 1700 年之前荷兰东印度和西印度公司的剩余档案当成废纸出售了，这实在是一件憾事。[32] 18 年后，一位名叫约翰·罗米恩·布罗德黑德（John Romeyn Brodhead）的美国代理人代表纽约州到尼德兰寻找关于这个荷兰殖民地的文件材料，结果，他感到"惊讶、窘迫而又遗憾"[33]，因为所有相关的文件材料——8 万磅重的记录——已经杳无踪迹。

幸运的是，我们有另外一批相关文件，即关于该省的官方记录，这份记录的页数多达 1.2 万页。正如本书开头处描述的那样，这批记录在几个世纪中无人问津，直到如今才被负责"新尼德兰项目"的查尔斯·格林博士翻译出来，而这也是本书得以著成的基础。这些记录奇迹般地从战乱、大火、霉菌和啮齿类动物的摧残中保存下来。但是他们的起始日期是 1638 年，那一年之前的该省记录没有一条被保存下来，那应该是因为该省早期的总督就像费尔哈斯特一样被免职了，他们把行政记录随身带回阿姆斯特丹，好帮自己开脱罪责。于是，他们给我们留下了关于纽约史前历史早期阶段的一个缺口，这个缺口被 19 世纪的史学家尽可能地补上了。他们晓得彼得·米努伊
53 特这个名字，知道他是该省的早期管理者，而且他们还找到了一张碎纸片，上面的说明令人浮想联翩：这座岛是以“60 荷兰盾”从“印第安人”（Wilden）手中购得的。

如今我们了解得更多了，能够更加详细地描述出 1626 年春发生的事情。1610 年，在阿姆斯特丹，一捆文件出现在一次善本与手稿拍卖中。一位图书管理员将其标为第 1795 号“新尼德兰文件，1624—1626”。该文件主人的名字如雷贯耳：亚历山大·卡尔·保罗·乔治·里德尔·范·拉帕德（Alexander Carel Paul George Ridder van Rappard）。他拿来拍卖的古印刷品应该是他的祖父即著名收藏家弗朗斯·亚历山大·里德尔·范·拉帕德（Frans Alexander Ridder van Rappard）的收藏品中的一部分。很多年之后这些文件才被其他收藏家（美国铁路大亨亨利·E. 亨廷顿）买下，被翻译出版，为学者们所用。[①] 这些文件——曾经是西印度公司档案中的一部分，不知为何在大规模的销毁中逃过了一劫——由 5 封信和一批指示文件组成，可以追溯到该殖民地建立初期。本章中的许多信息都出自这些文件，它们为我们提供了一个新的视角，让我们能重新了解荷兰人对于自己在“新大陆”殖民地中的表现的看法。比如，长久以来，人们有一种看法，认为这个殖民

---

① 1924 年 A. J. F. 范·拉尔（A. J. F. van Laer）——查尔斯·格林的前辈，翻译了荷兰档案，将这些记录制作为限量版的《关于新尼德兰的文件，1624—1626，亨利·E. 亨廷顿图书馆藏书》（*Documents Relating to New Netherland, 1624 – 1626, in the Henry E. Huntington Library*）出版发行。

地从建立之初就是无组织的临时定居点，那里管理不善，几乎处于无政府状态，在英国人到来并促使其正常运转之前，那里基本上就是一团糟。然而，那些所谓的“范·拉帕德文件”证明了这种看法是错的。[34]它们证明了荷兰人付出了许多心血打理这块殖民地，并为居民的福利做了许多事情。从这些文件中我们了解到，在米努伊特之前还有一位领导人，即倒霉的威廉·费尔哈斯特。在他离开荷兰共和国之前，费尔哈斯特被明确指示“仔细记录下所有可耕种或放牧，有矿藏或其他资源的土地的所在位置”，在土壤中钻孔，指明每一处瀑布、溪流和可供开锯木厂的地方，注明“河流的入口、深度、浅滩、礁石和宽度”，标明最适合建立堡垒的地点，“牢牢记住最适宜的、满足下列因素——河流狭窄，不会被人居高临下射击，
大船无法靠得太近，远处景物一览无余、没有树或山丘遮蔽， 54
护城河中能有水，没有沙子而只有黏土或其他坚实的土壤——的地点”。这些指示中对农耕的准备工作做出了详细说明：“……各种各样的树木、藤和种子被运送出去……应先后将各种水果的样本寄给我们……至于被寄出做试验的茴香和孜然籽，应当在不同时间和不同地点播种，并观察其在什么时间和什么地点长得最好，结的果实最多。”

多亏了这批储备文件，我们看到一幅改进的图景：荷兰人的管理井然有序，米努伊特在殖民地建立这一方面拥有卓越的领导能力。这些文件中还出现了另一个人。1626 年 7 月，商人之子、30 岁的艾萨克·德·拉谢利（Isaack de Rasière）热衷探险，他走下“阿姆斯特丹徽章号”（Arms of Amsterdam），走上曼哈顿海滨，准备好履行自己作为该省秘书的职责。范·拉帕德的文件包含了德·拉谢利写给他在荷兰的上司们的信件。在

一封信中，他称这座岛上住着一小群原住民，他把这些人称为“曼哈顿人”（Manhatesen），“大概有 200～300 个强壮的男女，他们跟随不同的酋长，称这些酋长为‘Sackimas’”。据推测，这一小群原住民，应该是伦尼德拉瓦印第安人的北部分支，就是和彼得·米努伊特达成地产交易的人。

诚然，没有任何在案的文字能证明有过这次买卖，但是许多其他关于这一时期的重要记录都没能保存到几个世纪之后。我们还掌握了一份 17 世纪 70 年代的记录，其中提到了曼哈顿被立契转让的事情，所以当时它是存在的。更有趣的是，我们还掌握了一份关于这次买卖的绝妙的、引起遐想的报告，而且其作者可没有兴趣欺骗读者。当将艾萨克·德·拉谢利带到新尼德兰的“阿姆斯特丹徽章号”离开曼哈顿回航时，船上整整齐齐地搭载着与这一历史关键时期相关的物品和人员：第一，被驱逐出境，颜面扫地、怒火中烧的费尔哈斯特本人以及他的妻子（不过，这趟冒险给他们带来的战利品稍微平息了他们的怒火——回到阿姆斯特丹时，他带着一件由 16 张海狸毛皮制作的塔巴德式外衣或者斗篷，他的妻子则得到了一件用 32 张水獭皮量身定做的毛外套[35]）；第二，一只装着倒霉的丹
55 尼尔·范·克利肯彼克的私人财物的箱子，其中包括一件水獭皮外套和一枚戒指，这些东西都是要送还给他的妻子的；第三，德·拉谢利给西印度公司董事们写的一封信，他在信中对委员会驱逐费尔哈斯特的决定以及购买曼哈顿的信息做出了详细的解释。

这条信息也许就是地契本身，因此，这也许就随那些于 1821 年被当成废纸出售的西印度公司记录永远消失了。幸运的是，当这艘船驶入港口时，彼得·沙根（Pieter Schaghen），

一位刚刚被任命为公司董事的代表政府的荷兰官员就在码头上。他给在海牙的上司写了一封信，详细描述了这艘船装载的东西和该省的消息。这是以荷兰语写成的最著名的历史文件之一，也是美国早期历史最重要的记录之一。实际上，它相当于是纽约市的出生证明。

致尊贵的大人们，海牙总议会的大人们

尊贵的大人们：

昨日，自新尼德兰起航的“阿姆斯特丹徽章号”已驶出毛里求斯河，于9月23日抵达此地。船上的人员称我们的人民在那里情绪高涨，和平共处；女人们还在那里生了孩子。他们以价值60荷兰盾的物品从印第安人手中买下了曼哈顿岛（Island Manhattes）；该岛面积为1.1万摩根（morgens）。5月中旬之前，他们的粮食已播种完毕，8月中旬就可收割。他们据此寄来了夏季粮食的样品，比如小麦、黑麦、大麦、燕麦、荞麦、加纳利籽、豆子和亚麻。上述船只运载的货物有：

7246张海狸皮

178.5张水獭皮

675张水獭皮

48张貂皮

36山猫皮

33只水貂

34张兔皮

巨大的橡树木材和山核桃。

随信附上， 56

尊贵的大人们，蒙主恩宠。

1626 年 11 月 5 日，于阿姆斯特丹

忠实于您的

P. 沙根（P. Schaghen）[36]

两天后，在堡垒一般的海牙议会大厦中的一间办公室内，总议会的一位办事员拿起笔，写下了一段简明扼要的备注："沙根先生来信收悉，此信写于本月 5 日，阿姆斯特丹，其中包含来自新尼德兰的船只抵达的通知，无须据此采取行动。"[37]

正是当时的这封信让我们了解到那个购买价。虽然这可能会促使人们反省白人从印第安人手中夺取这片大陆的行为，但是如果要公平对待这场交易中的参与者，我们就要从他们的角度来看问题。首先，我们可以不去管那个 24 美元的数目，因为其所处的时间要追溯到 19 世纪中期，而且其与 200 年前的购买力之间没有关系。第二，米努伊特付出的不是 60 荷兰盾——印第安人们会觉得荷兰盾毫无用处，他付出的是"价值"60 荷兰盾的东西，也就是货品。1626 年，多少货品能值 60 荷兰盾呢？采取计算相对价值的方式只会让人徒增烦恼。一把钢刀在阿姆斯特丹或伦敦可能不值几个钱，但是对于在美洲"北河"沿岸的原始条件下生活的荷兰定居者来说，它就相当宝贵，而对于生活在被如今的人类学家们称为"晚期林地"的印第安人来说，这就是一笔巨大的财富。

正确看待这次买卖的一种方式是将这一数目与其他为购买成片的荒地而付出的代价相对比。比如，1630 年，彼得·米努伊特代表西印度公司用"帆布、水壶、斧头、锄头、贝壳串珠（wampum）、钻探锥子、单簧口琴等多种其他的小物

件”[38]从塔潘人（Tappans）手中买下了史坦顿岛。1664 年，三个英国人用两件外套、两把枪、两个水壶、10 块铅、20 把火药、400 英寻贝壳串珠和 200 英寻布料从印第安人手中买下新泽西的一大片耕地。我们也可以在荷兰居民之间的土地转让背景下来审视曼哈顿土地买卖的事情。在曼哈顿被转让三年之后，西印度公司授予一个荷兰人 200 英亩的土地，那里后来变成了格林威治村；作为交换，他必须将他在这片土地上的劳作 57
所得的 1/10 上缴公司，而且要承诺“每年圣诞节给董事送来一对阉公鸡”[39]。1638 年，安德里斯·哈德（Andries Hudde）向赫里特·沃尔佛岑（Gerrit Wolphertsen）出售 100 英亩的土地，售地所得为 52 荷兰盾。[40]

所以，曼哈顿土地的购买价基本上与其他支付给印第安人的购买价一致，虽然从每英亩均价的角度来讲，该价格远低于荷兰人之间的购地价格，但是它还是处于同样的价格区间之内。以西印度公司中的士兵收入为参照点，一名士兵每年的收入约为 100 荷兰盾，也就是曼哈顿购买价的两倍。[41]这让我们看到了一个最重要的事实，那就是荒芜一片的新大陆土地价格是极低的。

另一方面，在了解到印第安人对于土地所有权的看法之后，我们就会知道，尽管印第安人“出售”了曼哈顿，但他们还是打算继续使用这片土地，而且他们也确实是这么做的。由于对曼哈顿殖民地进行的认真研究是个相对较新的领域，因此，新信息很有可能随时会在最不可能的地方冒出来。美国史学家对于该殖民产生了兴趣，有些尼德兰史学家对此也有兴趣。因此，2000 年，一个于 1663 年结案，并且在那之后在荷兰阿纳姆市档案中沉睡多年的法庭案例被荷兰史学家珍妮·维尼玛挖掘并写了出来。这个案例让我们注意到了17世纪的美洲印第安人对于地产交易的模糊概念。1648年，布兰特·范·斯里赫腾霍斯特（Brant van Slichtenhorst）受雇于该省最大的地主范·伦斯勒家族（Van Rensselaers），负责管理他们巨大的地产。[42]几年之后，他回到荷兰共和国，起诉追讨欠款，而且这场为期7年的官司充满了莫霍克人和马希坎人之间的生活细节。范·斯里赫腾霍斯特在荷兰殖民地期间代表他的老板从印第安人手中买下几处地产，但是这些买卖没有一桩是让人省心的。从这场买卖开始之前到买卖结束几年之后，范·斯里赫腾霍斯特不得不同时供养多达50名印第安人，还要保证酋长们的啤酒和白兰地的稳定供给。除了这些卖主和他们的随从，他还遇到过一个印第安地产经纪人，此人要求带着几个女人在范·斯里赫腾霍斯特家里住“8~10次”，以此作为佣金的一部分。范·斯里赫腾霍斯特投诉道：“与所有的印第安人之间总有大麻烦，总是争吵不休，他们脏污不堪、臭气熏天，目之所及的东西都被偷盗一空……”

这不是在买卖之后的几天或几周内持续发生的事情，而是好几年都如此。范·斯里赫腾霍斯特刚要出门调查地产的情况就遇到安营扎寨的印第安人。他不但不能因这些“入侵者”
58 而感到愤怒，而且根据他们的习俗，他还有义务给他们送上更多的礼物并款待他们。“老实说，头三年里，我们没有半天是能摆脱印第安人的纠缠的。”他写道。当然，从长期来看，是欧洲人达到了他们的目的。但印第安人也绝不是厚道的受骗者，从短期来看，他们从一场简单的土地交易中获得的远比购地价账面上看来的多得多，这在当时是很重要的。

我们可以假设在曼哈顿售地一事上情况也是相同的。1628

年，也就是这座岛被买下两年之后，艾萨克·德·拉谢利致信阿姆斯特丹，他在信中用了一般现在时，报告曼哈顿岛上正住着曼哈顿印第安人，这就说明他们并没有去往别处。印第安人经常出现在荷兰人关于这块殖民地的记录中，定居者们依赖他们。而且那里有很多空间，在这块殖民地建立之后，这座岛自始至终在大部分时间里都是荒芜一片。直到 1680 年，人们才开始用一般过去时来描述曼哈顿印第安人，这时，这些印第安人出于某种原因，已经搬到北边的布朗克斯（Bronx）去了。

于是，我们只能想象，1626 年初夏，在曼哈顿下城区肯定出现了这样的一幕：米努伊特及其副官、战士和定居者们，印第安酋长们和他们的侍从，举行正式仪式，在羊皮纸上做下标记，而且连续几个月都有人来访，吃吃喝喝，赠送礼物，在一场让双方都很满意的交易中，各方都对这一交易的结果各有看法。后续的一些仪式已经被历史遗忘，一份文件也随之丢失。不过，米努伊特应该会为给他这座正在成形的城市举行落成仪式，并且根据其荷兰母国——这个开放而又神气活现的国度——的某些文化和传统，为这个肮脏小岛上的村庄取一个恰如其分的名字。

当这件工作完成的时候，米努伊特应该会登上公司的帆船，驶向上游，处理在奥兰治堡的危机。他命令卡特琳娜·特瑞科、约里斯·拉帕里和其他定居者搬出这一地区；他还向“南河”定居者发出了信息。米努伊特在重新部署人手。曼哈顿——新阿姆斯特丹——从现在开始将变成中心之地。

然后他乘船回曼哈顿，在一个周五的夜晚到达港口，那是
7 月的最后一天。第二天早晨，他见到了后来变成他器重的助 59
手的艾萨克·德·拉谢利，后者的船在米努伊特不在的时候已

经到了。德·拉谢利递给他董事们写的一些信；然后二人开始讨论应该把谁送到北边去代替范·克利肯彼克，米努伊特已经决定让一支小分队留在堡垒中。他们决定提拔与拉帕里和特瑞科一起来此的那个弗利然带职信徒巴斯蒂安·克罗尔。克罗尔也已经在奥兰治堡待了两年，而且他与印第安人走得特别近。德·拉谢利写道，他们之所以选择他，是“因为他精通该部落的语言”[43]。于是，一个本想到这里来，在新省份的教堂任职的人反而得到了一把毛瑟枪和一个军事指挥的职务。没有人知道，当他接受这个职位时有多么诚惶诚恐，他看到了降临在他的前任们身上的命运。

一小队士兵立在一旁，大约200名定居者全部沿着平缓的曼哈顿东南翼集结在一起，眺望两条河中间较狭窄的部分。两条河流环绕着这座岛，通向水域对面500码之外的悬崖绝壁。在米努伊特的指挥之下，他们从露营者迅速成长为定居者。在一年左右的时间内，他们在河滨（The Strand）沿岸建起了30座木屋，米努伊特和德·拉谢利共住其中一间木屋。他们建起了一座石头建筑，它的茅草屋顶是用河里的芦苇制成的，那就是西印度公司的总部。在这边领土上买来的毛皮都储存在这里，然后再经船运回到他们的家乡；这里也是艾萨克·德·拉谢利的办公室。在岛的最南端，一个名叫弗朗索瓦的男人正准备捕捉狂风，他是一个职业的风车工匠，造过两架风车，一个是磨粮食用的，另一个则是锯木材用的。

米努伊特还监督一座堡垒的建筑工程。这座堡垒位于岛的西南端，这个位置有利于防御进入海港的敌方舰艇。最初的计划是要建造一座巨大的建筑，所有的定居者都在其中生活，好远离这个国家中的野蛮人。但是野蛮人似乎也没那么野蛮，而且，考虑到人手紧缺的情况，要想建起非常宏伟的建筑显然也是不可能的。米努伊特下令重新设计。那个被派去为城镇设计布局并建造堡垒的荷兰工程师显然特别不专业：原来的建筑大部分是由土堆成的，甚至在还没完工之前就已经开始崩溃。这 60
座建筑在接下来的几年中被推倒重建；诚然，阿姆斯特丹堡摇摇欲坠的状态会一直持续到彼得·施托伊弗桑特站在不牢固的城墙上将其拱手让给英国人为止。这座堡垒的大致轮廓显然在如今旧海关大楼的“脚印”里，后者的位置也和原先差不多，就在炮台公园（Battery Park）对面。历史开了一个讽刺的玩笑，这个地方原先是为了将印第安人拒之门外，如今却成了美洲印第安人博物馆，这里大概是曼哈顿唯一一个能够看到明显的印第安文明标志的地方。

随着定居者们对他们所在的这座岛的不断探索，他们发现它有着不可思议的多重面貌：茂密的森林中镶嵌着棱角突出的岩石、绿草如茵的草地，高山从中心绵延到北部，有激流也有涓涓细流，还有芦苇丛生的大池塘。那些和他们交易的印第安人还扮演了向导的角色。维阔斯盖克（Wickquasgeck）部落居住在岛北面内陆的某些地区以及曼哈顿北部的一些森林中。曼哈顿印第安人用维阔斯盖克命名他们穿过岛屿中心，抵达北部地区的那条小道。沿着这条路向南走，各部落的印第安人就能抵达位于岛最南端的荷兰定居点。同样地，欧洲人可以沿路北上，到岛中央茂密的树林中打猎，在伸入东海岸的水湾打鱼。北上的路途中，他们会穿过大片的针栎树、栗树、杨树、松树，经过散落着野草莓的开阔地（“河流附近平原上的地面上长满了草莓，”他们当中的一个人记录道，“果实累累，你都可以躺下来直接吃了”），越过从高地——就位于如今的五十九街（Fifty-ninth Street）和第五大道（Fifth Avenue）所在的区域，差不多就在“广场酒店”的位置上——向东南方匆匆流去，最终注入“东河”（East River）上的小海湾中的小河。显然，这里注定要成为岛上最重要的航道。荷兰人在拓宽这条小道时将其称为“绅士街”（Gentlemen's Street）或“高街”（High Street），或者直接叫作“大路”（Highway）。当然，英国人会将其称为“百老汇大街”[1]。

61 就这样继续走下去，为生存使出全身力气、绞尽脑汁，这片水域的边缘越来越近，潮水接近他们小小的群落，又一拨一拨退去，曼哈顿人可能几乎完全没有意识到接下来的几年间将会发生什么。港口中的帆船出现得越来越频繁，从下锚的船上驶出来（当时那里还没有码头）的小帆船带来了更多新的、不同的面孔——来自安哥拉中央高地，黑檀木般的面孔；在北非沙漠风暴中磨出皱纹的面孔；还有意大利人、波兰人、丹麦人。

这里发生的情况与北面两个英国殖民地展现的过程不同。古板的清教徒们于 17 世纪 30 年代抵达北面的殖民地，这些更加古板的早期移民信仰虔诚，在这片荒凉的土地上维持单一文化。而这个殖民地是一个商业定居点，是正在崛起的大西洋商

① 百老汇并不是像某些史学家所说的那样与这条印第安人的小径完全重叠。如今，如果要追踪维阔斯盖克小径，我们就得走百老汇大街在海关大楼北面的部分，沿着公园路（Park Row）向东慢跑，然后顺着鲍厄里街走进二十三街。这条小径从那里迂回通向岛屿东侧，它穿过中央公园尽头向西延伸；百老汇小道与维阔斯盖克小径在岛屿远端再次汇合。这条小径继续延伸，进入布朗克斯；9 号线顺着这条路向北延伸。

圈的中转站。它存在的消息传向远方，传到巴西亚马孙丛林中的巴伊亚（Bahia）和伯南布哥（Pernambuco），传到在安哥拉的罗安达新建立的葡萄牙奴隶贸易港，传到斯德哥尔摩——在那里，精力充沛的君主古斯塔夫斯·阿道弗斯（Gustavus Adolphus，即古斯塔夫·阿道夫）正着眼于将瑞典这个长久以来冰封雪飘、如穷乡僻壤一般的欧洲国家变成可与西班牙和正在崛起的英国和荷兰共和国匹敌的贸易强国。

涓涓细流开始汇聚。这座岛依偎在它诱人的港口中。通过这座岛，一小拨接一小拨的人开始从世界各地来到北美洲。虽然西印度公司带有强烈的加尔文主义色彩，而且试图将其强加在殖民地上，但是这个定居点的人口结构——本身就是在母城阿姆斯特丹的多民族影响之下形成的结果——保证了这里粗糙的、松散的社会结构。在远海中谋生的私营先锋——走私犯和海盗们——也自然而然地发现了这个地方并将其作为枢纽。所有这些吸引合法贸易的元素也适用于他们，此外，这里远离文明社会，实际上也就没有了官方的管制，这也是其诱人之处。

人们的日子变得更加充满生气；夜幕降临时，轻柔地拍打海岸的波浪声被饮酒歌和怒骂声压了下去。实际上，新阿姆斯特丹不是一个自治市，而是一个公司生活区；这里的居民不像市民，倒像雇员；而且这里没有真正的法律体系，所以人们就
临时创造了一个。每周四，这里的“政府”会在粗糙的墙面 62
围成的堡垒中办公。由米努伊特的执法人员，一个来自坎特伯雷、名叫扬·兰佩（Jan Lampe）[①] 的英国人监督诉讼程序。

① 他原来的名字应该是约翰·兰佩（John Lamp）；和这片荷兰殖民地上的许多外国居民一样，他也把自己的名字“荷兰化”了。

他头戴一顶带有羽毛装饰的黑帽子，身配一把十字剑，一身伦勃朗风格的正装，打扮得十分华丽。米努伊特、德·拉谢利和一个由五名成员组成的委员会审理案件并发布命令，后来的委员会又反复重申这些命令并在其基础上增加内容，这样，一部边界法的主体就建立起来了。比如，1638 年，一系列惩戒性的法令出台了："所有航海人员必须在日落前修理好公司分配给他们的船舶或单桅帆船，如无许可，任何人不得在海滩上停留"[44]；"……从今往后严禁任何人售酒，任何人家中一旦发现酒品则处罚金 25 荷兰盾"；"严禁斗殴，严禁与异教徒、黑人或其他人种通婚；严禁参加暴动、偷窃、提供虚假证供、诽谤和其他不法行为……违者须接受改造以及惩罚，以儆效尤"[45]。

来自不同文化背景的男女同游之风日盛。西班牙人弗朗西斯科·德·波尔特（Francisco de Porte）在委员们面前做证：是的，那天晚上自己的确是在荷兰车轮修造工克拉斯·斯维茨（Claes Swits）家中，当时，英国人托马斯·比奇（Thomas Beech）的妻子娜恩（Nanne Beech）在酒兴正酣的时候，"当着她丈夫的面，乱摸在场大部分的人的马裤前裆"[46]，于是，她的丈夫勃然大怒，攻击了其中一个人。

米努伊特也许是一个能力出众的战略家，但是他不擅治人。局面越来越混乱。德·拉谢利在秘书任上费尽心力维持秩序，直到 1628 年。这一年，他回到阿姆斯特丹，不过他最后还是再次离开，变成西印度公司在巴西的糖业巨头。他曾向阿姆斯特丹的董事们投诉这里"相当缺乏法律约束"，而且他认为董事们应当对该公司定居者们的所作所为有所了解，"如果我们命令他们在谈到尊贵的大人时使用尊称而非他们一直以来惯于使用的不敬之词，（他们）就会认为这是对他们极大的不公”。一个名叫方戈茨（Fongersz）的粗人在偷偷与印第安人交易时被德·拉谢利抓住了，拉谢利告诉方戈茨，自己将不得不将其财产充公并对其处以罚款。对此，方戈茨的回答是： 63
“我看你还不够格。”[47]德·拉谢利在他的小报告中无力地加了一笔：“尊敬的先生们可以看出，这样的一个人对于命令和指示是什么样的态度，不过，我不认为这是他的错，因为我很少看到他处于清醒的状态，而且我怀疑他是不是在过去三四周内都是这样的。”

董事们在收到这样的投诉时应该是心平气和的。西印度公司恰逢其时。它的首要目标是通过对抗西班牙人而谋取利润，而1628年正是他们赚得盆满钵满的时候。大半个世纪以来，西班牙人将他们从南美洲殖民地上搜刮得来的财富通过所谓的“运宝船队”的常规海上渠道运回母国。这支舰队由多达90艘船组成，每年航行两次。1628年5月，皮特·海因（Piet Heyn），一个个子矮小、脸庞扁平如哈巴狗，曾被西班牙人俘虏并被迫在一艘西班牙大帆船上当了四年桨手的海员，带着他的31艘私掠巡航炮艇潜伏在古巴附近海域。他们突袭了那支行驶缓慢、负载沉重的舰队，将其洗劫一空。他们获得了惊人的收获：价值1200万荷兰盾的金银财宝。这个数目令该公司投资者们付出的成本一下子就有了回报，而且为荷兰经济加了一把火，使其保持了多年的兴旺局面。对于尼德兰联合省的人们来说，几十年来，他们一直为摆脱曾经强大的西班牙帝国、取得独立而奋斗，而这就是一个如枪响一般的强烈信号，预示着历史性的变化。一本畅销的宣传册的标题直截了当地点明了这种变化：“帝制大国西班牙的天平倾斜；心有余而力不足。写于P. P. 海因总司令征服‘银色舰队’之际。”[48]

大海在定居者们面前延伸，而在海的另一边，世界正在发生天翻地覆的变化。海因的事迹似乎证明了西班牙帝国的主体已经衰败。在半个世界之外的爪哇岛上，荷兰人扬·彼得森·库恩（Jan Pieterszoon Coen）正在实施一项东方版的米努伊特式工程：在不毛之地上建造城市（巴达维亚，即现代的雅加达），而这座城市将变成荷兰在东南亚的贸易基地。与此同时，在法兰克福，威廉·哈维（William Harvey）出版了他的代表作《心血运动论》（*Exercitatio Anatomica De Motu Cordis et Sanguinis in Animalibus*），此书详细说明了他关于血液循环的理论；在意大利，内科医师散克托留斯（Santorio Santorio）找到了使用体温计测量人体体温的技巧。有条不紊的荷兰通信系
64 统（向不同的船发送一式两份或一式三份的公文）虽然速度慢，但能确保消息的送达。多亏了这种通信系统，曼哈顿人才了解到外面的大千世界，并且感觉到自己是其中的一部分。

在北面，清教徒们建立的殖民地举步维艰，而米努伊特却感觉手头阔绰，急于扩张，于是他认为是时候在两个殖民地之间建立联系了。他寄出了建交信，随信还附上了“一隆勒糖和两块荷兰奶酪”[49]。苦苦支撑的英国殖民地总督威廉·布拉德福德（William Bradford）回信致谢，并在信中表示歉意，因为他们“没有什么能作为体面的礼物送给您，只能改日再向您回礼”。没过多久，艾萨克·德·拉谢利以新尼德兰官方使节的身份亲自乘船至新普利茅斯，在“号角声”[50]中出现在清教徒的殖民地上（他需要一点曼哈顿人作秀的感觉），他还带来了“三种颜色样式的布料和一箱白糖”以及英国人没怎么见识过而新阿姆斯特丹贸易商们已经非常熟悉的一些东西：由海贝制成的珠串，阿尔冈昆人把它叫作“sewant”，也就是人

们所说的贝壳串珠。

大约也是在这个时候，一位神父来到了曼哈顿，他来得正是时候。但是，如果定居者们期望这片殖民地上的第一位牧师能够成为他们的领袖并鼓舞士气的话，那么他们就要大失所望了。如果要在新阿姆斯特丹举行比赛，选出最喜怒无常、最吹毛求疵的居民的话，那么乔纳斯·米迦勒教士（Reverend Jonas Michaelius）应该会是胜出者。在他言语刻薄的家书中，他抱怨海上航行、定居者（“粗鲁放纵”）、气候、原住民（“绝对野蛮，未开化，对所有礼仪一窍不通，对，就像花园里的杆子一样粗笨、愚蠢，擅长一切邪恶的、亵渎神明的勾当；像恶魔一样的人，他们敬奉的就只有魔鬼”）和食物（“少得可怜，难吃”）。“我不确定自己在三年（合同）期满之后还要不要在这里再待下去，”他在家书中补充道，“我们和穷人一样过得清苦，日子很艰难。”米迦勒的刻薄从某种程度上来说是情有可原的：去往新大陆的海上航行夺走了他有孕在身、体弱多病的妻子的生命，只留下他孤零零一人照顾两个年幼的女儿。

彼时，新阿姆斯特丹是一个自由的贸易港。该公司允许作为自由职业者的商人们与印第安人做生意，只要该公司本身扮演中间商的角色，将皮草转卖到欧洲即可。人们在交易时使用的语言多达六种；荷兰盾、海狸皮和印第安贝壳串珠是通用货币。在一个以奶酪与黄油为基础食物的社会中，奶牛也是备受珍视且可交易的商品。

不过，虽然不断有数以千计的海狸皮草运抵阿姆斯特丹海滨的西印度公司仓库，但是这个殖民地捞不到什么好处。董事们希望他们的北美殖民地像生产海盐的加勒比殖民地一样为他们的投资带来回报，在如何实现这一希望的问题上，董事局内部出现了意见分歧。有些董事认为，如果没有大量的定居者涌入这个殖民地，那么它就永远不能发挥应有的作用，而让人们到那里去的最好的办法就是允许有钱人在那里建立种植园。作为回报，每位赞助人（在荷兰语中叫“patroon”）将可运送一批农民、工匠、石匠、车轮修造工、面包师、蜡烛制造商和其他工人到殖民地。赞成这一计划的董事们毛遂自荐，成为赞助人。其他董事则认为这是个愚蠢的想法，从本质上来说，这种做法就是将这个殖民地打造成小型的封地，这将让人更难应付海盗及背叛该公司的交易商。彼得·米努伊特加入了这场论战中，他支持赞助人一派。米迦勒牧师占到了另一方的阵营中，他寄出了一连串诋毁米努伊特的信件，称其是在欺骗董事们的过程中发挥作用的黑暗势力。他成功地让董事们相信了这个殖民地已经危在旦夕。于是，1631 年，他们将米努伊特和米迦勒召回荷兰。他们命令克罗尔——一位奉命管理奥兰治堡的带职信徒担任该殖民地的临时董事。

当米努伊特登上船时，他的心中充满了怒气，那艘船的名字也让人哭笑不得：“团结号”（Unity）。当他得知自己要紧挨着米迦勒，经历两个月的海上航行时，他心里的怨气更重了。自离开那个养育了自己的德国小镇，他已经走得很远，他不会轻易放过职业生涯中的这次中断。在五年的时间里，他已经在茫茫荒野的边缘建立了一个粗糙却真实存在的欧洲文明前哨战。在范·克利肯彼克的不幸事件之后，他与北部的莫霍克人已经言归于好，并缔结一个持续了整个殖民地时期的联盟。他从当地居民手中买下了从曼哈顿和斯塔顿到哈德逊河和“南河”（特拉华河）沿岸的大片土地，而且还与他们保持了良好

的关系。通过这些做法，他勾勒出新大陆中的一个省份的边 66
界，这个省份占据了大西洋沿岸北美洲的大片土地，其范围从今天位于南部的特拉华州延伸至北面的奥尔巴尼市，而且他还创立了一个向阿姆斯特丹提供了超过5.2万张毛皮的行业。最重要的是，他找准并开始开发这个殖民地的首府。当时，他和他的曼哈顿伙伴们对于这个地方的天然战略意义已经了然于胸，而西印度公司的董事们直到后来才认识到这一点——甚至连报复心重，对这个地方满口怨言的米迦勒也看到了这一点。“的确，”他在一封饱含怒气的家书写道，“这座岛是这个地区最重要、最关键的据点。”[51]

1632年初寒冷的一天，米努伊特站在甲板上，他搭乘的这艘船载着5000张毛皮和新大陆的水果，正要为欧洲带去温暖。他望向阴沉、寒冷的海洋，心里在计划如何为自己辩驳。命运的急转弯将降临到他身上，或是他一点一滴地打理好的殖民地身上，而他对此却还浑然不知。

第四章　国王、外科医生、土耳其人和妓女

67　英格兰国王查理一世对马和荷兰人都很有感情，但这两种感情是截然相反的。[1] 正如安东尼·凡·戴克（Anthony Van Dyck）为查理画的那幅著名的马上肖像和伦敦特拉法加广场上查理骑马的雕塑所示，他在马鞍上感觉最自在。他热衷于赛马，因此每年有很长一段时间都会在纽马克特（Newmarket）度过，这里是该国最重要的赛马盛事的举办地点。1632 年，他在 2 月中旬就早早地从伦敦动身，经过 60 英里的长途跋涉来到这里。（据说“艾克塞斯制英里”[2] 比标准英里要长，因为英格兰那一隅的路面情况特别糟糕。）这可是一件大事，因为当国王去纽马克特的时候，其他人也会去，包括该国的政界、军界和经济界的领导人以及国王的家人［他的私人医生威廉·哈维就是在纽马克特侍奉查理时创作了那部史上著名的关于血液循环的著作[3]］。查理对于壮观的排场有种近乎宗教性质的狂热，他的纽马克特宴会已经名声在外，甚至是臭名昭著的：仅仅一个赛马季，86 桌宴席上每天就要消耗 7000 只羊、6800 只羊羔和 1500 头牛。在不看热闹或大摆宴席的时候，他就在休养地打猎、打网球，或者到马厩去看他最喜欢的马。[4]

对于荷兰人，他是持鄙视态度的。而且，他也受不了法国人（尽管他和一个法国人结了婚）[5]。尽管他生来就是一个苏

格兰人，但是他认为苏格兰人让人恼火，于是他鼓励他们尽可能地移民到加拿大去[6]。但是荷兰人在某些方面令他特别苦恼：他们掀起了一场激烈的反抗，而且希望通过流血暴力摆脱君主制，以共和制取而代之。查理是君权神授的积极拥护者，他认 68
为共和主义是一种全民瘾症。当然，他也认为他的子民们享有自由，对此，他用一句名言解释过："……但是我必须告诉你们，他们的解放和自由是存在于有政府管制的基础之上的……而不是让他们成为政府的一分子进行管理，他们没这个资格。"[7]（他是在面对观看他被斩首的人群面前做出这一番解释的。）当时他正处于后来人们所说的"人治"的时期，在这11年里，他因为议会与他起争执而将其解散，自己一个人说了算。在这一时期，他渐渐与他的国民疏远，王室变得更加孤立，而且国王花钱越来越大手大脚，宴会也越来越奢靡浪费，议会大为愤怒，民众开始公开反抗。最终他最害怕的噩梦成真：民众揭竿而起，他人头落地。

虽然查理认为荷兰叛乱分子既疯狂又危险，但是眼下还有更让他恼火的事情，那就是在世界各地的港口中，荷兰商船队正在把他们的英国对手们打得屁股开花。荷兰人正在使劲儿把英国人挤出最富饶的商业源头——东印度，荷兰商船现在控制了世界上大部分的糖类、香料和纺织品贸易。讽刺的是，查理因自己独断专行的统治而对此无能为力：解散议会之后，他无力筹集与荷兰人抗衡所需的资金。

更让查理苦恼的是，尽管荷兰人这么令人讨厌，他还得被迫与之结盟。加尔文教在反抗西班牙人的荷兰诸省占据统治地位，从伊丽莎白女王时代开始，英国一直以新教的名义实行支持荷兰的政策。但是这个联盟渐渐发生动摇，英国的领导人查理和大批英国民众都对荷兰人反戈相向，开始将他们视为新的威胁。

正是在这样的局势之下，查理于1632年3月到纽马克特享受赛马季。嗒嗒的马蹄声重击在地面上，人声鼎沸，三角锦在天空中熠熠发光。这位国王感觉如鱼得水。他身着盛装，栗色的头发飘扬，还留着锥形的浅黄褐色胡须（原汁原味的凡·戴克风格），眼睛盯着他最喜爱的马，和彭布罗克伯爵（Earl of Pembroke）一起下赌注，后者的赌瘾有点重，这是众
69 所周知的。这里还有一个骤然崛起的荷兰共和国派来的胡搅蛮缠、令人心烦意乱的使团，当然这是查理最不放在眼里的。当年事已高、德高望重的大使阿尔伯特·约阿希米（Albert Joachimi）骑着马进入纽马克特求见查理时，查理的第一反应或许就是厌恶，想打发他走。但是在当时的国际局势下，这样做是会酿成政治上的大错的。最终他还是同意见这个人了。

这位大使在会面开始就使用外交辞令，滔滔不绝，巨细无遗地详陈两国之间源远流长的友谊，他称最近这种友谊被企图“挑起某种误解”的“敌人”[8]所干扰。查理很清楚这个人的怨言背后的潜台词，而且肯定被这番怨言中故意使用的一个模糊的字眼——“敌人”给逗乐了。几十年来，英国人一直在帮助荷兰人对西班牙作战，这是事实。但是两年前，同样是在纽马克特，查理接见了另一位特使——他是被西班牙王室派来的。他欢迎这位特使的到来——事实上，他热切期盼着后者的到来，而这令地缘政治格局发生了巨大的变化。

除了马之外，查理还一直对艺术十分热爱。他的私人收藏品包括拉斐尔（Raphael）、提香（Titian）、丁托列托（Tintoretto）、曼特尼亚（Mantegna）和科雷乔（Correggio）的作品。一方

面，这彰显了他的王室风范；另一方面，这些巨大开支令民众中的某些社会阶层对他的仇恨一触即发。在收集艺术品的过程中，他已经变成教皇的亲密笔友，教皇还送给他梵蒂冈的画作，而这只会令清教徒们对他的疑虑更深。如今，西班牙国王腓力四世被荷兰起义弄得几乎筋疲力尽，故非常希望英国能停止对尼德兰联合省的支持。腓力选择让妻子担任自己的特使，劝说查理与欧洲最著名、最炙手可热的艺术家彼得·保罗·鲁本斯（Peter Paul Rubens）签订和约，历史学家认为这是腓力妻子的灵机一动。鲁本斯也算是一位政客，他自认是一个忠诚的荷兰人，但是他来自安特卫普，那是由天主教占据统治地位且不愿与西班牙决裂的南方诸省中的一个。当鲁本斯与腓力在马德里会面共商出使大计时，他自己的想法是，如果查理不再对西班牙人抱有敌意，那么造反的荷兰诸省就会放弃造成毁灭性影响的叛乱，南北就能统一。于是他同意出使。

在英国，查理满怀欣喜地接见了鲁本斯，他委派这位艺术家在怀特霍尔宫宴会厅的天花板上作画。[9] 这座刚刚建成的宫 70
殿属于帕拉第奥风格，既现代又前卫，出自伊尼戈·琼斯（Inigo Jones）之手。建成后，天花板的中央嵌板（今天，鲁本斯这件唯一的作品依然在它应该在的位置）体现了查理对于君主政体的狂热信念：在旋转飞升的小天使的簇拥之下，他的父亲詹姆斯——神圣王权的化身——升入天国。查理的子民们后来正是在这个房间里处死了他，这证明了英国人在挖苦人方面的一贯才智。

鲁本斯还向查理引荐了他的学生安东尼·凡·戴克，此人成了查理的宫廷画师；多亏有他，我们才能见到一整个画廊的肖像画，这些画将这位国王的各种情绪和一举一动都捕捉了下来。查理将他们两人都封为骑士。他还和西班牙签订了和平条约——这让英国和荷兰共和国更加渐行渐远，转为敌对。然后，鲁本斯得意扬扬地去拜访他在伦敦的同胞约阿希米大使，他希望能说服后者，要想让荷兰共和国统一，最有希望的做法就是让叛军政府与西班牙进行和谈。但是，鲁本斯严重低估了北方诸省的决心。约阿希米和他效力的那些人一样反叛，他告诉这位画师，各省统一的唯一途径是南方人加入战争。（南方人没有这么做，最后，信奉天主教的南方诸省变成了比利时。）

约阿希米正是在英国刚与西班牙签订和约的背景之下，在纽马克特的马蹄声和嘶鸣声中求见查理的。他用的是英国和荷兰的“敌人”这个词，这暗示着抛开刚签订的和约不谈，新教徒们在面对共同的天主教仇敌时依然必须紧密团结在一起。（“我们不认为国王陛下对我们有敌意，”约阿希米在谒见之后给总议会的信中写道，“因为我们没有圣徒也没有斋戒日，而在这方面，西班牙国民是很迷信的。”[10]）这位大使尤其希望国王能叫停近来一种令人不安的做法——自从英国与西班牙签订和约之后，被荷兰私掠船缴获的西班牙船只在进入英国港口时会被查封，这与两国长期以来的约定是背道而驰的。

国王听这个人把话说完了，而且礼貌地回避了这个问题。约阿希米两手空空地离开了。

71 不过，在不到两周之后，刚刚回到怀特霍尔的查理不得不再次和这个人周旋。这一次，约阿希米的外交手段不再那么含蓄。局势有了新的变化。又有一艘船被查封，但是这艘船不是荷兰人俘获的西班牙船。这是一艘合法的荷兰船，约阿希米禀告国王，它是从“一个叫曼哈顿的岛”开往阿姆斯特丹的。

报告表明这艘船上除了载有 5000 块皮草外还有新尼德兰省的前任管理人。

此时，在西南面 200 英里之外的地方，被英国人关押的彼得·米努伊特正气得七窍生烟。他（自己看来）无缘无故地被剥夺了职位，被迫放弃自己连哄带骗才建立起来的殖民地，还要长途跋涉，历经艰险回国为自己的作为辩护。这还不算完，在海上度过寒冷的两个月后，“团结号”在英国海岸边被一场风暴困住，被迫在普利茅斯紧急登陆。在那里，他们没有得到友好国家对落难船只伸出的礼仪之手。米努伊特遭遇了生平最痛苦的变故——被捕入狱。唯一让他感到安慰的事情是他的宿敌，即可恶的米迦勒教士也被英国人关押了起来。

这些人被捕的消息传到了联合省之后，正如一位官员所写，领导人起初还是倾向于认为“是西班牙大使在英国施展了这个诡计”[11]。但是，随着更多的消息传来，他们得知英国人扣押荷兰舰船的理由是荷兰舰船上的货物是在英国领土上的非法所得。荷兰人都被搞糊涂了，他们的贸易商不曾闯入荷兰殖民地北面的英国领土。约阿希米大使现在正向国王陛下陈情，其中必有误会。

但是这一次查理不会再给这位大使留下希望。这位国王用律师式的、准确而又微妙的语言告诉这个人，他认为这块殖民地的归属存在一些争议，在确定自己在这一议题中的权利之前，他不能释放这艘船。“国王陛下的回答，”约阿希米向自己的上司报告，“虽然措辞礼貌、态度友善，但依然令我们不满意……”

约阿希米当然知道两国邦交为何骤然降温。荷兰人掌握了东印度群岛贸易的统治地位。而查理也意识到了尽管充分利用 72

“新大陆”殖民地是在更远的未来才会做的事，但是它代表了另一个财富之源。他最近刚刚将弗吉尼亚领土的很大一部分赐予父亲的朋友和顾问，即又称巴尔的摩男爵的乔治·卡尔弗特（George Calvert）——这是还了后者一个人情。乔治将他的儿子命名为马里兰（Maryland），这显然是在向查理的妻子亨利埃塔·玛利亚（Henrietta Maria）致敬。查理本人也支持弗吉尼亚的烟草贸易。

但是，眼下英国人出于一个特别的原因，要在此时扑向荷兰人在北美洲的领土。所有地缘政治行为中涉及两个刚刚崛起的强国的纷纷扰扰在一个事件中显露无遗——有些事情遥远，看似微不足道却会激起与它的规模不成比例的历史回音，这就是其中一件。在利润丰厚的东印度香料群岛（也就是今天印度尼西亚的一部分）之一的岛——安波那岛（Island of Amboyna）即安汶（Ambon）岛上，荷兰人和英国人刚刚发生了一场血腥的较量。荷兰人赢得了这座岛以及丁香贸易的控制权，但是殖民地上的英国商人都可以在那里生活和工作。也许是为了报复英国人最近在印度群岛袭击荷兰船只的行为，那里的荷兰士兵拷打并杀死了十个英国人和几个日本雇佣兵，这些人被指控密谋夺取这个要塞。幸存下来的英国人坚称这种密谋行为不存在，荷兰人的行为完全是残暴天性驱使所致。

无论英国当局实际上对于此事有多愤慨，他们都为了取得道德和政治上的优势而不遗余力地编造了事情的经过。英国出现了题为《安波那岛上发生的对英国人的不公、残酷、野蛮暴行实录》的宣传册和书籍，其中包括生动的、小说般的描述和栩栩如生的木刻插图，插图表现的是这些英国人所受到的种种折磨，其中包括水刑和火刑（“约翰逊又被带去拷问，”

一段扣人心弦的描述提及，“博蒙特听到他有时会大声叫喊，然后安静下来，然后又是大声咆哮。最后，在经历了大约一个小时的两度审问之后，他在被带回来时大声哭号，全身湿透，身上各处都被残忍地烧伤了……”[12]）。这些描述引发的骚动是如此巨大，以至于在为“团结号”被扣押而诉苦之余，约阿希米也在谒见查理时抒发了对于这些描述的满腹牢骚。这位大使希望国王了解，荷兰人认为这些书里写的都是诽谤之词，“其意在挑起一个民族对于另一个民族的怒气”。但是这位国王听任人们散发这些宣传册和书籍。于是，荷兰人也加入了英
国公众舆论之争，他们印制并带着他们自己的英文宣传册涌入 73
英国的集市，发表他们自己对于这一事件的见解。（他们拒不承认用火烧英国人的行为，但是他们承认使用了水刑，因为这是“最保险、最文明”也是“全欧洲最常见的做法”。[13]）

英国人从安波那岛事件中获得的好处多得惊人。几十年来，这一事件令英国人心目中荷兰商人无情、冷血的冤家形象更加根深蒂固。荷兰人在种种暴行方面的记录与英国人、葡萄牙人或者其他欧洲帝国铸造者们的记录相比当然不遑多让，但是夸大这一事件的野蛮性令英国人在面对这个微小、浸在水中的国家在全球竞赛中远远超过他们的事实时，感觉心中的痛苦有所减轻。直到 1691 年，这一事件发生 60 年之后，约翰·德莱顿（John Dryden）还创作了剧作《安波那岛：一场悲剧》，剧中的全部角色都是真实事件中的人物，从骇人的荷兰总督哈尔蒙（Harmon）（“拿更多的蜡烛来，将他从手腕到手肘都烧一遍”）到英勇的英国人博蒙特（Beaumont）（“来吧；我会像草海桐一样享受火焰，一只手烤焦了，我就伸出另一只手”）。[14]

但是这也带来了负面后果。英国人成功地把荷兰商人和战士描绘得如此无情，以至于英国几乎将东印度群岛拱手让给了荷兰航运商，并重新聚焦于亚洲其他地区。因此，在后来的几个世纪里，安波那岛事件产生的一个深远影响就是英属印度的建立。

另一个影响是纽约的建立。没有哪个殖民地曾经存在的时间长达几十年，将来也不会有哪个殖民地存在这么长的时间。但是在 17 世纪 20 年代和 30 年代，在两个处于成形期的帝国的你推我搡之中，地球一端的事件会影响到地球的另一端。到了这时，英国的一些人已经意识到荷兰掌控的那部分北美土地是那块大陆的关键所在，而且他们决意不让荷兰人同时控制东印度群岛和广袤、丰饶的北美未知之境。法律智囊团们忙活了起来，他们设计出了一个计划，要剥夺荷兰对其领土的主权。

在约阿希米第二次觐见国王查理的一个月后，查理的正式回复传到了海牙。这位国王宣称他无意压制关于安波那大屠杀
74 事件的出版物在英国出版（他用这样一句话回应荷兰人的怒火：“只有正义的药膏能够治愈溃烂的民心”）。对于荷兰人投诉的英国扣押从曼哈顿岛起航的船只一事，国王陛下的回应是他质疑荷兰人对这块领土的主权。查理警告道，那些荷兰人和他们的舰船是来自“他们从弗吉尼亚北部攫取来的某个大农场，而他们却说这个种植园是从该国的原住民手中获得的”。紧接着，他连珠炮似的抨击荷兰人，质疑他们对曼哈顿岛以及延伸至岛的南北两端一百多英里的领土的主权，其中的一些说法颇有新意。“首先，印第安人并非那些领土的‘善意占有人’（possessores bonae fidei），他们的居住地并不固定也不确定，因此他们不能通过销售或捐赠的方式安排这些领土……其

次，实际上，无法证明该领土上的所有原住民曾与荷兰人在这一捏造出来的销售中签订了合同。”而且，英国人称自己才是这片土地的真正的主人，“先发现者先得，天经地义”。在这件事情上，英国人将当时普遍接受的合法性发挥到了荒谬的地步，而这种荒谬性是在帝国和大发现时代里，所有抢占土地的行为的基础。“先发现者”是约翰·卡伯特，他于 1497 年踏上纽芬兰的土地。按照“发现”概念的逻辑，当探险者踏上一片之前从未有来自欧洲人眼中像样的文明背景的人踏足的土地时，那片土地以及由此延伸出的理论上发现范围内的土地都归探险者的赞助国所有。不过，即使是奉行这种扩张领地的简易方法的人们也会感到惊讶，只因为一个意大利人曾踏足跨越北美的一部分土地（毕竟，纽芬兰也是一个岛）——更何况当时是卡伯特认为自己身处一个无人居住的亚洲地区——上至北极、西至太平洋、南至西班牙人控制领土的上百万平方英里的整片陆地都奇迹般地、无可争议地归英国所有了。

荷兰人不吃这一套。一方面，他们对于所有权的法律依据与英国人不同。在他们的法律体系中，发现者还必须占领并测绘这片土地；派遣定居者的决定就是这么来的，尽管人数不多，但是新尼德兰的三大流域都有他们定居者的身影。到了 5 月，这一事件结束，船被放出来了。英国人进了一步，而荷兰人——当时国力更加强盛——又把他们推了回去。查理表现出了英国人对这片土地的兴趣，但眼下他没有条件为自己的话提供支持。

没有人记录下彼得·米努伊特在 5 月 3 日说的话，当时他 75
拖着沉重的脚步，走进位于阿姆斯特丹的外观典雅的西印度公司，脸带怒色，心烦意乱。在各种事情中，他听说英国人现在要否定他建立这处殖民地的权利。也许因为荷兰董事们对待他的方式——他对此大概也不太生气。这场国际纠纷中让他最受打击的事情应该是世事竟如此无常——殖民地本身就是待价而沽的。在一场关于他作为新尼德兰总督的行为的听证会之后，他被正式解雇，而且听证会指控他在任期内运往殖民地的定居者不足（这项指控令人愤慨，因为米努伊特曾反复催促，要求运来更多定居者）。在这之后的某一时刻，他和威廉·尤瑟林克斯见面了，威廉是最早支持建立新尼德兰的人，但是如今也和米努伊特一样满腹牢骚。很快他们就会凭空构想出他们那既大胆又荒唐的秘密国际殖民计划。

在“团结号”把彼得·米努伊特带回欧洲并卷入一场国际事件的两年前，这艘船曾驶往另一个方向，将一个初出茅庐、意志坚强的 18 岁少年送到了曼哈顿海岸边，这个少年名叫哈门·曼德茨·范·登·博加特（Harmen Meyndersz van den Bogaert）。他来的时候已经有两年的学徒训练经历（无须书本指导），准备加入古老却并不特别受人尊敬的“理发师-外科医师”（barber-surgeon）[15]行会，因此他已经掌握了一些在边远定居点肯定能用得上的技能。他当时在殖民地做的事情显然不仅仅是为新尼德兰的居民们修剪胡子这么简单，他在截肢和放血时的勇气肯定也给人们留下了深刻的印象，因为在与英国人就这块殖民地的命运进行争论之后，他被赋予了将这片土地从另一个欧洲势力的威胁中拯救出来的重大使命。

到这时，这块殖民地已经有了一个无可争议的附属城市——或者说是村庄。事实上，奥兰治堡——莫霍克和哈德逊河连接处的贸易站，也是约里斯·拉帕里和卡特琳娜·特瑞科度过最初两年的地方，已变成皮毛贸易中心。印第安人从遥远而未知的西面带着沉甸甸的毛皮来到莫霍克河谷；贸易商将它们买下，储藏在堡垒中，然后将它们用船运到下游的曼哈顿。 76
他们现在已经与莫霍克人建立了牢固的关系，这一关系将在荷兰定居点存在的整个时间内一直存在，所以这种贸易似乎是十拿九稳的。

然而事实并非如此。1634 年末，莫霍克的毛皮贸易突然中断。世界观以水为根基的荷兰人了解他们领土上的水系，知道在他们未经勘察的西面有一连串的湖泊，那是供应海狸的印第安人们的主要猎场。如果印第安人不来了，那么理由只可能有一个：法国人。很久以前，法国人曾穿过北面遥远的水道，与加拿大的印第安人建立毛皮贸易联盟。如今，法国人已经南迁并与那里的印第安人有了新的协定。那时，毛皮贸易是殖民地存在的全部理由。在未来的几十年，在曼哈顿都是用海狸毛皮、荷兰盾、印第安贝壳串珠来当作硬通货还债的。虽然因皮毛而被珍视，但海狸因外皮下面那层可制成毡制品的皮而更受追捧。从清教徒们朴素的黑色无边帽到伦勃朗的画作《夜巡》（*The Night Watch*）中荷兰官员们戴的时髦帽子，再到英国人的高顶礼帽，毡帽在全欧洲都是地位的象征兼必需品。从海狸皮到帽子的整个制作过程十分奇妙。在生产阶段，制帽匠用水银将软毛从毡子上去掉，他们往往会因水银中毒而患上精神疾病，也许正应了那句习语“疯得像个帽匠”。这些帽子贵得离谱；英国日记作家塞缪尔·佩皮斯（Samuel Pepys）在 1641 年花了 4 镑 5 先令买了一顶帽子，这个数字大约是收入中等的劳工三个月的薪水。反过来说，这意味着印第安捕兽者们与竞相和他们进行贸易的法国人、英国人和荷兰人都能赚个盆满钵满（这也解释了纽约市的标志上为什么还会有海狸的图案）。海狸贸易受到干扰，此事非同小可。事实证明，很快，法国侧翼包抄的策略带来了致命的一击。荷兰人得采取行动了。

如今已 22 岁的哈门·曼德茨·范·登·博加特接受了一个令人绝望的任务，他要去做一件没有居民曾做过的事情：深入大陆腹地，找出村庄中的莫霍克人，并让他们相信荷兰人是更好的贸易伙伴。运气使然，他的航行日志留存了下来。其中详细记录了最早的欧洲人从西海岸进入北美大陆的过程，从中我们可以一睹兴旺的莫霍克村庄的风采。这是非常难得一见
77 的，同时日志中还包括了第一本莫霍克词典。[16]这本日志在 19 世纪末就已被发现，但是最近人们才开始对其进行深入研究。它向人们展示了极其鲜活且内容充实的东部印第安人的生活图景，没有因后来的历史而掺入其他色彩。

形势极其严峻，因此这个任务不能等到春季再执行。范·登·博加特选了两个人——杰罗尼莫斯·德拉·克鲁瓦（Jeronimus dela Croix）和水手威廉·托马森（Willem Thomassen）跟随他一起在 12 月 11 日出发。他们在寒冷的季节离开了奥兰治堡，包裹中装满了食物、刀子、剪刀和其他打算用作礼物的物品，随行的还有五位莫霍克族向导。

事情起初是很有希望的，他们进入了原始松树林。但是第一天的夜里，范·登·博加特醒过来，发现那些向导准备扔下他们偷偷离开营地，这可是个凶兆。他和他的伙伴们都把东西扔下，赶紧去追人；后来，他们发现印第安人的狗已经把包裹中的肉和乳酪都吃掉了，剩下的就只有面包。接下来的日子里，他们只能在 2.5 英尺深的雪地里，迎着猛烈的狂风、打着

旋儿的雪花，看着在树缝间出没的熊和麋鹿，艰难行进。

20 日，几乎冻僵的他们在一条小溪前停了下来。范·登·博加特写道，这条小溪里“流淌着许多大冰块……所以我们现在的情况非常危险。如果我们当中的任何一个人掉下去，那就玩完了。但是蒙主保佑，我们过去了。我们腰部以下都湿透了”。他们瑟瑟发抖、步履艰难地前行，“衣服、长袜和鞋子都打湿结冰了”。然后，当他们走到一个小山顶上时，眼前出现了令人惊喜的景象：空地上有被搭建起来的 32 间房子，有些房子有 200 英尺长，每间房子上都盖着榆树皮，整片房子周围环绕着尖木栅栏。这一行人找到了他们的目标：一个莫霍克人的村庄，一个新的文明。

接下来的日子里，他们探访了许多村庄，这些村庄的文明程度令范·登·博加特很吃惊。在一个村庄中有“36 间房子，呈街道状成排并列”，每个房子中都有几户人家。有些房子已经带有与欧洲人接触的标志：铁铰链、螺栓、铰链。这一行人发现了用树皮制成的船和桶。他们见到了墓地，墓地外围是“整齐得惊人”的栅栏，墓穴被漆成了红色、白色和黑色。他们发现了一位酋长的坟墓，这个坟墓很大，甚至有入口，而且 78
带有动物的雕刻和绘画装饰。在有些村庄里，熊被关进栅栏里圈养起来。每间长屋里都有几个灶台。他们在第一个村庄中受到人们的欢迎，并获得了烤南瓜、豆子和鹿肉。在当夜的火光照耀之下，范·登·博加特切开了托马森因长途跋涉而肿胀的腿，使其消肿，又将熊油涂抹在切口上。

人们是带着好奇或者恐惧的心理来见他们的。有些在森林里遇到他们的人扔下随身物品拔腿就跑。但是，在一个村庄里，“不论老少都对我们特别好奇；真的，我们几乎无法避开这里的印第安人。他们推推搡搡地到火堆旁来看我们，等他们离去的时候已经快半夜了。不管我们做什么，他们都会毫不害羞地在我们身边乱跑”。酋长送给范·登·博加特一张美洲狮皮，他就在上面睡觉，结果他发现“到了早上我身上至少有100只虱子”。

在某些地方，接待欧洲人的做法带来了充满讽刺意味的结果。在一个村庄中，一位酋长热情地把他们请进他的屋子，这间屋子被妥善安置在远离村庄的地方，因为他害怕染上开始在这一地区横行肆虐、折磨印第安人的天花。主客双方都没有意识到，这种在整个世纪中令大批东北部印第安人丧生的疾病正是源自与欧洲人的接触。这些欧洲人本身是对此免疫的，但是，在这种疾病面前，印第安人却毫无招架之力。

在每个村庄中，人们都冲他们喊“射”（“Allese rondade!”[17]）。当这一行人应邀表演并开枪时，人们感到非常兴奋——在这里，在范·登·博加特浅黄色的日志中，我们抓住了这样的一瞬间。印第安社群已经意识到火器的存在，但是还没有开始用它们。在平安夜里，范·登·博加特怀着敬畏之心观看他们的萨满巫师作法并记录下东海岸印第安人的治疗仪式，这应该是对此最详细、最戏剧化的一段描述。

> 他们一到场就开始唱歌，点燃一个大火堆，将整间房子的周围封盖起来，不让气流进入。然后，他们二人在头上围上蛇皮，清洗双手和脸。然后他们将病人放在大火堆前，将一些药放入一桶水中，清洗一根长度为1/2厄尔的棍子。他们将棍子插入自己的喉咙，使得其中一端看不
> 79 见，随后吐在病人的头和全身上。随后他们高声叫喊，快

> 速拍手，做了许多滑稽的动作。这是他们的风俗，他们展示了许多动作，先是这样，然后又是那样，汗水从他们身上的每一处滚落。[18]

终于，这几位旅人走到了最重要的村庄，他们要在那里谈判。范·登·博加特描述的开场犹如西部片的第三幕，白人终于按照印第安人的方式与他们见了面。这个村庄的居民在村子的门外排成了两队，这些欧洲人很有仪式性地从两个队列中走过，穿过精雕细琢的入口通道，进入最里面的房子。这里的房子有装饰着图案的山形墙。在摇曳的火光中，在高声呼喊和激动的人群中，这几个人受到了热情款待，大快朵颐了一番。

然后，艰苦的贸易谈判开始了。

一位部落首领的副手把他们训了一顿，说他们带的礼物不够分量。他让他们看了法国人送来的礼物，其中包括法国衬衫和外套。气氛变得紧张了起来。当这个人继续言语相激时，其他人“坐得离我们那么近，我们都快坐不下了”。范·登·博加特数了一下，房间里有46个人围坐在他们身边。然后，其中一个印第安人叫了起来，用范·登·博加特翻译的话来说，这个人喊他们“恶棍”。他长篇大论的指责之词令人难以压制怒火，连坚强的水手威廉·托马森都激愤得流下了眼泪。最后，范·登·博加特也冲着印第安人大叫了起来。

这时候，谈判策略改变了。这个印第安人大笑了起来，称这中间有误会，并且说“你不必生气。你们来到这里，我们很高兴”。一位老人走上前来，将自己的手放在范·登·博加特的胸膛上，感受其心跳；他郑重宣告，那个人并不可怕。这些荷兰人显然通过了一场测试。这些访客小心翼翼地分发了小刀、剪刀和其他礼物。村里的六名首领上前，送给范·登·博加特一件海狸皮外套。当他们坐下来谈生意的时候，范·登·博加特了解到这些莫霍克人更愿意和荷兰人维持关系，因为他们畏惧与法国人结盟的休伦人。莫霍克人提出了他们的条件：
80 今后，每张海狸毛皮要以4把贝壳币和4匹布料交换（一把贝珠或者贝壳串珠都可以，只要是一串能达到从张开手的拇指到小指长度的珠子即可）。当范·登·博加特不做回应时，与莫霍克同属易洛魁五大部落联盟的另一个部落的老酋长走上前来。他要求有人给他翻译，因为他说的是奥内达加语，不是莫霍克语。他说道："你还没说我们能不能获得4把珠子的价格呢。"范·登·博加特告诉他们，交易的最终决定权不在他的手里，但是他会在春季回来答复他们。他们接受了这个说法，但是这位老人警告他："你可绝对不要说谎，春天来找我们，给我们所有人一个答案。如果我们收到4把珠子的价格，我们就不和其他人做毛皮交易了。"

一个临时协议就此达成。印第安人开始咏唱歌谣，这被范·登·博加特忠实地记录下来。他们咏唱的歌谣中包含易洛魁联盟五大部落的名称，荷兰人之前已走过其中的一些地方。这一联盟将在美国大革命中发挥作用，而范·登·博加特为我们提供了关于这一联盟最早的书面记录。我从易洛魁语言学家巩特尔·米切尔森（Gunther Michelson）那里得到了这首歌谣的大致译文："这个白人是个魔法师。他就要启程，把莫霍克、奥奈达、奥内达加、卡尤加、赛内卡都走遍，在它们中间安心地躺下。这对易洛魁联盟会有帮助。"[19]这首歌谣说明范·登·博加特成功地给易洛魁联盟留下了很好的印象。其中把他称为魔法师的说法也可以追溯到东海岸印第安人为白人的工具感到惊奇，认为他们有神奇力量的那个时代。

在达成这一协议之后，范·登·博加特得到了一座房子、一些礼物和大块的海狸肉。虽然他不曾提及，但是他可能还获得了其他的东西，因为他编纂的莫霍克词汇表中包括了男人、女人、妓女、阴道、阳具、睾丸、“性交”、“很美”、“你什么时候回来？”和“我不知道”。[20]

这三个旅人在道别之后开始了漫长的返乡之旅。他们在1月底回到了奥兰治堡，那里的人们担心他们已经死了。他们曾经去过奥奈达湖（Oneida Lake）——和安大略湖差不多远，顶着恶劣的天气回来，而且全靠他们自己的双脚。不出所料，在接下来的几个世纪里，修建了伊利运河之后，一代又一代的美国人就是沿着他们的路线西行的，上百万吨货物也被运送 81
到这里。这是连接大西洋海岸与大陆中心的自然通道，也是荷兰人将注意力放在哈德逊河上的原因，这也解释了为什么从米努伊特开始，他们就把曼哈顿岛视为物流中心。事实将会证明，范·登·博加特的旅程绝对是一项创举。

春季，与莫霍克人的交易真的敲定了。皮草又来了。而范·登·博加特对这块殖民地的影响不会到此为止——他之后会在历史上做出一个具有终极意义的、令人悲喜交加的贡献。但是现在他已经做到了上级要求他做的事情：让这块殖民地能维持下去。

不过，我们不禁要问：何必呢？当年事已高的大使和年轻的外科医生-探险者在竭尽全力地保住这块殖民地时，它的父母，那些经营西印度公司的王公巨贾却将它弃之不顾。他们在如何管理这块殖民地的问题上意见不一，于是，这块殖民地在很大程度上是处于无人管理的状态。他们选择了该公司阿姆斯特丹办事处的一个年轻职员来代替能干的彼得·米努伊特，这个职员的技能乏善可陈，没有什么值得推荐之处，只有对公司的一片忠心，以及与这块殖民地相关的一位重要人物是亲戚。一到曼哈顿，沃特·范·推勒（Wouter van Twiller）就证明了自己是个酒鬼，而不是当领导的料。有时候，在他的身上甚至同时表现出这两个特点。在他上任之后不久，在荷英两国刚因那艘载着他的前任回欧洲的船而惹出麻烦之后，一艘英国贸易商的船驶入了这个海港，在堡垒前下了锚。[21]这艘船的船长说明了来意，他要把船开到河的上游去，和印第安人进行交易。这是对荷兰主权的公开挑衅。范·推勒对此事的解决方式是登上这艘船，然后与船长把酒言欢。他喝得酩酊大醉，连刚刚驶进港口的荷兰探险家大卫·德·弗里斯（David de Vries）——此人曾经在东印度待过一段时间，现在希望与新阿姆斯特丹人共命运——都为他感到尴尬。那位英国船长明目张胆地称自己完全有权把船开到上游去，因为那周围的所有土地都是英国人的。德·弗里斯回应道，长久以来，荷兰人已安居新尼德兰，因此他们的主权不容侵犯。英国船长反击道，这个地区是由英国探险者大卫·哈德逊发现的。这已足以将德·
82 弗里斯逼入死角，但是他反击了，而且说法相当合理，他称哈德逊是在荷兰人的支持下测绘出这条河的。范·推勒在这场对话中似乎一直置身事外。

这艘英国船在停泊数日之后起航，无视这位荷兰领导人，向上游进发。范·推勒迅速行动了起来。他下令将一桶红酒马上带到他在堡垒中的办公室，将自己和士兵们以及其他在那里集结的公司员工们的酒杯斟满，号令那些热爱奥兰治亲王的人和自己一起阻止英国人。于是，德·弗里斯记录道："人们都开始嘲笑他。"

范·推勒撒手不管这件事了，英国船也驶向了北方。德·弗里斯被激怒了。他让这个男人坐下，并向后者解释，殖民地存亡在此一举。"我说，如果是我来办这件事，我会给他 8 磅豆子，送他离开奥兰治堡，不许他把船开到河的上游去，"德·弗里斯在他的日志中写道，他还补充了一句，"如果英国人在东印度对我们有越矩之举，我们就应该迎头反击，否则我们就制不住那个国家，因为他们骨子里是很骄傲的，认为一切都属于他们。"

显然，范·推勒在做决策方面有些软弱，但是我们也要记得一个事实，在这一时期，在官方记录中，这个荷兰殖民地几乎是不存在的，所以我们只能依靠德·弗里斯的日志之类的断简残篇才能还原那个时代的历史。不过，在时下掀起的学术浪潮的推动下，新的证据不断浮现，令那一时代的形象日益丰满复杂了起来。历史学家亚普·雅各布斯（Jaap Jacobs）最近在海牙的荷兰国家档案馆中发现了范·推勒于 1635 年给公司董事们写的一封信，信中显示范·推勒在康涅狄格河上建了一座堡垒（这是关于这个定居点最早的史实，这里后来变成了哈特福德），把英国人挡在海湾处，并且努力和他那些不服管的群众打交道——换言之，他是像个殖民地管理者那样做事的。[22]

然而，即使范·推勒不是史书所说的彻头彻尾的无能之辈，他也显然无法应付自己治下吵吵嚷嚷、不断扩张的首府。新阿姆斯特丹的市中心如今有了一条拱廊街道，街上有五家店铺，还有几十座私家住宅。船舶从欧洲一路驶来时载着砖头作为压舱物，移民者们把这些砖头用在了他们最初的房子上，尤其是烟囱上——如今在曼哈顿下城区的房子里有时还能找到这
83 种细长的荷兰黄砖。堡垒旁加上了城墙，还建起了船库和给修帆工住的阁楼、士兵的营房，还有教堂。[23]但是，没有几个居民能像大卫·德·弗里斯一样有干劲，有胆量，有敢为天下先的精神，很多人都是海盗或周游四方的皮草交易商。新阿姆斯特丹最出名的海盗——威廉·布劳维尔特[24]（Willem Blauvelt）——将这里作为基地，掠夺西班牙人管辖的水域（南美北部水域），他将海盗营生和私掠巡航相结合，他还是一个声誉良好的团体的成员，这个团体让该省的秘书将他的航行经历忠实地记录了下来。他的赞助人包括许多城中最有地位的市民。

海盗营生又带来了新一拨居民，因为从西班牙大帆船上偷来的“货”里不仅有成箱的靛蓝、成柜的糖、鼓鼓囊囊装满麻袋的西班牙钱币，还有送往加勒比盐田的奴隶。私掠船把其中的一些非洲人带到曼哈顿，于是他们变成了为西印度公司工作的奴隶；其他的一些非洲人则努力为赎回自由而工作或者从一开始就以自由民的身份受雇于人。在曼哈顿的非洲人们的名字——佩德罗·尼格列托（Pedro Negretto①）、安东尼·刚果（Antony Congo）、扬·内格罗（Jan Negvo②），曼努埃尔·德·西班牙（Manuel de Spanje）、葡萄牙的安东尼（Anthony the Portuguese）、安哥拉的巴斯蒂安（Bastiaen d'Angola）——

① Negretto 源自黑人的贬称。——译者注

② Negro 是黑人的贬称。——译者注

都会让人想到他们经历过的暴风骤雨般的旅程，即在非洲被捕、被奴役，被葡萄牙贸易商买下并押送上西班牙船向西航行，最后却再次被荷兰海盗所俘。几十年后，奴隶制的条款在殖民地中已经基本标准化，但是在这个时候，在这个形态自由、有点呈现无政府状态的岛上，他们中的一些人是岛上更为稳定的居民，许多人将成为农夫、木匠、铁匠和理发师 - 外科医师。

如此不服管的人群需要宣泄欲望。卖淫变成了主要的职业［提曼·詹森（Tymen Jansen）的妻子据说就是“做皮肉生意的……不是为了钱，而是为了换取水獭皮和海狸皮”[25]］。这个岛以惊人的速度催生出小酒馆和酿酒厂——早年有一段时间，岛上的建筑中有四分之一都是用于酒类制造或销售的。当时的“酒吧盛景”似乎与如今纽约市引以为傲的“酒吧盛景”不相伯仲（而且巧的是，这种场景正好出现在如今市中心夜生活区的同样位置）：一个女人在酒水间撞见自己的丈夫，后来她怒火中烧地在法庭上质问：“他在和另一个人的老婆干什么？……摸她的胸，把他的嘴凑到她的胸上。”[26]一个名叫西 84
蒙·鲁特[27]（Simon Root）的男子被人“用短剑”割下了耳朵的一部分，他请求法庭出示证明，以澄清这只是在相当常见的酒水间争吵过程中发生的事，不应与盗窃的标准刑罚混为一谈。历史记录中充斥着大量残忍的袭击行为，而且领导人们偏爱使用非常极端的惩罚形式——火烙、上枷示众、笞刑、棒打、绞刑、悬挂示众，这都是为了灌输秩序观念。各种冲击视觉的刑罚——削耳朵；用烧红的拨火棍在耳朵或舌头上钻洞；把作恶的人铐在木马上，手脚都加上重物，一铐好几天，这叫“骑马”——收到了震慑性的效果。

尽管惩罚往往很严厉，但是执行惩罚还是有一定灵活性的：人们有时候会在最后一刻得到宽恕，而且得到宽恕的方式有时还很离奇。1641 年 1 月寒冷的一天，八名非洲奴隶被带入奥兰治堡，他们被指控在“他们房子附近树林中”（在城北面划分出来的，作为奴隶住处的一个区域——今天，那里是联合国的所在地）谋杀另一个奴隶扬·普列梅罗（Jan Premero）。[28]“没有动刑或上枷锁”，这些人就对罪行供认不讳。但是由于无法确定是哪个人犯了罪，法庭自作聪明地决定让这些人自己抽签来决定将谁判死刑，让“上帝指出罪犯”。上帝选择了绰号为“巨人”的曼努埃尔·赫里特（Manuel Gerrit）。一周之后，人群聚集在海岸边，观看绞刑示众来取乐。从理论上看，抽签也许是满足了法律需要；事实上，绞死一个可能是清白的人也许会令殖民地领导人犯难，他们也许会认为这是浪费好奴隶的愚蠢行为。没有证据显示有人干预了接下来发生的事情，但是行刑的结果很可疑。刽子手将“两条完好的绳索”拴在这个人的脖子上，然后将他推下梯子，围观者们都倒吸了一口气，而此时，两条绳索都断了，这个人翻滚到地上，毫发无伤。人群高喊着要求对他法外开恩，法庭予以准许。“巨人”获释；体系奏效了。[29]

几年后的法庭文件中出现了当时的一幕，它是随意而又混乱的社会环境的缩影，反映了在这一时期大行其道的暴力现象在日常生活中的突然爆发：

> 皮尔·马朗方（Piere Malenfant），来自布列塔尼的雷
> 85 恩，35 岁，他称自己在昨晚 9 时许，天色渐暗时，在保
> 卢斯·海曼（Paulus Heyman）及其妻子的陪同下从农场

> 走来——他怀里抱着孩子，女人抱着枪。在达曼的房子附近，一个名叫安德里斯·涂默林（Andries Tummelyn）的哨兵喊道："来者何人？"马朗方回答道："一个朋友。"保卢斯·海曼说："晚上好，尊敬的大人。"这个哨兵回了一句："你想干什么，贩子？"海曼反击道："让你给我舔菊。"[30]

这么一来，这个法国人和哨兵用剑对打了起来，马朗方的手臂和大腿被刺穿了，于是他一瘸一拐地走进了法庭，要求赔偿。

显然，新尼德兰的移民者们和在他们北面的拓荒者伙伴们迥然不同，北面虔诚的英国新教徒和清教徒正在努力地建立他们的"新耶路撒冷"，并以神的意志作为道德标准统治这个地方。无论是庆祝感恩节的新教徒，还是在遥远的未来成为真正国民楷模的清教徒都和此时的情况不是一回事：在这一时期内，清教徒们正忙于打着上帝的旗号对佩科特印第安人进行大屠杀并迫害内部的"异教徒"（也就是任何不支持他们的清教主义名号的人）。也许有人会说，英国和荷兰的殖民地代表了17世纪社会思潮中极端保守和开明的两翼。从严格意义上来说，加尔文主义的强硬派是在曼哈顿殖民地上发挥作用的道德力量，但是在有关这块殖民地的记录中，虔诚的话语却被其他描述盖了下去。比如一个女人在自己丈夫在旁边的椅子上打瞌睡的时候"做出了挑逗男性的不光彩举动"[31]，她挑逗的是某个爱尔兰人，当时有另外两个男人在旁观。新阿姆斯特丹居民是不会犯下（道德方面）过度严格的罪过的。

在这个时代的新阿姆斯特丹还有一种公爵和公爵夫人，他们在蛊惑人心这方面超过了他们的邻居。在欧洲的时候，格里耶·雷尼耶（Griet Reyniers）曾在阿姆斯特丹的“冬日喜鹊”（Pieter de Winter）酒馆里当酒吧女侍。实际上，她身兼两职——酒吧的女主人曾在里屋发现“她把衬裙撩到膝盖上”[32]，为一伙士兵提供性服务。年轻的沃特·范·推勒是否在某天晚上走进她的地盘，从此迷恋上她，这一点已不可考。我们所知的就只是当他乘“盐山号”（de Zoutberg）动身到曼哈顿去的时候，格里耶也在船上，已经准备好在新的土地上寻找财富
86 了。[33]这是一次危险的渡海之旅：这艘船差点儿被“土耳其人”（Turks）俘获，但之后扭转了局势，并收获了一艘载满糖的西班牙三桅帆船。[34]这个过程中发生的事情并没有令格里耶感到担忧，她在海上继续做她的营生——乘客们注意到她“将一些水手的衬衣从马裤中扯了出来”[35]。在曼哈顿登陆后，这么说吧，她发现这里是一块处女地，于是她在这里开了店。她喜欢在海滩上走，拉起她的衬裙，向水手们展示她的货物。如果说她是以范·推勒情妇的身份来到这里的，那么最后他应该是把她给抛弃了。因为有一天，有人见到她走进奥兰治堡，大声地说：“我已经做了这么长时间的贵族妓女了。从现在开始，我要当贱民们的妓女！”[36]她在用噱头博人眼球方面很有一套；她最爱做的事就是用一根扫帚柄测量顾客的阳物。[37]

安东尼·范·萨利（Anthony van Salee），人称“土耳其人”（The Turk）。他是一名来自摩洛哥的海盗，他爸爸由荷兰海员变成海盗，后来变成了苏丹舰队的上将，而且还娶了一个摩洛哥女人。安东尼是一个肤色黝黑的壮汉，而且是个喜欢逞个人之勇的匪徒。从 17 世纪 30 年代来到曼哈顿的时候，他就开始惹麻烦：他带着上满子弹的手枪威胁人们；喝得酩酊大

醉，满口污言秽语地在村里乱走；被指控盗窃。当裁缝亨德里克叫他“土耳其人、无赖、长着角的野兽”[38]时，亨德里克的愤怒显然代表了许多人的心声。甚至连安东尼的狗也是一害：有个名叫“波图格塞斯的安东尼”的黑人市民提起诉讼，称安东尼的狗“伤害”了他的狗。他胜诉了。

也许格里耶和安东尼是注定要走到一起的。他们结婚了，有了孩子，不过，由于她还在继续做她的营生，有时候她自己也搞不清楚这些孩子的父亲是谁。一次，当她以俯卧的姿势分娩的时候，她曾经问那个助产士，这个刚生出来的孩子长得像谁。这个女人答道：“如果连你都不知道孩子的父亲是谁，我怎么会知道呢？不过，这孩子看着有点黑。”[39]这对夫妇在新阿姆斯特丹的名声相当地臭，但关键是，在普通人中，他们并不算特别出格。实际上，美国历史对于以曼哈顿为中心的荷兰殖民地的看法大概是这样的：形形色色的失败者和无赖聚到一起，这些无足轻重的人空等着命运之风把他们从这个地图上吹走。荷兰人已经成功拿下了一块价值无法估量的地产，然而，虽然他们擅长在世界的另一端以此扭转局势，但是在这一
端——尽管范·登·博加特和约阿希米大使费了九牛二虎之 87
力——他们还是只能看着心血付诸东流。

不过，到此时其他人已经认识到在大西洋海岸线上北纬39度和北纬42度之间的这块土地的价值，而且在加紧争夺它。范·推勒给马萨诸塞的英国人写信，表明了他的希望：“我们可以是相安无事的好邻居，一起在这些未开化的地区生活。”[40]但是他们没把他放在眼里——英国移民们已经向南移动，进入归荷兰人所有的土地。“鲜河”（康涅狄格河）的魅力令人难以抵挡，1636年，一位名叫托马斯·胡克（Thomas

Hooker）的传教士率领第一支英国宗教先锋队从马萨诸塞湾南下，在这条河的河边建立一个社区。他们把这个社区称为“哈特福德”（Hartford）。

然后这块殖民地上的一部分人闹起了内讧。基利安·范·伦斯勒（Kiliaen van Rensselaer）是阿姆斯特丹的一个钻石商人，他对土地开垦（这在联合省是很受欢迎且有利可图的工作）和农业创新很感兴趣。他还是西印度公司的创始董事之一，也是支持通过修建私人种植园或者大庄园的做法来建设新尼德兰的人之一。他干劲十足、不屈不挠，最终，董事会批准了他的殖民计划，然后他开始召集殖民者到这片土地上居住。他在选择自己的庄园管理者时很精明。巴斯蒂安·克罗尔，那个和约里斯·拉帕里和卡特琳娜·特瑞科一起远道而来，打算在这里做一名牧师的年轻人，他的计划如今已数次搁浅。首先，在丹尼尔·范·克利肯彼克因中了印第安人埋伏而死去之后，米努伊特要求他掌管奥兰治堡。然后，当米努伊特被召回时，克罗尔承担了殖民地临时总督的工作。任期结束之后，他回到了荷兰共和国。当时，范·伦斯勒见了他，并且意识到他的阅历非常丰富，于是给了他一份工作。克罗尔的第一份工作完成得很出色。回到新尼德兰后，他从马希坎人手中买下了奥兰治堡周边、沿河两岸的土地。范·伦斯勒写道，他的土地从这条河向西“无限”延伸，他有点儿夸大其词，[41]但是他的土地确实沿河绵延约 9 英里，外加要“走两天”才能走完的内陆。[42]换言之，这位创业者已经取得尼德兰至关重要的一大块地，而他的意图正是要把这块殖民地中的殖民地变成一块具有独立主权的封地。

88 但是最精彩的好戏莫过于彼得·米努伊特回归新尼德兰。

就在任上的米努伊特被召回并乘坐命运多舛的“团结号”航行回国之前，瑞典国王古斯塔夫斯·阿道弗斯——这个信奉路德教的战士，对德国新教与天主教30年战争进行大规模干预的人——正在寻找可以征服的新大陆。此时的瑞典正值盛世，古斯塔夫斯已经看够了法国、西班牙、英国和荷兰共和国在全球各地为所欲为。正当米努伊特在历经了英国的劫难之后，返回阿姆斯特丹时，古斯塔夫斯在一场战斗中战死。然后，王冠落到了他六岁的女儿克里斯蒂娜的头上，她后来成为欧洲历史上最有国际视野、思维敏捷的君主。但是，当时，这些事情都留给总理大臣阿克塞尔·奥克森谢纳（Axel Oxenstierna）去处理了，而他延续了古斯塔夫斯的政策。

长久以来，荷兰人一直是瑞典的主要贸易商，他们将世界各地的货物送到斯德哥尔摩。奥克森谢纳与一个名叫萨缪尔·布洛马特（Samuel Blommaert）的荷兰商人签订了合同，这个商人参与了瑞典的铜贸易。这位布洛马特和基利安·范·伦斯勒一样，是西印度公司的董事，也在为错失北美殖民地的商机而恼怒。范·伦斯勒逃避公司官僚机构的办法是资助他自己的小殖民地；而布洛马特的理念则有些滑稽可笑：他对抗他自己的公司和国家，并在新尼德兰境内某个地方建立瑞典殖民地。他密会米努伊特，于是一个计划成形了。米努伊特可能比任何一个在世的人都更了解荷兰殖民地，而且他深知他们选中的“南河”地区几乎无人把守。

于是，在1638年3月中旬的某一天，一支有史以来最奇怪的、企图接近美国海岸的侵略舰队从五月角和亨洛彭角之间驶过，驶入最终成为特拉华湾的地方，并在一个名叫明夸斯吉尔河（Minquas Kill）的支流中有岩石的地方下了锚。彼得·

米努伊特一身戎装，他的船“卡尔马·尼克尔号”（Kalmer Nyckel）的主桅杆上飘扬着瑞典的蓝黄旗，他仿佛生活在近代的中世纪骑士，满世界寻找着要征服的地方，而今即将回归北美——一个有着法国血统，近年来与荷兰人过从甚密，又在德国土生土长的人代表瑞典在今后将变成特拉华州的荒凉地区宣告成立殖民地。在没有荷兰人抵抗的情况下，米努伊特开始在
89 美洲迈出第二步。两艘船的甲板上，一支由几十名荷兰水手和瑞典士兵组成的中队集结在他的身边，长矛火枪在手，饰有羽毛的头盔在阳光下闪闪发光。时至今日，在威尔明顿市——这个在米努伊特的登陆地点附近发展起来的城市中，有一条将海滨仓库连成一线的路，就叫瑞典登陆路（Swedes' Larding），这是以一种坚毅的工业时代的方式在向那次奇怪的登陆致敬。

内忧加上外患，1640 年左右曼哈顿殖民地已经无可挽回地走上了穷途末路。这个殖民地连个像样的政治实体都不算：这里没有政府；与其说这里的居民是共和国的公民，倒不如说他们是按照一家跨国公司的要求而工作的农奴。诚然，这块殖民地位于一片广阔的大陆边缘，即将被欧洲人渗透。随着伽利略、哈维、德雷克和哈德逊等人的脚步，欧洲人渴望开疆拓土，此外，他们也想逃离国内延续了数十年来的宗教战争。从地理学角度上来讲，这个地区是打开这片大陆的钥匙，总有一天，它将在全球势力中心转移的过程中发挥作用。有人会说，它将变成西方文明本身由文艺复兴时代转向现代世界，由欧洲中心主义转向全球视野的支点。尽管潜力无限，但当时的这个地区无非就是一个混乱又邋遢的地方，到处都是酒吧械斗，战士在站岗值勤时与印第安女人通奸，任性不羁的后来者源源不断地涌向这里——粗糙的汉子们从小艇上蹦下来，重重地踩在

海滨压实了的沙子上，脖子上挂着钱包，里头沉甸甸的都是卡罗勒斯盾或西班牙钱币，他们拉开架势要在这里走私、喝酒、做生意、嫖妓，然后走人。亨利·哈德逊曾信誓旦旦地说这个殖民地是受荷兰政府保护的，但是事实证明，迄今为止，荷兰社会引以为豪的特点——多元化、包容的共和国——都是以负面的方式体现出来的。它也可以算是任何国家的渣滓在一个叫曼哈顿的荒岛南端的集中地。仿佛全世界都已经隐隐约约地把这片土地和新大陆边缘的水域视为一个支点，但尚未准备好接受它，于是就任凭其瓦解了。

换言之，这是一个必然会消亡的社区，一个可以在历史中被人们安心遗忘的社区。

第二部分
意志的冲突

第五章　镇治安官

荷兰的9月是一个生机勃勃的月份。北海的雨水透过底色炭黑的云层，顺势倾泻而下。宽广蔚蓝的天空一片片地浮现，世界顿时沐浴在如烟似雾的阳光中。纯净圆满的太阳倏地冒了出来，冲击着砖墙上描彩涂漆的百叶窗，眼看就要穿透碧绿深沉的运河河面，眼见此景，凡人们几乎欣喜若狂，不由自主地唱起歌来。还有风，无时不在的风，它仿佛一只急切地拍打着后背的手，引诱着、催促着居民们："动起来，扬帆，出发。"

1638年9月，荷兰省①莱顿市来了一个新人。他来自他的家乡布雷达市（Breda）。布雷达市位于天主教盛行的地区布拉班特（Brabant）的南面，两地相距40英里。布拉班特虽然是荷兰共和国的一部分，但是并未享有完整省份的地位。如果他和其他初来乍到的人一样，那么在莱顿看到的一切就会令他深受触动。在这个以整洁著称的国家，这个以砖块砌成的秀美村庄在17世纪鹤立鸡群。村中的大街小巷和运河两岸都修得整整齐齐，人行道刷洗一新，黑色的横梁映衬着教堂内部高耸的白墙，显得干净利落。实际上，它根本不能算是一个村庄——

① 确切来说，荷兰（Holland）指的不是荷兰共和国，而是以阿姆斯特丹为枢纽的主要省份。这个17世纪的国家中的另外六个省份是乌特勒支、格尔德兰（Gelderland）、上艾瑟尔（Overijssel）、泽兰、弗里斯兰和格罗宁根。

到 1622 年时，它的人口已经达到 4.5 万人[1]——但是它依然保持着乡下特有的纯朴。巨大的风车臂上覆着帆布，框出一方方的天空，这并非在市郊才能见到，就是在城镇中心也是如此。这个年轻人走过的街道上挤满了玩耍的孩子——这在当时的欧洲是一大奇景。在这个以清教徒的严厉为特点的时代，其他地方的人们普遍认为童年是灵魂可能被混乱和邪恶迅速渗入的时期，因此孩子们应当被严加管教，要学会顺从，在长辈面前要
94 举止有度、毕恭毕敬。而荷兰人的想法正好相反：他们会不顾外地人的嘲笑，听从他们自己专家的建议，拥抱并娇宠孩子们。“不能把孩子们管得太紧，要让他们舒展童心，这样我们才不会对他们脆弱的天性施以重压。”内科医师约翰·范·贝佛维克（Johan van Beverwijck）建议道。他是那个时代的斯波克博士或本杰明·维尔博士（Dr. Spock/Benjamin Weil），其著作《健康珍宝》（*Treasure of Health*）[2] 是当时的畅销书。于是——正如扬·斯特恩（Jan Steen）的画作中展现出的喧闹街景所示——孩子们自在地奔跑，大街小巷也回响着他们玩乐的声音。

当一个人走近那条名叫“莱蓬伯格”（Rapenburg）的运河时，大都会熙熙攘攘的感觉渐浓——眼前是小酒馆和杂耍剧场，一缕缕烟草气袅袅升起。穿过运河上的一座小人行桥，这个新来者就会遇到他成群结队的同事们——其他的年轻人在铺着鹅卵石的码头边聚成一团，码头的后面是一幢气派的、镶有含铅玻璃窗格的两层楼，楼的入口是穿过北面砖墙的一道拱门。这是莱顿大学的主楼，莱顿大学是尼德兰的第一学府，也是欧洲知识的中心。1638 年 9 月 24 日，这位年轻人走进了这幢大楼，写下他的名字，阿德里安·范·德·邓克；他的年

龄，20；他的家乡所在的省份；还有他即将开始攻读的学位，法学。17 年后，他将在一片遥远的土地上死去，而此时的他也许还从来没有听说过那个地方。他将在美洲和欧洲引起轰动，但是最后一切会归于风平浪静。历史上很少有人会记得他，但是他将取得成功。他会将 17 世纪欧洲文明最美好和最高贵的一面像种子一样带到一个远方的世界、一片新鲜的土壤中，在那里，一种非凡的品质将逐渐形成。他将在创造一座伟大的城市和一个新社会的创举中扮演举足轻重的角色。

他年轻，强壮，个性直率，既有对知识的浓厚兴趣，又有对闯荡冒险的渴望。他的家族在布雷达颇有名望——有一个亲戚曾在“沉默者威廉”的王庭中担任总管一职，还有一个亲戚曾在荷兰军队中身居高位——他是以名门之后的身份来到这所大学的。40 年前，在对西班牙作战的早期阶段，他的家乡发生了一件大事，如今这一事件已变成了一个传奇。布雷达当时是西班牙占领者手中的诸多城镇之一。“荷兰起义”英雄 95
“沉默者威廉”刚去世不久，西班牙人在低地国家的南部边陲长驱直入，攫取领土。这时，一个大胆的木马计扭转了乾坤。70 名荷兰士兵组成了一支小分队，他们藏身于一艘运炭船层层叠叠的泥炭下，从守卫布雷达入口的西班牙部队身边漂过。一进入大门，他们就领导了一场起义，重新夺回了这座城镇。这次“布雷达泥炭船事件”（turfschip van Breda）背后的人就是阿德里安·范·贝尔根（Adriaen van Bergen），也就是范·德·邓克那位与自己同名的外祖父。几十年后，范·贝尔根在布雷达人心目中依然是英雄；这个家族也因他的爱国壮举而同享荣光，年轻的阿德里安·范·德·邓克把这一层关系视为荣誉的象征。

这所大学和起义的初期阶段也不无关联。莱顿城曾在1574年抵挡住西班牙人的猛攻，为了回报英勇的战士们，“沉默者威廉”选择了莱顿作为这所气派的大学的校址所在地，他认为荷兰诸省如果要成为一个国家，他们就需要这样的一所大学。正如威廉所设想的那样，在短短的时间内，这所大学就达到了可与博洛尼亚大学或者牛津大学相媲美的水平，这里是这个新国家顶级的科学家、政客、律师和宗教人物的繁衍地。

荷兰人的宽容精神充满了整座城市。欧洲各地的科学家和作家都到莱顿出版他们的著作，因为这里印刷工要价低廉，技术水平高，而且不受权威们的言论限制。诚然，最能说明荷兰在当时的思想生活中扮演的角色的，莫过于这样一个数据：据估算，在整个17世纪中，世界上出版的全部书籍中有一半出自尼德兰。[3]

在阿德里安·范·德·邓克到来的时候，莱顿的人口中有三分之一是战争难民和受宗教迫害的难民。在一个以宗教战争为标志的世纪中，布朗派①教徒、浸礼会教徒、瓦隆人、胡诺格派②教徒、第五王国派③教徒和阿什肯纳兹犹太人都来到这里以及荷兰共和国的其他城市生活、做礼拜。当威廉·布拉德福德和他的新教徒领袖同伴们在这个世纪初逃离英格兰的宗教迫害，致信莱顿城当局询问他们是否可以在这座城市落脚时，镇执法官们立即回信：“（我们）对于要来这座城市并在城中

---

① Brownist，支持由罗伯特·布朗鼓吹的教会治理原则的人，独立派或公理会采纳了该原则并加以改良。——译者注

② Huguenot，又译雨格诺派、休京诺派，16～17世纪法国新教徒形成的一个派别。——译者注

③ Fifth Monarchy，基督教清教徒中最激进的一派，出现于17世纪英国共和国时期和护国时期。——译者注

居住的诚实人士来者不拒，只要这类人士安分守己，诚实守信，服从这里的一切律令即可。”[4] 新教徒们在 1609 年搬了进 96
来——这一年，亨利·哈德逊开始了荷兰人对北美殖民地宣示主权的进程——他们占据了巨大的、哥特式风格的彼得教堂（Pieterskerk）周边狭窄、拥挤的街道，经商并实践他们的信仰。他们利用新闻自由，开始印刷攻击国王查理的宗教限制政策的宣传单页，并将这些单页偷运入英格兰。当查理的大使为此投诉时，镇执法官保护了他们的新居民，这让查理对荷兰人的印象更差了。讽刺的是，荷兰人对宗教差异的容忍态度让新教徒们聚到一起，最后又将某些新教徒赶到了新大陆。新教徒担心在不虔诚的信徒中间生活会令他们耽于玩乐。事实确实如此，1620 年，当第一个 40 人的团队航行至科德角（Cape Cod）时，另有几百人选择了留在荷兰，其中许多人最终融入了荷兰社会的大熔炉。

在荷兰共和国，宽容并不仅仅是一种态度。过去的一个世纪中，上千人在西班牙人手中遭受血腥的宗教迫害。在那之后，荷兰诸省又进行了一项创举，他们在 1579 年颁布了一部事实上的宪法（de facto constitution），以保证“每个人都享有自由，尤其是在个人的宗教方面，人们不应因自己的宗教信仰而遭受迫害或调查”[5]。这一句话变成了在 17 世纪建立起来的多元文化社会的基础。但是，正如许多社会中的情况一样——想想早期的美利坚合众国，那是一个以自由原则为建国之本，然而又允许蓄奴的国家，指导原则经常会被打破。17 世纪 20 年代，一场关于宽容的意义和智慧的辩论席卷荷兰诸省。[6] 这场辩论的中心正是此地——莱顿大学，两个偶像级的神学家之间爆发了一场冲突。作为一场广泛的加尔文教义辩论的一部分，强硬派戈马鲁斯（Gomarus）和他的追随者们在这个因宗教战争而伤痕累累的大陆中进行了调研，并认为它是多元化危险性的例证。他们称统一是力量之源，镇压非加尔文派的宗教于心灵于国家皆有利。戈马鲁斯的反对者亚米念（Arminius）和他的阵营反驳道，基督教的慈善原则决定了人们必须对宗教差异保持宽容，并且禁止迫害持异见者。亚米念有一位前辈叫作塞巴斯蒂安·卡斯特利奥（Sebastian Castellio），他的话常被人引用，他用基督徒的优雅口吻说出了令人信服的观点：
97 “许多人将因杀害无辜而在审判时遭到天谴，但是不会有人会因为没有杀害任何人而遭受天谴。”[7] 除此之外，亚米念曾指出，多元化对商业有利。

这场斗争催生出关于对宗教多元化的宽容态度的详尽的书面依据。随着亚米念的追随者西蒙·伊皮斯科皮乌斯（Simon Episcopius）宣布一系列经过仔细推理得出的观点之后，这场斗争的高潮到来了，这确实是人类思想的一个分水岭。这些观点宣称，国家的力量并非如欧洲国家普遍认为的那样，源自维持单一、坚定的信仰，而是源自允许公民拥有信仰自由和理性探究的精神。我们无法想象，这个说法是多么具有革命性，多么令那些支持者欢欣鼓舞，对于阿德里安·范·德·邓克和他那一代的学者们产生了多么深远的影响。到范·德·邓克来到莱顿的时候，宽容精神的拥护者已占据统治地位，“黄金时代”中取得的巨大成功使他们的论据更加令人信服。[8]

宽容对于这所大学本身是一个福音，它为这所大学带来了欧洲其他学术中心所不具备的优势，帮助其在几十年间变成主要的国际学术中心。正如火被氧气所吸引一样，无论是在哪个年代，学者和科学家都会被自由所吸引。然而，在 17 世纪的大部分时间里，这种氧气在欧洲正变得稀薄。伽利略在五年前刚刚经历过宗教法庭的审判。他的《关于两门新科学的对话》(*Discourses and Mathematical Demonstrations Concerning Two New Sciences*)[9] 是艾萨克·牛顿建立物理定律的基础，而这一著作正是 1638 年在远离梵蒂冈审查的莱顿出版的，范·德·邓克也是在这一年来到这里。欧洲各地的顶级学者们受到自由氛围、高薪以及该大学提供的其他奖励的吸引，来到莱顿任教。这些奖励中包括免除他们的饮酒税，向他们供应每年最高 40 加仑的红酒和每月半桶啤酒。[10]

结果，17 世纪 30 年代的莱顿在创造历史的活动中翻滚着。范·德·邓克沉浸在新知识带来的氛围中，这些新知识令医药、物理和数学领域发生了革命性的变化，他的法律和政治课程应该也充满了荷兰人对于民主、君主政体和宽容的观点。这 10 年中的知识分子的灵魂人物——在莱顿和其他地方——是勒内·笛卡尔，这个法国人提倡的理性主义的探究方法将哲学和科学带入现代。为了追求学术自由，笛卡尔在 1629 年移居荷兰。在接下来的 20 年中的大部分时间里，他都住在阿姆斯特丹西教堂（Westerkerk）对面的一栋联排别墅中。笛卡尔于 1630 年加入莱顿大学，并在那里生活了一段时间，又于 98
1636 年再次回到莱顿，为他的新书找了一个出版商，并在这里待了 7 年，自然而然地变成了城中人们最为津津乐道的知识分子。《方法论》(*Discourse on Method*) 于 1637 年，也就是在范·德·邓克到来的前一年在莱顿出版，此著作轰动一时。

在这个时刻开始大学教育具有划时代的意义——当然，有人也许会说这是现代高等教育诞生的时刻。科学家、哲学家和神学家（这些头衔基本上都可以互换）就他们所在的领域中最基本的方面展开了一场激烈的辩论。遵循笛卡尔的思想，不以“权威”（亚里士多德或《圣经》）为基础，而是以思考者的思想以及笛卡尔所说的“良知”（good sense）为基础进行推理，这种做法意味着什么？《方法论》中的那句名言经历几个世纪依然余音绕梁，它影响着包括现代科学和托马斯·杰弗逊（Thomas Jefferson）的启蒙政治思想在内的方方面面——“cogito ergo sum”（“我思故我在”）——笛卡尔就是在此时才刚说出这句话的。属于个人的时代即将到来，而年轻的阿德里安·范·德·邓克正处于这个时代巨变的中心。

这个地方因新的探究方式发出的能量而震荡。莱顿的解剖中心是世界上最早也是最著名的解剖中心之一，但是人们对于解剖过于狂热，以至于解剖课的预约人数总是爆满。1638 年，一位学者写道，教授们不得不“在学术园地和其他地方”上解剖课。[11]有些人在自己的家中进行公开解剖，他们把家里布置成了“家庭阶梯教室”。莱顿街头上的狗都消失无踪了，因为直接观察和研究成了一股风潮，医学生们都为之而痴迷。约翰内斯·德·瓦勒（Johannes de Wale）将活狗开膛破肚并用泵往它们的静脉中输送液体以演示血液循环——威廉·哈维正是靠这项研究改进了自己的理论。人的尸体的需求量很大。赖尼尔·德·赫拉夫（Reinier de Graaf）迷上了一种理论，认为胰液是酸性的。[12]据了解，他曾刺激一具尸体的胰腺，使其产生液体，然后他尝了这种液体，并让聚到一起的观察者们也来尝尝，然后他满怀期望地问他们是否尝出了酸味。德·赫拉夫还对科学做出了更大的贡献，他解剖了怀孕的兔子，借此证明卵巢在生殖中是扮演着重要角色的，这种理论在当时可谓惊世骇俗。不走运的是，他的发现被安东尼·范·列文虎克（Antoni van Leeuwenhoek）差不多同一时期的发现盖了风头。列文虎克在显微镜的帮助下发现了精子，这个发现令那个可以追溯至古代的理论——婴儿的诞生完全是精子的功劳，女性的子宫只是一个容器——续了最后一口气。 99

这所大学的植物园也是（货真价实的）创新精神的苗圃。化学和植物学在此取得进展，也正是在这里，杂交繁育的方法开启了荷兰人的郁金香热。① 随着伽利略的脚步，天文台被学者们订满了，他们四处寻找夜空中太阳黑子的踪迹以及能够支持或推翻日心说的证据。

范·德·邓克在这股学术热潮中浸泡了三年。和科学界的情况一样，法律界也在发生变革。人们正在重新对国家这个概念下定义。“宗教改革”之后，中世纪认为国家依附于基督教而存在，它的法律也最终指向教派的观念都已土崩瓦解，作为独立政体而存在的现代国家概念即将诞生。这个时代的法律界领军人物是史称胡果·格劳秀斯（Hugo Grotius）的荷兰法学家许霍·德赫罗特（Hugo de Groot）。格劳秀斯被尊为国际法之父，在制定各国至今仍沿用的法规方面，他做得最多。（他的浅浮雕肖像与摩西、汉谟拉比和托马斯·杰斐逊的肖像一起令美国众议院会议厅增色不少，这足以说明他的历史地位。）在他的两大著作中，《海洋自由论》（*Mare Liberum*）创立了公

---

① 郁金香热就在范·德·邓克开始学习时达到了顶峰。一年前，要想换得一个郁金香的球茎，就要付出 3 头牛、8 只猪、12 只绵羊、160 蒲式耳小麦、320 蒲式耳黑麦、4 木桶黄油、1000 磅芝士、2 牛头尊的酒，1 个银质大水罐和 1 张床。荷兰省政府被迫制定法律结束这种投机活动，以免其摧毁经济。

海向所有国家开放的原则，而写于史无前例的战争年代中的《战争与和平法》(*De Jure Belli ac Pacis*) 则为界定哪些战争属于合法，以及战争的方式制定了原则。

格劳秀斯的思想在莱顿的教学中，尤其是在年轻、务实的学者中占据主流地位。从范·德·邓克后来的行为来看，他肯定没有采取老一辈的纯理论教师们偏爱的“古代法”(antiquarian law)，这种法律拘泥于查阅古罗马文献，将注意力集中于所谓的“优雅的法律”[13]，并将古代权威的推理应用到法庭实况中。
100 在这方面，他应该是格劳秀斯的追随者。格劳秀斯的著作之所以影响广泛，其原因还在于它帮助欧洲强国——包括英格兰和荷兰共和国——在北美和其他地区日益激烈的对抗中建立起处理各项事务的框架。

除此之外，范·德·邓克会被格劳秀斯吸引的原因是他和笛卡尔一样，不是以《圣经》中的引文作为论点的基础，而是以“自然法则”作为基础，也就是对和错都通过人类的理性来判定——或者，用格劳秀斯的话来说，人们只能“从它是否符合理性本身”[14]来判断一种行为。传统观点认为，美国历史展示出的民主政体的本源来自 18 世纪的启蒙运动时代，这又源自 17 世纪末约翰·洛克的著作。但是，最近几十年来，史学家们揭示了民主脉动的近代根源。在格劳秀斯关于自然法则说法的基础之上，他的一些追随者们和美国大革命那一代人一样，将同样的激情注入了自己的著作。其中一位弟子——人称坎涅斯的皮特·范·德·坎 (Piet van der Cun) ——在他在莱顿大学的职业生涯中以一种激进的形式传授格劳秀斯的政治思想，一群年轻的理想主义者围绕在他身边，并将这种思想延续了下来。[15]坎涅斯的理念是：共和政体与君主政体相比在道德上更高一筹，而且像西印度公司这样的企业只是让少数人富起来，这对于国家和普通百姓都是有害的。范·德·邓克在莱顿的日子里，这些理念广为流传，并塑造了他那一代人。

范·德·邓克与一批国际学者们在莱顿一起学习了三年，这三年间，他加入了法学教授们组织的辩论群，也许也像其他学生一样，和同行们一起抱怨食堂里的食物（熏鱼、肉末胡萝卜、乳酪、面包黄油和啤酒）不好吃。夜晚，在小酒馆中，伴着长长的陶土烟管中冒出的袅袅青烟和白镴大水罐中流出的莱茵河产的葡萄酒，年轻人们应该会把他们的辩论技巧用到引人入胜的“伽利略对亚里士多德”和“亚米念对戈马鲁斯”式的问题上。然后，在 1641 年，他崭露头角，成为一名“法学家”，一个罗马－荷兰法律的权威人物。

接下来要做什么呢？他天生就是干法律行当的料。他出身显赫，是国内顶级大学的毕业生，而且国内经济兴旺，几乎是以爆炸式的速度在增长。他的面前肯定有许多的可能性——回 101
家乡布雷达，留在阿姆斯特丹，或者待在海牙这个国家法律和政治权力的中心。但是，他选择了离开这个国家，不仅仅是离开这么简单，而是一头扎进一个无名的荒凉之境。他的国家正处于艺术和科学百花齐放、经济全面繁荣的局面之中，这是史上所有国家和所有时期都未曾出现过的。街道安全，房舍舒适，办公室人来人往。这里的食物肯定是乏善可陈，但是这里的啤酒新鲜质优；各种等级和形式的烟斗丝，只要人们能想出来的均有销售；[16]甚至连储存烟丝的盒子在材料和式样上都有无穷的变化。房屋里有来自土耳其的地毯、中国瓷器和代尔夫特的瓷砖作为装饰；玩具屋制造的需求很大，不是给孩子们，而是骄傲的屋主们想要为他们的住所制作缩微复制品。这是世界上第一个由居住在城镇中的普通市民建立起复杂的世俗体系的社会。英国旅人们惊奇地发现，不只是富人，连普通面包师和店主都用绘画装点了自己房子的墙壁——这一时期的荷兰人是最早用地图装饰自己房子的人（如维米尔的内饰所示），这是他们外向性格的显著标志。这个世纪初的荷兰人也是首批将自己的房子分为公共区域（楼下）和私人居住区域（楼上）的人。到荷兰人家中做客的一个德国人发现“如果不先脱掉鞋子就不许上楼梯或进房间”[17]，这让他大感震惊。正是这个时代的荷兰人创造了将家庭作为个人的私密空间的理念；你也可以说，是他们创造了舒适的概念。

这一切与范·德·邓克的生命跨度大致重合。在全球贸易的推动之下，尼德兰已变成一个非常舒适的地方。难以想象，一个前途似锦的人居然想要离开。我们有理由认为范·德·邓克是受到了笛卡尔的启发。[18]这位知识界的名人自然而然地为这个年轻人做出了榜样。范·德·邓克在莱顿的日子里，笛卡尔就住在莱顿城内或其周边地区，而且他的所有特征都得到两极分化的评价：这所大学中的一些教授变成了他的追随者，而其他人则激烈反对他的“自然哲学”。他非常有魅力——深色的卷发、卷曲的小胡子、具有穿透力的目光——既是一个行动派又是一个思想家：他曾自愿加入“沉默者威廉”的儿子莫
102 里茨的麾下，成为一名士兵，佩着剑在城中大摇大摆地行走，那是他日常行头的一部分。范·德·邓克应该在莱顿时就已经读过《方法论》。作为一本哲学著作，这本书非常口语化，自传性很突出。好动而又具有个人主义精神的年轻人应该会被差不多在卷首的一段文字所吸引，在这段文字中，笛卡尔谈到了自己出发历练的经历，他宣称“一到年龄容许我离开师长的

管教，我就完全抛开了书本的研究。我下定决心，除了那种可以在自己心里或者在世界这本大书里找到的学问以外，不再研究别的学问”[19]。

如果范·德·邓克有志于海外贸易，那么通过东印度或西印度公司的办事处安排就是顺理成章的路子。但是，依他的本性，他是不会愿意受这两家公司的管制的。就和所有大企业一样，这里的晋升之路可能会走得很慢，尽管也很稳定。范·德·邓克想要的是更有意思、更野性的东西。他也许是从他的父母那里听说，或者是在作为报纸前身的宣传册子中看到有一个新大陆中的殖民地正在成形，这片原始的处女地正需要帮助。吸引他的不是西印度公司的新尼德兰殖民地，而是这块殖民地北端的那个“殖民地中的殖民地”，也就是阿姆斯特丹钻石商人基利安·范·伦斯勒的私人封地。他寄出了询问函。

他来得正好。在殖民地建立起的 11 年间，范·伦斯勒从马希坎人手中买下了大片土地，使殖民地稳步扩张；它如今囊括了哈德逊河两岸的数十万英亩的土地，围绕着西印度公司的上游基地奥兰治堡。虽然该公司以曼哈顿为中心的殖民地正在泥潭中挣扎，但是这位事必躬亲的大庄园主一直在悉心照料着自己的殖民地。他派出了农夫、木匠、铁匠、车轮修造工和砖瓦匠，还捎去了牲畜、种子、裸根树木和藤蔓植物；他从阿姆斯特丹的总部（范·伦斯勒没有活到看见他庄园的那一天）下达了大量的指令，要求清理森林，种植农作物。房子建起来了，路也铺好了。范·伦斯勒终于可以在 1641 年 1 月写道：“总体而言，殖民地各项事务进展顺利，感谢上帝。”[20]但是，他的成功也引发了一个问题。他的手里现在有了一个货真价实的殖民地了，它需要一个政府。虽然从严格意义上来讲，他的殖民地是在新尼德兰的地界之内，但是范·伦斯勒将其视为一个半独立的实体。这意味着他必须建立起自己的法律和秩序。盗贼和半途而废者（农夫们签订了为期数年的合约，然后逃走）越来越多。

当范·德·邓克给范·伦斯勒写信，希望后者能考虑给他在殖民地提供一个职位时，这个商人肯定乐意之至。无论是让哪一行的熟练工人漂洋过海在伦斯勒的殖民地上开始新生活都是一件难事：范·伦斯勒不得不付出比他们在尼德兰的工钱高出很多的价钱，即便如此，他还是会抱怨所能招揽到的人素质不够。[21]在一个力争上游的中产阶级商人的头脑中，范·德·邓克的莱顿大学法学家的资历应该是闪闪发光的。整个新尼德兰殖民地上没有一个律师，唯一受过大学教育的人是新阿姆斯特丹的牧师。要吸引这样的人任职简直是太难了。范·伦斯勒快马加鞭地给他的殖民地的一个小股东寄了一封信，这名股东刚好住在莱顿："请在方便的时候向德·拉特（de laet）先生或者其他人打听一个名叫范·德·邓克的年轻人的情况，此人来自布雷达男爵领地，曾在莱顿研习法律，他想谋一个和我们的殖民地农耕有关的差事；我们不是总能找到去那里的最佳人选的，如果没有人认为他的人品有什么特别可指摘之处，我们可以给他安排另一个差事。"[22]

这两人一见面，范·伦斯勒就知道自己要怎么安置这个年轻人了。他需要能够巡视他那片未经开发的荒地并追捕那些不法之徒的人，这个人还得有法律头脑，能够执法并处理殖民者之间的纠纷。他给了范·德·邓克一个名为"Schout"的职位，这个荷兰头衔结合了警长和公诉人的职责。这份差事很难做，但是凭着这个年轻人的资历，他无论是在大庄园的殖民者们中间，还是在新阿姆斯特丹那些刁民中间都是鹤立鸡群。

对于一个一直接受书本的教育而非现实世界中的教育的年轻人来说，这就像是一场乌托邦式的冒险：走进一片未开垦过的土地并创建一个司法体系，当一个全新社会的法律使者。范·德·邓克接受了这个职位。1641 年 5 月，他登上了开往新大陆的“橡树号”（“Den Eyckenboom”）。他的口袋里装着
厚厚一捆范·伦斯勒下达的指令，但是，无论这些指令有多详 104
细，它们都无法涵盖他前方即将出现的一切。

这艘船比原定时间多走了 10 周才入港，比起过去的任何一个时期，今天的我们想到这个过程会觉得轻松许多。两个多世纪以来，这个港口一直是美洲的门户与连接北美和欧洲的商业枢纽，在这个交通拥堵的十字路口，各种张满了帆的护卫舰、帆船、蒸汽船、集装箱船和游艇穿越各个年代，在梳齿般的曼哈顿海岸线延伸出的码头边进进出出，在航道上擦肩而过。现在，这里异常平静。今天，乘船入港时，你只需转身背对如尖刺般隆起的曼哈顿，将自由女神像、总督岛和埃利斯岛上无声的庞然大物从你的脑海中抹去，你就能想象出它曾经的模样。水面翻起了美丽的涟漪，头顶的帆左右摇摆、噼啪作响，都市的喧嚣渐渐隐去。有那么几分钟的时间，这里只剩下了你一个人——这是领略这个地方连绵起伏的地形，形形色色的岛屿，以及范·德·邓克后来描述的“多种多样、各不相同的海港”[23]的好时机。

在开阔的海上颠簸了几周之后，可想而知，这个闲适恬静的避风港有多么诱人。这个海港的宽度和深度给范·德·邓克

留下了深刻的印象，这里承载着他的同胞，仿佛新大陆版的“IJ”——阿姆斯特丹海滨的那个大岛。在整整一个世纪里，那里的航线上桅杆林立。与其他民族对森林或山岳的了解一样，这些荷兰人对水路了如指掌，对于他们来说，无法经水路进入的土地是毫无用处的。反之，由适宜航行的河流雕刻而成，又带有锯齿般宽阔便利的海湾的富饶土地是他们的终极目标。这个海港是把他们吸引到这里来的其中一个因素：他们感觉到了它潜在的能量，嗅到了它的潜力，它可能会变成他们在大洋彼岸的母国的复制品。现在，它依然是千年以来的那个模样：一片由海水、风和土地雕刻而成的荒凉之境。英国人称它为“纽约港”。对于荷兰人来说，它太原始了，还不值得给它取个名字。正如范·德·邓克后来用文绉绉的拉丁文记录下来的那样，“人们给它起了个很棒且很省事的名字——‘海湾’”。

这艘船在距离曼哈顿南岸还有几百码的地方就下了锚，岸边是带有山形墙的房子、风车，堡垒的护墙沿着岸边挨在一
105 起。乘客们步履蹒跚地走下船，坐上来接他们的一艘小船。小船划到了岸上。

范·德·邓克没有记录下他对新阿姆斯特丹的第一印象。虽然乍一看，这个地方不可能让人信心百倍，但是在过去的一年中，这个城镇和这个殖民地的事务经历了一场决定性的变革。历史对于以曼哈顿为中心的荷兰殖民地的简单解读——在英国人最终接管此地并开始将其变成一个欣欣向荣的殖民地之前，这里只是一个无名之辈群集、无足轻重的地方——是以西印度公司的记录为基础的。西印度公司经营过这个地方，但是西印度公司从来没能让这里实现财政独立，因此，新阿姆斯特丹从来没有真正腾飞过。但是这段推理忽略了事件的一个关键

转折点。该公司曾在该地区实施贸易垄断政策，除了海盗和走私越来越猖獗之外，这种政策妨碍了所有领域的发展。1640年，该公司放弃了这种政策并宣布新尼德兰为一个自由贸易区。在这样一个新自由市场领域中，新阿姆斯特丹将成为“主要港口”，成为贸易船只和商船经过的航线上的枢纽，它们要缴税、报关方能通行。政策收效惊人。此后，阿姆斯特丹的那些勇于经历海上航行的千难万险的小企业家在曼哈顿有了一个可资利用的枢纽——一个可以作为大西洋贸易圈中转站的基地。吉里斯·费尔布鲁日（Gillis Verbrugge）和他的儿子赛思（Seth）合伙成立了一家企业，而且开始了第一次前往曼哈顿的贸易航行，这样的航行一共进行了27次。[24]这笔生意让赛斯变成了一个富人，他有能力支持他的妻子——一位富商千金——追求时髦。迪尔克·德·沃尔夫（Dirck de Wolff）成立了一家公司，将工业制成品运给曼哈顿的殖民者们并将皮草和烟草带回来；他用自己从这场商业冒险和其他的国际商业冒险中获得的回报，在富人专属的绅士运河边买了一栋高雅的阿姆斯特丹联排别墅，以及哈勒姆（Haarlem）围垦地上的一个巨大的乡村庄园。[25]

与此同时，这个小小的改变还对曼哈顿产生了深远的影响。在几年的时间内，它催生了一个非常活跃的商人阶级——一个想要购买、销售、发展、消费的人群。在确信这里未来有前途之后，他们开始扎根于此。而且，曼哈顿的商人们没有类别之分，裁缝也会酿造啤酒，面包师也是船长。[26]范·德·邓克到曼哈顿的时候，约里斯·拉帕里已经在这个殖民地度过了18年，他当时为西印度公司工作，但是他也做一点小生意——代表范·伦斯勒殖民地上的农民卖粮食，还经营着一家属于他自 106

己的小酒馆。曼哈顿松散的社会结构有其劣势，但是它也造就了比欧洲更强的社会流动性。[27]

新阿姆斯特丹的货物人人有份。“这里的每个人都是贸易商。”一个居民在1650年评论道。确实如此，而且这是前所未有的情况，也是进步的机遇。霍弗特·卢克曼斯（Govert Loockermans）比范·德·邓克早到7年，他是西印度公司船上的一个16岁的厨师助手，急切地想要抢占先机。[28]西印度公司的垄断政策一终止，他就离职了，并和费尔布鲁日签订了合同，担任他的代理人，监督船只和货物。几年之后，他学会了英语和几种印第安语，在“东河”买下一个农庄，开始出租船只并在新尼德兰和大西洋上运送货物，他还有几次被控走私。他有着相当卑劣的性格特点：他因一次与拉里坦印第安人的争执而臭名昭著，用一名证人的话来说，他“折磨酋长的兄弟，用裂开的木头弄伤他的私处”。[29]在以年轻人的脚步走进新纽约城的38年之后，他将死去。这时的他是这块殖民地上富甲一方的商人，此地最好的房子的主人［这些房子后来变成了海盗威廉·基德（William Kidd）的老窝，如今是一栋平凡的办公楼，地址是“汉诺威广场7号”[30]］，新大陆最富有的人之一，他也是向高层社会自由流动模式的纯正典范，后来的美国文化就是从这片被遗忘的殖民地继承这种社会流动模式的。

在新阿姆斯特丹当地，贸易开放的成果在范·德·邓克到来时就已初见成效。取消垄断政策之后土地租赁或购买量大增。房子建起来了，人们的房屋舒适程度有所提高。1640年10月，烟农雅克·德·维努伊思（Jacque de Vernuis）在签订了一个为期十年的租约后意外身故，给他的荷兰太太海斯特·

西蒙斯（Hester Simons）留下了一份财产，其中包括一件灰色的骑手外套、一顶骑手帽、衬衫、围巾、头巾、长筒袜和手帕、白镴盘子、银器、铁罐子、铜水壶、松木箱子、窗帘、枕头和枕套、毯子、三头猪、一根鱼竿、一对钳子和“一个黄 107
铜漏勺”。[31]这点儿家当挺寒酸的，但是和前几年的艰难日子相比，生活也是天差地别了。

抵达这里的时候，阿德里安·范·德·邓克穿着皮靴，在东河浅滩边卸客的地方走下单桅帆船（像样的码头在好几年后才建成），他转了个弯，穿过这个嘈杂、生机勃勃又粗野且正处于过渡阶段的城镇。这里大概有400个居民，而且已经是地球上文化最多元化的地方之一了；五年后，一位到此参观的耶稣会牧师记录道，此地的道路寥寥无几又布满灰尘，但路上的人们说着18种语言。[32]1641年夏，堡垒已摇摇欲坠，但是这里有了新的房子，有木造的也有石造的，还有砖砌的，有坡度很陡的屋顶和梯形的山形墙。一个新人将跨过架在名字响亮的“主运河”（这又是新大陆中对阿姆斯特丹的模仿之作，居民们觉得镇上需要一条绅士运河——实际上那只是一条散发着恶臭的沟渠）上的新的酿酒者桥（Brewer's Bridge），走过由五间石头房子组成的购物区，经过面包房和助产所，绕过珍珠街上简陋的木教堂（大卫·德·弗里斯把它称为“恶心的畜棚”[33]），教堂后面是牧师的房子和马厩。[34]镇上的道路闹哄哄的，到处都是散养的猪和鸡，这一时期的养殖理念是让动物到处游荡觅食，人们把房子围起来把它们拦在外面，而不是圈在里面。

时值盛夏，一个还不适应高温潮湿气候的荷兰人在走到镇上的时候应该会出一身汗。无论是按逻辑还是风俗，他都会到几条主街道上的小酒馆里去歇歇脚——也许他还带了个伴儿，科内利斯·梅林（Cornelis Melyn），这个富有的佛兰芒农民和他一起旅行，在范·德·邓克在曼哈顿施政过程中，这个人帮了大忙。继续赶路的范·德·邓克可能还曾停下脚步，与一个名叫于里安（Juriaen）的德国木匠聊天，当时，这个人正在为一个名叫菲利普·热拉尔迪（Philip Geraerdy）的法国人造房子。[35]或者他还可能停下来观察英国木匠约翰·霍布森（John Hobson）和约翰·莫里斯（John Morris），他们正在履行自己与艾萨克·德·佛雷斯特（Isaac de Forest）的合约，修建“一栋住宅，它长30英尺、宽18英尺，有两扇四格窗和两扇三格窗、四条有支架的横梁和两条无支架的横梁，内外密封的一个隔断和一条走廊，整栋房子全部密闭”。[36]

108 如果范·德·邓克需要证据证明这个艰苦的社区正焕发出新的生机，他只需看看自己乘坐的那艘船卸货的场景就会明了，这些货都是各行各业的居民们从阿姆斯特丹订来的，毫无疑问，他们现在正在海边准备收货。船员们卸下了修帆工托尼斯·扬森（Tonis Jansen）订的一捆法国帆布、两捆篷盖布、一个装着200磅帆布缝线的小桶。锁匠亨德里克·扬森（Hendric Jansen）收到了他订的“4大锅铁匠用的煤炭、30块方铁条、60块瑞典扁铁、150块硬铁”。西印度公司商店的代表在他的货物收据上签了字，这些货物包括数桶白兰地、麻布袋、法国葡萄酒、油、牛肉干和猪肉干，“30大桶精盐”，一箱文具、290磅蜡烛以及“两个大板条箱，里面装着50个筛篮”[37]。船一入港，一个名叫阿伦特·科尔森·斯塔姆（Arent Corssen Stam）的哈勒姆商人就与“橡树号”的船长热兰·科内利森（Gelain Cornelissen）签订了合约，要求“立即运来一艘适合航行状态的船，此船应密封、补好漏洞，备齐船锚、绳索、滑车、帆、活动和固定索具、食物以及其他航行必需品，并在该船上安装 6 门大炮和等比例的其他弹药”。[38]他打算送一批新货到英国弗吉尼亚殖民地上，在那里收另一批货（应该是烟草），然后“趁上帝赐予的第一股从弗吉尼亚直接吹到伦敦的顺风将这艘船上的货物送给那些应该得到这批货物的人”[39]。

最后，范·德·邓克走过了一间网格状的警卫室，走进了总督的砖房。在这里，他抽出了一封介绍信，将它呈到威廉·基夫特（Willem Kieft）面前。三年前，威廉·基夫特接替范·推勒担任西印度公司在这块殖民地上的主管。这是一次简短而正式的会面。然后，范·德·邓克又向北走了，他走到 150 英里之外的河的上游地区，走到那个遥远的、即将成为他的新家的定居点。

当时，伦斯勒斯维克（Rensselaerswyck）殖民地上的居民大概有 100 人。寥寥无几的房屋、畜棚以及其他人类居住的痕迹在广阔得惊人的荒野衬托下显得那么渺小：这里有袅袅青烟，北面黑压压的群山，一棵棵高大的松树，宽广的河流和无边的天空。范·德·邓克遇到了一个和他年龄相仿的人，此人名叫阿伦特·范·科尔勒（Arent van Curler），是基利安·范·伦斯勒的侄子。他是这里的管理人，已经在这块殖民地上过了三年。然后，范·德·邓克走向河西岸边树木繁茂的小 109
岛，那里紧挨着奥兰治堡，一部分的土地已被开辟为耕地。他决定在其中一个地方建立自己的家。没过多久，一个超现实版本的经典“狂野西部”场景出现了：范·德·邓克恢复了精力，蓄势待发，他因冒险带来的兴奋感激情高涨，也陶醉于异域的陌生感中。这时，他从他那简陋的茅草屋里冒了出来，闯进了 8 月明亮的早晨。他佩戴着“镀银十字剑，披着肩带，戴着一顶插着羽毛的黑帽子”[40]，那是象征他的官职的标志，向他辖区内的农夫、铁匠、车轮修造工、面包师，还有形形色色的莫霍克人、马希坎人和西印度公司的士兵们展现自己。当他故意大步流星地走在河边的路上，经过奥兰治堡的栅栏和殖民地上的农田和工坊时，居民们肯定都目瞪口呆了。他们面前这个穿着整齐华丽、装饰着羽毛的行头的人是 1640 年前后欧洲教育的顶级精英，是数百年法律体系的产物，但又经过了伽利略、笛卡尔和格劳秀斯以人为中心的现代理念的调和。他就是共和国最出类拔萃的人中的一位。他们有了一个治安官了。

第六章　血腥委员会

命运的转折出人意料，一场悲剧即将吞没以曼哈顿为根基 110
的新尼德兰殖民地，令它元气大伤，最终在与英国邻居的斗争中败下阵来。但是，这一事件也令这里的居民团结一致，将这块殖民地的传统保留至未来的几个世纪。命运之神还多做了一步安排，让那场噩梦在阿德里安·范·德·邓克抵达“新大陆”谋出路的当月发生，他即将领导人们进行一场保留传统的政治斗争。

那场灾难到来时，新阿姆斯特丹居民们和他们分散在围绕全省的长达数百英里的北大西洋海岸线上的伙伴们正对一切满怀希望。贸易突然开放，新居民蜂拥而来，商界精英集团正在形成，各个家族开始通婚，落地生根。一切都起源于一个看似随机的小事件。

曼哈顿岛上的每个人都认识克拉斯·斯维茨（Claes Swits）。这个车轮修造工是一个爱唠叨的老头子，带着他的妻子和两个长大成人的儿子一起漂洋过海到“新大陆”来。在上船之前，他们都住在阿姆斯特丹的“冬日喜鹊”[1]酒馆中，那里也是格里耶·雷尼耶把目光投向曼哈顿之前，当酒吧女侍和妓女的地方。那家旅馆是来自德国的旅人们最喜欢的去处；从斯维茨的姓氏来看，他的原籍应该是瑞士。和在曼哈顿的其他人一样，他刚到的时候从事过好几份不同的职业。他租了一个 200 英亩的种植园，这个名叫奥特斯普尔（Otterspoor）的种植园占据了后来的哈莱姆①（Harlem）的很大一部分。他在这个种植园里种粮食，养奶牛［他同意每年向土地所有者雅各布·范·科尔勒（Jacob Van Curler）支付 200 磅黄油和
111 “在上帝的庇佑下，这片土地出产的粮食的一半”[2] 作为租金］。
不久之后——也许是觉得这份工作对于像他这么大的年纪的人来说太过繁重——他雇用了一个合伙人。[3] 就算是在当时，克拉斯也没有在打理农场这件事情上花多少时间；他太老了，或者，也许他只是渴望与人接触。他买下了维阔斯盖克小道上的一小块地，这块地的大概位置就在今天的四十七大街和第二大道上，他在那里盖了一座房子，然后做起了各种各样的买卖。这条小道——在二十三大街的位置从后来的百老汇上分出来，向东面延伸，然后在岛的北面与百老汇重新汇合——那时已是车水马龙。维阔斯盖克部落的一些村庄中的印第安人，还有更北边和河对岸的长岛的其他部落成员都在新阿姆斯特丹来来往往；欧洲人和非洲人的农庄扩张到了曼哈顿，他们也开始穿梭于这条小道上。新尼德兰的领土依然广袤荒凉，但是这座岛的中心正在迅速地被殖民化。这个老头子想到，这座岛的东边有一个地方适合做旅人们的歇脚处。

他位于都特尔湾②（Deutel Bay）的小酒店变成了人气很高的聚会地点。夜里，人们在舒适的火堆前聚到一起，饮酒、唱歌、咒骂、争论，也许他们还会走进依然有些荒凉的夜色，凝视这个形状像 C 的海湾上空的月亮。正是在这里，英国人

---

① 曼哈顿的黑人居住区。——译者注

② 海龟湾中的“海龟”（turtle）——位于这个地区的社区——是荷兰词语 deutel 或 dowel 的讹误；这个海湾在被填入前很久就因其形状而得此名。

托马斯·比奇的妻子娜恩·比奇“乱摸在场大部分人的马裤前裆”[4]，从而引发了一场小冲突。还有一次，乌尔里希·鲁珀尔德（Ulrich Lupoldt），西印度公司的一名官员一边在克拉斯的小酒馆中喝酒一边和住在北河对岸的扬·艾弗森·包特（Jan Evertsen Bout）大声争吵，他们争论的是包特和某个“黑婊子”[5]有一腿的传言。克拉斯似乎和那个在1634年的冬天长途跋涉到莫霍克人的村庄去重新协商皮草价格的年轻人哈门·曼德茨·范·登·博加特是很亲密的朋友或者是姻亲；范·登·博加特是克拉斯的家庭小酒馆的常客，而且还为他的债务提供经济担保。

从几条记录来看，这个车轮修造工是一个人畜无害、受人喜爱的老头。他能叫出很多印第安人的名字。1641年8月的一天——阿德里安·范·德·邓克也正是从那天开始适应他在 112
伦斯勒斯维克殖民地的“郡治安官”（schout）一职——克拉斯发现一个27岁的维阔斯盖克印第安人站在他的门口，肩上还搭着一些皮草。这个印第安人说，他有意与他们交换一些粗呢布料。对于这一点，克拉斯应该一点儿也不觉得惊奇。克拉斯认识这个年轻人：他住在岛的东北面的一个村里，而且他曾经为克拉斯的儿子工作过一段时间。这个车轮修造工把这个站在8月的太阳底下的人请进屋，给他一些喝的和吃的。当这个老头俯身去开他保存贸易货物的箱子时，这个维阔斯盖克年轻人——他是这块殖民地即将发生的大事的中心人物，但是很遗憾，他的名字无据可考——做了一个看似毫无预谋的举动，他伸手拿起了克拉斯·斯维茨放在墙边的一把斧头，高举斧头，砍下了这个老头的脑袋。然后，他离开了。

虽然这场谋杀是偶然事件，但是其中包含必然性。这名印第安人不曾与斯维茨争吵。但是在15年前，也就是1626年，在彼得·米努伊特买下这座岛的时间前后，一小群冒险到南部进行皮草贸易的维阔斯盖克印第安人被一些欧洲人袭击、抢劫并谋杀了——所有人当中只有一个12岁的男孩幸免于难并逃走了。15年来，欧洲人的人数增长，他们在岛上慢慢扩张，与此同时，这个男孩一直怀着一颗复仇的心，然后，这种心理爆发了，也许连他自己都会感到惊讶。

于是，维阔斯盖克路上的这场谋杀就成了导致文化冲突事件的发条上的一环：一个事件会穿越时空，触发另一事件，引发更大规模、更血腥的报复行为。克拉斯·斯维茨之死余音未了。它首先也是必然地在威廉·基夫特的脑海中产生了回响。基夫特正大汗淋漓地闷在阿姆斯特丹堡的办公室里——他最近正是在那里迎接范·德·邓克并祝其北上就职一切顺利——当这位44岁的殖民地管理者听到这个糟糕的消息时，他的反应是有点儿兴奋。这种反应很奇怪，但他就是个怪人。他生于阿姆斯特丹，长于阿姆斯特丹，父亲是商人，母亲是政客的女儿。他的家族关系背景深厚——伦勃朗在《夜巡》这幅画中给他的表亲威廉·范·莱滕博什（Willem van Ruytenburch）画过像（他在画面中心偏右的地方，穿着华丽的黄色套装，手握刀鞘）。[6] 但是，威廉·基夫特算得上是家里的害群之马。他一直在法国寻找商机，但全盘皆输，以至于他的照片被人钉在拉罗谢尔镇（La Rochelle）的绞刑架上，他也被迫逃走。令人难以置信的是，后来他接到了一个任务——在奥斯曼帝国的某
113 地赎回被苏丹囚禁的基督教徒。不过，有人在安特卫普出版了一份攻击他行政能力的宣传册，这份宣传册称，基夫特将这个任务变成了以盈利为目的的投机活动，他只出钱要求释放那些

人头价格最低的人质，而让其他人质在土耳其监狱中受尽折磨，以保持自己的利润。[7]

也许正是因为这种精明，有人向西印度公司的董事们举荐了他，作为替代倒霉的沃特·范·推勒的适当人选。不过，这更有可能是家族关系所致。他 1638 年到此，当时这个省一片混乱。他决心实施铁腕政策，认为这样才能扭转殖民点的局面——暂且不提在他到任后不久，因自由贸易的出现，殖民点的局面本身就已经开始好转。实际上，他的所有问题——所有管理者们在这个殖民地存在期间的问题——在于进退两难的形势。荷兰在其帝国统治的一个世纪中进行的全球扩张不是以殖民地为基础，而是以贸易基地为基础，这就解释了为什么尽管这个帝国开拓的疆土远至印度、台湾岛、爪哇，而荷兰语却没有像英语一样传遍全球。作为最高统治者，英国人要么扶植殖民地，要么就像在印度一样，用他们自身文化的各种元素影响当地社会。而荷兰人则倾向于在战略据点设立军事贸易基地，并让当地人给他们带来贸易物资。贸易公司本身都不参与建立永久殖民地的事务。

但是，新尼德兰不愿只做一个贸易基地。在荷兰帝国的站点中，它是独一无二的，因为它坚持要成为一方水土。[8] 据一些人估计，在这一殖民地走到尽头之前，它所吸引的荷兰共和国移民者人数比其他荷兰贸易基地吸引的人数总和都多。[9] 此地的人口并不全是由士兵和公司雇员构成，还有普通移民，他们喜欢自己所看到的，希望能留下。这里有街道和建筑，除此之外，到了 17 世纪 40 年代，它已经发展出了一种风格，一种过日子的方式，这当然与经营此地的公司之间有些关系，但是更多的是由克拉斯·斯维茨、霍弗特·卢克曼斯、约里斯·拉帕里、卡特琳娜·特瑞科、格里耶·雷尼耶和“土耳其人”安东尼·萨利决定的——这些在公司外缘活动的人，而非公司内部的人。

114 这个地方有了自己的生命。有了这个，自然就需要政治体制。事实上，当时那里没有司法制度，或者可以说，基夫特就是司法制度。那里没有判例法，他想怎么调停争执就怎么做。那里也没有申诉制度。基夫特和这个殖民地的其他管理者们未获授权，无法对政治和法律制度的建立进行监督；公司只给他们送来了一种“工具”：军事独裁。如果他们是在巴达维亚和望加锡这些贸易基地，那么这是一种行之有效的工具，但是在一个迅速成长、羽翼即将丰满的社会中，这是一种障碍。

但是，他们却迟迟无法理解这种区别，迟迟不明白曼哈顿岛上的情况与其他异国基地是迥然不同的。领导新尼德兰经营事务的这批西印度公司雇员中无一人真正明白这一点——只有最后一人除外，但是，等他明白过来时，一切对于荷兰人来说已经为时过晚。

基夫特从来就没明白过这一点。他不是一个政客。他是受命来让一个即将失败的公司投机项目扭转局面，而且他装备了一只撒手锏：全权专断，生杀予夺。在他所辖区域内的那些人不是选民，而是臣民、农奴。在 17 世纪，这是被广为接受的商业模式。在东印度和西印度公司面对的大部分情况下，这种模式都奏效了。

基夫特一开始确实尝试过满足他治下的平民百姓的自然需求，让他们感觉自己在某种程度上参与了公司的决策。他成立了顾问委员会从旁协助。这个委员会由两个成员组成。一个是约翰内斯·拉·蒙塔尼（Johannes la Montagne），一位为人和善、深受人们喜爱，对任何人（包括基夫特在内）都不会构成威胁的瓦隆医师。（选他）还有个好处，他欠着公司的钱，所以不可能和公司作对。另一位顾问是基夫特本人。基夫特还补充了一个决定，即作为管理者，他在委员会中有两票，拉·蒙塔尼只有一票。按少数服从多数的原则做决策。基夫特就这样建立了代议政府。

第二件事是解决迫在眉睫的外部威胁，这种威胁来自基夫特的一位前辈。1638 年 3 月中旬，也就是基夫特踏上曼哈顿海滩的两周前，彼得·米努伊特已带着他自己的瑞典殖民军队在荷兰人口中的“南河”支流选定地点下锚。米努伊特已经巧妙地计算好如何安排他的殖民地。他对这个地区（今天的 115
特拉华河和它两岸的土地，包括马里兰、特拉华、新泽西和宾夕法尼亚的部分地区）了如指掌，而且，更重要的一点是，他对荷兰人和英国人在那部分陆地上的所有权了解得非常透彻。他知道英国人依然坚持他们的“最先发现权”主张，据此，在他们眼中，整条海岸线——其实也就是整片大陆——都是他们的。但就实际情况而言，英属弗吉尼亚殖民地还远在南边，因此，米努伊特希望能避开他们，直到他的殖民地建立起来。

至于荷兰人，虽然“南河”领地因哈德逊的航程而归他们所有，但是米努伊特知道，西印度公司通过从居住于此的印第安人手中购买“南河”沿岸土地，断断续续地追踪土地所有权。他知道哪些土地已被买走，哪些还未被买走。具体而言，荷兰人已经买下“南河”东岸的土地（即新泽西），但是西岸还没买。于是，米努伊特一登陆就召集了该地区的部落首领，在他的旗舰“卡马尔·尼克尔号”（Kalmar Nyckel）上召开了一次秘密会议，并让他们在一份地契上画了押。当然，其意不在于满足部落的土地所有权概念，瑞典政府也不太在乎和当地人进行合法交易。米努伊特的眼光是放在了荷兰人身上，他想应用他们自己的财产转让规则，从而在对方可能提出任何法律论证之前先发制人。通过使用他在为荷兰人效力时学到的技巧，他代表12岁的瑞典女王克里斯蒂娜买下了河流西岸被荷兰人命名为“斯库尔基尔”（Schuylkill）的支流下游的土地——未来的特拉华州和马里兰州，以及宾夕法尼亚州的一角，也就是后来的费城。

一个月之后，在“南河”人迹罕至的荷兰基地，士兵们发现了米努伊特的船并给曼哈顿送去了一份报告，这份报告肯定激怒了基夫特。这是一个本来应当是盟友的国家对荷兰主权发出的军事和外交挑战。而米努伊特在此事中扮演的中心角色肯定尤其让他恼怒。基夫特一刻也没耽误，直接给那个曾经担任他现在职位的人发了一份公报。5月，一艘荷兰舰船沿海岸航行至在荷兰统治时代得名且名称保留至今的两个海岬——亨洛彭（Henlopen）和五月角（May）之间，再进入海湾，顺“南河”而上，进入人称“明夸斯吉尔”的支流，然后在露出
116 地面的岩石前面下锚。米努伊特的人正在这里挖着他们堡垒的防御带，在春风中挥汗如雨。一名士兵上岸，将一封信交给了“新瑞典”的领导人。

> 本人威廉·基夫特，新尼德兰总督，驻扎于曼哈顿岛及阿姆斯特丹堡。我奉尼德兰联邦议会议员阁下和西印度股份公司阿姆斯特丹分会之命知会你，自称司令、为瑞典女王陛下效命的彼得·米努伊特，新尼德兰“南河”流

> 域全境多年来为我方所有，上游及下游有堡垒驻防，以我方鲜血为封印，这是在你治理新尼德兰时发生之事，你心知肚明。如今，你闯入我们的堡垒之间，开始在那里修建堡垒，这于我们不利，也侵犯了我方利益，我方绝不容忍此行径。而且我方非常肯定，瑞典女王陛下从未下令让你在我方的河上或海岸边修建堡垒，因此，假使你方继续修建防御工事，进行土地耕作，做生皮贸易，或试图以阴谋诡计侵犯我方，我方特此为未来可能由此造成的全部损害、代价和损失，以及灾祸、流血冲突和动乱而提出抗议，而且，我方将以我方认为最有利的方式维护管辖权。[10]

由于这份公报没有明确预示要进行军事进攻，米努伊特对此不予理睬。打从一开始，他就在这场冒险事业中下了赌注，他认为新尼德兰士兵人数太少，无法全面保护其领地。他完成了克里斯蒂娜堡的修建，然后，他留下 25 个人驻守这座堡垒，充满希望地出海航行，奔向斯德哥尔摩，他打算在那里为下一次远征新大陆拟订计划。这场探险的组成人员将不再是士兵，而是殖民地的居民。这时，米努伊特的计划已经扩展了。他不仅打算召集瑞典的“亚当”和“夏娃”，而且还要召集他本国莱茵地区的难民，他认为这些难民会迫不及待地抓住这个机会，以逃离延续了 20 多年的战乱，在新的土地上开始新的生活。作为一名殖民地开拓者，他在第一次尝试中那么努力、那么勤奋，结果却只能眼睁睁地看着成果被夺走。这让他的志向变得更加明确，更加完善。他不再是为了冒险而踏上征途。现在的他是一名乌托邦主义者：他想建立一个新社会。[11]

117 但是米努伊特没能再返回欧洲。他的梦想随着他的逝去而消亡。1638 年 8 月，他乘船前往加勒比海收购一批烟草，准备在欧洲转售，但海上的一场飓风夺走了他的生命。不过，米努伊特的决心和 17 世纪式的开拓精神成就了曼哈顿岛之外的另一个传奇。他在克里斯蒂娜堡留下的那一小批驻军在接下来的 17 年中成了一个规模可观的瑞典殖民地的基础。这个殖民地绵延 100 英里，直到特拉华河谷，环绕未来的费城和特伦顿。米努伊特为开拓这个富饶、荒凉的河谷而付出的努力——以及，后来荷兰人驱逐这个侵入的殖民地的决心——使得“新瑞典”，作为奇特的、罕为人知的历史花絮，即将为历史做出惊人的贡献。

正如米努伊特猜测的那样，威廉·基夫特当时选择了先不认真对付在他南翼的瑞典人。一方面，他正面临着财政危机。开放贸易为新尼德兰居民带来了瞬间的繁荣，而西印度公司并未获利。另一方面，在阿姆斯特丹的董事们看来，他们已经放弃了可能保证他们最终盈利的垄断，然而他们还要背负着管理殖民地和保护这里的居民们的包袱。他们和在他们领地上的印第安人签订了五花八门的协议，这要求该公司还要保护他们，以防敌对部落袭击。富商巨贾们对他们安插在公司内的董事施压，要他们想办法摆脱这种困境。

基夫特也尽力了。首先，他处理了四处开花的货币危机。弗罗林、达布隆、便士、八片币、先令、雷亚尔、卡罗吕斯盾以及佛兰德镑全在新阿姆斯特丹的小酒馆钱柜和城里居民们的钱包里叮当作响：货币种类的混乱与高度自由放任主义、自由贸易经济相伴而生。而钱币还远不是做生意的主要手段。毛皮可以用来交换包括从一杯法国白兰地到城里的一块土地在内的一切东西。但是，主要货币，也就是在教堂礼拜仪式中捐款时，人们最常扔到奉献盘中的是贝珠。这种现在通常被称为“贝壳串珠”的东西是东海岸印第安人广泛使用的货币，其用途比如今人们所知的要广得多。对于来自不同语言群体的各个部落，它成了一种通用符号，一种向共同仪式的致敬，签署条约、向显要人物致敬的方式。跟随亨利·哈德逊而来的第一批 118
荷兰贸易商利用了这种交易媒介并将其推而广之。他们了解到哪种抛光贝珠的价格最高——产自长岛最东部海岸的一种紫色蛤壳的贝珠——而且，他们不仅在自己与印第安人做生意时用这种珠子，而且变成了部落间的贝珠投机商。随着自由贸易骤然增长，一大批品质低劣的贝珠涌入了曼哈顿，基夫特知道，随之而来的混乱局面将会导致财政方面的浩劫。因此，在每周四举行的“委员会例会”上，在他和拉·蒙塔尼医生都列席的情况下，他下达了一个指令：

> 鉴于如今此地流通的皆为质地极其低劣的贝珠，用于付款的皆为从其他地区来此地的肮脏且未经抛光之物，其进货价格相较于此地价格低50%。通常被称为曼哈顿贝壳串珠的经过抛光的优质贝珠，如今被出口，已全部消失，这会对本地区造成决定性的毁灭和破坏。因此，为了防患于未然，为公众利益考虑，我们特此封锁并禁止任何州、任何身份或地位的任何人，在即将到来的5月，以5兑1斯提弗①之外的价格（即6颗成串贝珠兑换1斯提弗），用任何未经抛光的贝珠收款或付款。违者付出的贝

① 斯提弗，荷兰旧辅币，合1/20盾或5分。——译者注

> 珠将被临时没收并处 10 盾罚款用于济贫，此规定同时适用于收款者与付款者。已抛光之贝珠价格维持不变，即 4 颗成串贝珠兑换 1 斯提弗。[12]

接下来，基夫特将他的注意力转向了印第安人问题。该公司的确为阿姆斯特丹堡、奥兰治堡和纳索堡派遣士兵而花费不菲，这些士兵在那里的任务是保护该公司的利益和雇员们，而且他们还受与印第安部落签订的土地条约的约束，有责任为那些人提供保护。由于该公司无法退出这项协定，基夫特突然灵机一动，想出了一个他自以为相当聪明的办法，即让印第安人为他们提供的这项服务缴税。这个点子油水太足了，令人无法拒绝。周四到来了，基夫特召开“委员会会议”并下达了他的指令：

119 鉴于该公司在修建防御工事以及支援士兵和水手方面开销巨大，我们决定要求在此地附近居住，且至今靠我们防御敌人的印第安人们以兽皮、玉米和贝珠形式进行捐款，如果有哪一族不愿意在此类捐款中合作，那么我们将以最恰当的方式敦促该族捐款。[13]

在场的有些居民在此居住已久，这些了解新阿姆斯特丹地区的部落族群——塔潘人、哈肯萨克人（Hackinsacks）、维阔斯盖克人、拉力坦人（Raritans）——提出了警告，告诉基夫特这事情基本上做不得。这些居民知道，印第安人对于自己和欧洲人达成的房地产交易的理解绝不简单。在他们眼中，每次土地所有权转让中涉及的那一大堆商品并不完全是买价，而是代表他们商定协议的信物。他们根据这份协议与“买家”分享土地，与此同时，双方还结成了防守同盟。

然而，尽管该殖民地上的一些欧洲居民对于生活在他们当中的原住民有着出人意料的微妙看法（从范·德·邓克的文章中就能找到一例：“他们的女人有种迷人的魅力……如果她们和我们的女人一样受教育，那么她们将和后者几乎完全无异”[14]），但是基夫特不是这些人中的一员。事实上，他的行动和指令说明了，他基本上是在采取斩草除根的策略。他收保护费的要求在受到几个酋长的抵制甚至是嘲笑之后，他抓住一件小事情——史坦顿岛上的荷兰农场的几头猪被盗——作为借口，兴师问罪。即使不了解这段历史的人大概也能看出，一连串的事件将由此展开。这件事从一开始就充满了讽刺意味：那些盗贼显然根本就不是印第安人，而是荷兰人。那座农场归大卫·德·弗里斯所有，这个商人曾使范·推勒羞愧不已而不得不拿出作为领导人的风范，他是许多印第安人的朋友，能讲好几种他们的方言，而且他曾在与基夫特在阿姆斯特丹堡的住处用餐期间，尽力制止即将发生的事情。“这些野蛮人就像意大利人，”德·弗里斯警告称，“他们报复心很强。”[15]

但是基夫特不为所动。他派了一个民防团到拉力坦人的村 120
庄中，因为他的情报人员告诉他，那是盗贼的老窝。数名印第安人被杀。果然不出所料，拉力坦人袭击了德·弗里斯的农场，杀了四个农场工人，烧毁了他的房子。然后轮到基夫特出手了。他不想卷入战争，更愿意采取让自己的敌人与另一群敌人相斗的经典策略。周四到了（那天正好是 7 月 4 日），他在委员会中宣读了命令：

> 鉴于印第安拉力坦人的敌意日渐明显……我们认为最有利且最明智的办法就是诱导我们在这一带的印第安盟友都拿起武器……为了更好地鼓励他们，我们向他们承诺，每个人头悬赏10英寻贝珠，如果他们成功抓到任何残忍杀害在斯坦顿岛上的我方民众的印第安人，我们向他们承诺，每个人头悬赏20英寻贝珠。[16]

他给出的贿赂立竿见影。在这个命令公布后没多久，帕查姆（Pacham），一个来自与拉力坦人关系紧张的部族的印第安人，慢悠悠地走过哨亭，走进阿姆斯特丹堡，他高举着——以一种他认为合乎礼仪又骄傲的姿态——一根棒子，上面挂着一只人手。[17]在带着他的战利品面见基夫特时，他称这只手是命令进攻德·弗里斯农场的拉力坦酋长的。

基夫特的心头之火平息了。他的计划成功了，这让他觉得很快慰，而且这证明了自己是块当领导的料。“人生而平等”的观点还远没出现；17世纪和过去的时代一样，人人都认为不同种族、宗教和性别的人在生物链上所处的地位不同。在基夫特这样的人看来——他的想法与约翰·梅森（John Mason）船长和纳撒尼尔·培根（Nathaniel Bacon）没有太大的区别，前者四年前带领英国人对康涅狄格的佩克特人（Pequots）进行了一场大屠杀，后者是詹姆斯敦殖民地印第安种族灭绝政策的支持者——这个世界的野人们无论生活在哪一片大陆上，他们都明白权力是什么，面对权力，他们就会接受他们天经地义、低人一等的地位。拉力坦人没有报复的迹象，这就证明了这一点。

121 整件事情本该到此为止。然而，那个维阔斯盖克的无名印第安人却选择在此时为多年前被谋杀的叔叔复仇，虽然此事与那些事件之间没有直接的联系，但它们也许是潜意识中的导火索。在都特尔湾家中的年迈的克拉斯·斯维茨的脑袋还没着地，威廉·基夫特就发动了全面反击。这些原住民如今已证明了他们完全不可信任，斩草除根是唯一的解决办法。

作战之前需要政治动员，基夫特的第一步就是为他对付本地部落的行动争取民意支持。他要求居民们提名，成立一个由12个人组成的委员会，这些人将协助他制定行动方案。在未来将成为纽约州的地方，他创立了第一个由民众选出的组织，这在这片“新大陆”上还属首创，在这件事情上他该被记上一功，不过他还不知道这一步棋会怎么让他自食苦果。这12人自发集结并推选大卫·德·弗里斯为首领。同在委员之列的还有约里斯·拉帕里，他和他的妻子卡特琳娜·特瑞科一直坚守在这个殖民地上，由青年步入中年，而且近来有所成就。基夫特向这个委员会提了三个问题，而且，他还给它们编了号。

> 1. 惩罚残忍杀害克拉斯·斯维茨的印第安人是否不义？而且，假如印第安人拒绝按我们的要求交出凶手，摧毁凶犯所属的整个村庄是否不正当？
>
> 2. 上述行动应当如何实施，何时实施？
>
> 3. 何人执行此行动？[18]

令基夫特恼火的是，这12个人不建议开战。他们赞同“根据尊敬的总督大人的提议，凶手当然要受到惩罚”，但是，他们坚持让“尊敬的总督大人再派单桅帆船前去，以友善而非威胁的方式要求交出凶手……” 这 12 位顾问知道自己无权无势，于是他们只好想方设法给他们任性的领导人设障碍。他们声明，倘若需要对这些部落全面开战，则本殖民地应先派人前往母国索取 200 套甲胄，这显然是个拖延战术。而且，由于此时的基夫特已经名声在外，如大卫·德·弗里斯所写，在要
122 求开战的同时“他自己躲在保卫森严的堡垒中，到那里之后他就从来没在堡垒之外睡过一个晚上”[19]，委员会补充了一项温和的规定，倘若需要武力讨伐，“鉴于我们不承认除总督之外的任何指挥官……因此……尊敬的总督大人应亲自领兵出征……”[20]

基夫特明确表示这个委员会应该就是走走过场；这个班子的任性固执让他大为光火，他决定再试一次，这次，他要和每位代表单独沟通，他相信，没有了抱团的安全感，这些头脑简单的农夫和商人会赞成自己的计划。但是，虽然水手雅各布·沃庭根（Jacob Waltingen）称他“愿意执行总督和委员会的任何命令”，西印度公司官员雅克·本顿（Jacques Bentyn）给了基夫特一个令他完全满意的答复，他说“最好就是杀了印第安人，好让他们满心恐惧”[21]，但是大部分顾问依然希望能慢慢来，按部就班地为这个已经犯下的具体罪行寻求正义。

更让基夫特恼火的是，这个 12 人委员会先是没有按照召集他们的目的支持他，然后又自作主张地开始在其他事情上对总督指手画脚。[22]这些顾问想“根据荷兰风俗”要求一定的个人权利。他们想禁止售牛。最重要的是，他们希望他们委员会或者其他类似的组织能成立一个常驻代表大会。在尼德兰联合省，即使是最小的村庄也有这样的组织。两周后，基夫特以命令的形式严正回复：

> 应我们的要求，此 12 人获得任命和指示，为印第安人谋杀已故的克拉斯·科内利森·斯维茨一事分享他们的忠告和建议；他们现已完成此任务，我们特此感谢他们为此付出的辛劳。而且，我们将在上帝的帮助下，适时采纳他们已提交的书面建议。上述 12 人自此以后不可再举行会议，因为此行为可能会造成危险后果，并对我国和当局极为不利。因此，我们特此声明，除非受命于我们，否则禁止他们召开任何形式的集会或会议，违者以违抗上命论处。1642 年 2 月 8 日，新尼德兰，阿姆斯特丹堡。[23]

基夫特为他的军事行动赢取民众支持的企图适得其反，但 123
他还是一意孤行，他命令西印度公司的士兵们进攻印第安村庄。于是，所谓的“基夫特之战”开始了，那是即将延续几年的一系列屠杀式袭击和反击。最丑陋的袭击发生于 1643 年 2 月 25 日的夜里。[24]大卫·德·弗里斯再次留在阿姆斯特丹堡的总督家中，他坐在基夫特餐桌对面，试图劝他放弃袭击。基夫特称，他“很想抽这些野人几个大嘴巴”，德·弗里斯回应说他无权自作主张，“这种事情未经 12 位顾问的批准断不可为；我是这 12 位顾问中的一员，我不赞成就办不到……他应当考虑他能从此事中得到什么好处……但是，我的话似乎于事无补。他和他的帮凶们视此事为英勇之举，决意实施谋杀，而且在行动时未警告开放地界中的居民自保，以免遭到原住民的报复。毕竟，他无法杀死所有的印第安人”。

这二人的饭现在是吃完了。基夫特没有直接回应德·弗里斯，而是让他到他在堡内新建的大会堂去。到了那里，德·弗里斯看到士兵们已经集结完毕，准备进攻。他们兵分两路：一路人马向西北行军 2 英里对一小群在克莱尔胡克（Corlaers Hook，即今天的曼哈顿下东区）安营扎寨的印第安人发动突袭，另一路人马到河对岸去进攻在一个叫“帕法尼亚”（Pavonia）的种植园所在区域，也就是在今天的新泽西州泽西市安营扎寨的更大一群印第安人。

德·弗里斯觉得这件事情令他难以接受。这些维阔斯盖克和塔班部落的印第安人为了躲避北方的莫霍克人而来寻求荷兰人的庇护，他们因为没有及时进贡而被莫霍克人袭击了村庄。“走着瞧吧，”德·弗里斯对基夫特说，“你会把我们的同胞也害死的，开放地区的居民们没有人知道这件事情。”但是士兵们还是动身去执行他们的任务了。那一夜，德·弗里斯待在总督的住处，他坐在厨房的壁炉边看着熊熊燃烧的火焰，等了一夜。大约在午夜时分，“我听到了一声响亮的尖叫，我跑到堡垒的城墙上，望向帕法尼亚。只见熊熊大火，只听得原住民尖叫着在睡梦中被杀死”。没过多久，一对和德·弗里斯认识的
124 印第安人夫妇莫名其妙地出现在堡内。他们在大屠杀中死里逃生，混乱中，他们以为这一切都是莫霍克人所为。德·弗里斯告诉他们，是荷兰人要摧毁他们的临时村庄，而阿姆斯特丹堡是他们最不该来寻求庇护的地方。他帮他们逃到了树林中。早晨，德·弗里斯听到回来的士兵们在吹嘘他们“大举屠杀或谋杀了 80 名印第安人，而且他们还认为自己谋杀这么多尚在睡梦之中的人是英雄之举”。

然后，德·弗里斯在他的日记中再次描述了这场大屠杀的情况，这篇日记后来出现在了荷兰共和国内出版的一份宣传册上。这份宣传册是由殖民地中的匿名居民撰写，他们希望能唤起同胞们对北美殖民地上滥用职权的现象的注意：“他们把婴

儿从他们的母亲胸前扯走，在他们的父母面前大卸八块，这些尸块被抛入火中和水中，其他未断奶的幼童被放在小木板上，被砍，被戳，被刺，在大屠杀中悲惨地死去，即使是铁石心肠的人也会被这种行径触动。有些孩子被扔进河里，当父亲们和母亲们竭尽全力去救他们的时候，士兵们不会让他们上岸，而是让父母和孩子都溺死……有些来向我国同胞求救的人被砍下了手，有些人的腿被砍了下来，有些人的手臂中还兜着自己的内脏，还有些人身上的割伤和砍伤的严重程度超乎想象。这些可怜而单纯的生灵和我们的众多子民一样，只以为他们是被另一群印第安人——玛阔斯人袭击了。在完成此次壮举之后，这些士兵被论功行赏，基夫特总督握着他们的手，向他们致谢并祝贺他们。”

德·弗里斯印制的这份名为“广泛建议”的宣传册也许在描述恐怖场景时有所夸大，但是这种夸张的描述有助于证明一个观点，那就是殖民地居民们反对向印第安人开战，而且，实际上，一个人的心血来潮令他们的生活变得荒唐而危险，这令他们更迫切地想要建立某种形式的代议制政府。“基夫特之战”名副其实。基夫特越过了绝大多数居民，而最引人注意的是他的强硬立场和居民们对于改革的本能需求都是与这一时代相符的。荷兰人在建立一个帝国——从定义上来说，这是件丑陋的事情。在整个世纪的进程中，那些荷兰贸易公司、他们的总督和士兵都证明了，他们与英国、西班牙和葡萄牙殖民地 125
的统治者们一样血腥无情。基夫特与在马六甲和望加锡的荷兰行政官员们，在加尔各答和马德拉斯的英国东印度公司总督们，或果阿邦的葡萄牙统治者们没多大区别。

然而，反对流血暴力的殖民地居民们的举动倒是彰显了他们的本色。那不是他们善良的天性使然，而是在荷兰各省几十年的冲突中得来的实用的智慧。在德·弗里斯的日记和反对基夫特的宣传册中，描述“帕法尼亚袭击”的恐怖景象的段落后都跟着一句话，这句话肯定曾在许多殖民地居民脑海中回荡：“尼德兰的阿尔瓦公爵的残忍行径能比得上这个吗?”[25]七年前，针对西班牙统治的反抗运动在低地国家就要爆发，西班牙摄政王派遣臭名昭著的阿尔瓦公爵费尔南多·阿尔瓦雷斯·德·托莱多（Fernando Álvarez de Toledo）前去镇压、改造异教徒——新教徒。这位公爵对持不同政见者滥施刑罚、大开杀戒，人称“血腥委员会”，造反贵族因此被斩首，成百上千的平民被屠杀。

“血腥委员会”在荷兰民族心里根深蒂固；它促使荷兰各省奋起反抗，公开宣战。它也增强了荷兰人对宽容的理解。这种观念的形成由来已久，而且随着越来越多来自欧洲其他地区的人来到荷兰诸省生活，这种观念将在17世纪继续发展。实际上，在这个时代用“荷兰”来指代某个民族有些用词不当。[26]17世纪的荷兰诸省是欧洲的大熔炉。随着英国人、法国人、德国人、瑞典人和犹太移民来此定居，他们使用这里的语言，将他们的名字“巴达维亚化”①（例如，“Bridges”变成了“Van Brugge”），最后，他们采纳了一种基本的世界观框架，其主要特征之一就是人们需要接纳他人。随着“荷兰人”往他们的新大陆迁移，他们带来的不仅是业已成形的文化融合体，还有对于差异的宽容，那是多文化社会的先决条件。作为

① 巴达维亚共和国（荷兰语：Bataafse Republiek、法语：République batave）是1795~1806年，在现在的荷兰领土上建立的一个法兰西第一共和国的傀儡国，其前身是荷兰共和国。

它播下的种子，曼哈顿也是一个大熔炉。[27]

不过，我们应弄清楚宽容的含义，那与“赞扬多样性”——这个概念在17世纪的人们看来太愚蠢了——毫无关系。“容忍”也许更贴切一些。如果你觉得这个说法听起来很苍白，126
那就想想当时的德国吧，造成40%的人口丧生的宗教偏执和政治引发了“三十年战争”① （仅马格德堡市在一天之内就有3万人丧生）。与此同时，在荷兰联合省，宽容已经形成了一种文化特质。荷兰作家们公开承认，了解如何相处、适应、接纳他人对生意有好处。到荷兰诸省来的外国游客们经常会注意到这一点，而且他们通常会觉得这很奇怪，这是一股打破稳定的力量，一种道德放纵的征兆。不过，随着荷兰人四处扩张，他们将宽容付诸实践，它以最平凡的方式呈现出来。

基夫特和其他为商人卖命的士兵们的冷酷无情掩盖了一个事实，那就是构成这个殖民地的农夫们和商人们学习了印第安语言，采用了印第安农耕技术，接受了贝珠贸易，而且，在一段时期内，他们曾尝试以多种方式与印第安人共存。因此，基夫特本人的“血腥委员会”引发了一部分曼哈顿人受欧洲经历的影响而产生的反应。殖民地居民们对这场战争感到不满，这完全是有现实根据的：印第安人的人数远超他们，而且，处于捕猎者地位的不是荷兰人；他们来到这里生活的全部理由——毛皮贸易，全依赖印第安人。和他们好好相处比对他们开战更行得通。

① 三十年战争（Thirty Years' War，1618～1648），是由神圣罗马帝国的内战演变而成的全欧参与的一次大规模国际战争，也是历史上第一次全欧大战。

在双方你来我往地进攻反击，殖民地居民的怨气日增的同时，这些定居者依然努力维持他们的生活方式。[28]托马斯·钱伯斯（Thomas Chambers）签了一份合约，要为扬·舍普莫斯（Jan Schepmoes）建一座房子。威廉·德克森（Willem Dircksen）船长同意为约翰·特纳（John Turner）和威廉·霍尔默斯（Willem Holmers）运货并“趁涨潮”将其安全送往“加勒比群岛中的圣克里斯托弗岛海滩上”。艾萨克·阿勒顿（Isaac Allerton）对“土耳其人”安东尼·范·萨利提起诉讼。康涅狄格斯坦福的约翰和理查德·奥格登（Richard Ogden）签订合约，要为西印度公司在阿姆斯特丹堡围墙之内修建一座石头教堂。该公司在珍珠街边水手和乘客上岸的地方建起了一座石头小酒馆和旅馆。扬·哈斯（Jan Haes）说尼古拉斯·滕纳（Nicolaes Tenner）是“流氓加无赖”，滕纳向法院告他诽谤。倒霉的克拉斯·斯维茨在遗嘱中指定了哈门·范·登·博加特继承财产，此人几年前曾在冬天大胆前往莫霍克地区。在接受了老人的财产后，他转手将其卖给了詹姆斯·史密斯和威廉·布朗。后来范·登·博加特和克拉斯的儿子阿德里安及另一个
127 人做证，他们曾在扬·斯耐迪哲（Jan Snediger）的小酒馆点过三次啤酒，第一次“不到 3 品脱的酒少了 1 品脱，第二次几乎倒不满量酒器，第三次 3 品脱的酒少了 1 及耳①”。安德里斯·胡德对“土耳其人”安东尼·范·萨利提起诉讼。卡特琳娜·特瑞科和她的女儿莎拉在一个监护权案子中做证，称荡妇娜恩·比奇告诉过她们“史密斯先生”是她怀着的孩子的父亲。亨德里克·詹森向威廉·阿德利安森（Willem

① 1 及耳等于 1/4 品脱。——译者注

Adriaensen）出售了他的“花园住宅和酿酒厂”。皮埃尔·皮亚（Pierre Pia）和让·圣热尔曼（Jean St. Germain）在一场猪遭枪击的案件中做证，他们不久前在那附近看到过一个持枪的英国人。科内利斯·胡格兰特（Cornelis Hooglandt）向威廉·托马森出售了他在河对岸的长岛上的房子以及渡船的经营权。这艘渡船最近定期开航，将曼哈顿人运到当时已经被称为“布鲁克林”的农田去。

但是，麻烦是躲不开的。此时，基夫特的行动已经促成一件在此之前一直无法实现的事情：当地部落结成了统一联盟，该联盟的目标就是屠杀欧洲人。深夜，在毫无预警的情况下，他们发起进攻，随之而来的是弓箭的呼啸声和火枪的爆破声，这些火枪是荷兰交易商卖给伦斯勒斯维克周边地区的印第安人的。阿彻寇尔（Achter Col，即今天的新泽西州纽瓦克市）种植园变成一片火海。正在萌芽的长岛社区受到重创。小股印第安人向曼哈顿远郊的农场发动突然袭击，他们砍死牲畜，焚烧庄稼，杀死任何有着白人面孔的人，有时还掳走妇女儿童，居民们被迫向阿姆斯特丹堡寻求庇护。

1642～1643 年的几个月时间里，多年来费尽千辛万苦得来的成果——清理和翻耕土地，徒手搭建锯木工厂，然后用这些木材陆续建造出更加舒适的房屋——被抹杀了。许多家庭在阿姆斯特丹堡内仓促建成的茅草屋里挤成一团。阿姆斯特丹堡的大概位置就在今天的旧海关大厦。站在这座堡垒一般的建筑外，我们的眼前很容易浮现出这样的情景：那些男人、女人、孩子在 1643 年的严冬寒春，聚集在这座岛的最南
端曾是他们家园的地方，它似乎曾对他们敞开过怀抱，呼唤 128

他们留下，生根发芽。如今，它却仿佛打算把他们倒进海湾里。如今，这些在自己的家园被放逐的难民在露天中庭里蜷缩成一团，暴露于风雨之中，听任他们各自信仰的神们的摆布，他们想知道什么会降临在自己身上，却没想过谁是罪魁祸首。

第七章 源头

与此同时，再往北的地方，空气依然带着美妙而甜蜜的天然香气，外加松针和葡萄花混合在一起的味道，而没有宅地被焚烧后产生的黑色尘埃和刺鼻气味。阿德里安·范·德·邓克，这位来自布雷达市的年轻人在几十平方英里早已被划分、修渠、造田、开垦的平原地区生活了二十几年。但在他刚到这里来的最初几个月里，这个新大陆上广袤而原始的自然风光令他着迷，而且它与可怕的南方是隔绝开的，这是一大幸事。伦斯勒斯维克殖民地北面的群山如梦境中的景象若隐若现。对于一个来自把木材当宝贝的地方的人来说，这些森林超出了他的想象——“太多了，”范·德·邓克写道，“实际上，森林把整个地区都覆盖了，对我们而言，森林太多了，都挡了我们的道了。”[1] 他的小屋坐落在一条1/4英里宽的河流边，这里的冬天如此严酷，每年12月，整个地区基本上都会结冰，钻石商人基利安·范·伦斯勒的子民们于是与曼哈顿和南面的殖民点隔绝，只有群山和完全被白雪覆盖的松树陪伴着他们，直到春天。

范·德·邓克认定4月和5月是探索乡村地区的最佳月份。“此时的树正在开花，”他写道，“树林里充满甜蜜的香气。到了5月中旬，我们肯定能见到成熟的草莓，但不是在花园中，因为它们不是种在花园里的，而是在地里自然生长。”[2]

但是，他觉得他最喜欢的还是这个新大陆的秋天："高地之上，往北走，天气越发寒冷，淡水结冰，家畜都已入圈，厨房物资准备就绪，一切整理停当，等待冬天到来。人们宰杀肥牛
130 和猪。野鹅、火鸡和鹿在这个季节最为肥美，最易捕得。"[3] 他观察了这里的熊，"不像莫斯科大公国和格陵兰岛的灰熊和白毛熊"，而是"泛着光泽的黑色"，而且它们嗅觉灵敏，"当印第安人出发猎熊时……他们的身上会带着以扫①的气味，打扮成以扫的样子，也就是说，他们会在身上涂上旷野和森林的气味，这样他们就不会因反差巨大的气味而露出马脚"。[4] 他为"多得令人难以置信的"鹿惊叹不已；他研究过鹰，他观察到它们"在高空中，在人的视力所不能及的地方翱翔"，而且能"抓住鱼，把它活生生地从水里一把拽出来"。[5] 他追寻树林中火鸡的踪迹，打到许多鹌鹑，惊叹于"山鹬、桦鹬、黑琴鸡、野鸡、林沙锥、水沙锥"的数量之多。[6] 作为一名优秀的荷兰人，他还特别研究了新大陆的风——那是"轻快的，哺育万物的贸易信使"。[7]

他记录下这片土地的轮廓、不同地区的土壤特性、当地的树木和水果："桑葚比我们的品质更好、更甜，熟得更早。"他数过"好几种李子、野生或小的樱桃、刺柏、几种苹果、许多榛子、黑加仑、醋栗、蓝色的印地安无花果、遍地的草莓（其中一些5月中旬成熟，而我们的7月才成熟）、蓝莓、覆盆子、树莓等，还有洋蓟、橡果、咖啡豆、野生洋葱和青葱，就和我们的一样……"[8] 一种当地的水果令他着迷，他称之为

---

① 《圣经》中以撒和利百加的长子，身体强壮而多毛，善于打猎，心地直爽。

“cicerullen，或者水柠檬”[9]（即西瓜），这种水果能长到“最粗大的莱顿卷心菜的个头”，而且“果肉疏松，就像嵌着籽的湿海绵。在完全良好成熟之后，它入口即化，除了籽没有其他需要吐出的残渣……它们十分爽口，通常我们会把它们当解渴的饮料”。

他询问了园丁、欧洲人和印第安人，而且带着对17世纪崇尚分析和归类的科学研究方法的热情制作了一份清单，记录下已经用欧洲分类法命名过的野生草本植物和可食用植物：“我们已知的植物如下（植物名皆用拉丁文表示）：铁线蕨属（Capilli veneris），瘤蕨属（scholopendria），白芷（angelica），水龙骨属（polypodium），verbascum（毛蕊花），album（藜科藜属），calteus sacerdotis，atriplex hortensis（滨藜属）和marina（海草），chortium，turrites（旗杆芥属），calamus aromaticus（省藤），sassafras（檫木），rois Virginianum（多足蕨），ranunculus（毛茛），plantago（车前属），bursa pastoris（荠菜），malva（锦葵属），origaenum（牛至），geranicum（鹳草），althea（蜀葵属），cinoroton pseudo，daphine（月
桂），viola（三色堇），ireas，indigo silvestris（槐蓝属）， 131
sigillum，salamonis，sanguis draconum（龙血树），consolidae，millefolium（蓍草），noli me tangere（水金凤），cardo benedictus（藏掖花），agrimonium，serpentariae（马兜铃），香菜，韭菜，野韭菜，西班牙无花果，elatine（沟繁缕属），camperfolie，petum male and female以及其他许多植物。[10]

在接下来的14年里，范·德·邓克一直在写作，他的写作内容范围极广，主题基本上都是关于他的新家、这里的欧洲居民和印第安居民以及这里对有效的政府的需要。不过，他的

文章中更引人注目的不是他的政治技巧或法律推理，而是字里行间流露出的充沛的感情。这个人完全爱上了美洲。他看到了它的前途和壮丽。他深爱着它的天然质朴，以及它所蕴含的机遇。在他来到这儿的短短的时间里，他的头脑中掠过的事物远超过经营新尼德兰殖民地的西印度公司官员们单调乏味的重商主义思想；他不是将这块大陆视为简单的可开发的材料来源，而是将其视为一个新的家园，一块可以扩张养育了他的文明的处女地。他知道，这是一片广袤得令人难以想象的土地（他写到甚至连印第安人都“不知道这个地区”西面的“尽头在哪里”，而且他们“认为这种问题奇怪又荒唐”[11]），一个新的社会，一个欧洲的延伸体可以在此成长。他知道，这里将需要一个法律框架、一个司法体系，而且他大胆地认为自己能帮这里塑造出这样一个体系。这并不是说他已经预见到“新大陆”殖民地有朝一日将脱离它们的祖国。他是 17 世纪而非 18 世纪的产儿。但是，正如他的文章中明确表明的，他是最早的真正的美国人之一。之所以这么说，并非因为他来到这里生活，而是因为他一到此地，广阔的机遇就在他的心中敞开了——他不仅联想到了自己的机遇，还想到了他人的机遇。

很难说这种感觉是从什么时候开始控制住他的。也许，在他没有陶醉于山水之间的最初几个月里，他把注意力放在他的工作的实际执行上。因为他有任务在身，他全身心地投入其中，很快，他的雇主就发现他的热忱非比寻常。从他触摸到他称之为“新美洲大陆”的土地那一刻起，范·德·邓克似乎就一直在不断地采取行动。他面对的第一个问题是在伦斯勒斯维克殖民地居民和新尼德兰及新英格兰殖民地居民之间进行的自由贸易——黑市贸易。在他抵达伦斯勒斯维克的数天内，他

就穿上了全套骑士行头，在被召集到一起的殖民地农民和商人 132
面前发表他的第一条法令，这条法令在当时肯定是一石激起千层浪。

> 我们——镇执法官阿德里安·范·德·邓克，携伦斯勒斯维克殖民地的行政长官及顾问们，向在场观看或聆听法令宣读的各位致敬。正如我们每日所见所知，严重冲突、骚动、争执，乃至相互抵牾时有发生，这些现象皆可导致一个秩序井然的社区毁灭，且皆由我们的居民与外来居民进行贸易而起……因此我们认为应当命令、嘱咐并指示本殖民地全体居民……不得从外来居民手中购买或与其交换任何货物，或者以任何方式使其得到海狸皮、水獭皮或其他毛皮，首次违反此法令者处三倍罚金或没收相当于首次购买货物价值三倍的货物……但是，如果本公司或其他人的任何小舟或船只沿河而上，且居民们意欲购买他们急需的任何物品，则应请求镇官员批准。[12]

无论范·德·邓克在离开阿姆斯特丹之前是否意识到这一点，他的职责都和为新社区谋福利而执法的关系不大，更重要的是为大庄园主的利益而服务，这一点很快就显露了出来。范·伦斯勒虽然远在大洋彼岸，但是，通过他不厌其烦的书信指示，他证明了自己是一个专注于效率、坚定而无情的监工。范·德·邓克要全力以赴，打击黑市粮食交易，穷追猛打那些在契约到期之前擅自离开殖民地去做生意的人，而且要起诉暗中买卖海狸毛皮的居民。为了给范·伦斯勒办事，范·德·邓克骑马跑遍殖民地的山谷，又乘船通过“北河”往返于伦斯勒斯维克和曼哈顿之间。1642 年 11 月，他正在新阿姆斯特丹寻找一个撕毁他在伦斯勒斯维克的服务契约，擅自逃走的年轻女人。[13]但当他找到她的时候，发现她已经有了身孕，而且马上就要分娩了。在阿姆斯特丹堡的法庭上，他尽自己的责任“命令”她回去履行她的职责，之后又决定允许这个女人留在原地，直到她把孩子生下来，等到孩子年龄够大，可以上路时再回去。那位老庄园主并不希望看到他的治安官性格中灵活的
133 一面。“你的职责是为我谋求利益，以免我遭受损失。”[14]老庄园主在一封信中咆哮道。

即使是在遥远的阿姆斯特丹，范·伦斯勒也已经从多个季度的报告中察觉到他的治安官表现出的任性，这很危险。他开始后悔选择了范·德·邓克。“现在你令我感到快慰的就是你在迅速处理几件事情时表现出的热情和勤奋”，最初的时候，范·伦斯勒这样写道，但是，这些品质同样也是缺点。[15]这个年轻人对所有事务都大包大揽——他未请示范·伦斯勒或该殖民地的商务专员，即范·伦斯勒的侄子阿伦特·范·科尔勒，就用他认为恰当的方式处理纠纷，决定在殖民地上建砖厂，寻找锯木厂和磨粉厂的改进方法。当这位大庄园主命令自己的治安官向佃户们收缴逾期欠款时，范·德·邓克走访了他们住的棚户，看到他们没有钱，但他没有告诉这位大庄园主自己未按其意愿行事，而是直接不理睬此事。范·伦斯勒很快就在他的多封信件中唠叨：“你最大的错误就是企图压倒科尔勒，而且你行事太过我行我素。”[16]

范·伦斯勒直接下令，强迫殖民地上的农民们以他们本人和他们的雇工的名义发誓效忠于他。当范·德·邓克正式反抗这个命令时，他违反了这位大庄园主的商业准则。范·德·邓

克似乎主张“中世纪”已经终结，因此雇工们应当为他们自
己的行为负责——范·伦斯勒认为这种看法“不可接受”[17]。
从其职业生涯中的这一节点和之后的事情来看，范·德·邓克
的个性从几百年前的信件、法庭记录以及残存下来的该时期的
文件中跃然而出。任性、正直、固执、傲慢、急躁，这种个性
正适合于打理一片原始的大陆，并帮助建立起一个有生命力的
新社区。这在他私下里待人接物时也有所体现。一次，有人将
他告上法庭，指控他诽谤（双方当事人此前已经“和解”）；
还有一次，他和伦斯勒斯维克的一名公职人员争吵起来，按照
范·科尔勒事后向那位大庄园主打小报告时的说法，双方争吵
升级，“持剑互相追逐”[18]，最后范·德·邓克给了那个人一
拳。最重要的是，范·德·邓克桀骜不驯的本性在他与他的上
司的关系中表露无遗。不同寻常的是，尽管才二十出头，在离 134
开他所了解的唯一的世界、远渡重洋后，他立即劲头十足地和
他的赞助人唱起了对台戏，而他的赞助人可是一个生活在近代
的中世纪贵族式的人人敬畏的人物。“最可敬，明智、强大、
公正谨慎的大人”，人们在致信范·伦斯勒时这样称呼他。而
范·德·邓克则不然，他刚到伦斯勒斯维克就拒绝了专门留给
他的农场，而选择了在这块殖民地远端的另一个农场，这第一
个举动就惹恼了伦斯勒。然后他选中了这位大庄园主最宝贝的
一匹黑色种马作为他的私人坐骑。[19]

而且他一直都在违抗命令，从范·伦斯勒在给他殖民地其他官员们去信时，只要提及这个名字就怒气冲冲的表现可见一斑（在这些信中，伦斯勒往往会给这个名字加上下划线）：“司法官<u>范·德·邓克</u>让我非常生气……，”“至于<u>范·德·邓克</u>……，”“这些年轻人，比如……<u>范·德·邓克</u>，完全没考

虑过我的利益……”“……专门给我写写范·德·邓克在此事上做何表现……”[20]范·德·邓克与范·伦斯勒之间培养起来的关系——他先是在这位长者面前巧妙地将自己塑造为正直的模范子弟，然后再渐渐地用令人不快的、几乎明目张胆的方式反抗后者——将在他与新阿姆斯特丹的威廉·基夫特交往过程中，以及几年后与另一位父亲式的长者的交往过程中重演，这一次，这种关系将产生历史性的影响。他和自己的亲生父亲之间关系怎样可想而知。

有时候，范·伦斯勒似乎在怀疑他的法安官把殖民地居民的利益看得高于他本人的利益。有时候伦斯勒担心这个年轻人是要发动政变。“从一开始，你就表现得不像个法安官，倒像个总督”，有一次他抱怨道，还酸溜溜地补充了一句，如果范·德·邓克有升职的一天，等到了那时，他希望“能有幸亲自拔擢”。[21]范·伦斯勒对于这个年轻人会以某种方式超过自己的担心似乎在1643年6月阿伦特·范·科尔勒给他打的一份小报告中得到了证实。范·德·邓克在大庄园主土地西面的卡茨基尔山（Catskill Mountains）待了很长时间，范·科尔勒告诉自己的舅舅，“大人，恐怕他打算找搭档在那里建一个殖民地”。[22]

范·德·邓克的确一直在群山中漫游。他对“新大陆”的迷恋以一点为中心，即原住民。南面的激战和恐怖主义冲突发生在欧洲人和哈德逊河谷下游的部落之间，这与伦斯勒斯维
135 克周边地区的莫霍克和莫西干部落不同，那种混乱状态尚未波及北面此处。印第安人依然经常在贸易站点以及大庄园主领地上的民居和农场中出现。刚到这里不久，范·德·邓克就开始和他们当中的一些人交往，并且开始闯入他们的土地。当时的

欧洲已经积累了大量关于美洲原住民的文献，尤其是荷兰人，因为渴望能大肆渲染他们的西班牙压迫者们的阴暗面，他们一直在关注西班牙征服者们手中的印第安人的悲惨命运。在莱顿这样的大学里，年轻人们都读过用流畅的拉丁文描述的印第安人的生活情景：他们“赤身裸体”，对“一切不幸的根源，即金钱”[23]一无所知。一些受过教育的欧洲人就这样拼凑出了这些“新大陆”居民的理想主义形象。这种形象在20世纪70年代依然恰当。也许正是这种想法吸引了范·德·邓克走进印第安社会。

他因此得以打破当时欧洲人在文化方面将原住民当成野人的偏见。通过后来他的著作中对印第安社会细致入微的观察记录，我们可以看到，这个时期的他全身心地沉浸在莫霍克人和莫西干人的文化中。他和他们一道在树木繁茂的山坡和山谷中遨游，坐在他们家中，仔细研究女人们的烹饪方法，观察他们的仪式、捕鱼和种植技巧、性与婚嫁习俗，还有“他们的孩子吃奶的方式”。这两大主要部落群体的语言不同，文化迥异——莫霍克人更喜欢定居，他们住在以农耕需求为中心，用栅栏围起来的村庄中；而莫西干人则倾向于随狩猎季节而迁移——在范·德·邓克看来，这就是他们经常相互交战的原因。后来他对好奇的欧洲读者们这样描述这些原住民，他们“和尼德兰人一样身材适中，体型匀称”[24]。他还描绘了他们的房子：格局紧凑，这样它们就能“挡风遮雨，而且相当温暖，但是他们不懂得将房子分成房间、客厅、过道、衣橱或贮藏橱”[25]。

他学习了他们的几种语言，并将该地区的印第安人分为四个不同的语言群体，并仔细分析这些语言（“词的变格和变位与希腊语相似，因为他们的语言与希腊语一样，名词里有双数

136 词，动词甚至有接头母音字母”[26]）。他亲身观察了他们的巫医并且惊叹于“他们知道如何在几乎不借助任何东西的情况下治愈新的伤口和危重损伤”，而且“他们能轻松治疗淋病和其他性病，这足以让许多意大利内科医生汗颜”。[27]然而，他对用于重病患者的“驱魔”方法有所质疑，这种方法“发出的噪声足以将一个临终之人吓死”。[28]

他研究了他们的宗教活动，而且在回应他们是否能皈依基督教的问题时，他明确表示怀疑，但是，在一个值得注意的段落中，他吁请他的国家为该殖民地的印第安人制订社会福利计划：“政府当局应参与其中，在当地的适当地点成立良好的学校，为他们的年轻人提供充分的教育，让他们学习我们的语言和基督教要素。这样，时机成熟后，他们就能够且愿意进一步教育他人，而且会乐在其中。这需要付出大量的努力和准备，但是，不用这种办法，我们就无法在他们那里做出什么成绩。忽视这一点是非常不利的，因为印第安人自己声称他们很高兴让他们的孩子接受用我们的语言和宗教开展的教育。”[29]

这些文字是引自范·德·邓克的重要著作《新尼德兰记述》（*A Description of New Netherland*，以下简称为《记述》），它被视为早期美国文学的经典之作，但是，由于此书不是以美洲殖民地最终得主的语言写就，而是以他们死敌的语言写就，此书被历史遗忘了。[史学家托马斯·奥唐奈（Thomas O'Donnell）称此书为“美国最古老的文学宝藏之一”，而且他称范·德·邓克“如果使用英语而非荷兰语写作，那么他的《记述》一书即使无法像布拉德福德的《普利茅斯垦殖记》（*Of Plymouth Plantation*）一样备受尊崇，至少也同样能赢得后世的尊重。”[30]] 对范·德·邓克的书的忽略反映出美国历史对以曼哈顿为中心的荷兰殖民地的全部记录，以及对该殖民地本身的态度。《记述》一书只出了一个英语译本。该译本最早出现于1841年［译者杰里迈亚·约翰逊（Jeremiah Johnson）不仅是布鲁克林的前市长，而且认为自己是卡特琳娜·特瑞科和约里斯·拉帕里的后人］，史学家们一直依赖于这本书，因为书中包含着丰富的信息，讲述了这块殖民地本身——第一批欧洲人找到的美洲荒野——以及印第安人的故事。

但是历代史学家们显然都忽略了一个事实，那就是他们研 137
究所使用的译本错漏百出。这个译本中有的地方是准确的，并且确实抓住了原文的诗意和热情，但是在有些地方，约翰逊完全曲解了范·德·邓克说过的话。距今时间最近的1968版译本的主要错误是漏掉了范·德·邓克写的很大一部分内容。直到1990年，该书一个主要部分才出版面世，当时是荷兰学者艾达·露易丝·范·加斯特尔（Ada Louise Van Gastel）在一份学术期刊上发表了相应的译文。[31]在此之前一直为史学家们所忽略的这一部分内容说明了范·德·邓克一直在认真研究印第安人的协议、合同和“政府与公共政策”。鉴于范·德·邓克彼时刚刚完成法律培训，以及即将代表以曼哈顿为中心的殖民地着手开展工作，这一部分读起来引人入胜。① 在那种语境下看这部分文字，我们能看到一个刚刚走出法学院，心中充满

---

① 我要对迪耶德里克·威廉·古德海斯（Diederik Willem Goedhuys）深表谢意，他于1991年创作的新译本在很遗憾尚未能出版的约翰逊版译本的基础上做出了重大改进；我还要向艾达·露易丝·范·加斯特尔致谢，她于1985年完成的博士论文《阿德里安·范·德·邓克，新尼德兰与美洲》为我概述了早期译本中的许多问题；感谢纽约市尼德兰中心的汉尼·万尼黛尔（Hanny Veenendaal）为我重新翻译《新尼德兰记述》一书中的某些篇章提供的帮助。

新的法律和政府运作实践理念的年轻人在实验性的研究中，将那些理念应用于一个陌生的社会。

格劳秀斯对于欧洲人如何处理原住民问题也有实践兴趣，作为他的好学生，范·德·邓克在他书中“缺失”的这个章节里平心静气地分析了他们的是非观。他发现，在这些人当中，欧洲国家普遍接受的“权利、法律和行为准则”没有什么用，起作用的是一种普遍的“自然法则或部落法则”。他说明了至少有一部分荷兰殖民地居民了解印第安人对于产权理解的微妙之处，他指出，对于原住民们来说，“风、溪流、灌木丛、原野、大海、海滩、河畔对没有与印第安人开启战端的部落的所有人免费开放。这些人都可以把这些地方当作他们的出生地一般，自由享受、到处移动”[32]。他确定了他们对于欧洲人也坚持的某些战争规则的尊重，例如让“来使”安全通行并履行条约。他指出，为了将来的使者们着想，在提出缔结土地条约等意向时，协议中要以口头形式表明请求，同时赠送恰
138 当的礼物。“挂起礼物，提出请求，礼物和请求的对象会对该提议认真调查，深思熟虑。如果他们接受了礼物，则表示他们接受并且同意了该请求，但是，如果礼物被挂在那里超过三天，那么这件事情就依然待定，而请愿人将不得不更改条件或增加礼物或者双管齐下。”[33]

他似乎很欣赏印第安人“按民意决定的”政府，但是他发现这样的政府本身是有问题的。当整个村庄的人要集合起来讨论重要议题时，酋长会像政客一样动摇人们的思想，让他们接受他推荐的行动方针，这种民主就戛然而止了。如果有反对者依然固执己见，那么最后，“一个更年轻的首领会跳起来，在众目睽睽之下，用斧头一下子砍碎这个人的头盖骨”[34]。

范·德·邓克不得不总结道，这种民意政府是“有缺陷的，站不住脚的”。

所以说，是的，阿伦特·范·科尔勒是对的——1643 年，阿德里安·范·德·邓克确实在卡茨基尔山里待了很长时间。在他待在高地上的时候，他开始与各个部落谈判，打算购买一大片土地。他与范·伦斯勒的合同期限大概是三年，而在两年后，范·德·邓克开始焦躁不安——他在为未来做打算。他看到了之前在伦斯勒斯维克出现的情况，看到了那位长者如何违反常理地提出在大洋彼岸以经营中世纪封地的方式来经营他的殖民地，那里有农奴，而他本人则是法律的化身。此时的范·德·邓克在这片新大陆上已经脱胎换骨；和彼得·米努伊特一样，起初毫无经验的冒险想法在他心中成熟，变成了某些更加深刻的东西。他想在这里做出一番成绩，能留存于世的成绩。和米努伊特一样，他几乎不可避免地想到了建立他自己的殖民地。

一接到他侄子的这个线报，范·伦斯勒就派了一个人到该殖民地去，此人是奉命向印第安人购买那一大片被称为“卡茨基尔”的土地。他给范·科尔勒写了一封信，信中满是对范·德·邓克的谩骂之词。此人以“诡计”否认他的赞助人的权利，其中包括获得与他的殖民地毗邻的任何财产的权利。此人当“受到约束”，如果“事实证明他依然固执己见，那么他将被革去职务”。[35]

这位长者有他自己的办法：他的代理人凭智谋击败了范·
德·邓克，买下卡茨基尔，又将他的殖民地拓宽了几千英亩。 139
但是范·伦斯勒无福看到这一天了。我们很愿意推断是范·德·邓克的鲁莽大大地刺激了他，但是我们无法保证这种推断的真实性。无论原因是什么，钻石商、伦斯勒斯维克的大庄园主基利安·范·伦斯勒不久之后就去世了，将这份产业留给了他的儿子们。这块奇特的中世纪封地将在它自己的世界中继续存在，经过纽约的英国殖民地时期，进入美国历史（奥尔巴尼市，也就是后来的纽约州首府最终将不得不提交文件，澄清这块领地与将此领地团团围住的英王室直辖领地不同）。实际上，伦斯勒斯维克将在基利安的儿子耶利米亚（Jeremias）和后来管理者的现场照管下发展壮大，最终拓展为一片超过百万英亩，生活着 10 万佃农的土地。[36]

对于范·德·邓克来说，在伦斯勒斯维克周边建立殖民地的计划的失败给他带来了思维方式的转变。他将注意力投向南面。他的任期还有一年，但是他已经放弃了新尼德兰北面区域，开始把更多时间花在了另一个地方，那是荷兰在北美的所有权无可争议的神经中枢。

到了 1644 年，在曼哈顿发生的事件上升到了一个新的阶段。反对基夫特和他发动的灾难性的印第安战争的人们开始联合起来，他们的领导人是科内利斯·梅林，这个农民曾是范·德·邓克在 1641 年乘船到新阿姆斯特丹途中的旅伴。梅林四十出头，是个正直的佛兰芒人，来自安特卫普周边地区。做皮匠行当的他在那次旅程中还带上了自己的妻子、孩子、一些雇农和动物，他打算在史坦顿岛上耕种一大片土地。他选的时机很糟糕。印第安人摧毁了他的种植园，梅林和他的家人被迫与其他大部分人一起渡过“北河”，到曼哈顿下游的堡垒去寻求庇护。他买下了“运河”，也就是通往“东河”的沟渠地区的土地，并在这块地上建了一座两层楼的房子。不久后，他有了一个邻居。德国人约赫姆·奎伊特（Jochem Kuyter）曾在东印

度参加丹麦海军，然后为了在世界上寻找一个宁静的角落定居，他于1639年抵达曼哈顿。他开始在岛屿北面种植烟草，
河对面是他的朋友乔纳斯·布朗克（Jonas Bronck）的种植园 140
（纽约市的一个区后来以他的名字命名）。奎伊特的第一批作物种得很成功，正当他希望能从中获利的时候，维阔斯盖克部落发动的一场袭击破坏了他的计划，他被迫迁往南方。梅林和奎伊特彼此为邻，在就他们共同的悲惨遭遇交换意见之后，他们决定对基夫特和西印度公司发起进攻。

堡垒内，蜷缩在一起的群众已几乎陷入混乱。见此情形，为了重建秩序，基夫特提出任命新一届民意代表委员会来协助自己，这多少让人们的情绪平静了一点儿。在他亲手挑选八个成员时，人们没有吵吵闹闹。自然地，他选择了他认为会支持他的人。他选择梅林作为带头人，他认为这个从皮匠变成种植园主的人应该会感激公司给了他这样一个晋升的机会。考虑到当时该省人口中有20%是英国人，他还选择了两个英国人，其中一人是艾萨克·阿勒顿，这个老谋深算的商人与清教徒们一起乘坐“五月花号”来此，后来，他感觉自己在他们的社会中多受拘束，于是他从新英格兰搬到了环境更自由的新阿姆斯特丹。

基夫特于6月18日将委员会召集起来。陪同他的应该有既是他的秘书，又是他的心腹的科内利斯·范·廷霍芬（Cornelis Van Tienhoven），以及一小队士兵，以提醒众人尊重他的权威。[37]阿德里安·范·德·邓克当时还不是委员会的成员，但是他应该出席了这场会议。他经常经河道乘船从伦斯勒斯维克到新阿姆斯特丹，这次他也通过这一路线刚到此地。[38]在场的大概还有城里的牧师埃弗拉德斯·博加德斯（Everardus Bogardus），这个身材矮胖、嗜酒如命的加尔文教徒已经开始

在他的布道坛上抨击基夫特了。

基夫特告诉这些人，这块殖民地现在缺钱。战事掏空了金库。他马上提议通过征收海狸皮税和啤酒税来筹集资金。委员会成员们对此表示十分不满。他提议征税的这些人已经因这次战争而失去了家园、财产和家庭成员。人们住在临时搭建的窝棚里，衣衫褴褛。他们出不起钱，而且就算他们有钱，他们也会拒绝。更何况，委员们争辩道，在没有获得阿姆斯特丹公司授权的情况下征收这样的税是违法的。基夫特气得面红耳赤。“我在这里的权力比公司大!”他冲委员们咆哮道，并宣布会采取任何他认为有必要的措施。于是，曾经当过水手的奎伊特气
141 势汹汹地站了起来，用力指着这位总督发誓说，等哪天基夫特没有他的职位作为保护伞的时候，奎伊特“一定会要了他的命”。这场会议在混乱中不欢而散，几天之后，人们就看到了基夫特的士兵们在堡垒四周敲敲打打、张贴布告，通知居民们缴纳新税。

为了海狸皮而征税，人们或许还能忍受，但是，每一大杯啤酒要加 5 分钱的税就超出人们的忍耐限度了。民众起义随之而来。人们拒绝缴税，小酒馆的老板们拒绝收税。作为报复，基夫特派士兵到城里的小酒馆去逮捕了小酒馆的老板菲利普·格里森（Philip Gerritsen）。

然后，委员会也采取了行动。委员们之前已经给在阿姆斯特丹的西印度公司的董事们和在海牙的荷兰政府领导人们写信，为他们所处的困境提出抗议，但是这些请愿都没有章法，苍白无力。这些人都是农夫和商人，不是律师；之前的信应该都是由牧师博加德斯执笔，他和其他人一样憎恶基夫特。“万能的上帝，通过祂的公义的审判，今年在我们身边点燃了印第安战争之火”，第一封信的执笔者哀叹道，语气中带着教会腔，姿

态卑微地不断重复着“我们，可怜的新尼德兰子民们”，“大人们，显而易见，我们这些苦难的民众处境有多么悲惨”。[39]

在这封信写成的时候，范·德·邓克正坐在遥远的北方的篝火旁，和莫霍克人和莫西干人玩着纸牌游戏。不过，此时反抗的性质改变了。在此之前，殖民地居民们一直在摸索，他们确信自己遭受了不公，但对申冤叫屈的机制毫无头绪，全然不解——这些机制在荷兰共和国由来已久，而范·德·邓克，这块殖民地上唯一的法学毕业生刚刚受过这方面的训练。

范·德·邓克也许是在 6 月和基夫特见面之后就回到了北方，但是他作为伦斯勒斯维克治安官的任期显然在 8 月就到期了。[40]10 月初，他回到了新阿姆斯特丹，此时曼哈顿的活动分子们再次暗中碰面了。对于这位年轻的律师来说，日趋升温的政治活动的气味是他无法避免也难以抗拒的。他从莱顿到伦斯勒斯维克来历险，带着年轻人建功立业的梦想——梦想着自己能在一个美丽的新世界中帮助人们建立起一个新社会——然而他却发现自己的梦想和范·伦斯勒的商业计划并不一致。但是在这 142
里，这个荷兰省份的首都，却有一番真正的事业正在酝酿之中，那是一场走在法律思想最前沿的政治斗争。在海外贸易基地，个人拥有哪些权利？他们和母国的公民们一样拥有选举代表的权利吗？在此之前，荷兰贸易公司还未有过任何一个贸易基地提出政治地位要求。范·德·邓克肯定认为，这是他扬名立万的机会。

范·德·邓克这次出现在阿姆斯特丹堡是为了处理一个与他在伦斯勒斯维克的职责相关的诉讼案件，从这里到科内利斯·梅林的家——反对基夫特和西印度公司的平民主义者们的中心——沿着珍珠街走只有三分钟的路程（今天你依然可以这么走），右边是河，左边是一小排砖房和教室。这块殖民地上的商店主和贸易商们都在这里，他们为自己死去的孩子、妻子和同伴而哀恸，为他们投入了积蓄但被烧毁的房子和耕地而愤怒，想要表达他们的愤慨却不太清楚该怎么做。然而，范·德·邓克知道该怎么做。他肯定是在这个时候毛遂自荐担任他们的律师的，在听取了他们的投诉之后，他开始写信。

从此之后，该殖民地的档案中就出现了一系列越来越复杂、态度强硬的法律请愿书和论据，这些文件都是由殖民地居民们寄给西印度公司或海牙的荷兰议会，目的是争取该殖民地的政治地位。这些信中有很多都出现了范·德·邓克的名字。还有很多信是匿名信件，或者是以其他殖民地居民的名义写的，这些人都是文盲，或者其教育水平和行文风格不相称。

阿姆斯特丹自由大学（Free University of Amsterdam）的一位著名荷兰史学家威廉·弗里霍夫，是研究17世纪的荷兰语言和历史学，尤其是与新尼德兰殖民地有关的语言和历史学方面的权威，在其论点的基础上，我精选了一些我认为是范·德·邓克的或者是他参与完成的作品。弗里霍夫博士在一封电邮中告诉我，将这些信件和我们所知的、出自范·德·邓克笔下的信件放到一起，就构成了“从一位在旧世界受教育的学者的脑海中涌现出的一个新社会的清晰愿景”。作为该殖民地的官方档案的译者，查尔斯·格林博士比在世的任何人都更了解
143 这些殖民地居民的语言和个性，他也认同范·德·邓克是唯一可能写出这些文件的人。“另一个有可能的作者范·廷霍芬”，格林博士告诉我，不过，尽管科利内斯·范·廷霍芬受过教育，有头脑又精明，但是，作为基夫特的左右手，他基本上不可能创作一系列公然违背当时的管理制度的文件。弗里霍夫博士觉得不可思议，在他之前，竟然没有任何一位史学家意识到

范・德・邓克肯定是这些信件背后的推手，但是，人们对于这相当明显的一点的漠视只不过是美国史学界一直以来对这块荷兰殖民地的忽略态度的又一个例子。这大量的信件与范・德・邓克不久之后代表该殖民地采取的行动相吻合。如果把这些行动和信件放到一起，我们就能拼凑出范・德・邓克的形象，他正是该殖民地历史中的关键人物。这个人以如今已没有人注意到的方式，奠定了一个大城市的基石，他居功至伟。把他称为默默无闻的纽约市之父也许太过夸张，但是，他至少是被历史遗忘了的一位重要人物。①

① 我确定范・德・邓克就是那些迄今为止人们从未认为与他有关的文件的参与者的方法相当简单。该殖民地的人很少。正如格林博士和弗里霍夫博士所见，范・德・邓克是唯一的法学毕业生，因此，他是唯一一个能够用拉丁文法律术语表达自己的观点，写就构思复杂的“书面质询”的人。我只不过是从这一时期有这些特点的文件档案中找到了突破口。然后我又前进了一步，我希望这一步能让我在我的猜测前面打个钩。在已知为范・德・邓克所写的一些文件中，我注意到了一个反复用到的不寻常词：American（美洲人）。在17世纪，用这个名词来形容一个人是很少见的。欧洲殖民者从未用这个词来称呼他们自己：荷兰殖民者认为他们自己是“新尼德兰人”，北面的英国人则是“新英格兰人”，而南面的那些人则认为自己是“弗吉尼亚人”。这一时期的人们只有在极少数情况下，在提到印第安人时才会用到“American”这个说法。有史记载，这个词在英文中首次出现于1578年一份关于马丁・弗罗比舍（Martin Frobisher）的加拿大之旅的报告中：“美洲人……居住于昼夜平分线上。”这种用法在这一时期的荷兰文献中更为罕见。荷兰人通常在提到印第安人时使用的词是“wilden”，意思是原住民，或者用范・德・邓克本人的话来说，是指“看起来粗野并且不了解基督教”的人。范・德・邓克曾用这个词，或者“naturellen”，即属于自然的人，来称呼印第安人。但是，在某些地方，他也曾将印第安人称为美洲人。在注意到这个词也曾出现在我怀疑是由范・德・邓克所写的法律文件中之后，我搜索了19世纪尼德兰有关以曼哈顿为中心的殖民地的所有政治文件，我发现“American”这个词出现了九次，都是用来指代印第安人，而且这九条结果都出现在作者名为范・德・邓克或者弗里霍夫博士和我分别归入范・德・邓克的作品的文件中。于是，“American”这个异乎寻常的独特用词就成了辨认范・德・邓克的身份的线索。

144 到1644年10月28日，请愿书已经完成。这次的请愿书与之前的那些请愿书的语气截然不同。这份请愿书不是以对全能的权威拐弯抹角、卑躬屈膝地讨好的语言作为开场白，而是干净利落地直接说明了这块殖民地的问题的来龙去脉：“为了做门面功夫，总督于1641年11月以车轮修造工克拉斯谋杀案为由，召集12个人来此；总督问他们，我们难道不应该为前述的车轮修造工血案而复仇？于是，两方人对此看法不一……（但是）总督的头脑已经完全被战争的渴望占据了……前述12人再也不能会面……此禁令不得违抗，否则便会招致肉刑。不久之后，（总督）一意孤行地对维阔斯盖克人发动了战争……”[41]

这封信还继续描述了基夫特选定新委员会的事情，但那是在他发动的灾难性的战争早已一发不可收拾之后，而且他只是为了例行公事地通过征缴新税、为战争出资的方案——信中称，这件事情，本质上是无代表权的征税。然后，信中直接表示抗议：“此人……以其一己之意志，将我们的生命和财产弃于此地而不顾，即使是国王也不敢如此独断专行。”然后，信中大胆地请求撤销基夫特的职务，再派一位新总督上任，而且信中还预言“除非引进一个不同的体系，否则这个地区不可能有片刻的安宁”，这里的村民们将会“从他们大众中选举出执达官、郡治安官或市议员，这些人将被授权派出他们的代表并与总督和委员会一起为公共事务投票。如此一来，整个地区今后应该就不会再因一个人的心血来潮而陷入同样的危险”。

殖民地的居民们通过贸易商霍弗特·卢克曼斯偷偷地将请愿书带出曼哈顿。不久后，他就以他的赞助人费尔布鲁日家族的名义踏上了前往阿姆斯特丹的旅途。在阿姆斯特丹，在殖民地居民之前发出的语调哀伤的信件的基础之上，这封信起了作用，但不是积极分子们所期望的作用。西印度公司当时正焦头烂额，损失越来越多，各个地区的商会在互相指责。这个国家——再到这个公司——依然在与班牙人交战，而在巴西，公司雇用的士兵们刚刚在对西班牙的一场重大战役中落败，他们正在为糖业市场的控制权而斗争，因此分身乏术。他们在北美 145
的贸易基地已经早已陷入泥沼。简报在阿姆斯特丹的公司办公室和位于海牙、被人们称为“议会大厦”（Binnenhof）的庭院建筑群之间穿梭往返。这封信令商人们和政府官员们的聚焦点都变得更加明确。他们开始明白，这个北美贸易基地是一个异类——它和在巴西、巴达维亚、台湾岛、香料群岛等其他任何一个荷兰殖民地都不同。其他殖民地有时也许会惹出点儿麻烦，比如在安波那岛上对英国人的那一场肮脏的大屠杀，但是他们其余的军事-贸易基地都没有问题，完全在该公司的控制之下。

在接到这封信之后，董事们得出了一个结论，他们要区别对待曼哈顿，不过，不是承认它是一个独立的殖民地，而是对其进行严厉打击。他们同意这些自命不凡的殖民地居民提出的基夫特必须走人这一点，但并不是出于殖民地居民们概述的理由。从亨利·哈德逊35年前为荷兰拿下那个地方以来，那里从来没有过一个强大、有能力的领导人。在此之前，董事们已经惊讶地发现，在发动战争之后，基夫特一直不愿上阵——实际上，他几乎没有离开过安全的堡垒。他们忽略了这份信中提出的新奇的权利主张，以及信中谈到的为本省成立代议制政府的说法。他们感受到了殖民地居民们的痛苦，但是他们的结论是，殖民地居民的困境并非缺乏民意代表所致，而是总督不知道如何行使权力。

于是他们开始物色新总督，这次，他们不想要倚仗裙带关系的无能之辈。他们需要一个效忠于该公司，拥有真正的领导才能，能够管束这些殖民地居民的人。一个管理者，对，一个能多一分优点——一个有能力的外交家——而少一分缺点的人。他们需要一个有勇气、有毅力、有头脑的人，一个不怕苦的人。他们需要一个老大。

第八章　独腿人

一个严肃的年轻人——粗脖子，肥头大耳，目光冷漠，嘴 146
唇肥厚——站在西印度公司的护卫舰高高的艉楼甲板上，目不转睛地望向加勒比海潮湿的空气。在下方的甲板上和周围的船只上，300 名士兵等待着他发号施令。他是一个没有什么军事经验的代理管理人，但是，当西印度公司的官员们有了目标时，他们就希望能看到行动。那是 1644 年 3 月；九年前，他离开了阿姆斯特丹，先是在巴西，最近是在荷兰控制的库拉索岛（island of Curaçao）上顽强地挨过了湿热的疟疾季节。对于一个荷兰人来说，这家公司是主要的晋升途径。不久之前，这位年轻人还是一个办事员；现在，他正指挥着一支舰队，向敌人逼近。

海面呈祖母绿色，天空蔚蓝，圣马丁岛在地平面上出现了。[1] 西班牙王国日渐衰弱，它在加勒比和南美占有的土地岌岌可危。这座小岛——从战略角度来讲，位于被荷兰人称为“安的列斯群岛链”的“拐角”（hoek）的地方——在欧洲两大势力之间几度易手。它目前由西班牙人掌控，西印度公司想把它要回来，而这位官员决心要为他们得到它。他得到情报，西班牙人在该岛上的堡垒人手很少，他的手下也确实平安无事地抵达海滩，挖好战壕，架起一门攻城炮。然后，堡垒里大炮齐发。情报有误。这座堡垒最近已经新增了驻军，西班牙人全

副武装，严阵以待。但是，对于这位荷兰指挥官来说，这有一
147 个好处：这将是他展现勇气的第一个机会。他命令手下还击，空气中弥漫着浓重的火药味。这时，他抓起一面荷兰旗帜，纵身跳到土堆垒成的防御墙上。显然，在狂热中他靠得太近了，进入了敌人的射程。正当他要插上旗子的时候，西班牙人开始了第二轮射击。这个男人倒下了，他的右腿被直接打断——应该是被火器射出的弹丸击中。在失去意识之前，他命令攻城继续。

由于17世纪战事频繁、科学探索的浪潮日益高涨，医学专著中关于截肢术的内容越来越多。截肢有许多技巧，这些技巧全都很可怕。病人通常要在完全清醒的状态下被放在一张椅子上，由两个人将其按住。医生会用自己的手将病人受伤肢体的“皮肤和肌肉连根拔起”[2]，然后，据一篇文章称，“我们会用剃刀或雕刻刀把肉切下来……直至骨头，我们会用这把刀的刀背尽力抹刮这块骨头，为达到效果刀背需特制，从而，在砍削这块骨头时，覆盖在这块骨头上的骨膜的痛感可能会降低。否则它同样要经过撕裂、接合，这样会非常痛苦……完成此步骤后，你必须用一把锋利的锯子锯断骨头……”在没有麻药或镇静剂的情况下，这种恐惧已经足以令病人在锯子完成工作之前死去。一本外科医生手册用直白的语言指导医生们如何劝解病人：“让他以最虔诚的祈祷者的心态，准备好将他的灵魂献给主……因为，要将按上帝自身的形象创造的人肢解实在是不敬之举。”[3]

不过，尽管自己的腿被截断了，而且在此之后的几周内他都神志不清，但是彼得·施托伊弗桑特，这位34岁的加尔文教派牧师之子没有死，而且在圣马丁岛攻城失败之后，他在与

阿姆斯特丹公司的“可敬的、明智的、有先见之明的、最谨
慎的领主”通信时勇于承认错误。他直截了当地解释，进攻
该岛的行动“未能如我所愿大获成功，一颗来势汹汹的弹丸
使我失去了右腿，这很碍事”。[4] 他以强大的意志忽略了他愤怒
的残肢中流淌的脓汁和疼痛，干劲十足地重新开始对该公司在
加勒比地区的事务进行事无巨细的管理。[5] 他之所以要到这片
棕榈树遍布的蛮荒之地来，是为了监视那些盐湖，制定战略，
从潜伏在四周的英国、法国和西班牙舰船以及海盗手中保住荷
兰属地，他甚至还要操心如何将刚烤好的面包带到正在进行演 148
习的船上。疼痛程度不断升级，伤口在厚重的空气中溃烂化
脓，然而成捆的指示和决议纷至沓来。即使是在那个不缺胆量
的时代和地区，他肯定也是出类拔萃的。

他来自平原地区。斯海彭泽尔村（Scherpenzeel）位于尼德兰北方边陲的弗里斯兰省的威斯特灵韦尔夫（Westsellingwerf）地区，此地没有任何出名之处，因为根本没有人知道这个地方。那是平坦的农田，围栏镶嵌其中，这里的地平线没有充塞着城堡、堡垒、大教堂或其他大规模的文明象征物，人烟稀少。村民们冷酷、虔诚、顽强、自力更生，而他就是他们当中的一员。弗里斯兰人相信事物有其不变的自然秩序；农民生下来的孩子就是小农民；如果你是牧师之子，那么你的职业道路就已经注定了。不过，奇怪的是——这也许是理解他个性的关键，他没有走寻常路——彼得·施托伊弗桑特没有接他的父亲——斯海彭泽尔的弗里斯兰新教归正会牧师巴尔塔萨（Balthasar）的班。有一种可能是：1627 年，在他母亲去世后不久，他虔诚的父亲再婚了，而且马上热情高涨地开始和新娘生儿育女，组成新的家庭。正值青春期的儿子对这类事情往往

反应强烈，性情高傲又固执的儿子也许尤甚。大约在他父亲再婚的时候，彼得似乎已经离家了。他在稍大一些的多克姆城（Dokkum）的拉丁文学校学习，那里的海港恰好是西印度公司前往“新大陆”的船只中转站。当这些船开来的时候，他的视野（名副其实的）很狭窄：对于一个由上帝和平原塑造出来的年轻人来说，这些100英尺高的舰船高耸入云，比他见过的所有东西都高，不管是天然的、人造的，还是应许了现实世界救赎的木制尖顶教堂。这想必给他留下了深刻的印象。

他继续在他父亲的母校上学，但他是以哲学生而非神学生的身份入学的——这是他打算背离人们期望的信号。无论施托伊弗桑特在进入大学时有着什么样的事业观，他在两年后突然离开时都改变了主意。根据他的敌人们后来的说法，他是在忘恩负义地和他房东的女儿上床之后被撵走的。[6] 无论这一说法有几分真实性，他都很为自己的大学经历而自豪：自那以后，他本人的签名都是 Petrus，也就是彼得（Pieter）的拉丁文（因此有学者派头的）形式。

149 这个大学肄业生就这样在当时生意如日中天的一家公司谋得了一个职位，签订了最低等的行政级别合同。他对工作的热忱很快就给公司官员们留下了印象，他们给了他一个很模棱两可的奖励：他被派驻到遥远的费尔南多-迪诺罗尼亚岛（Fernando de Noronha），此地距离巴西海滩还有200英里，因老鼠数量众多而在公司中闻名。从那里开始，他很快拿到了沿海殖民地伯南布哥的一个职位，然后又到了库拉索。和古往今来天生的领导人们一样，他走到哪里，手下们都对他趋之若鹜，这些被他的干劲所吸引的人认为跟着他就能给自己找到机会。虽然从他职业生涯的终结来看这不太可能，但是他对英国人有几分好感，这一点终其一生都未曾改变。他的这批追随者当中至少有两个英国人。那个在荷兰人的记录中被称为“卡雷尔·范·布吕赫”（Carel Van Brugge）的人实际上是出生于坎特伯雷的查理斯·布里奇斯（Charles Bridges）；而布莱恩·牛顿（Brian Newton）已经为该公司工作了20年。[7]这些人将沾他的光，一路前往曼哈顿区，并在曼哈顿为了生存而挣扎奋斗的过程中发挥作用。

但是，在这些友谊中，最能说明问题的却是与一位并未陪同施托伊弗桑特前往曼哈顿的年轻人的友谊。约翰·法雷（John Farret）出生于阿姆斯特丹，父母都是英国人。[8]和施托伊弗桑特一样，他得到了西印度公司在库拉索的一个职位；这两人也许是在那里见面的，也许早在阿姆斯特丹的时候就见过面。他们很快就成为朋友，这种友谊是施托伊弗桑特的其他友谊的真实写照——施托伊弗桑特扮演更有权力的角色，法雷在他面前几乎卑躬屈膝。但是法雷在有些事情上超过了施托伊弗桑特：他完成了大学学业，获得了一个法学文凭，而且还是诗人兼画家。施托伊弗桑特钦羡所有这些文化的象征，而他们的友谊就建立在他的钦羡之情和法雷费力讨好的举动之上。历史中的施托伊弗桑特的形象是呆板的，但是一项研究进展揭示了这种形象背后的深层个性：他和法雷保持了长时间的通信往来……而且是以诗的形式。[9]一连串长长的诗歌详细记载了他们的命运起伏，这些诗歌目前保存在阿姆斯特丹的尼德兰航海博物馆（Netherlands Maritime Museum），据我所知，这些诗歌中除了一些小片段之外，从未被翻译或出版。

这批诗作的存在——于20世纪20年代在荷兰的一家档案馆被发现——本身就说明了他们之间的关系。[10]正是法雷本人

将这些诗歌保存起来并将它们和他自己的插图用牛皮纸装订在一起，显然他很为自己与这个后来因担任曼哈顿殖民地领导人
150 而闻名的人之间的交往而自豪。自始至终，法雷都称施托伊弗桑特为“阁下”和“我的施托伊弗桑特”。“能唯您马首是瞻，我不胜荣幸，这是莫大的奖赏”，他宣称，“我的意志与您的意志紧密相连，我的心与您的心紧紧相依”。有时候，这些信件隐约透露出同性恋的意味（即这两个男人写到从对方的“灵巧的手”那里得到“如此的欢愉”）；不过，将这些诗视为观察17世纪的荷兰商人－士兵之间的关系的入口倒是不无裨益，在这样的关系中，人们显然会对权力更大的一方俯首称臣，而且他们会用如弗兰斯·哈尔斯（Frans Hals）肖像画一般神采飞扬、巨细无遗的巴洛克式语言来表达这种友谊。在整个诗集中，法雷的韵文都生气勃勃；而施托伊弗桑特的文笔则相当笨拙。施托伊弗桑特承认自己没有能力用“丰富多彩的拉丁文或花哨的法文”表达自己的想法，但是法雷在自己的回信中坚称，如果施托伊弗桑特愿意，他是可以用那些语言作诗的，而且法雷还厚着脸皮将施托伊弗桑特的韵文称为“神作”（goddlijck）。

施托伊弗桑特在库拉索当了三年的供需员，他在工作上和谋求晋升方面都很卖力。不过在这个过程中，他树敌不少，其中有荷兰的加勒比地区政治和军事行动指挥官扬·克拉逊·范·坎彭（Jan Claeszoon van Campen）。施托伊弗桑特的处境本来会变得很艰难，但是他很走运，范·坎彭在1642年去世了，施托伊弗桑特得到了他的职位。施托伊弗桑特的朋友们举杯祝贺他；法雷为此写了一首诗，赞颂如今蓄势待发、准备建功立业的“勇敢的施托伊弗桑特”，而且诗中充满了对施托伊

弗桑特的批评者们的尖言冷语——这说明了施托伊弗桑特从未因树敌而不安。

施托伊弗桑特也必定为自己的成功而沾沾自喜。作为一个在阴郁的天空下成长，以浓汤为主食的弗里斯兰人，他为人骄傲、古板。如今，他管辖着一个在西班牙战争中属于无人之境的地方，那里是热带天堂，但又疟疾横行。在那里，他主宰着荷兰在整个加勒比竞技场中的行动。这个地区展现了日渐衰落的西班牙帝国和挣脱它控制的敌人之间如火如荼的血腥战争。糖、盐、染料木、烟草、马匹、铜——开发加勒比和南美沿海地区的方法是如此之多，令人欣喜若狂。虽然荷兰人渴望能利用西班牙对这个地区管控薄弱的劣势，但是西班牙人不愿轻易放弃这样的一个财富源泉。除了打开一个通往曼哈顿的诞生的 151
新窗口之外，几百页荷兰文件详细记载了施托伊弗桑特在加勒比的岁月并为我们打开了其他窗口，透过这些窗口我们可以看到他在对奴隶、印第安人和这片土地无情压榨的同时与其他欧洲殖民者之间的交战情况，这些珍宝级的荷兰文献经查尔斯·格林博士翻译之后被储藏于纽约州立图书馆。更重要的是，这些文件将荷兰帝国在美洲支离破碎的版图都拼凑到一起，展示出施托伊弗桑特是如何以军国主义高效管理一支由供应商、私掠船、交易商和信使组成的军队的。在荷兰人努力巩固他们在新大陆的领地的过程中，这支军队往来于曼哈顿和库拉索之间。它们清楚地表明曼哈顿不是像纽约港一样，在 18 世纪才崛起为一个国际性的港口，而是崛起于 17 世纪 30 年代。它就像一个齿轮，串联起从荷兰到西非，到巴西和加勒比海，再到阿姆斯特丹，最后回到欧洲的贸易圈。

在他的加勒比地区贸易站点，施托伊弗桑特成了这个贸易圈的推动者之一。他被嵌入了一个贯穿全部节点的沟通网络，并由此开始参与以曼哈顿为中心的殖民地事务。他得知基夫特在那里遇到了麻烦，而且尝试伸出援手，然而那变成了一个更大的笑话。在经历圣马丁岛惨败之后，他乘船返回库拉索。夜里，他的船似乎和另一艘朝相反方向开的船擦身而过。那艘船上有 450 名从被西班牙人侵袭的巴西贸易站点逃回来的荷兰士兵。[11]在此之前，这些士兵突然出现在库拉索，寻找食物并待命。在那里，他们被告知可以协助圣马丁岛行动，但是他们来晚了，等待他们的就只有西班牙人的第二轮炮击。最后，他们逃回了库拉索。当身体欠安的施托伊弗桑特看到他们出现在那里的时候，应该觉得相当难受：第一，因为如果他们能早点出现，也许就能逆转圣马丁岛的局势了；第二，因为库拉索的食物配给少得可怜，他养不起他们。他决定命令他们到新阿姆斯特丹去，这是一石二鸟之计。在那里他希望他们能帮基夫特解决印第安人问题。他觉得这些人也只剩这个用途了。[12]

尽管阿德里安·范·德·邓克以及其他人无数次尝试向西印度公司的董事们说明曼哈顿的战略重要性，但后者只有到后来才意识到这一点。巴西有更容易管理、更有利可图的甘蔗田，它被视为该公司业务中最有价值的东西，因此才会出现他
152 们与西班牙人拼得头破血流的场面。更添乱的是，在巴西沿海地区，荷兰人不是直接与西班牙人作战，而是与葡萄牙人。该国是西班牙的属国，而且也正在争取独立。这两个帝国就像重量级拳击手一样，轮流蓄力，好给对手一记重拳，然后准备迎接反击。有一次，葡萄牙从里斯本派出 86 艘船和 12000 名战斗人员跨越大西洋，连续攻击正在围攻巴西东部的巴伊亚省的荷兰舰船。[13]

虽然基夫特对曼哈顿周边地区的印第安人发起的战争很残酷，但是与加勒比海尤其是巴西海岸沿线的战斗规模相比，它几乎不值一提。在过去 30 年间，巴西沿海地区交火不下百次，欧洲人可怕的战术组合包括在与用弓箭作战的印第安人交战时使用火枪并让步兵扔长矛，大地因攻城的炮火而变得千疮百孔。同为欧洲人的双方士兵在他们可笑的重甲中闷得喘不过气，一边战斗，一边还要被雅司病、痢疾和肠道寄生虫折磨得体无完肤。[14]每次交战时，双方的老兵都会按照惯例默默溜出队伍，从死尸中找到他们半死不活的伙伴，帮他们在喉咙上痛快地来一刀。战斗之残酷和这些被围困的殖民地面对的局面之严酷——“皮革、狗、猫、老鼠”[15]在被荷兰人围攻的一座城镇中，都成了果腹的食物——证明了其中的危险，也证明了环境的恶劣。正是这种环境造就了那个后来被曼哈顿人称为“司令”的人。

在离开巴西地界，接管库拉索之后不久，施托伊弗桑特对委内瑞拉沿海一个西班牙贸易站点发起了一次成功的进攻。从某种程度上来说，他此举的目的无疑是考验自己的魄力。然后他就进入到管理者的角色中了，他决意要将荷兰人的秩序带到混乱、散漫的热带天地。他曾垂涎收复圣马丁岛的机会，而失败给他带来的愤怒令他在履行管理职责时更加投入。在工作期间，他一边与自己的伤痛搏斗，一边还花时间给当时已经回到尼德兰的法雷写了一封信，告诉后者自己遭遇不幸的消息。法雷赋诗一首作为回应，这首诗题为《高贵勇敢的主人施托伊弗桑特圣马丁岛断腿诗》：

我亲爱的施托伊弗桑特， 153

朝您的腿呼啸而来的是什么样的霹雳雷丸
令您不支倒地?
那曾是支撑您身体的右侧栋梁
就这样被一击而碎，无情截断……
您留下的印记太过深刻——噢！命运是如此残酷！
我的施托伊弗桑特，跌倒在他的防御墙上，
像一位恪尽职守的战士一样，他羞辱了敌人，
他们将他诱入阵地，在那圣马丁岛上。
子弹打中了他的腿；反弹伤在我的心上……[16]

但是无视这种痛苦是不行的——医生们告诉施托伊弗桑特，他被截断的残肢在那种气候里是好不了的；如果他还不离开，它会溃烂化脓。他开始拒绝了——他才当了 18 个月的荷兰加勒比海地区行动领导人——但最终，他在回家复健的想法面前让步了。

即使在最好的情况下，带着这么折磨人的伤跨海总归是一件令人难以忍受的事。这种情况确实发生了，这是一场极其可怕的海上之旅。“挤奶女工号”（The Milkmaid）于 1644 年 8 月离开库拉索，但是这艘船直到 12 月才抵达荷兰港口。坐过船、运河中的驳船、马车，经过有山形墙的建筑，穿过一股股冬天特有的煤烟和炖菜散发出来的怡人气味，他被拖到了住在莱顿附近的姐姐安娜（Anna）的家里。生活立刻发生了天翻地覆的改变；过去九年在瘟疫横行的热带地区忍受的耐力测试突然结束了。他身在文明进步的荷兰农村，身边满是炖肉和熏鱼，有人照料他的残肢，给他上药。这是一个经典场景：受伤归乡的士兵受到人们照料。而且，故事的结局是，他爱上了他

的护士。[17]朱迪斯·贝亚德（Judith Bayard）是安娜·施托伊弗桑特（Anna Stuyvesant）丈夫的姐姐，当这位伤残人士来到这里的时候，她正和这对夫妇一起生活。她不是放荡的年轻姑娘，而是一个意志坚定的老姑娘——37 岁的她比施托伊弗桑特大 3 岁，之前她一直和自己的父亲（一位牧师，这无疑令两人有了一些共同话题）生活在一起。当她的父亲去世的时候，她刚进入这个家庭；她来照顾这位病人是自然而然的事情。朱迪斯来自南部的布雷达，也就是阿德里安·范·德·邓克出生的地方。她是一位加尔文教派中的胡格诺派教徒，她一家人是为了躲避天主教迫害而逃离法国的。

在他踏上返乡之旅的数周时间里，施托伊弗桑特花了一些 154
时间，想出了他这次不得已而为之的旅行能够给他带来的附带利益：至少他能有机会给自己找个荷兰新娘。看来这肯定是天意，这个新娘并未让他踏破铁鞋无觅处，而是得来全不费工夫——虽然他的残肢是穿不上铁鞋了。但是他的求爱过程并不是一帆风顺。实际上，他的姐夫，也就是我们谈到的这位女士的弟弟似乎用了好多瓶法国葡萄酒和他打赌，称施托伊弗桑特不会有胆量求婚，甚至连他忠诚的朋友约翰·法雷也表示怀疑。法雷在另一首诗中写道，施托伊弗桑特的这段关系绝对不会开花结果，因为“他体内的普里阿普斯①已经死去”。这让施托伊弗桑特动了怒。他马上回了一首诗，在这首辞藻比平时更加华而不实、情感更加热烈的诗中，他指责自己的朋友企图“让我在拿酒打赌的赌局中必输无疑”，并且宣称——作为曾经的男子

① 希腊神话中的男性生殖力之神，园艺和葡萄种植业的保护神。——译者注

汉——他全身心地希望这位女士能“上这张床”。不到一年之后，他们结婚了。①

伤口终于痊愈了，施托伊弗桑特宣布自己能胜任职务了。于是，有一天，他一瘸一拐地走进了该公司阿姆斯特丹总部的中庭（这座建筑依然存在，现在里面是一家餐饮企业，服务生们就在这个中庭里飞快地走来走去，完全没有注意到中间的施托伊弗桑特青铜塑像），炫耀着他的新木腿和凭勇气与效率而赢得的美名。几乎与此同时，一封信寄到了这些办公室。它来自曼哈顿。这封信以异常强硬的、律师用的术语陈述了这块北美殖民地上一塌糊涂的局势。它要求将基夫特革职，并任命一位能够引进代议制政府的新总督，“如此一来，整个地区今后应该就不会再因一个人的心血来潮而陷入同样的危险”[18]。这些董事局的领导肯定一会儿看看这封信，一会儿又看看这个从新大陆归来并且渴望回到他的加勒比海职位上去的年轻人。他们不喜欢基夫特莽撞愚蠢的管理风格，但是他们同样不喜欢从曼哈顿传来的这番关于代议制政府的说法。显然，他们面前的这位坚毅的弗里斯兰年轻人能给格劳秀斯或者笛卡尔一点儿颜色瞧瞧，对他来说，本公司的规矩就是唯一的“自然法
155 则”。他不是喜欢思考那些过于复杂、没有用处的事情的人，而是一个身材矮胖、知道自己的职责和身份的牧师之子。总而言之，他就是一个优秀的年轻人。毫无疑问，没过多久，他就学会了用自己的木腿了。

---

① 这对夫妇前往南方的布雷达成婚。瓦隆（Walloon，法语区）教堂在1645年8月13日记录到：“皮埃尔·施托伊弗桑特先生，新尼德兰乌斯廷德（Oestinde）公司的经理，朱迪斯·贝亚德，贝亚德先生的幼女，贝亚德先生终生担任布雷达的法兰克教堂的牧师。”

与此同时，在苏格兰，1637 年夏季的一天，一个名叫珍妮·格迪斯（Jenny Geddes）的女人启动了另一串连环事件。[19] 据这个已经成为苏格兰传奇的故事称，她是一个爱丁堡的“卖甘蓝的妇人”，或者卷心菜贩。如果您赞成在历史学中运用混沌理论，那么她那一天的举动——怒掷板凳——就是那扇动而引发飓风的蝴蝶翅膀。

在那个礼拜日，她对准了苏格兰最有学识、最受尊敬的人群之首，圣吉尔斯大教堂教长汉纳博士（Dr. Hanna）。这位教长站在他的布道坛上，身穿长袍，神色庄严，手里拿着薄薄的一卷书，那卷刚刚印好的书的扉页有着素净而优雅的镶边，上面用红色和黑色墨水清楚写明了其用途：“教会会众、圣礼执行及苏格兰教会其他礼拜仪式部门祈祷书，国王陛下之印刷工罗伯特·扬印制，M. D. C. XXXVII”。大教堂里坐满了地主和农民。每个人显然都知道麻烦要来了——他们来这里就是一心想看一场打斗。这位教长打开了那卷书，开始读里面的内容，这正中他们的下怀。接着，一个刺耳的声音打断了他——珍妮·格迪斯起劲地叫道：“你是在对着我的耳朵唱弥撒吗?”然后她抄起自己带来的板凳（靠背长凳是给男人坐的，女人们如果要坐下就得自己带板凳来），瞄准，然后把它扔到了教长的头上。整个现场沸腾了。

她扔出去的那个板凳相当于那“响彻全世界的枪声”①，这一事件将引发英国内战。从此以后，国王查理将被迫放下国

① 这里指莱克星顿的枪声，它象征着美国独立革命的开始。——译者注

王的威严，扮演起将军的角色，指挥效忠于他的军队对抗那些由议会集结起来的军队。围绕这场战争而发生的事件将对美国的建立，对曼哈顿以及英国殖民地产生多层面的影响。

英国内战大概首先是一场宗教战争。如果说 17 世纪的主线基本上就是对全球帝国的争夺，那么这条主线上充满了在宗
156 教改革的余震中因各种阶层宗教世界观的冲突而引发的战事。英国国教在亨利八世统治时期脱离天主教会，从那时起，它就采纳了较为温和的新教形式，保留了教会神职人员等级制度和在罗马影响下对花哨的法衣、华丽的礼拜仪式的喜好。大部分的英国人对此都很满意，但是有些人觉得很恼火。清教主义不是源自英国的一场运动，而是从欧洲大陆移植而来的意识形态，是某种意义上的二次宗教改革，是继续革命的号召。英国清教徒们是通过神学的镜片观看广阔世界中发生的所有事件的。他们看到宗教冲突席卷欧洲大陆——“三十年战争”本质上是天主教势力为了扭转新教国家摆脱他们势力的势头而发动的一系列攻击——而且，除了他们的极简主义风格主张之外，他们还树立起了一种信念，那就是英格兰就是新以色列，上帝选定此地作为对抗教皇和他那些神气活现的红衣走狗的大堡垒。在查理统治期间，清教主义席卷英国社会，赢得了农民和贵族的支持。它告诉人们如何改善个人生活，还给了人们一个民族自豪感的聚焦点。当然了，还有你必须履行的责任。

清教主义还带有民主元素。先是马丁·路德，然后是约翰·加尔文，清教徒们将他们的愤怒对准了天主教人为创造的等级理念，这种理念在平民基督徒和他们的上帝之间横插一杠。以此类推，天主教的所有用具，即镶褶边的牧师服、华而不实的绘画、蜡烛和香妨碍了基督教生活中意义深刻的核心活

动——研读《圣经》，遵循教义，因此都被禁止使用了。最后，对教会势力的怀疑反映到了政治中——清教徒们开始反对任何可能妨碍他们完成自己眼中的神圣使命的权威，即使那个权威是他们自己的国王也不例外。那些远渡重洋、移居北美的清教徒也许已经对让英格兰成为新以色列的想法不抱希望，但是他们带来了自己的上帝选民观。“新大陆”将成为“新耶路撒冷”。在反抗查理的过程中播下的民主种子将在 130 年后的美国独立战争中开花。这种直截了当的宗教热忱与政治改革紧密相连，这两者的结合正是清教徒为美国命运的塑造做出的伟大贡献；这也是为什么美国史学家和领导人都在赞颂清教徒的筚路蓝缕之功，直到罗纳德·里根仍引用了“山巅上的光辉 157
之城”[①]（shining city on a hill）的说法。本书提出的观点并不否认其影响，但是我们要给它加上另一个在美国国民性塑造中发挥了真正作用的因素。

令英格兰内战成为必然的人是查理，他任性地切断了自己与其子民们的联系。他的乡村住宅，他镶着蕾丝边的配饰，他娶了天主教徒为妻，他的大厅里还挂着凡·戴克和鲁本斯等人的画作，他存在于自己的天地中，与自己统治的那个社会之间的距离与日俱增。在他的鼓励下，神职人员在他们的服装中加入了华丽的元素，并且给教堂加上了装饰品——和罗马风格越来越像。（一位清教徒领袖将查理装饰圣保罗大教堂的工程描

① 马萨诸塞湾殖民地最初的统治者约翰·温斯罗普（John Winthrop）发表过一篇著名的布道词，题为《基督教仁爱的典范》（A Model of Christian Charity），其中引用了《圣经·马太福音》第五章“登山宝训”中关于盐和光的隐喻：“你们是世上的光。城造在山上，是不能隐藏的。”意在提醒在新英格兰建立马萨诸塞湾殖民地的清教徒殖民者，他们的新社区将成为一座“山巅之城”，被整个世界所注视。——译者注

述为“为教士打造一个放屁股的座位”[20]。）查理认为清教徒们很迷信，就像他们所鄙视的对圣物过分迷恋的天主教徒们一样。他很高兴能颁布禁令，禁止印刷他们的宗教宣传册——于是，他们被迫去找莱顿和阿姆斯特丹的印刷商。

清教徒改革运动在苏格兰势头最盛，于是，缺乏政治常识的查理决定通过给他们的教堂引进新的祈祷书和祈祷文来让苏格兰人守规矩，而这本新的祈祷书在仪式和语言上无疑都更偏向于天主教。结果是珍妮·格迪斯扔出了她的板凳，最终，苏格兰公开叛乱爆发了。为了筹集资金镇压苏格兰起义，查理不得不召集议会开会，那是他 11 年来第一次这么做。一旦召集议会，清教徒领导人就有了开展活动、反抗国王的力量基础。

荷兰当局一直注视着这场愈演愈烈的危机的每一步进展。从 1642 年 7 月开始，荷兰驻伦敦大使阿尔伯特·约阿希米——此人 10 年前曾向查理请求释放“团结号”，这艘载着从曼哈顿归来的彼得·米努伊特的船曾被英国人扣押——给他在海牙的上司们写了一系列语言生动而又越来越尖锐的急件，读来仿佛前线发来的新闻报告：“更多骑兵现身此地，步兵们不断随着鼓声应征入伍”[21]，“舍伯恩城堡被围攻的消息已传到此地……那些被围攻者在两三百名议会支持者的夹困中被杀死……法国大使已经向英王告辞，计划于本周离开……一个品行良好的教
158 会支持者告诉我，上个周六，埃塞克斯伯爵（Earl of Essex）带领一支军队驻扎在距离什鲁斯伯里 12 英里的地方；英王已经加强了那个地方的防御，他把他的主力军留在了那里”[22]。这位老外交官感觉到了即将发生的事情，他建议他的政府利用查理四面楚歌的局面，终结英国和荷兰在北美洲殖民地上愈演愈烈的摩擦。他写道，荷兰议会“应当致信英王，请求陛下

同意下令在新英格兰的英国人不要惊扰在新尼德兰的荷兰人”。

约阿希米觉得有必要采取行动了，因为荷兰殖民地面对的来自北方的压力与日俱增。由于英格兰的这场动乱，新英格兰的人口大大膨胀，达到新尼德兰人口的十倍之多。两个在米努伊特的时代不成气候，正在死亡线上挣扎，靠在曼哈顿的荷兰代表们送来的零零散散的爱心包裹接济的移居点（普利茅斯和马萨诸塞湾）如今已经是四个功能齐全的殖民地。在荷兰人认为是他们自己的领地上，康涅狄格和纽黑文已经独立出来。这些殖民地都有它们自己的管理体系，几乎不受母国的干预，这一切都多亏了忙于降服对方的英王和议会。1643 年，为了巩固自身，主要是为了对抗荷兰省份，他们组成了一个联盟：“新英格兰联合殖民地”（the United Colonies of New England）。

不过，奇怪的是，即使感觉到了北方人口带来的压力，以曼哈顿为中心的殖民地还是因从英格兰迁往新英格兰的难民潮而获益良多。英格兰清教徒叛乱尽管在民众中有广泛的基础，但是在意识形态方面极其狭隘。光是一个热情如火的新教徒还不够——你还得是站对边的新教徒，否则你那明亮的热情之火会将你标记为需要神学净化之人。“行邪术的女人，不可容她存活”（“Thou shalt not suffer a witch to live”），在查理的父亲指导下翻译的《出埃及记》如是说。[23]因此，浸礼会教徒、再洗礼派教徒、家庭主义派教徒和门诺派教徒都被打上了这种标记。这种荒唐的事情自然会令我们摇头，但是在一个充斥着咒语和药水的年代，决定让谁走入火堆可是件严肃的事情。[24]

于是人们一拔接一拔地离开了英格兰。但是在选择跟随早期清教徒们的脚步移居美洲之后，那些受鄙视的派别成员却恼

159 怒地发现，在忍受辽阔的海洋上可怕的一切之后，新英格兰的大部分清教徒依然和在故国一样，强调派系有别。事实上，在新英格兰的开放空间，对于神字的回旋余地甚至更少，对巫术的瘾症并不会在一段时间内达到顶点，但是各个社区都迅速采取行动，将不同教派的成员逐出教会并强迫他们离开。所以，17 世纪 40 年代初期有两次反弹，失意的英国宗派主义者源源不断地从旧英格兰逃到新英格兰，然后，他们在绝望中想起了荷兰人引以自夸的宽容，于是又迁往南方以曼哈顿为中心的殖民地去寻找避难所。他们零零散散地穿过阿姆斯特丹堡的格栅门房，威廉·基夫特很高兴收留他们。此时他已经四面楚歌，并且意识到他必须增加在他管理之下的人口才能生存下来。17 世纪荷兰国民性的不可思议之处在于，除了给他们定居的土地，他还给了他们随心所欲地奉行信仰的自由，这在那个时代可真是件稀罕事。在禁止他自己的同胞拥有半点儿代表权的同时，他却基本上坚持给这些初来乍到的人披上一张宗教自由之毯，而宗教自由是他引以为豪的文化遗产的一部分——这显然不难推断。还有一点值得注意，这些殖民地居民自己很清楚他们这里被当成了避难所，而且他们为此而自豪。范·德·邓克在写到其中一个英国难民时，用像是来自遥远未来的史学家的视角对这种情况做了一番总结："（他）在英格兰风波乍起时来到新英格兰躲避风头，却发现他是刚出狼窝又入虎口。于是，他投身于尼德兰人的保护伞下，为的是能顺荷兰宗教改革之势，享受他没想到在新英格兰得不到的信仰自由。"[25]

基夫特让英国移民们宣誓效忠荷兰议会并给他们定居的土地，他们在奠定后来的纽约市的基础方面出了一份力。这些人中有几位出类拔萃的人物。一位稳重的伦敦贵族德博拉·穆迪夫人（Lady Deborah Moody）皈依了再洗礼派，她声明自己愿意为该教派的惊人观点而献身，即受洗者必须长大成人，明白受洗的意义之后方可受洗。[26]伦敦人都被震惊了：50 出头、身份尊贵的她与农民和更下等的人一起挤进一艘臭气熏天的木船，逃往马萨诸塞湾殖民地。在那里，塞勒姆法院威胁她，除 160
非她宣布停止她的疯狂行径，否则就要将她驱逐出境。清教徒首领约翰·恩迪科特（John Endecott）为此还说了一句名言，“她是个危险的女人”。基夫特给了她和她的追随者们长岛西南端的所有权。这个管事的女人为自己的社区自行草拟了一个计划，这个社区叫“格雷夫森德”（Gravesend）［人们现在依然可以在麦当劳大道和格雷夫森德涅克路（Gravesend Neck Road）的交界处看到她最初计划的框架］。然后，她开始着手安置她的那些对洗礼很在意的追随者们。于是，他们在布鲁克林的一角，即包括今天的本森赫斯特、科尼岛、布莱顿海滩和羊头湾在内的地区，建立了第一个由女性创立的新大陆殖民点。

安妮·哈钦森（Anne Hutchinson）也从英格兰到马萨诸塞，再到曼哈顿寻找奉行信仰的自由。[27]她信奉的理念是个人完全无须借助宗教组织的帮助也可与神沟通。新英格兰的领导人将她视为 17 世纪的无政府主义者——哈钦森想废除原罪，而清教徒政客们认为这是维持法律和秩序不可缺少的一种道德刑罚。特别令人担忧的是，她在波士顿很快就获得了一批追随者。基夫特不介意——或者也许他感觉到了她待不长，不会闹出什么乱子：当她出现在他的地盘上时，他在印第安人闹得最凶的当口把她安置在一个无人之地。她和她的一小撮追随者在他给的土地（在布朗克斯的佩勒姆湾，现在以她的名字命名的河岸边）上安家不到一年之后，哈钦森、她的六个孩子和其他九个人在印第安人发起的一场袭击中丧生。

前往荷兰殖民地的清教徒难民领袖有三人，在这近乎传奇的三个人中，教士弗朗西斯·道蒂（Francis Doughty）是第三个。他曾因“不信奉国教”而被驱逐出格洛斯特郡的教区牧师住所，当他在马萨诸塞湾宣讲“亚伯拉罕的孩子们本该受洗”[28]时，人群一片哗然，然后他就前往曼哈顿了。他也得到了基夫特慷慨的馈赠，并开始在未来的皇后区建立第一个欧洲殖民点，直到印第安人发起的一场恶意攻击改变了一切。道蒂活了下来，他放弃了荒凉的长岛。为了寻找新的机会，他安顿
161 了下来，成为曼哈顿日益膨胀的英格兰信众的牧师。但基夫特未予批准；他设想在新阿姆斯特丹周边的社区建立一个缓冲地带，而且他坚持要道蒂将那些残存的英国信众带回到自己的长岛居民点去。[29]结果，道蒂也是个倔脾气，他断然拒绝了这位总督，用近乎争执的口吻说，如果基夫特认为现在在那片荒地上安营扎寨很安全，那他可以自己去试试看。基夫特收回了赠地，而且还让道蒂在堡垒中的单人牢房里蹲了24小时。

因此，道蒂理所当然地加入了这个殖民地方兴未艾的反基夫特运动。他也是天生就好与人争论的人。1645年6月，他指控另一位英国人威廉·格里森（William Gerritson）唱的歌中伤了他和他的女儿玛丽。也许正是在这里，他吸引了某位年轻律师的眼球——或者，更确切地说，是他18岁的女儿吸引了这位律师的眼球。我们不知道阿德里安·范·德·邓克和玛丽·道蒂第一次见面是在哪里，但是看来范·德·邓克当时就在法庭上。[30]如果说这个一副贵族派头的荷兰人和这位年轻的英国女性之间最初存在语言障碍，那么这位有着一个作风强

硬、思想独立的父亲的女孩将证明自己是个足智多谋的前卫女性，他们很快就克服了这种障碍，在年底之前就完婚了。

不过，这段浪漫爱情却只能暂时告一段落。在这对夫妇邂逅之前，西印度公司的19位董事在阿姆斯特丹碰头，审查他们各个贸易站点的事务。他们宣称对于安哥拉和巴西协作增效一事乐见其成：让奴隶从西非远渡重洋到该公司在南美洲的地里去干活，一开始这只是个试验性的概念，如今却是大有可为。“蒙主恩典，一切情况良好，”他们向海牙的政府大臣们报告，听起来，他们对于自己在人类史上其中一个最令人心痛、最丑陋的行径中扮演的角色有种怪异的兴奋感，“由于不时地将黑人从安哥拉引入巴西，雇用他们种粮食，谷物产量大大提高，过去要价8～10盾的面粉，如今以6个斯提弗的低价售出……”[31]

至于曼哈顿，虽然他们私底下正在安排基夫特的继任者，但是董事们决定命令他制定一份和平协议，以终结那场灾难性的印第安战争。基夫特接到这些指示的时候已是仲夏，也许是感觉到自己的任期可能快到头了，他在执行这些指示的时候格外卖力。他知道这些部落的力量中心在北方。莫霍克人和莫西 162
干人控制着下游河谷地区说门西语（Munsee-speaking）的部落，他们经常派出代表要求那些部落进贡。所以，虽然基夫特与较南端的印第安人保持敌对，但他还是断定最明智的做法是先与更强大的部落达成正式的和平协议，从而确保拉力坦人、塔潘人和其他与曼哈顿更接近的群体能效仿。不过，这意味着他要深入北方黑暗的心脏地区，让自己置身于野蛮人之中。基夫特还是几乎从不走出新阿姆斯特丹。他需要一个了解北方印第安人，能说他们的语言，被他们认识而且信任的人。他求助于阿德里安·范·德·邓克。

基夫特对于那封写于上一年秋天，要求将他撤职的信依然一无所知。他肯定不知道范·德·邓克一直在和那些满腹牢骚的殖民地居民会面。范·德·邓克似乎又开始扮演模范儿子的角色了——就像他开始公然反抗老人家基利安·范·伦斯勒之前的做法一样，他一直颇得这位总督的欢心。他同意帮助基夫特。

基夫特还带着他两人委员会中的另一成员约翰内斯·拉·蒙塔尼——当然，还有一批士兵——沿河而上，走了 150 英里。印第安人同意在奥兰治堡边界内和他们见面。伦斯勒斯维克的官员们也参加了会面，其中一个担任官职的是名叫阿格洛恩斯（Agheroense）的莫霍克人，他会说易洛魁联盟的所有语言以及莫西干语，将从旁协助，为范·德·邓克进行口译。阿格洛恩斯——应该还有范·德·邓克和基夫特总督——当晚在“大庄园主宅”，也就是伦斯勒斯维克总督的住所过夜。那天早上，他从楼梯上下来，和范·德·邓克打招呼，范·德·邓克向他介绍了基夫特，然后这三个人在早餐桌边坐下聊天。[32] 与此同时，阿格洛恩斯在给自己的脸上涂礼仪性的彩绘。在坐着看他涂脸的时候，基夫特明显兴奋了起来，因为这个人用来涂脸的是一种闪闪发光的金色物质。他让范·德·邓克问问那是什么；在他的脑海中休眠许久的希望——最初，西班牙人在南美洲发现金子的事实点燃了所有欧洲人心中的希望——又复苏了。这会不会是解决他的殖民地财政问题的答案呢？如果是
163 这样，他的事业不也就得救了吗？阿格洛恩斯把那个罐子递给了范·德·邓克，范·邓克又把它递给了基夫特，基夫特问自己能否买下这个罐子，好好研究一番。

在和谈期间，一定有一种讽刺的感觉在范·德·邓克的脑海中挥之不去。作为一名法学和府际关系学的学生，他有一个独一无二的观察机会。一边是曾和他一起生活过的印第安人，他研究过他们的社会，而且在很多方面都很欣赏他们；另一边他自己民族的代表却是一个缺乏诚信、让他鄙视的人。在谈判的过程中，范·德·邓克清楚地意识到基夫特此番前来并未准备好。在他后来写的关于该地印第安人的著作中，范·德·邓克描述了谈判礼节，根据他的记录，这些礼仪包括一方口头陈述自己的提议，同时献上适当的礼物。在协商开始时，这份礼物会被悬挂起来；另一方有三天的时间接受这份礼物，如接受则标志着协议达成。[33]而基夫特没有带来任何可以悬挂起来的礼物。与莫霍克人和莫西干人订立如此重要的协议需要一些重要的物件方能成事，否则酋长们会感觉自己受到了侮辱。基夫特开口向范·德·邓克借礼物，并许诺会给他一笔可观的报酬，以答谢他为殖民地做出的贡献。

范·德·邓克提供了必要的东西——显然，那就是一大批贝壳串珠。1645 年 7 月下旬回到新阿姆斯特丹后，基夫特履行了自己的诺言，他给了范·德·邓克最想要的东西：属于后者自己的领地，一大片土地的专有权。而且这个地方的位置也很理想：不是遥远的北方内陆地区，而是毗邻曼哈顿。范·德·邓克得到的授权地从内地直接延伸至岛屿的北方，顺着河岸绵延 12 英里，东至布朗克斯河（Bronx River）——共计 2.4 万英亩[34]。然后，因为他帮忙办了事，也因为他把对于基夫特的看法存在了心里，他成了今天的布朗克斯和威彻斯特县南部的地主。他立刻搬过去向印第安人购买土地，在接下来的一年里，他和玛丽开始工作，他们雇了佃农来清理土地，雇了木匠来建房子和锯木厂。（锯木厂对于后来在其所在的河流地区发展起来的社区非常重要——后来，旁边延伸出了一条林荫大道——这条河就是以该锯木厂命名的。）这一大块地带来了一个非官方头衔。在尼德兰，“Jonker”（或者“Yonkheer”）
164 的意思是年轻的乡绅或者地主。从那时起，荷兰的文献记录中就把范·德·邓克称为“the Jonker”。在他去世很久之后，这块土地的通俗叫法依然和这个头衔联系在一起——“年轻地主的土地”（“the Jonker's land”），人们会这么说。在英国人统治时期，这个叫法被简化为“Yonkers”，它镶嵌在下威彻斯特县的一个区名里，这就是美国历史向阿德里安·范·德·邓克表示的微不足道的敬意。

一回到曼哈顿，基夫特马上就埋头安排和该地区的印第安人签订和约。1645 年 8 月 30 日，在“蓝天华盖之下”，整个城镇的人都聚集在阿姆斯特丹堡前。[35]酋长们——哈肯萨克部落的奥勒塔尼（Oratany）、塔潘部落的瑟瑟科姆（Sesekemu）、雷士嘎瓦旺克部落（Rechgawawanck）的威廉（Willem）、奈亚克部落（Nyack）的玛雅乌唯亭内敏（Mayauwetinnemin）、维阔斯盖克部落的埃皮安（Aepjen）威风凛凛，整齐划一地聚集于此，他们各自代表自己的部落或者有些人“以邻近部落酋长的法定代理人身份”前来。双方达成“坚定且不可违背的和约”，并且同意不再以暴力形式，而是以商讨的形式解决未来的争论。双方派出的 20 人在和约底部做了标记或者签字。阿德里安·范·德·邓克不在场，但是他未来的岳父道蒂教士是签名人之一。第二天，基夫特发布了两个公告：一个是将某一天定为全民感恩日，第二个是下令调查那个出产莫霍克人令人着迷的金色物质的矿藏。他相信他想到的是一石三鸟的妙计：保住他的工作，停止战争，而且——如果对那些金色物质的初步试验结果无误——找到能让这个殖民地繁荣兴旺的东西。那么，也许这些居民就不会再有不满了。

他对于和印第安人休战的想法是对的，但是对于其他事情的看法就并非如此了。他身边的一切都已经开始崩塌。6 月的一个早晨，英格兰内战在北安普敦郡绿草如茵的高地上达到了顶点，奥利弗·克伦威尔（Oliver Cromwell）领导下的骑兵侧翼高喊着“上帝赐予我们力量!”，终结了手执长矛的议会军队和英王的骑士们之间的大规模冲突——保皇党军队溃不成军，4000 人的部队就此投降。[36]英国的动乱给新英格兰的清教徒们壮了胆。他们已经在荷兰人的领地上凿出了两块（康涅狄格和纽黑文），并且还在继续推进，成船的新教徒跨过海峡从大陆来到了长岛最东端，并在荷兰人的土地上建起了临时社区。在南面，彼得·米努伊特带来的瑞典人入侵“南河”，基夫特追击无果，损失惨重。新瑞典殖民地如今有三座堡垒和大约 300 名殖民地居民。瑞典军事指挥官很有才干，他从侧翼包 165
抄了这条河边的荷兰贸易站点，并且说服该地区的印第安人只与瑞典代表进行交易。至于那些金色的物质，事实证明那是黄铁矿——俗称“愚人金”。

至于那些殖民地居民以及他们的不满，梅林和奎伊特才正要发动攻势，以反对西印度公司及其对他们的封建统治。他们如今有了一个盟友，一个在这个社区有既得权利的地主，一个有着他们所需的技能、认识到这个殖民地的外部和内部问题只能通过一场翻天覆地的变化才能解决的人，一个私底下已经决心斗争到底的人——直到海牙政府办公大厅内庭方肯罢休。范·德·邓克已经蓄势待发。他走到了人生的一个新阶段，从学生到观察者，再到如今的行动者。到 1647 年时，他有了一个妻子，还有他梦寐以求的大片地产。讽刺的是，他如今却几乎没有时间享受这一切了。这场斗争将吞噬一切，它是一根导火索，一个以前所未有的方式运用正义原则的机会。

撤换基夫特的日子终于到了。从某种程度上来说，基夫特肯定已经准备好了：这种事情之前就发生过一次，当时他被迫从法国拉罗谢尔港逃走。是他的命令带来了死亡，令人们饱受折磨、身首异处，如今他是背负着这一切的罪人。1647 年 5 月 11 日，当他站在海滨，看着一条从四艘刚刚下锚的船上下来的小艇向他驶来，压力和黑暗从他的眼睛里和脸上不由自主地浮现了出来；他的呼吸肯定随之变得浊臭。那是一个天色蔚蓝的春日，就像一幕戏剧终了时角色谢幕一样。社区里的所有居民无论是主角还是配角，都聚在了他的身边：约里斯·拉帕里和卡特琳娜·特瑞科，以及他们的孩子和孙子；外号“土耳其人”的安东尼·范·萨利和他的妻子格里耶·雷尼耶——如今他俩都是体面人了，不过依然很难相处——还有他们的四个女儿；一个刚刚拿到曼哈顿一家农场所有权的非洲寡妇安娜·范·安哥拉（Anna van Angola），还有安东尼·刚果、扬·内格罗和其他拥有奴隶身份和自由民身份的黑人居民；肤色各异的丹麦人、巴伐利亚人、意大利人和一些本地的印第安人；被谋杀的克拉斯·斯维茨的儿子科内利斯·斯维茨；英国难民领袖德博拉·穆迪夫人和弗朗西斯·道蒂教士；嗜酒如命，曾在布道坛上抨击基夫特、帮助殖民地居民反抗他的牧师
166 弗拉德斯·博加德斯；活动家奎伊特和梅林；西印度公司的走狗科内利斯·范·廷霍芬，在为基夫特做事期间，他曾屠杀、折磨印第安人，如今他还希望自己能在新一届政府中保留一官

半职。在场的还有站在铺着鹅卵石的码头区的阿德里安·范·德·邓克和他的妻子玛丽，现存于世的描述这一幕的文字正是出自范·德·邓克的手笔。现场充满了节日的气氛，叫声此起彼伏，庆祝的炮声响起。解放的时候到了。[37]

然后，慢慢地，一种仿佛灰色雨滴的沉默气氛笼罩了他们。远远地，他们先是看见了一双小眼睛，仿佛尖锐的鹅卵石镶嵌在宽大的脸盘上，那双眼睛透出了冷酷。然后，他的胸甲折射出的那道阳光，还有他腰间的那把剑肯定引起了他们的注意，那是展示他有能力、谨小慎微、军事化风格的重要部分。最后，他们会看到他下船，而且马上会注意到一些不同寻常之处——他的动作很奇怪，透着一种不自然的僵硬，但脸上没有伴着痛苦或退缩的表情，仿佛是在挑战痛苦本身。然后，所有人的目光自然而然地往下移动，他们看到了，他少了一条腿。

第九章　将军与公主

167　他带着一群随从来到这里：四艘船的士兵，他的一批“顾问”，还有一个妻子。他不苟言笑的做派及其军人政客的神态给聚集在码头区的殖民地居民留下了深刻的印象。“像孔雀一般，趾高气扬、妄自尊大”，范·德·邓克对于他们新领导人的登场方式如是总结道。[1] 人们也穿上了他们最好的衣服：我们能想象到，在1647年的那个春日，许多顶松软的宽边帽、花边领、紧身裤或者膝盖上打着结的长筒袜，还有宽筒靴——下曼哈顿一派伦勃朗画中的景象。

在风车的帆叶和阿姆斯特丹堡的断壁残垣下，在广阔的海港的映衬下，他们举行了一场正式的仪式——象征着领导权更替的火炬交接。在他的演说词中，施托伊弗桑特宣誓自己的做事方式会“像父亲对待他的孩子一般”[2]。他释放出来的权力信号清清楚楚：当整个社区的人向他脱帽致敬的时候，他的帽子却纹丝不动。在殖民地居民们还站着的时候，他却坐下了。

基夫特发表了讲话，他感谢殖民地居民对他的忠诚和信任。那完全是言不由衷，是每个地方的政客都会用的空洞说辞，而在一个典型的荷兰贸易站点中，这番说辞换来的是一片沉默。但是他犯了一个错误，那就是礼节性地停下来，给社区居民一个机会向他回谢。约赫姆·奎伊特抓住了这个停顿的时机，宣泄了一个水手的满腹嘲讽，大意就是基夫特应得的不是感谢，而是别的东西。科内利斯·梅林补充了几句大胆的评论。其他人开始插话。这场仪式眼看又要陷入人们熟悉的乱糟糟的局面。

然后，不知何故，大家都看着施托伊弗桑特。他在现场，
人们感觉到了，注意到了他的影响力。现在，他们闭嘴了。施 168
托伊弗桑特当然已经知晓了整个情况；实际上，因为在阿姆斯特丹看过那份记载着殖民地居民的抱怨之辞的文件，所以他比基夫特还了解情况。他肯定对基夫特非常不屑，那是一位军官对于未能赢得下属尊敬的人的情感。但是，站在那些反抗权威的乌合之众一边又是完全违背他本性的事情。至少，他认识了激进分子阵营中的一些领头人，知道了梅林和奎伊特的名字。他向社区居民们郑重宣告，在他的管治之下，人们可以快速平等地获得正义。然后他很快结束了讲话。

施托伊弗桑特肯定被这个殖民地所展现出的混乱和居民目无尊长的程度深深震惊。他以军事独裁方式经营库拉索，结果皆大欢喜；他在巴西看到的情况也是一样。这些贸易站点都是荒凉之境，人们注定要抛弃所有的文明理性，如果不严格维持秩序，他们就会被梅毒搞得精神错乱，身不由已地被野蛮人、疾病和潜伏的欧洲敌人掠走。任何来到这样一个地方生活的人都清楚，这是一个以军事管制方式统治的地方，他们没资格要求话语权或者对公共事务管理方式表示不满——他有必要提醒他们这一点。一旦他这么做，他们就会看到其中的好处，在遵循加尔文教义的政府机构的管制之下，和谐社会成为可能。这样，他们很快就会乖乖听话了。

他和他的子民们（他就是这么称呼他们的）之间没有蜜月期。由此，从他刚到此地起，他就浸入了在这个殖民地独有

的政治激流之中。在欢迎仪式草草收场之后，他和他的妻子匆匆转身前往他们的私人天地——他们的新家就在他们的身后。阿姆斯特丹堡是四边形的建筑，每个角落都有棱堡形的岗楼。穿过前门，经过秘书办公室，施托伊弗桑特夫妇走进了中庭。这个地方就像个难民营。中庭右边一路都是西印度公司士兵的营房，士兵们是这位总督在这个殖民地的权力支柱。但是士兵们涌出了营房，他们在院子里和城里的其他地方露宿。施托伊弗桑特应该已经认出了他们当中的一些熟悉面孔，因为正是他
169 让这座城镇人满为患。那一船士兵从巴西逃到库拉索，然后又被施托伊弗桑特派到新尼德兰帮基夫特，如今他们依然在这里。他们是在印第安战争接近尾声的时候来到这里的，基夫特不知道要拿他们怎么办。他们如今虚弱无力、食不果腹，要求拿回欠饷，在街上醉醺醺地到处乱逛，寻衅斗殴，破坏财产——这是施托伊弗桑特要解决的另一个问题。

院子左边是礼拜堂，旁边的山形墙砖房就是给这位总督留的住处。这对初到此地的夫妇花了一些时间才安顿好。施托伊弗桑特让他疼痛的假肢稍事休息。朱迪斯开始从这场历经劫难的旅程中慢慢恢复元气。她到此地的时候已经有四个月的身孕，这意味着她怀孕的头三个月基本都是在大西洋的颠簸中度过的，从这一点来说，她的勇气可与她的丈夫媲美。

然后他的统治时期就开始了。旧秩序发生的变化立刻显现了出来。松散的周四委员会议程一去不复返了。新总督每天都会亲自上阵。科内利斯·范·廷霍芬遂了愿——施托伊弗桑特留他当了秘书——但是他可能后悔了：这位秘书手上的文书工作量——公告、提案、决议、判决书、委任状、传票——突然大增。

施托伊弗桑特甚至在他还没来之前就已经知道这个地方需要什么；他到这里的几小时内发生的事情只是更加坚定了他重整秩序的决心——他所能带来的那种结合了军事体制和企业效率的秩序，掺杂着一个虔诚的加尔文教徒的心理，强调罪人要在严厉的神明面前卑躬屈膝——他认为这就是解决之道。在他到来之后的那个礼拜日下午爆发了一场酒后械斗。[3] 在得知此类事情是家常便饭之后，他立刻发布了两道戒律：第一条是禁止小酒馆老板在礼拜日出售烈酒（直到当天下午两点）；第二条戒律规定任何“在激动或愤怒”情形下拔刀的人都可能面临六个月的监禁，并且只能吃面包、喝水，如果他持刀伤人，则刑期将跃升为八个月。

在面对殖民地居民和西印度公司的水手和士兵时，他一视同仁。没有人能像指责基夫特一样指责他偏袒公司雇员。当和
他一同到来的两名水手被发现违反禁令，未经许可私自上岸的 170
时候，他下了判决，将他们“连续三个月绑在独轮车或者手推车上，干最重的活，绝对不许吃面包和水之外的东西”[4]。

但这些都是装装门面的——这种简单的“生活品质”方面的指令很容易被大众接受。真正需要解决的是正在酝酿中的暴动。在最初的几天里，他绕着这个小城镇走了一圈，随身带着一张纸，这张纸可真扰人心神：那是 1644 年 10 月殖民地居民们以约赫姆·奎伊特和科内利斯·梅林的名义寄出的那封信的副本，信里要求将基夫特撤职。讽刺的是，这封信确实达到了它的目的，但它也因此为这个殖民地带来了一个将此类举动视为叛国的人。曼哈顿殖民地的文件显示出了施托伊弗桑特心思缜密的一面：一方面，和人们通常对他的看法不同，他能明察秋毫，具有扳倒对手的政客资质，以及权衡考量的能力。比

如，史学家们一直对施托伊弗桑特选择留下基夫特的秘书一举感到困惑，因为科内利斯·范·廷霍芬贪婪、不诚实，而且出了名的好色，这些都是会让古板的施托伊弗桑特——这个被历史铭记的人——憎恶的特点。但是，范·廷霍芬也是这个殖民地上最聪明的人，是博闻强记而又像狗一样忠于西印度公司的辩论家，是能用本地部落的语言与他们谈判，转头又能带人到同一个村庄去进行一场无情的军事袭击的人。显然，施托伊弗桑特能权衡此人的多种特点，并且选择有利于他自己的方面。不过，平时更具本色的施托伊弗桑特会占据上风，他会用正统加尔文主义的眼光看世界，认为世界非黑即白。他从阿姆斯特丹带来的这封信令他深受震动。信的作者违背了荷兰帝国的建国原则，这种有着神学根基的秩序原则创造出了一个成功的文明社会。这种赤裸裸的僭越之举本身就已经能说明问题。他会用果断的手腕处理这个问题，这是他们罪有应得。

与此同时，在距他几步之遥、尘土飞扬的河畔街道上，有人正在举行秘密会议。这位新总督曾许诺正式审理新尼德兰居民诉基夫特案，而奎伊特，梅林，法学生阿德里安·范·德·邓克，贸易商霍弗特·卢克曼斯，英国人托马斯·霍尔
171 (Thomas Hall)，来自布拉格、聪颖又多才的波希米亚人奥古斯丁·赫尔曼（Augustin Herman），以及其他几名新阿姆斯特丹居民相信了施托伊弗桑特的话，并正在为他们的案子做准备。施托伊弗桑特不知道他们的意图，也不知道他们有多么较真。随意看看这一部分的记录，其页数之多足以让人的脑子里乱成一团，其中充满慷慨激昂的抨击和争辩之辞，而其议论的事情在1647年已是陈年往事。他们抗议那位总督并且成功地把他赶下台；战争结束了。他们就不能好好过日子吗？

他们正在好好过日子。印第安人进攻的威胁已经解除，繁荣景象渐渐重现。锤子敲击钉子发出叮叮当当的声音不时传来；人们开始建房子；田地都被清理干净，耕好准备播种；海港的航线比以往任何时候都繁忙。这些人不希望那种突然陷入混乱的情况再次发生。他们再次投入建设，现在他们希望能有决策发言权。史书对此关注不多，但是曼哈顿岛上的这个小群体体现了最早的现代政治冲动：该群体的成员们坚持要在他们自己的政府中占据一席之地。荷兰共和国有两股活跃势力，他们狭路相逢，正面交锋。第一股势力是帝国的缔造者、富商巨贾及其军事贸易指挥官、奴隶主和屠夫，以及贸易站点建造者，他们留下的石头残骸变成了遥远的国度——加纳、巴西和斯里兰卡——荒烟蔓草中的旅游景点。另一股势力是知识分子和政治家：源起于文艺复兴时期；体现在伊拉斯谟、斯宾诺莎、格劳秀斯和其养子笛卡尔的哲学思想中；植根于阿姆斯特丹、鹿特丹、安特卫普和莱顿等以贸易为导向的外向型城市中；经奎伊特、梅林，尤其是范·德·邓克之手输出到美洲土地上。这些人从两个角度审视了他们的处境。首先，他们要考虑家庭因素。但是在人类简单的保护欲之上，他们的头脑中还有一些理念，与他们的命运自主息息相关——这些理念在下一个世纪会如何发展尚未可知，它们依然是模糊的、不成熟的，但也是新鲜的、至关重要的。他们有的是激情。

而施托伊弗桑特人生中的大部分时间是在与世隔绝的农业
省或军事站点度过的，这些地方的生活是由下达的一连串指令
和需要遵守的指令组成的。他很聪明、严肃、诚实，但也很狭 172
隘。他对于更大范围内的荷兰思想潮流几乎一无所知，更别说范
围更大的欧洲思想潮流了。这种情况决定了双方必须一较高下。

然后，在6月初，在私人住宅中或者后来被施托伊弗桑特蔑称为“密谋酒馆”的地方，活跃分子们用绿色粗制玻璃大酒杯喝着麦芽酒，他们身边的人玩着西洋双陆棋和克里比奇纸牌等无伤大雅的游戏。[5] 这些人提出了一个针对他们前领导人的法律案例，他们认为这个案例会成为一个可以帮这个殖民地赢得某种形式的代议制政府的媒介。这份案例的执笔人显然是范·德·邓克，他将他们的愤怒转化为论据。首先，他用非常专业的法律词汇，向多个在这场与印第安战争密切相关的危机中发挥作用的人提出了一长串的“书面质询”。这份言辞严厉的质询书被张贴了出来，宣誓人是亨德里克·凡·戴克（Handrick van Dyck），他是西印度公司的一名曾经向印第安人发起进攻的士兵，直指这场冲突的核心和基夫特对此的责任：

> 1. 前任总督基夫特在1643年24～25日晚间派出一队士兵到扬·艾弗逊（Jan Evartzoon）种植园旁的帕法尼亚和曼哈顿岛上的科勒种植园后面，并让他们杀死一群印第安人，包括睡在那里的妇孺，他对此事不是心知肚明吗？
>
> 2. 基夫特先生之前是否曾向委员会提议进行此次远征，然后向时任士兵长官的他传达此命令；他是否曾为此投票？
>
> 3. 此举难道不是大大激怒了印第安人？次日我们的基督徒和这些美洲人①之间难道不是爆发了全面战争，而且战争不正是从当时开始的吗？

---

① 请注意“美洲人”指的是印第安人。

4. 那些印第安人日前已经因惧怕莫西干人（Maicanders）而逃到上述地点，希望能得到我们的保护，免遭敌人毒手，这不也是事实吗？

5. 我们荷兰人在帕法尼亚和曼哈顿岛上这件残忍的事情发生之前，在这个地区难道不是一直与这些印第安人和平共处吗？[6]

对基夫特的秘书兼打手范·廷霍芬的质询从他不遗余力地 173
强迫当地部落向该公司缴纳税收充当保护费的事情开始，然后再以上庭律师的口吻，将这些事情织成一张让他无所遁形的控诉之网。

1. 他，秘书本人的曼哈顿语，也就是这一带印第安人的语言，不是说得很流利吗？

2. 他不是因此在前任总督基夫特和那些印第安人的交流过程中担任了口译员吗？

3. 他是哪一年被派去向那些原住民征缴玉米的？如果去的不是他，那是谁？

4. 向几个部落做过这种事情？他们叫什么？

5. 那些印第安人是心甘情愿地缴纳玉米吗？他们是否对此进行了抗议，他们的反对意见是什么？

6. 他能以书面形式汇报——如果不能的话，以口头形式——基夫特先生交付给他的这次任务的结果吗？

7. 他做过哪些方面的努力，劝说印第安人同意缴纳玉米？

8. 作为宣誓证人，他在哪一年被基夫特先生派去见拉力坦人；他去那里的时候不是带着“海王号”(Neptunus) 船长海因德里希 (Heindrich) 麾下的一帮荷枪实弹的士兵吗?

9. 总督对他，秘书本人，在此事中下达了什么命令，且他是如何执行的?

10. 总体而言，他们在出发前，站在总督府前时，基夫特先生是否曾向这些士兵下达过任何不同的命令?

11. 在同一年，他们不是也曾以类似的方式远征拉力坦人吗? 他知道这些远征行动的原因和目的吗，当时得到了什么结果?

12. 拉力坦人次年不是报复过他们吗；四名基督教徒在史坦顿岛被杀；他们后来不是摧毁了大卫·彼得森 (David Pietersen)[①] 的房子吗?[7]

1647 年 6 月中旬，施托伊弗桑特召集双方——基夫特是
一方，梅林和奎伊特是另一方——会面，他希望这次会面能做
到快刀斩乱麻。在会面过程中，反对派将安静地坐着听他说明
174 局势，做出判决。这些质询清单的长度，其中暗含的对各方的
需求以及重组该殖民地政府的要求，令他大感震惊。他的脾气
和粗俗的语言是出了名的——在士兵群里的历练盖过了他在加
尔文教家庭中获得的教养，此时正是他出口成“脏”的最佳
时机。他匆忙结束了会议，当晚从头到尾将这些文件读了一
遍，然后第二天重新召集他的顾问团——由基夫特当政时的上
一届政府的支持者和他从库拉索带来的人组成——让他们帮他

① 即大卫·德·弗里斯。

裁决此事。不过，他已经打定主意——那些长篇大论的质询书令他的信念更加坚定——并给他的顾问们列出了一系列的问题，让他们在阅读材料时思考。透过这些问题，我们能清楚地窥见他对于民选政府问题的想法，以及所谓的“荷兰帝国”对此事的思维模式。

> 1. 你们可曾听闻或见过哪个共和国的臣民未经他们的上级许可，构思、起草并向地方长官提交他们自行编写的质询书，并让长官据此进行审查的？
>
> 2. 两名居心险恶、自作主张，在未获得他们的上级许可和民众团体决议的情况下，妄想让委员会全体成员在审查上届委员会的质询条款上签字的刁民，是否会招致极其恶劣的后果，并导致更恶性的事情发生？我称其为居心险恶的刁民是考虑到他们与上届总督和委员会之间存在强烈敌意，他们被认为扰乱人心，事实证明确实如此……
>
> 3. 如果这些狡猾的家伙获得这一权利，他们难道不会从此更加自作主张，与我们和我们任命的顾问们作对，以篡取类似，对，更大的权力来对抗我们，我们的政府是否不应让他们如愿？[8]

施托伊弗桑特的拍手党连连称是——他们全心全意地认同他的意见，用英国人布莱恩·牛顿的话来说，如果这些殖民地居民获准继续网罗完整的法律论据，与该殖民地的合法政府作对，那将“后患无穷”。借助当初基夫特召集起来的八个人组
成的班子，施托伊弗桑特立即否认了奎伊特、梅林和其他人代 175
表了该殖民地民意的说法。这些人代表不了任何人，他们只能

代表他们自己。

此时有几件事情几乎同时发生。奎伊特和梅林抗议称施托伊弗桑特和他的委员会偏向基夫特和西印度公司一方（他们也许已经注意到了，正等着启程回荷兰的基夫特如今也成了委员会成员），因此，他们提请裁决的所有事情都会落空。与此同时，施托伊弗桑特显然已经让基夫特看过这封三年前写的信了，在这封信里，就是这帮人，声称他们代表该殖民地的选民，要求将基夫特撤职。阿姆斯特丹的董事们从未让基夫特看过这份文件，他仔细读了这封信，越看越怒火中烧，他意识到自己不光彩的职业结局并非阿姆斯特丹董事们的意见所致，而是出自他自己的殖民地居民们之手。

施托伊弗桑特要的就是这个反应：这和施托伊弗桑特的期望是基本吻合的。然后，基夫特写了一份正式的控诉书，称这些人处心积虑地“捏造事实，用心恶毒，诬蔑、为难他们的长官”，抱怨他们“鬼鬼祟祟，暗中寄出诋毁他人名誉的信件”，[9] 并要求起诉他们，还自己一个清白。

施托伊弗桑特的下一步正需要这个。他派一位信差带着基夫特的信的副本，从珍珠街跑到梅林和奎伊特家中，并要求他们在 48 小时内回应。这个很快已经颇具政治团体雏形的群体的几位领导人聚到一起，准备他们的答复。这件事情必须秘密进行：科内利斯·范·廷霍芬的房子紧挨着“东河”沿岸奎伊特和梅林的房子，而且施托伊弗桑特急欲收集其他同谋者的信息。如果他们还有一个时机做出让步，小心翼翼地回复请求新任总督大发慈悲原谅他们，那就是现在了。然而他们选择了反其道而行之。他们在 6 月 22 日起草的那封信很长，充满法律色彩，用词文雅、精准，毫不退缩。那也完全是范·德·邓克的手笔。

在三年的时间里，尤其在他新婚后，搬到这座岛的北面之后，这个人一步步地卷入了新阿姆斯特丹的事务。作为一名上 176
庭律师，他曾在施托伊弗桑特和他的委员会面前露面。和他当初对基利安·范·伦斯勒和威廉·基夫特一样，从施托伊弗桑特到来那一刻开始，他就对施托伊弗桑特虚与委蛇。在他们结识初期，施托伊弗桑特曾向他示好。我们不难想象，施托伊弗桑特曾邀请范·德·邓克和他的英国妻子玛丽·道蒂（根据荷兰风俗，女子出嫁后依然保留娘家姓）进入总督府。范·德·邓克和施托伊弗桑特的妻子朱迪斯·贝亚德肯定一起回忆并谈起过他们在家乡布雷达都认识的人。当施托伊弗桑特和范·德·邓克在一起的时候——后者 29 岁，比前者小 8 岁——他发现范·德·邓克很能干，志向远大，是可以培养为西印度公司办事人员的可造之才，也是能够帮助他管理这个殖民地的人。和他与其他父亲式的人物打交道时一样，范·德·邓克煞费苦心地在施托伊弗桑特面前展示出模范儿子的形象。在他准备回复基夫特之前的那一周，范·德·邓克大方地自掏腰包，让伦斯勒斯维克的农民们用船送来了 350 蒲式耳的小麦和燕麦，以备新任总督的家庭和禽畜来年之用。施托伊弗桑特接受了这份礼物。[10]

与此同时，范·德·邓克也代表水手、商人、寡妇和农民上庭，并结交该殖民地的牧师——社区中具有天然影响力的人物。[11]这样，他参与了更广泛的社区事务。在这一时期的文献记录中，范·德·邓克给人的感觉就像一个崭露头角的政客，一个努力结交上流和底层人物的人。在为总督办事的同时，他也在帮助他的朋友梅林——他们六年前有了交集，从那时起，他们就成了朋友——和他的“同谋们”。显然，他对他们有同情之心——确实如此，很快，事实就证明了，他建立政治基础完全是为了将其作为平台，在此之上为正义事业在他体内燃起的激情之火而奋斗。

那封用来回复基夫特的信以滴水不漏的法律语言为框架，其中却流淌着汹涌澎湃的情绪。它是写给施托伊弗桑特和他的委员会的，信的开头就以华丽辞藻简洁明快地写道：

177 尊敬的先生们！

> 法庭信差于本年度即1647年6月19日约9点将前任总督基夫特的书面要求送给我们，并转达了一份命令，要求我们在48小时内给出答复。现回复如下——[12]

基夫特之前在给阿姆斯特丹的董事们的信中曾控诉他们对于他代理地区事务进行诽谤，于是，信中一条接一条地反驳了基夫特的控诉。在某些例子中，我们能透过信中辛辣的讽刺意味感受到其中的感情。

> 房子、谷仓、营房和其他建筑烧毁后剩下的成堆灰烬，还有牛的骨头，都充分展示了这个地区在这场战争中受到的关照，感谢上帝。

在其他例子中，例如在质疑基夫特对委员会同意其向印第安人征税一事，信里只是就事论事：

> 法令称委员会同意收税一事在三封信 E.、F.、G. 和

> 1644年6月18、21、22日的行动中都可见，因此，我们无须再对此事做进一步的声明。

在评价对周边的印第安村庄屠村一事时，信中又流露出了真情实感：

> 印第安人自己的举动表明，他们把自己当成了羔羊，在1643年帕法尼亚和曼哈顿岛上发生的那悲惨景象中，我们都能看到，他们是受害者。值得注意的是，他们当时任凭他们自己、他们的妻子和孩子如羔羊般任人宰割，而且（可以这么说）像羊羔一样来寻找我们，想依偎在我们的怀抱中。我们恳请全体民众，每一个当时幸免于难的人都说出印第安人当时受到了多么残忍的对待。向上帝发誓，在这一点上我们没有撒谎。

这封信没有回避殖民地居民是否有权利参与他们的政府事
务，它选择直面此事。前任总督权势滔天，“有如王侯”，而 178
那个由八人组成的委员会几乎成了殖民地的代表机构，在面对向印第安人发动战争的离谱决定时，该委员会以恰当的方式表示了抗议。以范·德·邓克在莱顿大学学习的“典雅法律”的表达方式，这封信列出了古代先贤们对此类事务的看法：第欧根尼（Diogenes）、安波罗修（Ambrose）、阿里斯提得斯（Aristides）以及色诺芬（Xenophon）都曾对统治者在参战决议方面的权利和限制有过一番高论。基夫特曾在施托伊弗桑特及其委员会面前要求将梅林和奎伊特这两个“扰乱治安的害虫”送到阿姆斯特丹受审。如今这封信主动请求让这二人前去，但不是以基夫特所说的身份，而是以“热爱新尼德兰的主人翁”的身份前去。这个案件应当交由国家最高主管部门裁决；问题不在于这场战争，或者这个殖民地管理者，而是关乎一个遥远的贸易站点的公民权利。这是一个里程碑式的事件，一个判例案件。“到时，我们来看看国际法如何裁决此事”，这封信援引格劳秀斯刚刚总结出的法律原则，提出了这一要求。

施托伊弗桑特以其人之道还治其人之身，他用不同寻常的长篇大论的法律分析方式，分析了这一局面，并指出他也认为此事体现出了两种相互抵触的法律观的对决。他也援引了他所熟知的古代权威的话，其中包括《圣经》中的先贤，这番论述揭示了他的统治观：“不可毁谤神，亦不可毁谤你百姓的官长”（Thou shalt not revile the gods，nor Curse the ruler of thy people）（《出埃及记》22：28）；“你不可诅咒君王，亦不可心怀此念”（curse not the king，no not even in thy thought）（《传道书》10：20）；“在上有权柄的，人人当顺服他”（Be subject unto the higher powers）（《罗马书》13：1）。[13]最后，作为一名军人，他援引了《海陆军法规》中的规定：“出言有意发动兵变和叛乱者其罪当诛。”从严格意义上来说，荷兰共和国与西班牙依然处于交战状态，曼哈顿是那场战争的前哨。既是为了让殖民地居民见识一下杀鸡儆猴，也是为了执行法律，他表达了自己的观点：作为叛乱组织公认的领袖，科内利斯·梅林应当被处以死刑；约赫姆·奎伊特则应被驱逐出境，其财产应当充公。梅林表达了到荷兰上诉的意愿，施托伊弗桑特（据范·德·邓克引述）用黑色幽默还击：“在我管治期间，人们可以考虑上诉——任何人只要想这么做，我都会打断他的腿，把这个缺胳膊少腿的人送到荷兰去，让他这样上诉。”[14]

然而，在他的委员会的劝说下，施托伊弗桑特将对这两个殖民地居民的判决修改为逐出殖民地——实际上给了他们一个上诉的机会——并且命令他们搭第一艘船离开。[15] 179

当时，多条航线都瞄准了同一个目标——“艾美莉亚公主号”（Princess Amelia）。[16]这艘重达 600 吨、载有 38 门咣当作响的火炮的船抛锚停泊在港口，它的船体上整齐码放着重达 20 万磅从库拉索装载的红色燃料木材。正是这艘船将施托伊弗桑特带到这里，它现在已经准备好返回阿姆斯特丹了。它的指挥官——28 岁的年轻人扬·克拉森·博尔（Jan Claesen Bol）和约翰·法雷一样，都是施托伊弗桑特的仰慕者，他此次在曼哈顿停留了三个月，在这段时间里，他也担任了施托伊弗桑特的委员会成员，监督基夫特诉梅林和奎伊特案。到 9 月中旬，又有一批货——约 1.4 万张海狸皮——被收到这艘船上，它已准备就绪，恭候乘客到来。

于是，他们来了。急不可耐的基夫特——如今他身边有了施托伊弗桑特这个强大的盟友——要赶回家乡去为自己辩护，还自己一个清白，而且要看指控他的人受到惩罚。奎伊特和梅林备好了成捆的文件，准备在海牙总议会面前对施托伊弗桑特的判决提出上诉。也曾与基夫特有过节的牧师埃弗拉德斯·博加德斯，还有许多在巴西、库拉索和曼哈顿之间奔波，衣衫褴褛，一再挡施托伊弗桑特的道的散兵游勇也在船上，这位总督命令他们返回家乡，好把他们甩掉。

他们于 8 月 16 日启程了。这次横渡大洋的旅程平安无事。然后，整件事情的高潮部分来了，而且让人匪夷所思——博尔船长犯了航海者的一个经典错误，他把布里斯托海峡［又称

“错误海峡”（False Channel）〕错当成了英吉利海峡。这艘船在威尔士的海岸边搁浅了。大浪将它三次抛起又重重甩下，它被海底的岩石撞得四分五裂。数日后，威尔士农夫们都在海滩上到处翻找海狸皮和其他值钱的东西，曾经被视若珍宝的生命如今成了漂浮的残骸。

“艾美莉亚公主号”失事的消息一传出，新阿姆斯特丹的居民们肯定都惊呆了。从最初的震惊中回过神之后，公众的看法是上帝用不同寻常的直接手段惩罚了罪孽深重的基夫特，而
180 其他乘客是不走运，离上帝降下的雷霆闪电太近。总议会应该也没有举行风光的葬礼哀悼任何一方。施托伊弗桑特一直碍于他的职位而忍让基夫特；他支持的不是这个人，而是他的官职。至于梅林和奎伊特，他们是误入歧途，错信了一种危险且不道德的谬论。上帝肯定完全把这次船难看作上天纯粹而可怕的手段，伸张正义，以儆效尤。双方都做了邪恶之事；和所多玛城与蛾摩拉城的下场，还有“大洪水”时期的情况一样，主选择了将这些恩怨一笔勾销。但是，即使在最可怕的时期，上帝依然对他的子民有信心，留下了一个领袖。诺亚在“大洪水”中幸免于难，摩西选择了带领他的子民远离邪道。如今，施托伊弗桑特可以成为领袖了。他可以将注意力转向真正重要的事情了。

他确实这么做了，而且他在行动中表现出了惊人的才能。如果振兴荷兰在北美领地的任务是交给了一个才华稍逊的人来承担，那么英国人应该会提前几十年横扫这片大陆，而荷兰人在曼哈顿岛上留下的印记将会太过微不足道，无法影响历史进

程。这块殖民地周围确实存在大问题，而且荷兰人一直任由它们滋长。施托伊弗桑特走进了一个棋局，在这场棋局中，他的前任一直下得很糟糕：将资源尽数投入了一次计划不周的袭击，却忽略了来自其他领域的攻击。施托伊弗桑特评估了这些威胁因素，按照优先级排序，并且开始行动。他一下就看出了后来的史学家们没注意到的一点：新英格兰不是铁板一块，它是由四个独立的殖民地组成的，每个殖民地都各行其是，而且他们相处得并不融洽。南面的两块殖民地，即康涅狄格和纽黑文，对荷兰人的态度不友好。而施托伊弗桑特注意到，其他两个殖民地是想找办法与他们的邻居和平共处的。毕竟，新普利茅斯的建立者是多年来在荷兰殖民地寄人篱下的英国清教徒，因此他们后来比较亲近荷兰人。马萨诸塞也比较服管；它是新英格兰殖民地中面积最大、最有势力的殖民地，而且，这里的老总督——花了近 20 年时间在“新大陆”打造出一个清教徒乌托邦社会（正是他创造了“山巅之城”这个词）——约翰·温斯罗普[①]虽然年老体衰，但依然是新英格兰最有影响力的人。（尽管和波士顿同时建立的村庄有很多，但是它成了首府，这在很大程度上就是因为温斯罗普选择生活在那里。[17]）

所以，施托伊弗桑特盯准了温斯罗普。“尊敬的先生，”在 181
给温斯罗普的信中，他是这样开头的［执笔将此信译为英文的人是施托伊弗桑特的跟班、英国人乔治·巴克斯特（George Baxter）］，“我斗胆向您提议，请您本人及您的同胞中的中立之士雅鉴……是否愿意约定时间及地点，您本人和他们赏光与我

① 英国殖民者，曾为马萨诸塞湾殖民地总督。作为马萨诸塞湾公司成员，1629 年领导该组织建立波士顿殖民地。——译者注

一见……”[18]

施托伊弗桑特知道，虽然英格兰的强大势力想夺取他对殖民地的控制权，但是在内战引起的混乱中，新英格兰殖民地在很大程度上还是可以按照他们自己认为合适的方式自治的。如果他能与四个边界地区的领导人缔结条约，那么这将为他的殖民地和他们的殖民地奠定一个永久性的基础。于是，巴克斯特在四个新英格兰殖民地的领导人齐聚波士顿会面时，亲自送信到那里，温斯罗普把信给他们看了。然后，温斯罗普在回信中写道，虽然自己体弱多病、“头脑昏聩”[19]，但依然能够与他的新英格兰同胞们达成共识，所有人都同样希望与荷兰殖民地和平共处，而且所有人都“乐意接受您提出的会面请求”。这些领导人还联名向施托伊弗桑特寄出了一封类似的信，欢迎他来到美洲，“希望所有英国殖民地能在您的属地内自在共处，友好交流”，并且列出了许多需要经充分协商后解决的事宜，其中包括非法贸易活动和曼哈顿征收的高额航运税费。施托伊弗桑特知道，英格兰内战令新英格兰居民更加依赖作为航运枢纽的曼哈顿。当他看到他们马上就提出这个问题的时候，他肯定很高兴——他可以将其作为讨价还价的砝码，以商定边界协议。新英格兰人们在信的署名处自称“您亲爱的朋友，联合殖民地行政长官”[20]。

接下来，施托伊弗桑特的重心南移了。他命人撰写了一份详尽的报告，以了解那个被荷兰人称为“南河”的地区发生的事件。[21]荷兰人将这条水道视为他们在北美领地的关键部分，而自彼得·米努伊特带领瑞典探险队沿这条水道而上至今已有十年。费城、特伦顿、卡姆登和威明顿未来将在这个地区拔地
182 而起，这绝非偶然。施托伊弗桑特和在他之前的米努伊特以及

后来的威廉·佩恩一样，都看出了水力、水路运输、海洋门户，以及成百上千平方英里开发潜力巨大的荒野都能直接转化为工业和商业。

基夫特忽略了这块南方领地上存在的外国势力，而瑞典人已经利用那段时间站稳脚跟。新瑞典如今的领导人是约翰·普林斯（Johan Printz），一个体重400磅、像猪一样的男人，当他拖着沉重的身躯在他的中央堡垒的栅栏内行走时，与其说他穿着瑞典军用护甲，不如说是他身上的护甲支撑着他。在“三十年战争”中，普林斯是一名军官，带领部队在德国和波兰作战，后来因使开姆尼茨城（Chemnitz）落入一支撒克逊军队之手而被免职。他在“新大陆”任职，将这片荒野变成能正常运转、有利可图的殖民地，这是他将功赎罪的机会。这个地区的印第安人给他安了一个昵称——“大肚王”。他在军事方面的诡计多端和他的体格一样令人闻风丧胆。荷兰人在这条河上建立了他们最初的贸易站点，如今看来那已是遥远的过去：那是在1624年，当时他们还在考虑将这个地区作为他们的殖民地首府。他们在“南河”和被他们称为“斯库尔基尔河”[①] 或者“隐秘之河”（Hidden River）的交汇处修建了拿骚堡（Fort Nassau）——他们认为，这样能便于印第安人将毛皮从西部送到下游。

但是，这个安排有个漏洞。这个贸易站点是在河的东侧，印第安人得涉水而过才能到他们那里。彼得·米努伊特从一开始就看到了这个问题。所以，当他杀了个回马枪，到美洲建立

① 从严格意义上来说，“Schuylkill River”中的“River”是多余的，因为“kill”的意思就是河或水道。

新瑞典的时候，他在河的西侧修建了克里斯蒂娜堡，从侧翼包抄了荷兰人，并让瑞典人对明夸斯［又称瑟斯昆汉诺克（Susquehannocks）］族人更有吸引力，后者在这个流域的毛皮贸易中占据主要地位。当约翰·普林斯接管这个瑞典殖民地的时候，他的第一步是在河下游更远处、更接近海湾的地方再修建一座堡垒，以进一步阻挠荷兰人，从而让瑞典人有效控制“南河”。基夫特没有对此进行任何反击，但是，一位出人意料的“盟友”帮助了荷兰人：蚊子。瑞典人在一片沼泽地上建了堡垒。很快，一位指挥官写道，这些肤色白皙的士兵看起来“仿佛感染了某种可怕的疾病”。士兵们把这个地方叫作“Fort Myggenborgh”——“蚊子堡”（Fort Mosquito）；这些小虫赢了，很快这座堡垒就废弃了。

183 但是普林斯不会善罢甘休。他开始在印第安人中散布谣言，称荷兰人打算屠杀他们；与此同时，他降低了瑞典交易商与他们的交易价格。然后，各种怨言纷纷开始从驻扎在“南河”的士兵和公司职员那里涌入施托伊弗桑特的曼哈顿总部。荷兰人最近在河上建了另一座贸易站点，但是就在它快完工之前，普林斯在那里建了一座瑞典人的堡垒，两座建筑物之间隔得如此之近，几乎贴到一块儿去了。这个瑞典大块头又狡猾又卑鄙，荷兰人知道他是故意要触他们的霉头。一个职员在给施托伊弗桑特的报告中抱怨说，瑞典人的这个堡垒是“天底下最严重的侮辱……他们把房子建造在距离我们的栅栏 12～13 英尺远的地方，我们都看不到那条小溪了”[22]。“大人，”另外一位官员写道，“我非常肯定，他（普林斯）把堡垒建在那里是要嘲笑我们的大人，而不是因为对他有利可图，因为我们房子旁边的空间足够修建 20 座这样的房子……”[23]现在，坐在曼哈顿的办公室里，施托伊弗桑特的脑海中清晰地浮现出他的南方领地的情景：地形平坦；河流平静；一艘艘战舰的桅杆上挂着的不是尼德兰联合省的橙、白、蓝三色旗[①]，而是瑞典的蓝黄十字旗；隐秘的水湾发出的声音应和着瑞典语的韵律，这是那群金头发的北欧人在和印第安人一边做实物交易，一边努力了解他们效忠的对象和商业策略。

施托伊弗桑特从一开始就知道，真正的威胁是英国人，而非瑞典人。荷兰军队已将从纽黑文殖民地偷偷潜入南方的英国移民赶走，并且想办法在斯库尔基尔河上立界标以宣示主权。对于荷兰人来说，终止英国人在该地区的活动是头等大事，他们关注的是水道，因为他们了解英国人当时还不知道的一点，那就是“南河”即特拉华河的源头不是在南面而是远在曼哈顿的北面，它向南蜿蜒而行 300 英里（它将成为未来新泽西州和宾夕法尼亚州的边界），最后流入特拉华湾。因此，如果英国人控制住了它，他们就可以压制曼哈顿，这块荷兰殖民地就会消亡。

不过，施托伊弗桑特也深知他们需要解决瑞典人的问题， 184
以免伤了他的殖民地的元气。正如他对马萨诸塞的约翰·温斯罗普所做的那样，他手头上肯定有他胖乎乎的新瑞典对手的全套档案。这三个人颇有几分共同点。他们都是专制的、是非观念坚定的新教徒。普林斯和施托伊弗桑特一样，都是牧师之子，准备担任牧师职位，但最后转而从军了。施托伊弗桑特也许已经听闻普林斯在战场上的败绩；无论如何，他开始规划行

---

① 1915 年，纽约采用了 17 世纪荷兰国旗的颜色以纪念该城市的起源。因此如今纽约大都会棒球队和尼克斯篮球队的球衣颜色与 350 年前在西班牙美洲大陆上搜刮战利品的荷兰私掠船的颜色诡异地相似。

动方案了，要将新瑞典扫进历史的垃圾桶中。最后，他要亲自到那个地区走一遭。不过，当时他只是发出了一捆接一捆的指示。他命令他的代表们尽其所能向特拉华族和明夸斯族买下土地。他要求修复那条河上的荷兰堡垒。他要求在这些堡垒中备足货物，因为明夸斯人曾抱怨他们带着毛皮远道而来，而荷兰贸易商的货物却供应短缺。这一点特别重要，他写道，因为瑞典给普林斯运送货物是不定时的。

还有一个问题：明夸斯族印第安人向他投诉，新阿姆斯特丹的主要贸易商霍弗特·卢克曼斯在对“南河”发动突然袭击时杀了他们的酋长。卢克曼斯对此予以否认，称他只是把这位酋长打了一顿。作为施托伊弗桑特的政治直觉盖过了加尔文教家庭对他的影响的例证之一，他指示他的官员到那条河去“仔细调查此事的真相及其造成的后果，如果你发现霍弗特·卢克曼斯有过错，那就把这件事情掩盖过去，这样我们就不会给印第安人生出新的不满的机会”[24]。然后，他兴高采烈地补充了一句，“非常感谢你给我送来鳗鱼”。

他的前门外正在发生的事情同样迫在眉睫。这座堡垒本身已是摇摇欲坠，需要从底部开始修复。除此之外，施托伊弗桑特告诉委员会，这个地方需要“一所学校、一间教堂、板桩、码头和类似的必不可少的公共设施和公用建筑”。在他看来，这一切基本上都得马上启动。他对这个地方有一份责任，除此之外，这里还是他的家，他在乎这个地方。如果要让它从危机四伏的局面中生存下来，那么，“这里，我们的首府”就必须变得强大起来。他让约翰内斯·拉·蒙塔尼继续担任他的委员

会成员，这位瓦隆医师曾经是基夫特政府的两名委员会成员之 185
一。拉·蒙塔尼认为，要开展这些项目就必须筹集资金，而这只有在殖民地居民都站在他这边时才有可能做到。而要做到这一点，唯一的办法就是让全体居民选出一个代表委员会，为他建言献策。施托伊弗桑特同意了。根据荷兰城市的风俗，居民们将从他们“最有名望、最通情达理、最值得敬仰、最杰出”[25]的人当中选出“两个九人组合”，然后施托伊弗桑特会从中选出“一个九人组合”任职。第一届委员会成员包括波希米亚人奥古斯丁·赫尔曼、荷兰贸易商霍弗特·卢克曼斯、英国烟农托马斯·霍尔，以及阿德里安·范·德·邓克的好友迈克尔·扬森（Michael Janszen），前者在新阿姆斯特丹时就是在他家过的夜。

范·德·邓克本人并没有在第一次的“两个九人组合”当中，但是这个选举方式能让我们知道他当时强大的人际关系网。这个委员会将成为这个殖民地政治变革的媒介，而且它变成了政府必不可少的一部分，它赢得了居民们的支持，也赢得了施托伊弗桑特本人的支持。考虑到范·德·邓克在这一时期协助施托伊弗桑特时一心一意、卑躬屈膝的姿态，我们难免要认为他是个工于心计的人。得益于他的婚姻，范·德·邓克如今已经精通英语，他自告奋勇地承担了一个新奇的任务。1647年9月，一个名叫安德鲁·福里斯特（Andrew Forrester）的苏格兰人挥舞着一大张羊皮纸，在荷兰人统治下的长岛诸镇——弗利辛恩（Vlissingen）［也就是后来的法拉盛（Flushing）］、海姆斯泰德（Heemsteede）、格雷夫森德和新阿默斯福特（New Amersfoort）走街串巷，这张羊皮纸上还有字迹和封蜡。[26]他对那些被吓了一跳的居民们称，根据这张羊皮纸上的内容，他被英王任命为整个地区的总督。最后，他抵达了新阿姆斯特丹，在暗自窃笑的人群面前，他要求施托伊弗桑特向他投降。“因此我将他收监并于次日在城市酒馆（City Tavern）用公费将他逮捕”，施托伊弗桑特后来向他的委员会如是解释道。

事态的变化着实令人摸不着头脑。“该如何处置这个假冒的总督？”施托伊弗桑特疑惑地询问委员会。此人是疯子，还是英国方面安排好的策略的一部分？如果是后者，他们就需要用适当、微妙的外交手段来处理此事。施托伊弗桑特接受了
186 范·德·邓克和另外两个会说英语的人的帮助，让他们着手调查。他们研究了那份委任状，审问了福里斯特，最后得出结论：此人是个傻里傻气的房地产代理人，他为一位英国贵族做事，这位英国贵族声称长岛及周边的土地归自己所有。在范·德·邓克和其他人的同意下，施托伊弗桑特决定将此人戴上镣铐并将其运回阿姆斯特丹，那里的政府官员会把这件事查个水落石出。

福里斯特案匪夷所思，但绝非孤例。北美大陆的殖民活动已经进行了很久，如今，它点燃了许多欧洲怪人的兴趣。有一类人对此尤其感兴趣，那就是家道中落的英国贵族。有人亲眼见到国王查理赐予巴尔的摩勋爵那张纸，有了那张纸，他就成了他在新大陆的私人领地的主人。这类人中的一些梦想着回到中世纪去，他们将美洲这块处女地视为一片能够令他们梦想成真的机会之地。但是，他们那堂吉诃德式的梦想是与历史的走向背道而驰的，那些梦想属于过去，属于骑士与窈窕淑女的和平年代，那时候他们的祖先们还是阔佬。费迪南多·戈杰斯（Ferdinando Gorges）爵士就是此类贵族中的一个，早在国王

詹姆斯统治时期，他确实曾获得北美洲的一大块封地。他本希望将这块封地分成中世纪式的领地并分配给他的至亲好友——这些人会在领地上修建城堡，召集侍从和皇室人员，喝蜂蜜酒，大搞排场，互相攀比——但戈杰斯还未踏上新大陆的土地就死了。他的梦想在英国内战的混乱中消逝，属于他的那一大片土地最终变成了缅因州。[200 年后，美国政府在本国内战期间，在波特兰港的一个岛上修建了一座军事设施，有人突发奇想用戈杰斯的名字为其命名，以向这位无意间建立了这个州的古怪梦想家致敬，所以这座军事设施依然叫作“戈杰斯堡”(Fort Gorges)。]

在福里斯特出现之后不久，又有一个来自不列颠群岛的怪人在新阿姆斯特丹的海滨高声叫喊，同样宣称自己是这片土地的所有者。实际上，这是艾德蒙·普洛登爵士（Sir Edmund Plowden）第二次到访，在基夫特任期内，他也曾挥舞着一份有爱尔兰副将签名的文件现身，称这位副将授予他从长岛往西直到哈德逊河另一边的土地，包括今天的整个新泽西州以及特拉华州和马里兰州的一部分。[27]普洛登已经全都设计好了。整个王国将被称为“新阿尔比恩”（New Albion）①，而他，这里的主人，将被称为“新阿尔比恩的巴拉丁伯爵”，长岛今后将被称为“普洛登岛”。新阿姆斯特丹堡显然又传讯了他，范·德·邓克似乎又负责审讯。普洛登宣称，在他抵达新阿姆斯特丹前，他已经去过新瑞典，通知那里的总督关于他的土地所有权的事情，那边对待他的方式令其十分恼火。施托伊弗桑特如今似乎已经习惯了这套规定程序，他大概也唯一一次和约翰·

① 英格兰或不列颠的雅称。——译者注

普林斯有了同感，直接叫普洛登离开这个殖民地。回到英格兰后，普洛登出版了一本名叫《新阿尔比恩省记述》的小书，他用的笔名也很令人目眩，叫“金雀花王朝的博尚”（Beauchamp Plantagenet）。在这本书里，他赞颂了那个新王国，特别是巴拉丁伯爵本人的美好。最后他落入了债务人监狱。①

还有一位鲁莽的狂人，在1647年末福里斯特事件时期获得了悲惨的结局——范·德·邓克也许协助施托伊弗桑特促成了这出悲剧。[28]哈门·范·登·博加特，这位曾经的理发师-外科医师13年前大胆前往西部，深入易洛魁领地，自那以后，他就成了这个殖民地的积极分子。他已经结婚，还是四个孩子的父亲，还入股一艘名叫“拉·加尔斯号”（La Garce）的私掠船，后来他跟着这艘船一路劫掠到加勒比海，然后成了西印度公司的供给管事，先后在新阿姆斯特丹和奥兰治堡做事。他还和车轮修造工克拉斯·斯维茨的谋杀案有瓜葛，他显然和被害者有关联。

除了这一切之外，范·登·博加特还有一个秘密，他对此

① 普洛登事件不会就此结束，它会不停上演，仿佛美国殖民地历史上滑稽的次要情节。1784年，在美国独立战争进入尾声、时局一片混乱时，一位名叫查尔斯·瓦洛（Charles Varlo）的英国人出现在这个新国家，手里还挥舞着他不知怎么买到的普洛登的特许状。瓦洛给很多美国人发了传单，这些传单中列举了他对他们刚刚赢来的一大块土地的权利，而且他显然在好几个地方“对‘新阿尔比恩’的人民”发表了演说。我们完全可以想象到，当他抵达被认为是“新阿尔比恩”所在的马里兰州圣玛丽的时候，他有多么惊讶。在那里，他找到了一个名叫艾德蒙·普洛登的人——原来的艾德蒙·普洛登的后人，延续了他的祖先的梦想，来到“新大陆”认领他的巴拉丁领地。这位普洛登定居于马里兰州一处名叫“布什伍德”（Bushwood）的庄园中，普洛登家族很多代人都一直在那里生活。查尔斯·瓦洛回到英国后出版了他的回忆录，将其命名为《流动的自然观》。

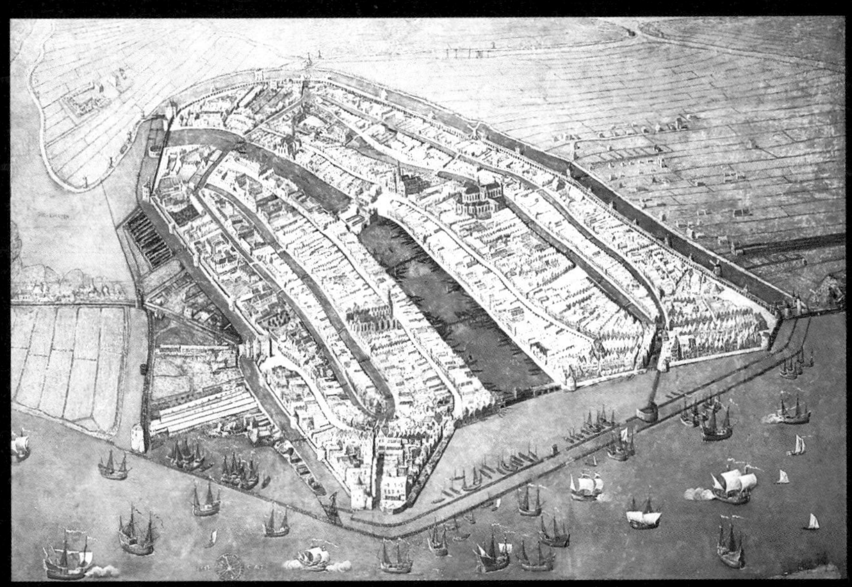

共同孕育了纽约的“母”城：上图展现的是大约 1616 年的伦敦；下图是 16 世纪的阿姆斯特丹。（*Library of Congress; Amsterdams Historisch Museum*）

亨利·哈德逊
（*New York Public Library Picture Collection*）

约翰·法雷的“弗吉尼亚”地图，它展示了当时的人们对北美的印象，这种印象在哈德逊航行数年后仍然普遍存在。此图中的方向是南在左，北在右。沿着最右边（北部）的哈德逊河向上行驶，冒险者会到达“中国海和印度群岛”。（*Library of Congress*）

Recepi 7 novem. 1626

'tHooghe Moghende Heeren

Hier is gisteren 't schip 't Wapen van Amsterdam aengecomen ende is den 23 septemb. uyt Nieu Nederlant gezeylt uyt de Rivier Mauritius. rapporteren dat ons volck daer kloeck is en vredich leven. hare vrouwen hebben oock kinderen aldaer gebaert, hebben t'eylant Manhattes van de wilde gekocht, voor de waerde van 60 guld. is groot 11000 morgen. hebben alle koren half mey gezaeyt, ende half augusto gemaeyt. daer van zyndende monsterkens van zomerkoren, als tarwe, rogge, garst, haver, boeckweyt, knariezaet, boontjes en vlas.

Het Cargasoen van t'vz schip is

7246 bevers vellen
178½ otters vellen
675. otters vellen
48. mincke vellen
36. Catlossen vellen
33 mincken
34 Ratte vellekens.

Veel eycken balcken en note-hout.

Hiermede

Hooge Mogende Heeren, zyt den Almogende in genade bevolen.

In Amsterdam den 5en novem ao 1626.

Uwe Hoo: Moo: Dienstwillighe

P. Schaghen

荷兰政府官员彼得·沙根在1626年写给他上司的信，信中提及殖民者“以价值60荷兰盾的物品从印第安人手中买下了曼哈顿岛”。（*National Archives, The Hague*） t' Fort nieuw Amsterdam op de Manhatans

荷属曼哈顿最初的景象，时间大概是在彼得·米努伊特买下曼哈顿之后两年。这幅图描绘了堡垒、风车、一组房屋和被视为寻常存在的印第安人。（*New York State Library*）

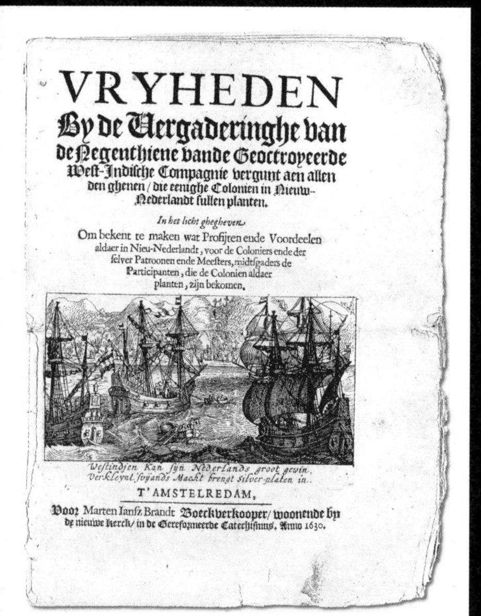

VRYHEDEN
By de Vergaderinghe van de Negenthiene vande Geoctroyeerde West-Indische Compagnie vergunt aen allen den ghenen / die eenighe Colonien in Nieuw-Nederlandt sullen planten.

In het licht ghegheven

Om bekent te maken wat Profijten ende Voordeelen aldaer in Nieu-Nederlandt, voor de Coloniers ende der selver Patroonen ende Meesters, midtsgaders de Participanten, die de Colonien aldaer planten, zijn bekomen.

Westindjen Kan syn Nederlands groot gewin.
Verkleynt syands Macht brengt silver-platen in.

T'AMSTELREDAM,

Voor Marten Iansz Brandt Boeckverkooper/ woonende by de nieuwe kerck/ in de Gereformeerde Catechismus. Anno 1630.

1630 年，西印度公司出版了这本小册子，为新尼德兰殖民地的殖民者打广告，将他们的行动描述为一场盛大且有利可图的冒险活动。（*National Library of the Netherlands*）

17 世纪的莱顿大学

许霍·德赫罗特，即胡果·格劳秀斯，国际法之父，也是阿德里安·范·德·邓克那一代法学生的指引者。（*Collection of the Historical Museum, Rotterdam, on loan from the Van der Mandele Foundation*）

荷兰冒险家大卫·彼得斯·德·弗里斯，他努力说服威廉·基夫特取消对曼哈顿地区的印第安人发动战争的灾难性计划。（*New York State Library*）

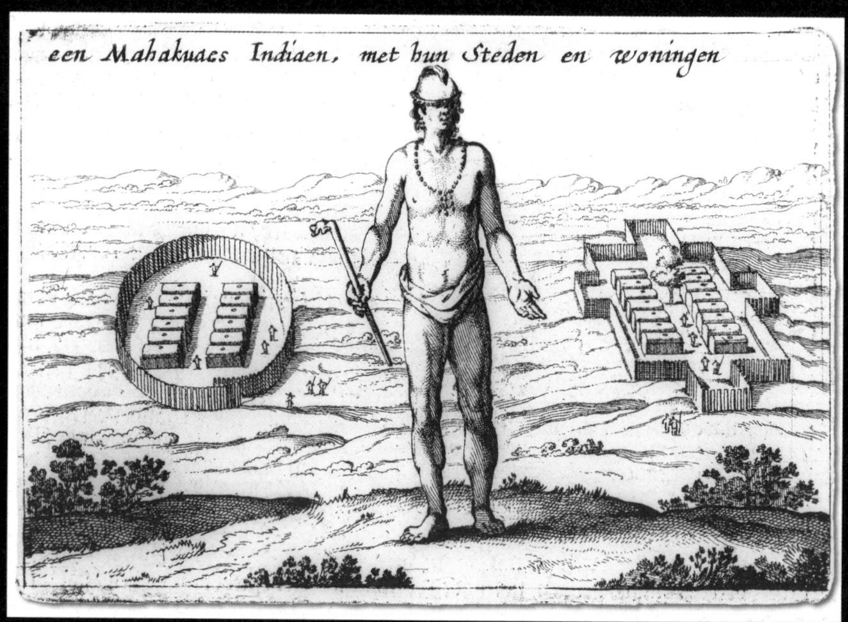

een Mahakuaes Indiaen, met hun Steden en woningen

荷兰人对莫霍克印第安人和莫霍克长屋的描绘，画中的情形可以追溯到范·德·邓克在莫霍克部落中穿梭的时期。

彼得·施托伊弗桑特（*New York Public Library Picture Collection*）

对于一个被历史彻底忽视的人物来说，阿德里安·范·德·邓克的形象现已成为一个有争议的问题。华盛顿国家美术馆已经查明，在20世纪初期，这幅画在两个艺术品经销商处经手过，而这两个经销商正是因伪造一些艺术品的出处而为人们所知，因此此人是不是范·德·邓克，我们目前无法确定。（*National Gallery of Art*）

格拉尔德·特鲍赫画的阿德里安·保乌进入大教堂，进行1648年历史性和平谈判的场景。（*Stadtmuseum Münster*）

阿姆斯特丹水坝广场，大约就在那时，范·德·邓克抵达荷兰共和国，报告曼哈顿殖民地的居民情况。（Amsterdams Historisch Museum）

“扬松－菲斯海尔地图”，范·德·邓克于1650年前后在荷兰共和国印制。该图在一个多世纪的时间里一直是美洲东北部的精确地图，在其影响下，许多荷兰语地名能够在美洲许多地方留下印记。（*Collection of Joep de Koning*）

范·德·邓克向荷兰政府展示的新阿姆斯特丹的阴郁景象，他想说服后者接管这个殖民地。（Photographic Archive of the Austrian National Library,Vienna）

BESCHRYVINGE

Van

NIEUVV-NEDERLANT.

(Ghelijck het tegenwoordigh in Staet is)

Begrijpende de Nature, Aert, gelegentheyt en vruchtbaerheyt van het selve Lant; mitsgaders de proffijtelijcke ende gewenste toevallen, die aldaer tot onderhout der Menschen, (soo uyt haer selven als van buyten ingebracht) gevonden worden.

ALS MEDE

De maniere en onghemeyne eygenschappen vande Wilden ofte Naturellen vanden Lande.

Ende

Een bysonder verhael vanden wonderlijcken Aert ende het Weesen der BEVERS,

DAER NOCH BY GEVOEGHT IS

Een Discours over de gelegentheyt van Nieuw Nederlandt, tusschen een Nederlandts Patriot, ende een Nieuw Nederlander.

Beschreven door

ADRIAEN vander DONCK,

Beyder Rechten Doctoor, die teghenwoordigh noch in Nieuw Nederlant is.

t'AEMSTELDAM,

By Evert Nieuwenhof, Boeck-verkooper/ woonende op 't Ruslandt in 't Schrijf-boeck/ Anno 1655.

《新尼德兰记述》一书的扉页，这本书是阿德里安·范·德·邓克在背井离乡的情况下写成的，其中倾注了他对第二故乡的热情。（New York State Library）

这幅以较早期图像为基础的印刷品以更加明亮的视角展现了这座前景光明的城市，范·德·邓克将其出版以鼓励移民者们移居到此地来。（Collection of Joep de Koning）

A Representation of the Battell fought betweene the English Fleet, commanded by his H. Prince Rupert and George Duke of

第二次英荷战争期间，英国舰船和荷兰舰船排成“战列线”。（*National Maritime Museum, London*）

这幅重制的 1660 年“新阿姆斯特丹”平面图是范·德·邓克前去劝说荷兰政府时使用并最终产生直接影响的图像证据。在他成功使曼哈顿有了市政府的七年后，这幅平面图展示出一座井井有条的，有着规整街道和地块、防御工事以及一门大炮的城镇。多亏了当时开展的一次人口普查，我们才得以知道这 342 座建筑物的居住者分别是谁。北部（平面图右方）边缘的那道墙（wall）最终成为“华尔街”（Wall Street）的名称来源，通往北面的那条宽阔（broad）大道则成了“百老汇”（Broadway）。令人难以置信的是，这幅平面图是在 20 世纪初期佛罗伦萨一处美第奇宫殿中被发现的。（*Collection of the New-York Historical Society*）

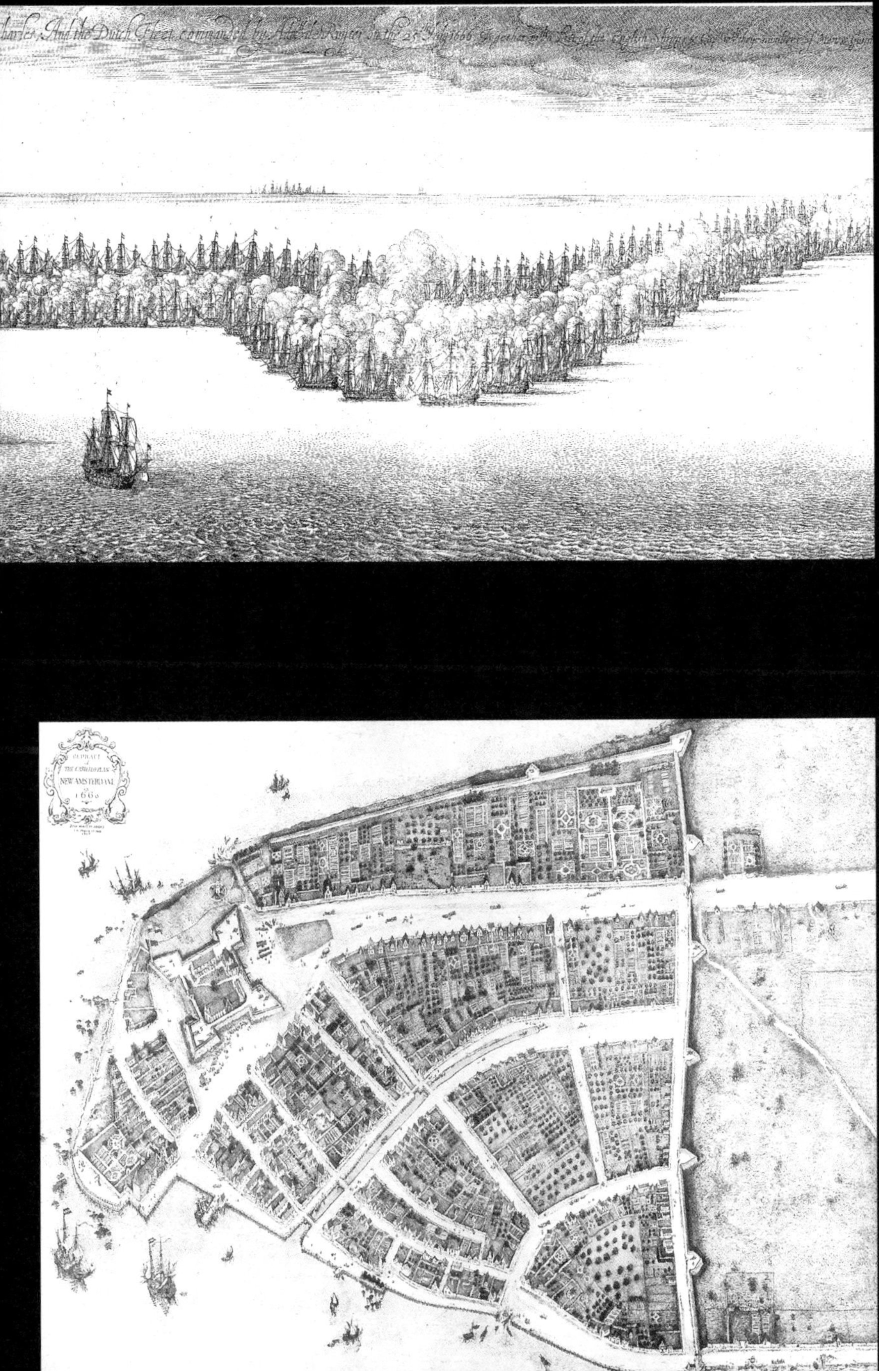

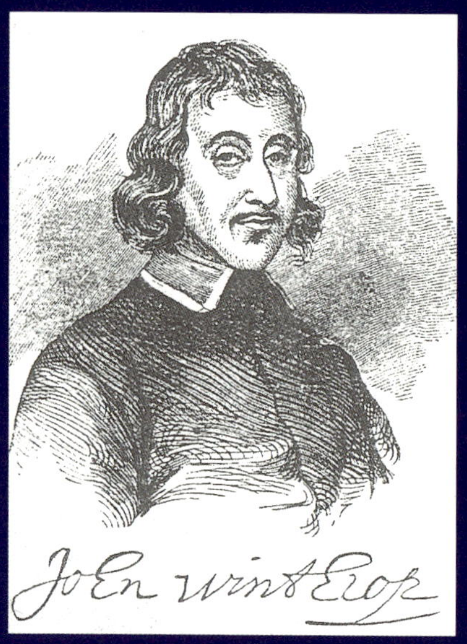

小约翰·温斯罗普（John Winthrop Jr.），这位康涅狄格殖民地的总督野心勃勃，施托伊弗桑特上当受骗了，还视他为自己的朋友。

约克公爵詹姆斯，纽约因其而得名。（*National Maritime Museum*，*London*）

17 世纪，一幅扬·吕肯雕刻的描绘荷兰“bass”（或称“老板”，在这幅作品中是一名锡匠）和他年轻学徒的版画。美式英语中的“boss”一词就是在荷属曼哈顿创造出来的，这只是这个殖民地对这个国家产生的大大小小的影响中的一例。

此图展示了 1673 年的纽约，当时荷兰军队从英国人手中夺回了这座城市。如图所示，街道上有许多士兵，堡垒中的大炮蓄势待发。图右方远处是一道类似栅栏的“墙”（wall），“华尔街”因此得名。（*Library of Congress*）

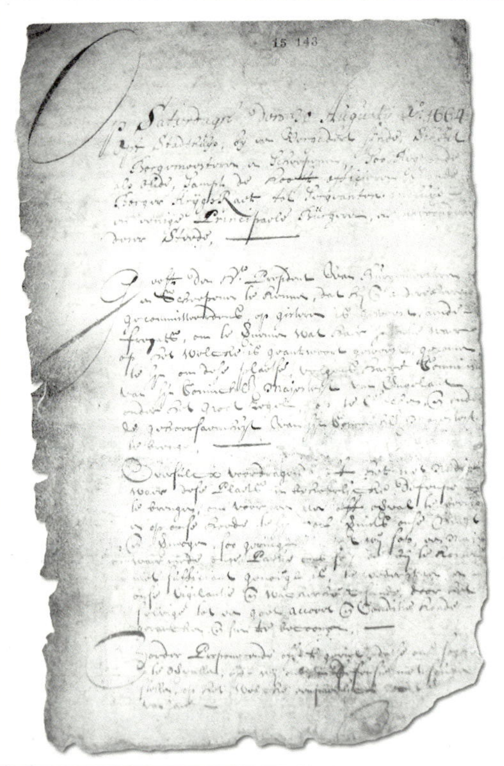

12000 页的以曼哈顿为中心的荷兰殖民地手稿记录之一，尽管这些手稿在数个世纪中一直为人们所忽视，但是它们依然得以被保存，如今正在被翻译且即将面世。这份尚未被翻译出版的文档写于 1664 年 8 月 30 日，撰写者是新阿姆斯特丹的领导人，当时多艘英国护卫舰正在港口中摆开阵势，所以他们在争论是战是降。

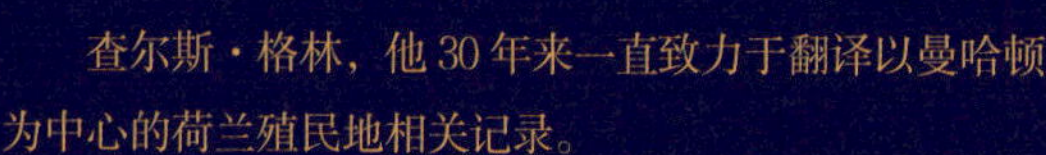

查尔斯·格林，他 30 年来一直致力于翻译以曼哈顿为中心的荷兰殖民地相关记录。

一直守口如瓶，因为如果这件事情被别人发现，肯定会给他招致杀身之祸。他喜欢男人。

在这个以加尔文教为主的荷兰殖民地和清教徒统治的英国
殖民地一样，同性恋等同于谋杀的罪行。范·登·博加特觉得 188
他在他年轻的黑用人托拜厄斯（Tobias）身上找到了隐秘的宣泄途径；托拜厄斯对这段关系做何感想，我们不得而知，不过，这两个人不知怎么搞的，还是被抓了个现行。范·登·博加特逃走了。不过，在 1647 年的新尼德兰，他几乎无处藏身。你甚至在人群中都无所遁形——所有人都认识对方。他也许曾经试过把自己藏在要离港的船上，但是一旦被发现，他就会被载回来接受惩罚。于是，他转而回到了一个他知道但很少有其他欧洲人去过的地方——莫霍克人的领地，重走他的老路。现在是秋天，不是冬天，所以行路应该会没那么困难，但这次他是孤身一人在没有向导的情况下穿越几十英里的原始林地。

他到了多年前曾帮助过他的一个村庄，大概得到了当地居民的欢迎。与此同时，从范·德·邓克手中接过独立封地伦斯勒斯维克治安官一职的尼古拉斯·库恩（Nicolaes Coorn）进行了一些夏洛克·福尔摩斯式的推理，他派出了一个名叫汉斯·福斯（Hans Vos）① 的樵夫前往西部的同一片森林，这也许是美洲最早的赏金猎人探险之旅。[29]接下来发生的一连串事情是 200 年“狂野西部”场景的预演，福斯在一间易洛魁人储藏粮食的长屋里把范·登·博加特逼得走投无路，枪战开始了。范·登·博加特，曾经的殖民地英雄，如今却因性取向

① 这个荷兰殖民地的世界很小，福斯后来需要法律援助，还聘请范·德·邓克作为他的代表。

而被击倒，为了转移对方的注意力，他尝试放火烧了那个地方。无论如何，福斯抓到了人，把他带回了奥兰治堡。然后，库恩给施托伊弗桑特写了封信，告知此事并询问应当如何处置此人。

施托伊弗桑特回信称他本人将出席范·登·博加特的审判会，但是要到春天才能成行，到时，河北端的冰已经消融，船只就能够通行。然而，在那之前，范·登·博加特确信施托伊弗桑特的判决会对自己不利，绝望中他只好孤注一掷，从堡垒的牢里逃了出来。当他跑过结冰的河面时，他掉到了一个冰窟里淹死了。[30]

这位理发师－外科医师出身的探险家的生命就此终结，但
189 是这件事情并未结束。没过多久，事情峰回路转——莫霍克人此时似乎已经对欧洲人的做事方式了然于心，他们派了一个代表团前往曼哈顿提起控诉，要求西印度公司赔偿他们的建筑以及其中储藏的物资遭受的损失。在这件事的决议上，施托伊弗桑特也许征求过阿德里安·范·德·邓克的意见，后者比殖民地的任何一个人都更了解莫霍克人和他们申诉冤情的方式。施托伊弗桑特裁定印第安人有理，并下令将范·登·博加特在曼哈顿的财产出售，并用所得的钱偿还他认可的西印度公司欠印第安人的债。

大约与此同一时间，范·德·邓克似乎还协助施托伊弗桑特处理了另一件事情，这件事情对施托伊弗桑特的领导地位和整个殖民地都至关重要。除了来自英国人、瑞典人和印第安人的威胁，半私有化的领地伦斯勒斯维克还有不服从管理的人。基利安·范·伦斯勒去世后，这片土地如今归这位钻石商的儿子所有。1648 年 3 月，新任总督走马上任，开始经营这个地

方。施托伊弗桑特很不走运，59 岁的布兰特·范·斯里赫腾霍斯特是一位直率且经验丰富的荷兰共和国行政官员，他的勇气和决心与施托伊弗桑特几乎不相上下。他认为范·伦斯勒从西印度公司得到的那份特许状仿佛能让他回归艾德蒙·普洛登之流梦寐以求的中世纪的光辉岁月，给予他几乎可以独裁的权力。施托伊弗桑特对此的解读却完全不同：根据他获得的委任状，他有责任管辖整个新尼德兰殖民地，其中包括伦斯勒斯维克的领地。这是一场政治管辖权之争，范·斯里赫腾霍斯特刚上任几周就把这个问题摆上了台面。

施托伊弗桑特送了一份看似无关痛痒的公告到伦斯勒斯维克去，这份公告宣布 5 月的第一个周三为全殖民地公众斋戒、感恩的日子，所有荷兰社区的领导人在风暴、大火、敌人入侵或严冬之后都会抽出一天，正式感谢全能的神帮助居民们渡过难关。但是，当这份公告在伦斯勒斯维克的教堂礼拜仪式期间分发出去的时候，范·斯里赫腾霍斯特看出了其中的象征意义，他认为这是对他权威地位的一种侵犯。他跺着脚走回他的总部，发出了一串连珠炮般的抗议。

施托伊弗桑特也了解权力象征的重要性，也知道自己需要
为这些象征撑腰。他随即在一整支军队的护送下，从新阿姆斯 190
特丹扬帆起航。数日后，西印度公司的单桅帆船就驶进了伦斯勒斯维克。范·斯里赫腾霍斯特鸣放该领地的礼炮对其表示欢迎，但是当他们见面的时候，施托伊弗桑特命令他退职并服从荷兰殖民地的更高权威。范·斯里赫腾霍斯特厉声答道："你的抗议是不正当的，我更有理由代表我的大庄园主向你表示抗议。"[31]

这只是此二人之间激烈的领地争夺战的开始，其所导致的

一个重要结果就是奥尔巴尼市的建立。更重要的是，我们能看到施托伊弗桑特和范·德·邓克的下一步动作，后者似乎陪施托伊弗桑特一起走了这一趟。施托伊弗桑特需要借鉴他的经验，这是很自然的事情。范·德·邓克到此最初三年曾担任伦斯勒斯维克的治安官，他了解这块封地和西印度公司的奥兰治堡的政治局势和风格。而且，伦斯勒斯维克的法庭记录显示，在消失了很长一段时间后，阿德里安·范·德·邓克于1648年7月再次出现在该封地的法庭上——这正是彼得·施托伊弗桑特北上的时间。[32]

于是，一副清晰的画面浮现在我们面前，在画面中我们能看到这位行为端正、满腔热情、崇尚武力的38岁殖民地领导人充满干劲，极富创造力地着手控制其领地并捍卫它的地位。在评价他身边的人的时候，他开始越来越依赖这位年方30，熟知法律、这片土地、原住民而且尽心竭力为他办事的律师。

12月到了。一年中的最后一天即将到来，港口边无时不在的风变得冰冷，新阿姆斯特丹的居民们要选择九人代表委员会的换届人选了。范·德·邓克在这个社区精心经营的政治活动有了回报——他被选为候选代表之一。在从这一组人中选择一半人的时候，施托伊弗桑特选中这个曾经这样为他服务的年轻人也就是意料中之事了。在这个委员会的首次会议上，已经和其中几个人一起做过许多幕后工作的范·德·邓克在代表们和总督眼前脱颖而出。其他人让他担任他们的领袖并给他安了一个头衔——“平民主席”。在一小段时间内——短短数日内——施托伊弗桑特确实感到心满意足。他肯定认为，只要众人携手，他们就能办成大事。

第十章　人民的捍卫者

1647 年 9 月 28 日，太阳升起，威尔士海岸边粗糙的石灰 191
岩海岬曼布尔斯角（Mumbles Point）处的海水泛着钢铁般的颜色，阳光在水面上跳动，映出了一个孤单的身影，他奄奄一息地紧抓着一块圆木头。整个早晨直到下午，这个人都在海浪中漂浮，直到最后，海浪将他抛到距离岸边 2 英里的一片沙洲上。慢慢苏醒过来之后，他说出了更多信息：这里还有其他人，也是被暴风雨甩到岸上来的。他们一起用残骸碎片造出了一个救生筏，挣扎着划到了岸上。

在那里，科内利斯·梅林发现他的朋友、彼得·施托伊弗桑特法庭监狱里的狱友约赫姆·奎伊特也还活着。当“艾美莉亚公主号”被击碎的时候，奎伊特在船尾，一大块船体脱落了下来，漂浮在海面上，托着他，漂向那些正在岸上捡破烂的威尔士人。[1]107 名乘客和船员中总共有 21 人在这次海难中活了下来。基夫特死了，博加德斯牧师死了，被施托伊弗桑特送回尼德兰的大部分西印度公司士兵也都死了。

然而，没在海里淹死只是从命运掌控中传奇逃亡的第一个篇章。这两个荷兰人想办法讨到了漂浮的货物残骸中的一些海狸皮，他们在附近的城镇——可能是斯旺西——把这些海狸皮卖掉了。然后他们用这些钱穿过覆满车辙，在英国内战中变得伤痕累累的乡村，取道布里斯托，然后在大约三周后抵达伦敦。

在我们看来，17 世纪似乎是古代和现代的奇异组合。一方面，当时没有帮助船难受害者们生存的基础设施，无论是在陆地上还是与海浪搏斗，你都得为生存而战。但另一方面，今
192 天我们觉得十分常见的一些机构当时已开始运作了。当形形色色的“艾美莉亚公主号”船难幸存者踉踉跄跄地进入伦敦时，保险公司已经排队等着处理索赔，已经有人提起诉讼，公诉人拿起了他们的鹅毛笔，把它们放到黑色铁胆墨水瓶中蘸一蘸，记下幸存者和目击证人的证词。这些来来回回的诉讼和索赔要过好几年才能结束。

梅林和奎伊特希望能在伦敦找到任职多年的荷兰大使阿尔伯特·约阿希米，让他帮助他们回家，但是大使当时正在荷兰。这场战争令外交关系变得错综复杂：国王查理被捕入狱，欧洲各国都还未承认英国议会成立的新政府。这两个愤愤不平的新大陆公民在英格兰受了几个月的折磨才终于有机会回到荷兰，当他们抵达荷兰时已是年底。但是，这场灾难并没有削弱他们当中任何一个人的决心，这场海难及其结果——基夫特溺亡，而他们二人都死里逃生——只会令他们更加坚信他们为之奋斗的事业是正义的。在接下来的岁月中，他们甚至会告诉人们这样一个故事，他们当中的一个人曾经见到在波涛中即将没顶的基夫特，这位前任领导人在临终时承认他对殖民地管理不当，而且不应该反对他们的意见，并请求他们的原谅。这种话虽然法官不会买账，但说明了在“艾美莉亚公主号”失事后，这两个曼哈顿人感觉自己有多么无辜、多么正义，也为重获新生和新目标而倍感振奋。

从新阿姆斯特丹海滨的城市酒馆走到岛屿南端的阿姆斯特

丹堡只有两分钟左右的路程。这段路让人感觉很惬意：走出酒馆——人们经常在这里做交易，所以它现在已经变成了许多商人和交易者的半官方总部——你会发现自己恰好就在“东河”岸上，望向停泊的船只和对面布鲁克林村里的农庄。向右转，朝南面走去，你的左手边是河，右手边是一排带山形墙的房舍。走过运河上的小桥，沿着小桥尽头的狭窄小巷——这条小巷的名字起得好，就叫“大桥街”（Bridge Street）——继续向前走，矗立在你面前的就是破旧的阿姆斯特丹堡，这座城镇的 193
心脏。1649 年 1 月初，有人走过这段平淡无奇的路，给总督施托伊弗桑特送了一封信。[2]这封信来自该殖民地新成立的人民代表大会，而且从此以后，这个组织将和代表西印度公司的施托伊弗桑特的委员会区分开来。新阿姆斯特丹的人民和周边城镇把这个大会称为“九人委员会”（Board of Nine）①。这位总督被告知，委员会想送一名或多名代表前往海牙，请求荷兰政府接管本殖民地。

这个请求——无异于要求他同意自己的势力被他人削弱——激怒了施托伊弗桑特，肯定也让他摸不着头脑。实际上，他曾在委员会成立第一年对其所做的许多事情表示嘉许。这些成员认真履行了他们作为人民代表的职责，并且发挥了很大的作用。当居民们向他们投诉商人们给面包和酒改价时，委员会曾请求施托伊弗桑特制止这种行为，他照办了。然后，他们越来越大胆了，在他面前提出了一系列的措施，称这些措施能改善经济。他曾为这样的冒犯之举而稍微呵斥过他们，后

---

① 从官方来讲，这个委员会代表新阿姆斯特丹村、布鲁克林村（Breuckelen）（也就是后来的布鲁克林）、新阿默斯福特村（未来的布鲁克林的平原地区）和 帕法尼亚（即新泽西州的泽西市）的居民。

来，他转念一想，决定“更加仔细地考虑并审议这九位民选行政委员，我们亲爱的好子民所写的请求和谏书”[3]，并且按照他们的建议做了改变。可如今，这些人的尾巴翘上了天。他的忠实门客范·德·邓克如今是这个委员会的负责人，这么看来，事情似乎就更蹊跷了。

当时，他没有多少时间细想这件事情。还有另一件乍看之下似乎八竿子打不着的事情悬而未决。施托伊弗桑特得安排一场庆祝活动，纪念上一年度在欧洲发生的一件事情。1648 年，在德国的明斯特市（Münster），来自欧洲各国的代表们进行了多轮谈判，最终，西班牙与荷兰共和国签订了和约。八年战争正式结束了。这件大事甚至在曼哈顿岛也产生了回响。毕竟，西印度公司殖民地的建立初衷就是为了这场
194 战争。多年前，曼哈顿在尼德兰的军事战略家们眼中是对往来于南美和加勒比海的西班牙舰船发动突袭的集结区，就像威廉·布劳维尔特做的那样。如今，这一切都已成了往事。阿姆斯特丹的西印度公司董事们得重新思考他们在北美的领地的地位和未来了。

实际上，《明斯特和约》和九人委员会的请愿书是相互联系的。二者都是历史的力量给彼得·施托伊弗桑特肚腩的一记肘击，催促他面向未来，面向这个殖民的新愿景。他要学着适应那个和约。但是他选择忽略这份请愿书，称他首先必须通知几个英国人村庄中的居民，这些村庄从基夫特统治时就存在，而且一直是忠诚于荷兰殖民地的组成部分。然后他就把请愿事宜搁到一边了。

但是委员会没有这么做。在城市酒馆，阿德里安·范·德·邓克正忙着跟所有人打招呼，并与他们共同密谋。这些人

当中有船长、毛皮贸易商、面包师、酿酒商，他们都对该殖民地的未来很感兴趣，而且他们都有话要说。自从基夫特和印第安人的战争结束之后，尼德兰的商人们又重新参与到曼哈顿的事务中来。与世界上最强大的贸易强国联系紧密的新阿姆斯特丹贸易商是地球上最老谋深算的一群人。范·德·邓克和他的委员会同僚们与他们见面并听他们说明维持贸易稳定的必需条件。他将他们的谈话成果记录下来，并计算出每年有 8 万块海狸皮经曼哈顿运往欧洲的毛皮市场。[4]由于毛皮贸易对该殖民地的重要性，他本人已经变成了海狸专家。他养过这种动物，研究过它们的生命周期，阅读过古罗马专家们写的所有关于海狸的资料。[因为罗马博物学家普林尼（Pliny）和其他专家的著作，欧洲人对海狸有一些错误认识，尤其是他们相信海狸睾丸具有神奇的力量。后来，他把消除欧洲人的这种错误认识视为己任。“这些人，”在谈到这些用拉丁语写作的人时，他信心满满地总结道，“全都没见过海狸。”[5]]

与此同时，按照范·德·邓克的说法，他意识到海狸贸易只是“欧洲人移居这个美丽的地方的最初的殖民手段”[6]。烟草同样是举足轻重的商品，而且前景光明。阿姆斯特丹已经是欧洲的烟草之都；加上荷兰航运和贸易做法在节省成本方面很有一套（他们是批发购买的先行者），因此，弗吉尼亚的英国
烟农都要依赖曼哈顿这个航运中心。[7]风靡世界几个世纪的烟草 195
贸易此时还处于起步阶段，即使是在这么早的阶段，荷兰人也已经深谙营销之道，就连菲利普·莫里斯（Philip Morris）、宝洁或者菲多利（Frito-Lay）这样的大公司也会钦佩他们的营销才能。他们将弗吉尼亚生产的优质烟草和产自曼哈顿、品质较低的烟草和荷兰种植的烟草混到一起，创造出了各种各样的调

制烟草，以适应多种口味和价位，还添加各种口味（薰衣草、肉豆蔻、迷迭香、芫荽、荔枝螺、醋），而且特别注意包装。[8]当时甚至还有一种烟草主题的广告，以通俗静物画形式呈现。①

英格兰动荡的局面只会令弗吉尼亚对曼哈顿这个航运中心更加依赖。上一年，英格兰看似要阻止其北美殖民地使用外国航运商，当时，弗吉尼亚的管理机构嘲笑他们自己的航运商价格太高，而且宣称曼哈顿在弗吉尼亚的经济生存中扮演着极其重要的角色。[9]最近，在发掘詹姆斯敦殖民地时，人们发现了代尔夫特陶器②、荷兰钱币和烟斗，还有荷兰航运商运来的中国陶瓷——这一切都表明弗吉尼亚很依赖曼哈顿和荷兰共和国的力量。当时的荷兰共和国不仅是世界上首屈一指的航运业大国，而且还是最大的商品制造国。

这一切都证明了一点——按照美国历史上的描述，曼哈顿是在被英国接管之后才变成了一个成功的商业中心——但是事实上，在 17 世纪 40 年代末，新阿姆斯特丹市就已经开始崛起为北美航运枢纽。[10]而且，当时——从 1649 年 1 月 1 日开始，当范·德·邓克成为九人委员会之一时——他就开始郑重其事地组织那些令这个港口能够顺利运转的商人了。

与此同时，他和他的妻子正要开始一项任务，那就是在河边开发他们巨大的种植园，这个种植园距离曼哈顿岛的北岸只有一箭之遥。范·德·邓克给他的种植园起了一个和他偌大的梦想很相称的名字“Colen Donck”，也就是“范·德·

① 尼德兰如今依然以烟草行家的身份闻名于世，而且，荷兰有一个重要的香烟品牌就叫“彼得·施托伊弗桑特”，这并不完全是种巧合。

② 产自荷兰。——译者注

邓克的殖民地”（Van der Donck’s Colony）的精简形式。他已经拟订了计划：他知道他想种植什么农作物；他列出了需要招募人手的工作和他想从家乡招聘的各类工人。考古证据表明，他和玛丽可能已经在南端一个长长的平坦开阔地选了一个地方作为他们的家，这块地是进行大规模农业生产的理想地点。1910 年，纽约市的工人们在挖掘今天的布朗克斯区的 196
沟渠时偶然发现了一处 17 世纪农舍的地基。这一地区 1667 年的地图显示，有一座标记为“范·邓克宅”（Van Dunks）的房子。这个地点的唯一一次考古发掘是在 1990 年，当时，虽然考古学家发现这个地点的完整性已经被沟渠破坏了，导致他们无法从中获得进一步的信息，但下水道挖掘工找到了荷兰砖块（这种砖比美国或英国标准的砖块狭长，而且是黄色的）、代尔夫特陶器的碎片、梳子、镜子、铅制的窗框、烟筒杆，甚至贝壳串珠。把这些东西和这一地区早期的地图放到一起来看，这一切都支持了一种猜想：这里就是阿德里安·范·德·邓克决定追求他的美洲梦的地方。[11]如果这里确实是范·德·邓克家的所在地，那么这里的名字就很恰如其分了：今天，这个地区就是布朗克斯区的范·科特兰公园（Van Cortlandt Park），这片宽阔的、杂草丛生的地带被分成了各种比赛场地，孟加拉裔和圭亚那裔板球队员、爱尔兰裔棒球投手和日裔垒球队员们都在这里比赛，他们肯定都不曾听说过这个曾经管辖这个地区，并且帮助纽约市成为一个多元文化飞地的人。

这个地方大有可为。这里的土壤肥沃，从维阔斯盖克印第安人手里买下这片土地所有权的范·德·邓克应该是从他们那里发现了这一点——他们当时在这里还留下了一个村庄，在范·德·邓克管辖时期这个村庄可能依然存在。[1] 一条长长的小溪从这片农田边缓缓流过，绕着这座宅邸，蜿蜒流入那个将曼哈顿和大陆分开的小湾。这里会因潮汐而形成危险的漩涡，所以荷兰人将这个小湾命名为“Spuyten Duyvil”，意为“恶魔壶口”。乘坐单桅小帆船，甚至从印第安人那里买来的独木舟[2]，顺着这个壶口航行，这位九人委员会的领导人期待着数以百万的人会来到曼哈顿，他应该曾经进入哈莱姆河（Harlem River），然后顺着潮水，沿着这座岛的岸边向南边驶去，然后在城市酒馆前面的小码头边靠岸。

197 1649 年 1 月的一天，也是在这条海岸线边，镇上躁动不安的居民们自发聚集在这里，等着看惊喜的一幕：一艘载着鬼魂的船划向了码头。人们并没有大吃一惊——科内利斯·梅林已经从布里斯托给他的同胞们写了信，告诉他们他和奎伊特还活着——但是，看到这个人活生生地出现还是比听说他们还活着而基夫特已经死去的事实更加强了人们的感受：他们身负重任，而且他们的事业是正义的。

梅林避人耳目，和霍弗特·卢克曼斯、奥古斯丁·赫尔曼、雅各布·考文霍芬（Jacob Couwenhoven）、托马斯·霍尔、扬·艾弗森·包特、包迈克尔·扬森及其他将自己视为这个新政党的一分子的人进到一个安全的地方（也许是他自己的家——码头右边的海岸往上走几步就到）。一进去，他就打

---

① 这个被认为是范·德·邓克的房子所在地就在范·科特兰特大宅博物馆（Van Cortlandt House）花园后面。那个被称为“莫苏鲁”（Mosholu）或“克斯克思奇克”（Keskeskick）的印第安村坐落于如今的阅兵场（Parade Ground）。

② 在这些记录中有几处提到移民者使用了印第安人制造的独木舟，而且用了很长时间独木舟的人应该已经发现了独木舟有多么便利。

开了自己的小背包，在他们面前展示了他此番在家乡收获的成果——好多文件。这些文件生动地体现了政府事务的繁忙程度，而且上面还系着丝带，盖着密密麻麻的公章。

从他们抵达尼德兰联合省那一刻起，梅林和奎伊特就开始为自己辩护，努力撤销施托伊弗桑特对他们的判决，并且在此过程中，让母国的权贵们认识到他们的北美殖民地的价值。他们发现，随着该国与西班牙签订和约，国内政治暗波涌动，旧同盟正在发生变动。过去，支持掠夺西班牙船只并从中谋利的西印度公司一直是爱国的行为。如今人们可以自由地为北美殖民地的未来考虑其他出路了。整个过程花了几个月，不过梅林和奎伊特从政府机构那里得到了不同寻常的特许权，如今，这个特许权被放在了桌面上：那是一份执行令，由荷兰共和国政府向新尼德兰殖民地总督下达的命令。[12]九人委员会的成员们读到这份文件时肯定倒吸了一口气——其语气和语言完全证明了他们的合法地位。这份文件谴责了"基夫特总督违背所有公法，对印第安人发动的这场非法战争"以及"基督徒听闻必然会大感震惊"的种种暴行；认可了人民选举的代表是杜绝此类灾难再次发生的保障，还指出基夫特以及在他之后的施托伊弗桑特束缚了这
些代表。施托伊弗桑特对此二人的判决被撤销，二人候审，而施 198
托伊弗桑特本人或一名代表要回母国为他的所作所为做出解释。

这还不算完。奥兰治亲王威廉——军队领袖和荷兰象征性的国家元首——觉得兹事体大，他也想出面干预。他写了一封私人信件，由梅林随身带回。

致彼得·施托伊弗桑特，新尼德兰总督，1648 年 5 月 19 日

尊敬的、明智、谨慎的，最亲爱的人，

两位送信人，约赫姆·彼得森·奎伊特和科内利斯·梅林，将带去总议会尊贵的大人们决定向你传达的命令，为了让你允许这些人在那里自由地、不受干扰地享用他们的财产……我们特此真诚告诫你，并且明确通知你，你应当允许上述请愿者们安稳地、不受阻碍地享受他们尊贵的阁下前述的决议生效后的成果。

此致，

尊敬的奥兰治亲王，

威廉[13]

九人委员会和他们的支持者的眼睛都离不开这一切。他们第一次知道，在母国，一个新时代正在到来。这种新的形势给了他们阐明情况、建立一个会让这个殖民地站稳脚跟的政府的机会。

在他回复委员会关于允许派出代表们前往海牙的请求时，施托伊弗桑特借故推脱，提出作为人民的代表，该委员会应当确保他们提议之事确实是出于人民的意愿。如今，有了来自荷兰方面的支持，委员会成员们有了底气，他们决定接受他的提议。他们将逐个询问人民，认为是否有必要对政府进行改革。范·德·邓克、卢克曼斯、扬森、赫尔曼及委员会的其他成员用了一个十分直接的民主方式，他们走出了酒馆的前门，将新阿姆斯特丹的街道分配给个人，然后开始挨家挨户地敲门。[14]
199 人们肯定有很多话要说，因为拉票活动一结束，委员会就决定汇编一份档案。范·德·邓克承担了整理这些投诉，并将全民的想法提炼为一份文件的任务。

施托伊弗桑特看着这些拉票的人在镇上走街串巷，在他看来，这是公然煽动人心的反叛之举。他怒气冲冲地坐了一阵子，然后，这股怒气爆发了。1649 年 1 月和 2 月里的某个时刻，当范・德・邓克正在整理文件时，这位领导人和他曾经的追随者之间起了一场冲突。施托伊弗桑特在这次冲突中试图理解这个后生何以对自己倒戈相向，也许，他甚至给了后者打退堂鼓，然后恢复私交的机会。遗憾的是，范・德・邓克没有记录下这次会面的细节，他只说"总督"从挨家挨户拉票活动开始时就"怒火中烧"[15]了。

这时候，范・德・邓克终于摊牌了。如今，他已经在和当权者周旋时用了三次这样的计谋了——他先是讨好对方，慢慢爬上高位，然后突然翻脸，变得无礼、挑衅、任性。如今，他释放出了他的真实感受，他的爱国热情。施托伊弗桑特肯定会反驳道自己才是代表该殖民地最高利益的人，并且指出他们正处于四面楚歌的境地；他会直话直说，称在这种情况下，任何试图削弱他势力的行为都等同于叛国。双方各有各的道理。施托伊弗桑特确实在努力令这个殖民地团结一致。但是，与此同时，他却对范・德・邓克看到的一切视而不见：对英国人、瑞典人和印第安人的军事和外交策略只能在短时间内有效，如果该殖民地的整体结构得不到改善，则它会从内部瓦解消亡。

任何一方都不可能让步。为了最后一次尝试达成谅解，据说施托伊弗桑特提出合作：委员会与他分享他们已经收集到的信息，而他将考虑他们的建议。但是，这样一来，代表团脱离西印度公司、争取独立的目标就完全落空了。范・德・邓克后来写道，当时他告诉施托伊弗桑特，委员会"不会与他沟通与此事相关的任何内容或者听从他的指示”。

这条路断了。这场对峙在施托伊弗桑特表现出的，如范·德·邓克所说的，对委员会成员们“不可抑制的切骨之仇”
200 的情况下完结。“不过这种仇恨主要是针对那些他认为是”在削弱他势力的行动中“的始作俑者”[16]。虽然范·德·邓克是为了向尼德兰的官员们描述这场冲突，并描绘施托伊弗桑特对于某些他曾经信任的同志的看法的转变，但是这种一板一眼的文风实际上似乎反而突出了其中的情感，令人认为这两人之间确实曾经有过温暖的情谊。“这些人一直都是他亲爱的好朋友，而他，在不久之前还认为他们是这个地区最光荣、最有能力、最聪明、最尽责的人，然而，当他们不愿意听从总督的旨意时，他们就这也不是，那也不是——有些人就被他说成了流氓、骗子、叛党、放高利贷的人和败家子，总而言之，把他们绞死还是便宜了他们。”

施托伊弗桑特的忍耐已经到了极限。每一次当他决定采取行动的时候，他都会大刀阔斧地干一场。3 月初的一天，在一队西印度公司士兵的陪同下，他绕过阿姆斯特丹堡的一角，杀到迈克尔·扬森的家，从在伦斯勒斯维克生活的时候起，这位委员会成员和范·德·邓克就一直是朋友。和往常一样，范·德·邓克一直待在这里，但是此时家中无人。他们搜查了这个地方，找到了那捆包含着居民们对这个殖民地及其管理方式的怨言和悲叹的文件，还有范·德·邓克一直在准备的文件草稿。施托伊弗桑特把它拿走了，他在其中发现的内容让他得以进行下一步。第二天，他命人逮捕范·德·邓克并将其关押起来。然后，他急匆匆地派他的“宫廷信使”菲利普·德·楚伊（Philip de Truy）去找他的政务委员会成员和几位九人委员会成员，要求他们出席一场紧急“最高议事会”。

这些人——总共 15 人——在紧张的气氛中聚集到一起。即使是在轻松的时刻，施托伊弗桑特也是一脸严肃，绷着双下巴；此时，面对正等着他宣布此次非常集会的原因的众人，他更是面色铁青。然后，他告诉他们，范·德·邓克已经被捕，并且被控告犯有“crimen laesae majestatis”——叛国罪。他找到并掌握的文件“赤裸裸地诽谤”了总督并且包含“严重诋毁”海牙政府领导人的内容。[17]

此时，施托伊弗桑特的副总督鲁伯特·范·丁克拉根（Lubbert van Dinklagen），该殖民地除范·德·邓克之外的唯一一位法学家，突然做出了令他的上司非常惊讶的举动。范· 201
丁克拉根打断了他，正式表示抗议，指控“尊敬的总督从过去到现在一直”我行我素，未曾通知他的政务委员会，抗议的原因“还有他”在未征求他的政务委员会意见的情况下就“将阿德里安·范·德·邓克拘禁起来”。这是一个惊心动魄的时刻。如今，在施托伊弗桑特一手挑选的政务委员会成员中也有人不服从他的命令了——不服从他的人还是他的二把手——这一点肯定令他大为震动，也给了在场的九人委员会成员们新的希望。他们所有人肯定已经在担心自己和范·德·邓克性命不保了。

施托伊弗桑特强装镇定，改变策略，把矛头对准范·丁克拉根。他从被没收的那些文书中选了一个片段宣读，据这个片段称，丁克拉根曾谤议荷兰政府。此时愤愤不平的范·丁克拉根否认自己发表过这种言论并且要求查看写有这些内容的那几页文书。施托伊弗桑特拒绝了，然后他要求在场的每一个人陈述他对于范·德·邓克的处理意见，并将其记录在案。范·丁克拉根先开口了，他坚称根据荷兰法律，他们应就此事对范·德·邓克进行审查，然后准许其保释出狱。但是，从驻扎库拉索时就一直忠心侍奉施托伊弗桑特，而且在施托伊弗桑特失去自己的腿的时候也在其边上的布莱恩·牛顿宣称此人应当继续坐牢并在狱中接受审问。其他大部分人都同意了。奥古斯丁·赫尔曼拒绝发表意见，以示对整个过程的抗议。

在这次特别议事会中，施托伊弗桑特只召见了六名委员会成员——他似乎担心如果全员到齐，他们就会投票反对他。有了其中的六个人和八个他信得过的顾问，再加上他自己，他就能更有把握地得到一个理想的结果了。然而，如今，范·丁克拉根和另外的一两个人似乎是要倒向另外一边了，于是他选择休会而不要求投票。两天后，他召集了他的政务委员会的原班人马，在九人委员会成员不在场的情况下，“按照多数投票”决定继续关押范·德·邓克，直到一名委员将这宗案件调查清楚为止。两天之后的 3 月 8 日，范·德·邓克依然在押，曼哈顿地区附近的所有村民都按照施托伊弗桑特的吩咐，在教堂集会以讨论一项将和该殖民地有重大关系的议题。[18]在此次公众大会之前不久，施托伊弗桑特已经召集了他的政务委员会，并
202 且宣布他将对民众宣读一份“文书”，其中应该包括对范·德·邓克的叛国行径的描述以及施托伊弗桑特对此的处罚决定。[19]

但是，他没有机会把它读出来了。在范·德·邓克被捕和特殊会议落得一场空之后，他的同胞们已经和科林内斯·梅林聚到一起谋划一次大胆的反击活动。如今，在教堂前，在新阿姆斯特丹和附近村庄的几乎所有民众面前，正当施托伊弗桑特准备讲话时，梅林冲向了演讲台。总议会交给了他把他们的执

行令带到新阿姆斯特丹并呈交总督本人，或者指定其他官员代传此执行令的任务。派送传票是一个法律行为，但是颇有舞台表演天赋的梅林想物尽其用。他用响亮的声音当场宣布了自己的意图：奉总议会之命，九人代表团向施托伊弗桑特呈交执行令。然后，他将它交到委员会的一名成员阿诺德·范·哈登伯格（Arnold van Hardenbergh）手里，请他宣读。

施托伊弗桑特知道这份文件里包含了什么内容，他绝不希望在他的选民耳边播放这份语言如同训斥一个做错了事的孩子一样命令他返回欧洲的文件。他宣布，无须宣读此文件，他已准备好收下它了。“我肯定已经有了一份副本了。”他一边咆哮，一边伸出手去抓这件东西。扭打之中，文件被撕碎了，同时标志着其为荷兰政府的官方命令的密实蜡封脱落了。所有观众都惊呆了，看着蜡片掉落下来，摇摇欲坠，然后在一缕羊皮纸上晃荡着。这其中的象征意义已经昭然若揭：这些人站在这里，这个殖民地上最神圣的建筑中，扯开嗓门，玷污圣地，且政府的印章就在他们中间晃荡。在接下来的一片沉默中，梅林告诉施托伊弗桑特，如果他想要一份文件副本，那么有一份是给他准备的，而另一份是用来向民众宣读的。

人群当时就炸了锅。施托伊弗桑特手里当然手握兵力，场面马上就没那么好看了。他是个天生的领导人，从来不曾忍受如此威严扫地的情况。他的第一反应就是用严厉的手段镇压，但是他也看到了这个地方已经处于混乱边缘。他在后来给总议会写的信中说，这一事件“早有预谋，如果我们不纡尊降贵，允许他们以不得体的方式呈交传票，那么屠杀流血也许在所难免”[20]。意识到他的敌人们给他设了圈套，他恢复人群秩序之后，指示此人宣读那份训斥口吻的文件。

宣读完毕之后，所有人的眼睛都齐刷刷地盯着施托伊弗桑特，他愤怒地挤出几句话：

> 我尊重总议会及其委员会，我将服从他们的指挥，派出一名代表维持判决，因为该判决是严格按照法律程序宣判的。

然后他就离开了。

这肯定是施托伊弗桑特人生中最羞辱的时刻。“这是要造反，是奇耻大辱。”他后来在描述那一幕时说道。他作为军人的骄傲，他简单的、在乡村培养出来的自尊心，被践踏了。他对自己的职权深信不疑，对这个殖民地赤胆忠心，而且在有关北方的英国人的问题上也即将取得成果，但是，在貌似决心要自毁长城的人们看来，这些都无足轻重。

梅林当然是富于激情的，但即使是在他的鼓动家同伴看来，他也太过夸张了。施托伊弗桑特对此人的抱怨是情有可原的，他还没到曼哈顿就在波士顿下船，向英国人吹嘘他有一项任务在身，那就是让施托伊弗桑特回荷兰蹲大牢。[21]此等行为对正在和新英格兰总督们打交道的施托伊弗桑特并无帮助。不过话说回来，施托伊弗桑特也激怒了对方。如果施托伊弗桑特没有拘捕范·德·邓克，那么九人委员会恐怕也不会搞出教堂那一出戏。叛国当然是可以处以死刑的罪行。他们的头颅都危在旦夕。他已经在赌局中加码，逼着他们也要加码。

此刻，在他状况不佳的时候，施托伊弗桑特陷入了一场政治丑闻。[22]这时，恰巧有一箱火枪运抵港口。当人们发现这是施托伊弗桑特本人订的，而且他打算将它们卖给印第安人以示善意的时候，这件事情成了城中热议的话题。居民们被禁止向印第安人出售火器，而总督本人却为一己私利正做着这件事，而且是在殖民地居民本身的火器都短缺的情况下。施托伊弗桑特被迫向他自己的政务委员会解释他的行为。但是，无论他是否犯罪，他都违反了政客的第一原则：不要让人看出你做了坏事。他被迫转攻为守。

在疑云笼罩的情况下，施托伊弗桑特不得不决定如何处置 204
范·德·邓克。如果能得到他的政务委员会和人民的支持，他可能已经处决此人了。然而，曾经忠诚于他的副手范·丁克拉根现在决心要跟他对着干，注意着他的一举一动，看他是否依据荷兰法律行事。也许正是在范·丁克拉根的坚持下，施托伊弗桑特才意识到他不能仅凭从那个人那里搜到的几张纸就审判并惩罚那个人——被关押的范·德·邓克承认那几页中的一些内容可能有误，因为那是从居民那里收集到的原始数据，在这种情况下，尤其不可那样处置他。于是，施托伊弗桑特命令范·德·邓克“证实或收回他所写的中伤他人的内容”。范·德·邓克被暂时释放了。不过，此时的他已被禁止担任九人委员会成员。[23]

当范·德·邓克走出来，走进深冬的日光下时，他已经脱胎换骨。被施托伊弗桑特囚禁的经历让他变成了人民的斗士。如果施托伊弗桑特现在是处于守势，那么背上了刑事指控的范·德·邓克则充满了冲劲。施托伊弗桑特命他证明他所写的内容属实，这实际上就给了他追求政府改革事业的通行证。

他照办了。走在这个年轻、原始、充满生气的带山形墙街道城镇里，早春粗粝的风吹在他的背上，居民们跟他打招呼，用他们各种各样的独特口音和语言祝贺他，他肯定觉得是自己所做的一切——从他在莱顿大学的日子，到他在伦斯勒斯维克担任治安官，再到他积极参与曼哈顿人的政治活动的日子——成就了这个时刻。人们把他视为一个庄园主——街上的所有人都管他叫“Jonker”（“年轻的大地主”）。而这个身份又凸显了他的活动家形象：他有地主的身份，然而他显然没有走上基利安·范·伦斯勒这样的人的道路——一直在他荷兰的家中一边过着舒服日子，一边努力从新大陆的榨取利益。范·德·邓克把自己投资于这个殖民地，投身于这里的人民和这里的未来。

如今，所有人都在紧锣密鼓地准备向荷兰共和国派出代表团。从法律上来讲，所有主要参与者都应该被包含在内，因此，在范·德·邓克从牢里被放出来的那天起，他就发出了一连串的传票——给范·丁克拉根、拉·蒙塔尼、布莱恩·牛顿
205 和其他政务委员和官员——请求他们每个人“尽快到海牙的大人们面前出庭做证”。他送出了这些传票，收到了他们的答复（大部分都是变着法子说“我当然不会去”），并奋笔疾书，记录下整件事情。[24]他不可能指望这个殖民地的整个政府乘船前往荷兰为其辩护，但是，把这些事情记录在案，对于他来说，是必不可少的步骤。

这种做法让施托伊弗桑特烦透了，以至于5月8日他发布了一个新条例：

> 鉴于连日来……时有未曾宣誓且未经官方权威认证之个人在文书中大肆毁谤他人，想方设法骗取口供，借此撰写诸多有利于起草此类文书之人之内容，其中夹杂大量用心险恶、含糊晦涩、模棱两可之词……有损文书中所涉各

> 方利益。因此，为了避免此后果危及共和国……现废除并宣告……所有私人撰写之宣誓书、质询书或其他用做证据之手段……无效……[25]

范·德·邓克没有被吓倒，整个5月和6月，他像着了魔一样，将他和他的同伴们从居民们那里收集来的所有信息整理到一起，编成了一份名叫《新尼德兰陈情书》（Remonstrance of New Netherland）的文献，这份长达83页的正式抗议书可能是出自这个以曼哈顿为中心的殖民地的最著名的文献。他打算将它呈给海牙政府当局，它最终将令曼哈顿殖民地的政治体制植根于荷兰法律，并且赋予纽约市独特的形态和品格。它的开场白充溢着范·德·邓克的想法和感情。他成功地以寥寥数语表达出了他对荷兰地理探索发现的骄傲之情、对于第二故乡的热情，甚至对当地印第安人的熟悉程度。与此同时，为了方便对该殖民地知之甚少的政府官员理解，他以简洁、准确的方式将该殖民地未来的发展置于历史语境中，直接追本溯源。

> 在世界上所有开拓进取、勇于探索异域、远渡重洋、
> 开展贸易的人当中，尼德兰人一马当先，这一点已为所有
> 以各种方式向历史的入口致敬的人所熟知。我们接下来所 206
> 叙述的也将证明这一点。我们现在要谈到的这个地区被发
> 现并开发于耶稣纪元1609年，由东印度公司出资——他
> 们的目标和计划并非如此——派出的“半月号”发现，
> 这艘船的船长和代理人是亨利·哈德逊。后来，此地被我
> 们的人民命名为“新尼德兰”，这是名副其实的，因为此
> 地是由尼德兰人首先出资、发现并占领的。所以，直至今

> 天，该地区的原住民（能记得此事的人都已经年长）还能证明，当看到荷兰船只第一次来到此地时，他们不知道这是些什么人……我们经常听到印第安人说，在尼德兰人到此之前，他们对外面的世界或者民族一无所知。出于这些原因，再考虑到气候、位置和丰饶程度的相似性，这个地方被称为“新尼德兰”是恰如其分的。其位于美洲北海岸，纬度为 38、39、40、41、42 度左右……此地本身就土壤肥沃，在人手充裕的情况下可以被全面开垦……[26]

许多其他支撑性的文献也是必不可少的——一份要求总议会接管该殖民地的正式请愿书，还有几十页附有大量注释的“附加观察评论”，其中涉及殖民地事态、西印度公司的“暴政”以及对“合适的市政府”的需求。鉴于此地位置的重要性，以及范·德·邓克及其同伴看到的曼哈顿岛及其所在河流乃至以曼哈顿岛为门户的这片大陆的潜力，这件法律任务意义重大。

与此同时，施托伊弗桑特已经认定自己无法阻止九人委员会派出代表团，但是他要反击他们。他不可能亲身前去回应那份执行令；他和新英格兰的总督们以及拉力坦人、奈亚克人和其他地方部落的酋长们[27]陷入了微妙的外交局面。[28]如果亲身前去，他向总议会解释道，那么“荣誉和誓言难以两全”，所以他将派出科内利斯·范·廷霍芬代表他回应梅林的指控，并代表他的政府争取该殖民地的控制权。但是，就在施托伊弗桑特
207 还在忙于应付该殖民地事务的时候，6 月 14 日发生的一件事情表明他显然一直怀恨在心。那天，一位名叫雅各布·洛佩尔的贸易商到他面前申请在“南河”经商的执照。“然而，这个

名叫洛佩尔的人娶了科内利斯·梅林的女儿”，施托伊弗桑特的决定被记录在案，所有人有目共睹，“尊敬的总督认为不可批准此请求”。[29]

这时，九人委员会选择了两名成员——贸易商雅各布·考文霍芬和农民扬·艾弗森·包特——以及该代表团的前领导人范·德·邓克组成代表团。施托伊弗桑特是否曾抗议他在将范·德·邓克释放出狱时就已经明令禁止其不许参与官方事务，这已经无据可考。范·德·邓克肯定会反驳称自己只是在遵照命令“证实或收回他所写的中伤他人的内容”。

一行人整装待发。范·德·邓克和他的妻子待在他们的庄园里忙着列出必需品和他要在欧洲雇的技术工人清单。他答应代表一位住在长岛弗利辛恩村（即法拉盛），名叫安妮蒂·范·贝叶林（Annetie van Beyeren）的女士处理其在母国的事务。在临行前的最后几天内，他还承担了另一项法律工作。有时候干些海盗勾当的威廉·布劳维尔特已经在这座岛上耀武扬威了许多年，他那艘名叫“拉·加尔斯号”的私掠船涉及新阿姆斯特丹的许多重要人物的经济利益，其中包括即将陪范·德·邓克前往荷兰的奥古斯丁·赫尔曼、雅各布·范·考文霍芬，以及前总督基夫特。在殖民地政府的全力支持下，这艘私掠船在过去几年中为西印度公司出航，然后满载着从西班牙人那里得来的战利品返航——船上载着烟草、糖、黑檀木和酒。这个风险投资中的所有合伙人都从这些劫掠行动中获利了，这种活动一直是西印度公司在新大陆的核心活动。

不过，两国停战之后，私掠就变成了违法行为。但是，布劳维尔特船长很难接受这个消息。[30]最近，和过去一样，人群聚集在码头区翘首以盼，看到桅杆上的荷兰国旗呼啦作响和拖

着丰厚战利品的“拉·加尔斯号”，他们欢欣雀跃。问题是，
208 布劳维尔特在和约签订五个月之后，断了西班牙人“在坎佩切湾（Campeachy Bay）塔巴斯科河（Tobasco）”［位于尤卡坦半岛（Yucatan Peninsula）西海岸］的财路，引发了一连串的官司。布劳维尔特舰船的主人之一请了范·德·邓克，直到他启程前往欧洲的前一天，他还在为这件事情解围。把它作为走之前做的最后一件事很合适，因为这象征着曼哈顿旧秩序的终结。

范·德·邓克和施托伊弗桑特的妻子朱迪斯·贝亚德见了最后一面。7 月 29 日，他在街上遇到了她。他们是否交谈过并且保持融洽的关系，这一点我们无从知晓。也许她无暇分神：施托伊弗桑特的大儿子巴尔塔萨，如今 21 个月大，二儿子尼古拉斯还只是个 7 个月大的婴儿。不管怎么说，范·德·邓克都把梅林致施托伊弗桑特的一封信交给了她——这封信肯定是他本人帮忙写的。[31]施托伊弗桑特依然不允许梅林按照那份执行令上的命令，使用他的土地和财产。这封信要求他遵守命令并让代表们拿到他们陈情需要用到的文件，并且要尽快办理，因为“时间紧迫，船已经整装待发了”。

朱迪斯将这封信交给了施托伊弗桑特，施托伊弗桑特大笔一挥，很快就写好了回复，标题是“对科内利斯·梅林交予我妻子的无礼抗议的答复，据她称，经手人是阿德里安·范·德·邓克和阿诺德·范·哈登伯格”。在这封回复信里，他咬牙切齿地批准了此人使用他的财产，并称“谁是流氓自有上帝和法律裁决”。

从这封信中我们了解到，施托伊弗桑特打算派他的代表范·廷霍芬坐上那艘即将出发的船，这意味着范·德·邓克和

范·廷霍芬——这个满身是汗、身体肥胖、诡计多端的人是施托伊弗桑特和西印度公司的辩护人——肯定站在同一艘船的甲板上，看着这个村庄低矮的农场渐渐变得模糊不清。前方等待着范·德·邓克的是那片遥远的大陆，他的出生之地。

第十一章　一个在欧洲的美洲人

209 1646年1月，一辆马车在六匹马的拉动下，费力地在德国乡村道路上结冰的车辙间行进。车上的木头部件是镀金的，随从们披着深红色斗篷，戴着帽子，这一切和一片死灰的景色形成了鲜明的对比。两排家臣骑马在前方开道，他们的腰间还佩着剑。当这些随从经过的时候，路边的农民们都只能呆呆地看着。

马车内坐着的是一个61岁的男人，他稳重的打扮和这辆交通工具的华贵形成了反差。他留着锥形的胡子，眼神锐利，表情哀伤、严肃而庄重。和他同在车内的是他的妻子和他们的女儿。他们即将抵达这次长达120英里的旅程的终点，三人都已经非常疲惫。此刻，正当他们觉得累得要发疯了的时候，明斯特市地平线上的尖顶映入了他们的眼帘。

这个男人名叫阿德里安·保乌（Adriaen Pauw）。他一直是荷兰共和国最重要的人物之一，如今他正在努力做一件事情，如果此事能够实现，它将改变欧洲的历史。他很清楚这一点，所以他请人画出了他抵达目的地那一刻的场面，以记录他在历史上扮演的角色。[1]他认为他和与他志同道合的同伴们有机会改写各国管理本国的规则，为政治和人类事务开辟新的道路。

当保乌的四轮马车隆隆前行的时候，几乎所有的欧洲国家都还在交战，大部分的居民一生都在战火中度过。回顾中世纪，人们普遍认为，战争是各国交往的自然状态，一个国家在很大程度上要靠对敌作战和结交盟友来证明自身。不过，在 210
17 世纪 40 年代初期，来自不同国家、秉承不同传统的人们，其思想开始发生了划时代的转变。[2]其中一种新的思想倾向是在知识分子当中兴起的，这当中最著名的人物是荷兰法学家胡果·格劳秀斯，这个人是阿德里安·范·德·邓克和这个时代其他法学生们的指路明灯。20 年前，格劳秀斯已经提出了独树一帜的观点，他主张和平才是成熟、文明的国家之间交往的自然状态，战争应当被视为最后手段，而且，即使到了万不得已的时候，战争也应当受到各方认同的规则的制约。值得注意的是，君主们在忙着派兵冲杀对方的过程中停了下来，阅读格劳秀斯的著作。据说，瑞典国王古斯塔夫斯·阿道弗斯在领军作战时就随身带着《战争与和平法》。[3]

格劳秀斯的激进概念在各国斡旋的数年间日渐发展，显然在当时流行开来。明斯特和谈不同于世界历史上曾经出现过的任何情况。为了表明自己政府对这项任务的重要性的认识，每位公使都带上了浩浩荡荡的随从队伍，其中有骑士、戟兵、吹鼓手、弓箭手、步兵和一大群家臣，法国代表团的人数更是多达 1000 人。[4]局势逐渐明朗，条约即将签署，于是每位公使都委托画家画了一系列的肖像画，以记录下所有高官显贵的风采——藏于斯德哥尔摩附近的格利普霍姆堡（Gripsholm Castle）的这一系列包含多达 74 幅画作，如今依然完好无损。

和谈实际上在两个地方同时进行——明斯特和奥斯纳布吕克（Osnabrück）——将西班牙与荷兰诸省之间长达 80 年的对战和欧洲其他大部分地区 30 年来的残忍杀戮联系在一起。毋庸赘言，“三十年战争”和“八十年战争”是根据事实而定的名称，而在当时那不过是无穷无尽的各种冲突。

与会者本身都很清楚此次和谈意义深远，因为这是欧洲各国的代表们第一次以独立的政治实体，而非梵蒂冈或“神圣罗马帝国”羽翼下的组成部分的身份聚到一起，他们承认彼此的主权地位，并且尝试靠他们自己的力量解决问题。世俗政治，凡尔赛、巴黎、“戴维营”（Camp David）和联合国的前身，以及延续至21世纪的欧洲政治地图，就此诞生。从政治意义上来说，这是有一天将被史学家们称为近代时期的肇始。

211 阿德里安·保乌在明斯特显得很与众不同。“巴洛克”这个词和这个时代很相衬，它体现在个人时尚和艺术中：大使们自然是把自己当成外交界的孔雀，用个人的华丽服饰向他人宣示他们的国家有多么壮丽。[①] 作为与其他国家格格不入的荷兰共和国代表，保乌是与会者中为数不多的几个不是贵族出身的人，而他那一身沉闷的加尔文教徒服装——典型的灰、黑、白三色——象征着这番和谈对于荷兰的全部意义。此次聚会的目的是让西班牙——这个有着最野心勃勃的王室的欧洲国家——不仅要承认长期反抗它的受保护国的独立，还要承认一个提出取消君主政体的国家的地位。几乎所有参加此次和谈的、有贵族头衔的公使——隆格维尔公爵（Duke of Longueville）、佩尼亚兰达伯爵（Count of Peñaranda）、罗马教廷大使法比奥·基吉（Papal Nuncio Fabio Chigi）、胡戈·埃伯哈德·克拉茨·冯·沙尔芬施泰因伯爵（Count Hugo Eberhard Kratz von Scharfenstein）、约

① 这也是对保乌毫无生气的外貌的一种语言学上的讽刺，因为他的姓氏的意思就是“孔雀”。

翰·路德维希（Johan Ludwig）、纳塞 - 哈达马尔伯爵（Count of Nassau-Hadamar）、巴拉丁伯爵卡尔·古斯塔夫（Count Palatine Charles Gustav）——都难以接受这个提议；“大使”这个词总是与宫廷相伴的。保乌不是生活简朴的斯巴达式的人物——他住在一座城堡内，外面有护城河，周围是红白相间的郁金香田，这种郁金香是他私人培育的杂交品种——但是他必须表明观点。[5]

和平的力量终于在明斯特和奥斯纳布吕克占了上风。马拉松式的和谈后紧接着的是花样繁多的条约准备工作，用巴洛克式来形容这一阶段恰如其分，然后是 1648 年签订条约［历史已经将这两个条约联系在一起，将它们合称为《威斯特伐利亚和约》（Peace of Westphalia）］。然后，铺天盖地的欢乐派对开始了。这种情况持续了许多年，在中欧如林火一般循环往复。对于欧洲的大部分地区，这种庆典宣告了几十年来的杀戮的结束。在尼德兰联合省，这种感觉更加强烈。独立、认可、正名——和约的成果在社会层面上发展出了一系列的心理权力关系。当保乌、他的荷兰公使同僚们和西班牙代表们在一张纸上签下他们的大名并盖章时，这象征着这个重要时刻——“黄金时代”就此点燃。印刷商们纷纷复印出这份和约，一时间，它成了最畅销的商品。庆典的火光照亮了七省的每一个城市和村庄。戏剧、诗歌、礼炮鸣响、庆祝游行、瓷砖、布道、酒宴、妓院里的寻欢作乐、作画委托、公共工程项目——荷兰人通过人类活动所有可能的表现形式赞颂新时代的到来。在和 212
约签订后的几个月内，人们都沉浸在兴奋的状态中。

正是在这种氛围中——在一个意识到未来充满繁荣、和平和力量，认识到世俗政治的可能性的社会中——1649 年 10 月初，阿德里安·范·德·邓克的船来了。他发现自己的家乡焕发了新生，他的外祖父为之奋斗并且成为英雄的事业已经得到了证明。从他出生到成长过程中的战争已经结束。这是一个新的世界，一个新的国家。

但是，这不是阿德里安·范·德·邓克的祖国——不再是了。无论他有多么喜悦，参加了多少次庆祝活动，他对他的第二故乡的承诺似乎都从未动摇。他是在未来的几个世纪中数以百万计的一类人——那些远渡重洋，在大洋彼岸的辽阔大陆上找到新的家和新的目标的欧洲人——的典型。他是一个美洲人。

船驶入特塞尔海港，这个绿草如茵、海风吹拂的北海岛屿就是亨利·哈德逊40年前出发的地方。在那里，范·德·邓克和他的同伴雅各布·范·考文霍芬和扬·艾弗森·包特应该会登上一艘公共渡船，然后乘船南下，进入举世闻名的桅杆森林——世界上最重要的城市阿姆斯特丹的港畔。

当然，这座城市并没有等着以这份文件签订为信号，才开始它的黄金时代。如今的繁荣景象是在几十年间发展起来的，阿姆斯特丹也是如此。这座城市的规模是亨利·哈德逊生活的年代的两倍，而且，它善于经商的统治者们在过去30年——怀着对这座城市未来发展的十足信心——已经构思出了一个规模惊人的都市开发计划，如今该计划即将完工，那是一系列的同心圆型运河圈。阿姆斯特丹的运河是一个象征性的符号，以至于许多人以为它们本来就存在，但其实它们是人们手工挖掘而成的——成千上百吨的土被移出，再填入沙子；一片片森林被用作桩材，运到岸上——这是一项真正的工程建设和城市规划壮举。一些最早的郊区因此诞生，因为其设计理念是要让城

市的核心——充斥着商业活动、性交易和饮酒作乐——被一大
群新晋暴发户的豪宅社区围绕着，每座房子后都有宽大的花
园，而且前门外就设有通往最先进的都市交通系统的通道。在 213
这里，除了建筑施工发出的敲敲打打的声音之外，一切都宁
静而优雅。这些运河本身被命名显然是为了吸引他们那些社
会地位上升的客户，这为现代房地产营销埋下了伏笔：您可
以根据您要攀附的阶层来选择住在“绅士运河”、“王子运
河”（Prinsengracht），或者“皇帝运河”（Keizersgracht）。

范·德·邓克已经离开了将近十年。而他的同僚们，三十几岁的雅各布·范·考文霍芬在年少时就跟随自己的父亲前往曼哈顿，扬·艾弗森·包特则是从1634年起就一直待在新大陆。对于这三个人来说，在这座城市的中心漫游，沿着被称为“水坝大道”（Damrak）的水道到水坝中心广场去，应该是对感官的一种正面冲击。

这也预示着他们要在大洋彼岸帮助建立的城市的形态。在水坝——这座城市的中心广场——阿姆斯特丹多年来接受外来人口的结果已经显现出来，那是一派生机勃勃的景象。穆斯林头巾、印度莎丽、无檐帽和火枪手打扮混在一起；一位被搞得晕头转向的法国游客评论道：“这里第一眼看上去似乎不是任何特定民族的城市，而是所有人共有的商业中心。”[6]这番评论在未来的数个世纪中回响在大西洋彼岸纽约市的阿姆斯特丹的后代中。那些街头小贩——广东人、法兰克尼亚人、古吉拉特人、立沃尼亚人、洛林人、德系犹太人——虽然构成了视觉上的不和谐景象，但也带来了此地排得整整齐齐的柱子底下摆得像金字塔一样的货物。充满异域风情的外国人、荷兰卫兵、矮胖的家庭妇女被长笛手、小提琴手、风笛手和拉着手风琴的男

孩们编进了音乐；每个人都在街角的煎饼贩子那里补充能量。勒内·笛卡尔在莱顿待了数年之后回到了阿姆斯特丹，他很享受这种大隐于市的感觉。“每天，我可以出门走到喧闹的人群中，这种感觉和漫步小道时一样地自由自在”，他在给一个住在乡村的朋友的信中写道。[7]（然后，他最终还是厌烦了这一切：在和平年代到来后，正当范·德·邓克快要抵达阿姆斯特丹时，他动身前往瑞典女王克里斯蒂娜的王宫，再也没回来。[8]）

这里能得到的商品和服务的花样之多足以令新来的人目瞪口呆：一麻袋一麻袋的辣椒依然散发着东南亚的芳香，从巴西气候湿润的三角洲地区运来的糖砖，一木桶一木桶的弗吉尼亚
214 烟草，土耳其地毯，更不用说前往热那亚、士麦那和苏门答腊的船的舱位，以及在尚未完成的运河圈南段或者西面的新约旦区的商品房。你可以买到各种科学测量仪器、解剖尸体的工具，或者，如果你够愚蠢的话，你还可以买一副眼镜，人们当时把这个和智商低联系在一起（“把眼镜卖给某人”[9]在荷兰俚语里是“欺骗”的意思）。性，当然也是琳琅满目的商品之一——游客们可以拿上一份城里的红灯区地图，各个红灯区各有特色，女人们的莺声燕语里夹杂着法国、瑞典和德国口音。[10]如果这些初来乍到的人没有被有些姑娘迷人的昵称吓倒的话［例如，“醋栗屄”（Krentecut）］，那么这里的花样之多肯定令他们无法抗拒。

艺术品和绘画也是可供出售的商品。艺术品中间商摆出的摊档会销售为家庭市场而创作的画作，这些画作的重点是荷兰的两大标志性体裁——风景和静物——它们实际上展现了一个精神生活挣脱了宗教统治的社会，而且满足了世俗消费者对于

能够引起共鸣的场景，以及对于此时此地的寻常物体精确的、近乎东方式的迷恋之情（这些术语本身就是通过荷兰语的“landschap”和“stilleven”进入英语的）。印刷品也很普遍：此时，那些描绘《明斯特条约》签订场面的印刷品随处可见，不过，如果你愿意的话，你也可以找到谴责这些条约的教皇敕令的复印件（很多梵蒂冈的财产在条约中都被“世俗化”了）。市面上还有条约签订者们的头像雕刻品，以及各种描绘荷兰各城镇得知条约签订时的反应、士兵们结伴狂饮啤酒来庆祝条约签订的场景的画作。

除了日益增多的文化活动，自范·德·邓克1641年离开这里前往伦斯勒斯维克殖民地，阿姆斯特丹的中心广场也有了很大的变化。广场的一整面起初是随意扩张的居住区，如今已经被推平，这座取得了支配地位的城市为自己竖立了一座丰碑——一座新的市政厅，此处矗立的桩材和地基就是为修建这座丰碑做准备的。这座市政厅的外形堪称典范，其中充满各种将荷兰共和国与罗马和希腊相媲美的艺术品和标语。它并不只是给1648年和约的献礼，还是给和平本身的献礼，因为在外交语言中出现了“永久和平”这种字眼之后，沉浸在第一波理想主义中的人似乎真的相信在他们经历了这场战争之后，所有
战争都将结束。当以游客身份到此的范·德·邓克看着人们铺 215
上第一层砖石时，人们依然相信这种想法。①

但是这几个曼哈顿人没有在这座大城市流连忘返。他们的任务很紧急，稍事休息之后，他们很快就动身前往西南部了。

---

① 完工后的建筑现在依然是一个旅游景点，但在19世纪被路易·拿破仑（Louis Napoleon）改造为宫殿之后，其作为市政厅的功能就已经被废除，所以现在人们都将其称为“王宫”。

三个世纪以前，这个被他们视为最终目的地的荷兰一角是荷兰伯爵威廉的乡村花园住宅。随着时间的推移，这个宽敞便利的地点变成了该地区中世纪的军事领袖们会面、商讨、解决分歧的地方。四周环绕着的灌木篱墙肯定是这里独特的景观特色，因为当地的人们喜欢将这座花园住宅本身称为“伯爵的篱笆”（'s Gravenhage）。即使是在这个会面地点变成了正式的法院，而且周边发展出了一个城镇之后，这个名称依然保留了下来，不过，通常它会被简缩写为“Den Haag”。英国使者们将其按字母直译为“The Hague”（海牙）。它从一个省级法院成长为国都，争取独立的战争就是从这里开始的。

范·德·邓克和他的同事们在1649年10月进入的这座城市规模很小，但井然有序——人们喜欢叫它“欧洲最大的村庄”[11]——这里一边是草地，另一边是一片橡木林，不远处是海岸边的沙丘。按照计划，它被建设为一个政府办公用的城市，所以它有宽阔的林荫大道，夜晚，有名望的人会和他们的家人一起在这里散步或者乘马车经过。一切都紧紧环绕在被称为“议会大厦”的中心政府广场周围，这是一个四边形的如堡垒一般的建筑群，其特色是各边的政府办公室和中间建于13世纪的骑士厅（Knights' Hall），那就是原来中世纪的贵族们的会面地点。

荷兰人构思出的是笨拙的、拜占庭风格的治理方式，但是实际上，七省都向总议会派出了规模不等的代表团，不过，每个省都只能投一票。这几十人一起围坐在一张桌子旁，议长头衔每周会在各省的首席代表之间轮换。棘手的部分在于所有的决定都需要全票通过，这导致人们都忙于拉票，很少能达成决议。不过荷兰人似乎并不怎么在意这一点，他们觉得谚语说得好，政府干预越少效果越好。

10月13日，范·德·邓克和他的同僚们刚到没几天就争 216
取到了总议会公务日历上的一点儿时间，并且抓住机会呈上了范·德·邓克精心撰写的有关曼哈顿的文件，即“新尼德兰陈情书及事件实录，致尼德兰联合省总议会大人们，新尼德兰人民敬上”[12]。三十出头的法学生范·德·邓克独占鳌头。经过多年来和基夫特以及施托伊弗桑特的斗争——在代表团体中赢得了一席之地，到处游说曼哈顿人，被囚禁后又被释放，最后远渡重洋、回到故里——才有了这番局面。除了上述那份陈情书，他还在政府机构面前摊出了几份证明文件，其中包括九人代表团介绍他和他的同事们的一封信，最妙的是，他还想办法从施托伊弗桑特满腹牢骚的副总督范·丁克拉根那里弄到了一封信。[13]“这些人对本地区的情况了解得很透彻，”范·丁克拉根在介绍范·德·邓克和他的同事们时写道，“我希望大人们能欣然聆听他们的意见……”[14]

曼哈顿代表团呈上请愿书的时机已经成熟。这个国家还忙于庆祝它的独立，而且统治者们着手处理这个问题的速度表明他们愿意给予反馈。他们现在都知道了“曼哈顿”这个名字，都听说了西印度公司对这块殖民地管理不善，而且准备就此采取一些措施。这个代表团自报家门的方式清晰而充满锐气。最重要的是他们要求为新阿姆斯特丹建立“合适的市政府”。范·德·邓克首先用语言为他们描绘了一幅田园牧歌般的画面，请他们想象这座岛的样子，“曼哈顿……新尼德兰的首府”[15]，以其得天独厚的地理位置，“得河流之便，非常适宜居住”，而且在这个理想的根据地的基础上，“我们可以从事我国贸易……从特拉诺瓦湾（Terra Nova）到佛罗里达海角（Cape

Florida）……到西印度群岛，再到欧洲，所有耶和华我们的神欣然应许之境皆可”[16]。然后是潜在的威胁，他补充道，新英格兰人“完全了解我们占领的地区是优于他们的”，因此，总议会必须快点动手，增加贸易和殖民地，否则，英国人肯定会取而代之，而且“它甚至会失去‘新尼德兰’之名，而且荷兰人在那里将没有任何话语权”[17]。

217 范·德·邓克的个人风格很明显，这不仅体现在这番陈述的个别元素上，还体现在它的翔实程度上，长篇大论的陈情书本身还不能让他满足，他还加上了“新尼德兰公众致总议会请愿书”。然后，为了方便理事会成员仔细研究这一问题，他加上了长长一节“关于前述情愿的附加观察资料”。另外，他依次巨细无遗地加上了脚注，这样，代表们提交的案例的每一个方面——该殖民地的无限潜力、荷兰人对该领地的合法所有权、在此居住的人民的权利——都被囊括在内，记录在案，有据可查，可以交叉引证。他充沛的激情体现在他提供引证注释时的狂热劲头中，这些证据中的有些部分读起来仿佛出自一个服用了安非他命的法官助理之手。在本来已经是“附加观察资料”的部分，一句话下面可能就有八条注释。在其中某一处，范·德·邓克称他和他的同事们推测并列举了该殖民地管理不善的原因。他给“推测”这个词加上了注释：“这个推测是毋庸置疑的，因为这和太阳会发光一样，是清清楚楚、众所周知的。”[18]

然后是一些小道具——一些能形象地提醒统治者们，他们的海外行省所具有的丰厚潜力的支撑材料。他把海狸毛皮放到了这些大人面前，这些毛皮还散发着美洲森林的气味，其毛茸茸的质感在这种文明的背景下让人感觉简直就像犯罪。还有那片土地上出产的一些说不上名字的“产物”[19]样本，考虑到这趟旅行的季节和时间，这些产物应该指的是烟草、大果南瓜、小果南瓜、甜菜、苹果、坚果、玉米，当然，还有好几袋粮食，殖民地居民们以它们为傲（“我见过黑麦，”范·德·邓克后来在别的地方写道，“它们长得好高，体格中等的男子会在他的头上方把麦穗捆到一起”[20]）。

考虑到这些统治者十有八九不清楚上述的地理情况，范·德·邓克还给出了一幅精细的手绘地图——这应该是技术娴熟的制图师奥古斯丁·赫尔曼制作的，它展示了这个省份的全貌，涵盖从缅因到弗吉尼亚的海岸线，西至宾夕法尼亚中部的土地。[21]

当时的文件证据也许还有一件，这份文件的原件最近刚刚重见天日。1992 年，奥地利国家图书馆（Austrian National Library）的一位研究人员无意中发现了两张彩色钢笔城镇风景画，几十年来，这两张画被分别放在不同的架子上。当将它们拼到一起时，这位研究人员意识到自己看到了新阿姆斯特丹的 218
早期景象——恰恰与当时的荷兰殖民地的历史相符。这幅“命运无常”的精致插图（本书英文版封面图片用的就是这幅插图）展示了一片杂七杂八的房屋——有些是木屋，有些是带有山形墙的砖房，它们紧靠着海岸线，还有一座粗糙的堡垒，荷兰旗帜在迎风招展。[22]画面中没有人。我们有理由相信，范·德·邓克曾用这幅几乎令人难以忘怀的殖民地画像来结束他的陈述——个中缘由我们会在下文中探讨。

一切工作都已完成——代表们自己和其他在曼哈顿支持他们的人都下足了工夫。范·德·邓克用官方沟通中显然很不常见的语调宣布：“为了我们热爱的新尼德兰。”[23]然后，在将这些层层堆叠的详细信息和一筐筐的礼物放到政府官员们面前之后，他像跳芭蕾舞一样，优雅地转身离去，临了还补充了一句，他希望伟大的统治者们“能充分理解我们的推测”。

“推测”这个词用对了。我们需要进行一些解构，才能让人们明白曼哈顿激进分子的胆量究竟有多大。17 世纪的荷兰政治体系是通过陈腐的渠道进行权力分配的。总议会是一个相当弱势的国家机构，它和美国独立后头八年里最初的邦联颇为相似（“大人们”这个习惯称谓相当于一种心理补偿），它对海外问题，例如监督殖民地事务，有影响力，但是大部分的权力还是掌握在各省和形同政府分支的大型海外贸易公司手中。这些公司对海外贸易站点的维持，以及他们从中谋利的权利，都是在这个体系中根深蒂固的。然而，范·德·邓克却相当明确地要求领导人们：“我们认为这一地区在西印度公司的管制下永远不会繁荣发展……因此如果这些公司能脱离这一地区并将其财产搬离此地，这对于该地区和这些公司本身都会更好、更有利。”[24] 如果把那些礼貌用语去掉，那么这个请求就是：“让他们离开这里，把他们相关的东西也带走。”这是在要求改革这个体系，剥夺西印度公司股东的财产所有权——尽管他们曾为这份财产投入了极其大量的金钱——让中央政府直接接管这个地方并在荷兰政治体系中赋予其政治地位。

219 对于范·德·邓克、梅林、霍弗特·卢克曼斯、奥古斯丁·赫尔曼和他们的同伴们来说，期望总议会为了聚居在一个遥远的岛上的几个商人和定居者们削弱整个政治经济体系的地位，当然是大胆之举。事实上，在一些史学家看来，他们的任务的大胆程度不啻天方夜谭，或者就是一场白日梦——也许还称得上很前卫，它预见到了美国独立战争中人们的政治诉求，但这是与当时那个时代格格不入的。

然而，这不是白日梦。范·德·邓克的艰巨任务与其他事件之间有着千丝万缕的联系，就在这些代表从曼哈顿启程之前不久，国王查理被斩首的消息就传到了这个殖民地，从这一点就可见一斑。当范·德·邓克抵达荷兰时，一场宣传册上的论战——在报纸面世之前的时代，宣传册就是国民的临时演讲台——正在进行中，主题就是人民的权利和君主制的局限性。荷兰共和国的出现引发了这场论战——准确地说，这场论战发生在海牙附近的洪斯拉尔宫（Honselaardijk Palace），弗雷德里克·亨德里克在这里过着精彩的生活，占尽荷兰的天时地利，与此同时，一拨拨身份更低下的难民从欧洲各地涌到这里，其中有一位不是别人，正是查理之子即他的继承者，后来的查理二世。一位声名显赫的知识分子以守旧派的论调称，即使国王查理犯下了理应被处决的罪行，但是长子继承制——在世袭君主政体中权力转移的依据——要求他那未曾参与这些罪行的儿子应当成为新国王，因此，本国应当为其提供庇护直到克伦威尔的疯狂时期过去。然而，其他人为庇护一个逃亡的王室成员感到不安。在荷兰共和国无拘无束的公共讨论“场所”上，一个来自乌特勒支大学，颇有范·德·邓克之风的荷兰年轻法学生抛出了一份宣传册，对此做出了回应。这份被到处印刷、人人阅读的宣传册宣称，在新欧洲，在一个刚刚独立的共和国，如此依附于皇权之举是跟不上时代的步伐的。[25]他宣称，君主们的权力并非神授，而是人民授予的。当然，范·德·邓克提出的要求并非体现了国王与人民之间的对抗。但是这场关于国王的权力局限的辩论说明，在曼哈顿的代表们呈上他们的案件时，他们的奋斗目标——一个民族在他们的政府中应当拥有发言权——正是人们热议的话题。

当时同样流行的还有彻底的政治行动主义。当范·德·邓克开始在海牙代表曼哈顿殖民地履行他的使命时，一位名叫弗朗西斯库斯·范·丹·恩登（Franciscus van den Enden）的耶
220 稣会信徒正在阿姆斯特丹组织一个苏格拉底式的学会，鼓励年轻人自由体验民主和社会平等理念。[26]从范·丹·恩登的小团体中崭露头角的最有名的学生是巴鲁赫·斯宾诺莎，这个生活在阿姆斯特丹的犹太人在世时声名狼藉，但后来他因继续发展笛卡尔制定的现代哲学原则而成为历史上的一个传奇人物。从这个圈子中涌现的一些理念——民主政府、公共生活、财产共有权、质疑将《圣经》逐字逐句当作真理的做法、公立学校体系——听起来异乎寻常地现代，这说明了现代世界的根源可以追溯到比我们通常理解的更早的时间。

范·丹·恩登的圈子对范·德·邓克和他为他的殖民地制订的理想主义计划有一种天然的喜爱。范·德·邓克可能就是在荷兰逗留期间认识他们的。当然，或许是范·德·邓克努力的结果，他们终于开始了解这个荷兰殖民地，而且这将会成为他们其中一个计划的焦点——一个怪异，具有共产主义雏形的乌托邦式的生活实验。在范·德·邓克执行这项使命的十年后，范·丹·恩登将为美洲殖民地的这样一个社区起草一份宪法草案。实际上，这个团体为这个冒险活动获得了一份特许状。1663 年，41 位后期清教徒在皮特·普洛克霍伊（Pieter Plockhoy，此人后来成为社会主义的创始人之一）的带领下，在特拉华湾，也就是施托伊弗桑特从瑞典人手中赢回来的土地上定居。但是这个时机很糟糕。不过几个月之后，英国人就占领了荷兰人的整个新尼德兰殖民地，同时摧毁了这个乌托邦式

的定居点。普洛克霍伊本人活了下来，而且在新大陆度过了他生命的最后30年，作为新城市费城的居民在河流上游度过了人生最后的岁月。

和范·德·邓克的使命一样，这些计划可能都太过于理想化了，它们是紧随笛卡尔和格劳秀斯等人而出现的第一拨思想者的成果，他们立志要让人类活动的中心从教堂向人类心智转移。但是，如果最后范·德·邓克和他的同伴们未能获得他们想要的所有结果，那么他们会改变这个体系并为一个新型社会的创建铺平道路。美国历史忽略了他们的成就，这在某种程度上与盎格鲁中心主义有关系，而且可能与一些人们习以为常的现象有关。[27]比如美国大学中的殖民研究通常都是被割裂的，英语系专门研究英国殖民地，西班牙殖民地则是由西班牙语系 221
负责，等等。这意味着荷兰殖民地被边缘化了（美国大学里鲜有荷兰语系），而且对于殖民地整体研究的方法太狭隘了。近年来，历史学科已经打破了一些这样的藩篱，因为人们开始清晰地意识到17世纪受过教育的欧洲人已经对世界和他们在其中的位置有所认识，而且他们受到许多在远方发生的事件的影响。如果要了解一个地区的事件，我们就要对其他地方正在发生的事情有充分的认识。有一卷第一手史料对于理解荷兰人在曼哈顿岛做的事情至关重要，这份题为《库拉索文集》（Curaçao Papers）的著作可以证实这一点。那个时候就已经形成了全球网络。

因此，将范·德·邓克的使命置于这一背景中，我们会顿时感觉释然。一方面，人们依然在翻译和出版这个殖民地的记录，这些记录展示了一个如旋涡般动荡的殖民点，住在这里的是一群不屈不挠的人，他们看到了这个地方的可能性，而且想探索这些可能性。那是一个社会，一个值得为之奋斗的社会，而且殖民地居民们与广阔的世界有着千丝万缕的联系。是时代的精神激励着范·德·邓克和他的同伴们，驱动着他们追求他们的理想主义。一些非同寻常的事情正在欧洲发生，而且他们知道这一点。他们斟酌了《明斯特和约》和范围更广的《威斯特伐利亚和约》。与参与和谈的代表们以及范·丹·恩登圈子中的成员们一样，他们也在追随胡果·格劳秀斯的脚步，将他的法律原则应用于新大陆殖民地。

还有一点值得注意，尽管殖民地居民们的请愿书内容很激进，但它得到了政府的认真对待。在最初的报告后，政府官员们坐立不安，他们翻动着书页，讨论着问题，选派了一个委员会深入研究此事。[28]这个问题一直让他们心神不宁，现在到了解决它的时候了。

那天晚上，这三个美洲人肯定在海牙庆祝了一番。他们肯定为他们在政府机构面前的首次登场感到高兴。但是，如果他们期望自己的事情能很快得到解决的话，那么他们很快就会失望的。没过几天，总议会发现自己本身正处于一场保皇主义危机中，这场危机已经积累多时，如今将所有次要问题都挤到了
222 一边去。英格兰内战并非一个孤立事件。荷兰政府不是建立在习惯法之上的，而是一些制度和法律拼凑而成的产物，有一些部分很具有前瞻性，但是也有一些封建残余。它是一个共和国，但是它也有贵族世家，也有第一家族奥兰治-拿骚家族（House of Orange and Nassau）。根据长久以来的传统，奥兰治亲王被选为“执政长官”（Stadtholder）——一个类似于总统的官职，但是其职责非常模糊不清。这种模糊不清的状态激怒了曾经的奥兰治亲王弗雷德里克·亨德里克，他从 1625 年起

担任执政长官一职，带领军队在对西班牙的战争取得胜利，在有生之年逐步巧妙地扩大了自己的权力。他的终极目标是让他的家族得到王室地位，但是他朝这个方向迈出的一大步非常不合时宜：1641 年，他让自己 15 岁的儿子威廉（Willem）与英格兰查理一世 9 岁的女儿玛丽·斯图亚特（Mary Stuart）成婚。几乎就在这个时候，英国内战开始了。弗雷德里克·亨德里克将他的运气都押在查理身上，但是十年后，查理已经人头落地。

从一开始，荷兰人就为他们的贵族世家和注定失败的王室成员勾勾搭搭的做法感到不满。弗雷德里克·亨德里犯的第二个大错是试图阻挠明斯特和谈。“八十年战争”对他的家族十分有利，它令其父亲“沉默者威廉”成了一个人们崇拜的偶像，成了“国父”。除此之外，执政长官是军队的首领；与西班牙和平相处意味着他的重要性将骤然降低。但是荷兰省商人出身的统治者们，特别是阿姆斯特丹市的统治者们却认定和平才是符合他们的利益的。历史朝他们的方向而动。和约签订了，当弗雷德里克·亨德里克的失败愈发清晰时，他本人去世了。

不过，这个问题还远没有结束。新的执政长官威廉年方 21，性情反复无常，骄傲自大，对他的顾问们和他那还是个孩子的英格兰妻子漠不关心。他很机灵，但是也很狂野，很快事实就证明了他是比他的父亲更危险的一股力量。在曼哈顿的代表们呈上他们的请愿书的几天后，荷兰议会——荷兰省的地区议会，也在海牙开会——投票出资遣散许多士兵。这本来是很寻常的战后措施，全世界都是这样，战争一结束，军队就要精简。但是，每走一个士兵，执政长官的权力就少了一份，这刺

痛了威廉，于是他做出了反应。他以个人名义向军队官员发出
223 了命令，指令他们维持军备。这些军官听从了亲王的命令。弥漫整个海牙的欢乐气氛登时被乌云笼罩。总议会连忙安排与亲王协商相关事宜。他同意减少军队总人数，但走的只能是荷兰士兵。这让这个国家好议时政的知识分子阶层感到了一阵寒意：所有人都知道，军队的很大一部分是由雇佣兵组成，而且，在这场亲王与总议会之间形成派系分裂的事件中，这些人更倾向于站在他那一边，不太可能屈服于爱国主义。人们突然明白，感觉自己的权力受到威胁的威廉正在考虑对这个刚刚宣告独立的国家发动一场军事行动。实际上，威廉比他的父亲更急切地想要将执政长官的头衔换成一顶王冠。在他与法国大使的秘密会议中，他已经接受法国人开出的条件，这位大使在一份报告中提到，他们会助他得到“远比他的前任更显赫的地位”。[29]

随着政府陷入危机状态，所有次要的问题都被搁置。不过，范·德·邓克不愿这样坐着不动，他利用这个时间打通了另一个方向的道路。这个殖民地并不仅仅是一份政治事业，它还需要移民者、交易商、航运商。也许，它最需要的是宣传。于是他从一名政客变成了一位公共关系代理人，他要去找一位愿意出版他的陈情书的印刷商。这不会是易事，因为这份文件一直在攻击这个国家中最有权势的公司之一。想要找的这位印刷商必须无惧争议。

他找到了他要的人。24 岁的米希尔·斯特尔（Michiel Stael）是一位面包师的儿子，在和约签订之后，他离开了他的家乡代尔夫特，来到首都开始创业，成了一名书籍和宣传册的印刷商。[30]他做这一行恰逢其时：欧洲正在《威斯特伐利亚和

约》的余波中动荡，荷兰共和国成了欧洲大陆的出版之都。在世纪之交时，海牙的出版商只有 4 家，如今却有了 39 家。[31] 斯特尔渴望成名。当范·德·邓克找到他的时候，他才刚刚起步，正在为法国市场印刷一些宣传册。他即将开始的工作体现出他对于有争议的话题的敏锐判断力。他在 1649～1650 年的出版物几乎全都围绕着政治话题，而且那些标题反映了他所从事的行业的国际性和这些新鲜出炉的出版物的时效性：《克伦 224
威尔将军的两封信：英格兰与苏格兰军队邓巴之战内情》《西班牙大使致总议会商院议员们的提案》《个人就扣留孔代亲王、孔蒂亲王和隆格维尔公爵（Princes Conde，de Conty and Longuevill）致巴黎议会的信》。[32] 他特别喜欢激进的政治观点：在接下来的一年中，他将会因出版批评荷兰一些领导人的出版物而摊上官司——这证明了即使是在最开明的出版环境里也有限制。有一次，他差一点儿就被带上足枷。他在海牙的大街上被执法人员追着躲进了一家旅馆［这家店叫“狂欢荷兰鼠”（Bend of Guinea）］，从窗户逃走了。数年后，他在鹿特丹露面，继续做出版业。

范·德·邓克在狭小的公寓中找到了斯特尔，斯特尔和他的妻子、孩子及他的商业伙伴一起住在这间公寓里。那家印刷店也在这座建筑里，而且它很适合铤而走险的人——从这个地方向外望就能透过海牙法庭的外院看到监狱门（Gevangenpoort），这座矮矮宽宽的砖砌建筑有一个通向政府大楼的拱形门，而且它还是市监狱。① 按照他爱批判有势力的人的倾向，斯特尔肯定为范·德·邓克的文件和其中夺走西印度

① 监狱门如今依然矗立，如今它是一家展示酷刑和惩罚的博物馆。

公司掌握的一个省份的激进提议而感到欣喜。作为一个商人，他肯定觉察到这部著作很有市场，因为很多人都把西印度公司看作一个失败——它那曾经高达206荷兰盾的股价已经跌到了14荷兰盾——和一个可以嘲讽的成熟对象。他同意出版陈情书。[33]

斯特尔看样子是将范·德·邓克介绍给了一位名叫亨德里克·洪迪厄斯（Hendrik Hondius）的镌版工，此人住在仅几道门之隔的外庭（Buitenhof）。[34]范·德·邓克希望能将他的新尼德兰地图和陈情书一起出版，而且洪迪厄斯似乎让自己在阿姆斯特丹的内弟约翰内斯·扬松（Johannes Jansson）① 和范·德·邓克联系，为它镌版。[35]即便范·德·邓克没有做其他的事情，他出版这份地图的事迹就足以名留青史。从1650年至18世纪中期，这份所谓的“扬松－菲斯海尔地图”（Jansson-Visscher map）［克拉斯·菲斯海尔（Claes Visscher）制作了一个修订版］重印了31次，而且成为荷兰人以及英国人眼中最权威的地图，如今人们仍在复制这份地图，将其作为
225 殖民地时期北美东北部最准确的透视图和早期制图最精美的范例。[36]它将出现在全欧洲的绘图室、运输事务所和图书馆中，给美洲东北部的大部分地区——从五月角（Cape May）到长岛再到罗得岛（Roode Eylandt）永远地安上荷兰语的名字。它还是少有人研究的将地图作为政治宣传手段的绝佳范例：人们有意地使用地图，特别是荷兰人和英国人将他们对这个世界的掌控印在欧洲人的头脑中。“扬松－菲斯海尔地图”意在不偏不倚地展示北美东北部的情况，但是，实际上荷兰殖民地占据

① 即约翰内斯·扬松纽斯（Johannes Janssonius）。——译者注

了中心位置。而且，更重要的是，这幅图将“新尼德兰”这个名字与地球仪上一个值得注意的部分联系在一起，也就是在这片大陆上，从科德角（Cape Cod）到特拉华的地区构成的一个弧形。这是因为范·德·邓克坚守由亨利·哈德逊和他的追随者——探险家阿德里安·布洛克最初划定的边界线。

这幅图还体现出了另一个宣传手段。这幅用钢笔画的方式展示出新阿姆斯特丹风景的小图除了被范·德·邓克带来向总议会展示这个殖民地愁苦的面容外，还有第二个功能。正如他将陈情书这个词用了两次一样——一方面是用来让统治者们了解这个殖民地悲惨的处境，另一方面是将其作为吸引定居者的公共关系工具——范·德·邓克似乎将这件艺术品带给了镌版工约翰内斯·布劳（Johannes Blaeu）并让他用它制作了一个适合出版的版本。完工后的彩色雕版标题为“曼哈顿岛上的新阿姆斯特丹”（NIEUW AMSTERDAM op't Eylant Manhattans），它不但有独立版本，而且在其后版本的地图中作为插图出现；它的每个细节都和钢笔画版的插图分毫不差，只不过原来的插图展示的是一个人烟稀少、破败不堪的村庄，而布劳的雕版印刷地图中的曼哈顿城镇则小巧玲珑、井然有序，那里有烟囱、山形墙、风向标，生机盎然。范·德·邓克的个性——不屈不挠地推销他的新大陆，而且愿意扭曲真相以迎合他的受众——铭刻在这些道具中，如今它们被藏于世界各地的博物馆和图书馆中。

大约在此时，在总议会无暇分神，斯特尔准备出版陈情书时，范·德·邓克向南做了一次长途旅行，去家乡布雷达看望他的家人。[37]他的两个姐妹、三个兄弟以及他们的配偶和孩子此时似乎大部分都住在布雷达。他的姐姐阿加莎曾陪着她的丈 226

夫——东印度公司的一位官员——到安波那岛去，丈夫去世后，她又回来了；他的妹妹乔安娜很快就要和当地的一名商人结婚。所以我们能想象他此次返乡，回到那个（相对）阳光明媚，一栋栋建筑像中世纪时一样簇拥着哥特式教堂的南部城市时，场面会有多热闹。不过，尽管范·德·邓克的父母生活在欧洲最进步的社会中，但是他们一年前做的一件事情在这个时代还是很不同寻常：合法分居。更值得注意的是，是范·德·邓克的母亲阿加莎·范·卑尔根同意向她的丈夫支付赡养费。我们对范·德·邓克的父亲科内利斯的情况知之甚少，显然，这个家庭的财富和名望都是从范·卑尔根一方得来的。正是阿德里安·范·卑尔根——阿德里安·范·德·邓克的外祖父，与其同名——将布雷达从西班牙人手中解放出来，他也因此成了一个传奇人物。而且，阿加莎·范·卑尔根愿意每年向她的丈夫支付 100 荷兰盾，这也说明了这些钱是她继承而来的。①

这个家庭向这个离家已久的儿子表示欢迎。如今站到他们面前的已经是另一个人了，那个带着书卷气的男孩已经变成了一个男人，他的步伐迈得更大，握手时也握得更紧了。他曾徒步走过那些紫色的山峰，在林间席地而睡，在原住民的长屋里和他们一起进餐。九年来，他一直呼吸着不同的空气。他的眼神、他的声音都体现了这一点：范·德·邓克激情四射地回到了布雷达——无论父母分居让他有什么样的感觉，都不足以抑制他的这股激情。他在所有亲戚面前大肆宣传美洲殖民地，那

---

① 在英格兰和英国殖民地，财产要传给长子，而按照荷兰制度，财产要传给所有孩子，不分性别。

是他的家，他的事业，一个机会之地。这个未来的天堂只缺一样东西，即健全的政府，而他本人正在为此筹备中。他的激情以及人们对他的敬佩之情——他前往这样一片蛮荒之地，回来时已经是众人的领袖，又作为一位政治家，向本国政府呈递了状词——令他的家人们佩服得五体投地。在接下来的两年里，他的双亲分别把他们的资产变现，打点行装，坐上了前往曼哈顿的船。他的一个弟弟及其妻子、他们的儿子和几名仆人也去了曼哈顿。他的热忱所到之处似乎感染了每个人。

此时，在海牙，这个殖民地的请愿书在政府的日程表上被 227
搁置了。科内利斯·范·廷霍芬——这个一直在背后拉曼哈顿代表团后腿的人——出现了几次，他给议会的大人们提供了一些信息，意在证明这个殖民地的情况并没有那么糟糕。他称，曼哈顿征收的税款相比于新英格兰人缴的税已经算优惠了。定居者们有良田可耕种。而且，他制作了一个新尼德兰和新英格兰的耕畜现行价格对比图，这也许是最早的、关于曼哈顿的生活高成本的记录：曼哈顿的一个农夫卖出一头一岁大的母猪可以换得 20 荷兰盾，而在波士顿他只能换回 12 荷兰盾。[38]

范·德·邓克和范·廷霍芬这两个死对头展现的截然不同的殖民地景象中有一层讽刺意味。范·德·邓克认为这个海外殖民地创造的利益总有一天会比他的整个祖国还多，为了尽量为它争取支持，范·德·邓克强调了那里黯淡的境况，处处将情况往绝路上写，很多时候他都把数年前，印第安战争之后的情况当成目前的情况来描述。而范·廷霍芬描述的充满生机的景象也许更能准确地反映当时的状况。讽刺的是，范·德·邓克更有说服力、更优雅的陈述——其终极目的毕竟是为了巩固这个殖民地——对史学家们产生了长远的影响，令他们认为荷兰统治下的殖民地自其诞生时起就有缺陷。

尽管范·廷霍芬在委员会面前做了陈述，但是当范·德·邓克回到海牙的时候，政府议事厅外已经陷入了真正的骚动。米希尔·斯特尔的宣传册版陈情书——被重新安上了一个更富戏剧效果的标题《新尼德兰陈情书，其地理位置、丰饶程度和悲惨境遇》（后文简称《新尼德兰陈情书》）——已经传遍街头巷尾，它不仅轰动了海牙，还轰动了阿姆斯特丹、哈勒姆和其他地方，陈情书展示了一幅惨淡图景，描述了最近发生的事件和殖民地居民们的挣扎，但是范·德·邓克描述了广阔、富饶的土地，“在人手充裕的情况下可以全面开垦……有许多非常平坦的土地和玉米地”和“非常好的牧场”，“不费什么力气就能改造成优良的耕地”，肥沃的土壤能产出粮食，而且“比尼德兰的土壤耕种起来更不费力”，这些都给人们留下了深刻的印象。范·德·邓克在写作中突然扯出一段题外话，用诗意的语言列出一连串的事物，这是他的标志（这个殖民地
228 的树：“星毛栎……黄油橡树……油用坚果……山核桃木……水山毛榉……树篱山毛榉……斧柄木……两种舟木、白蜡木、桦木、松树、板条木或野生雪松、椴树、桤木、柳树、荆山楂树、接骨木”），这一切点燃了那些一生都住在森林稀少的平原和围垦地的人的想象力，令曼哈顿更具诱惑力。

这份出版物——以及附带的新阿姆斯特丹的地图和插图——立即得到了反馈。也许是通过斯特尔——他的地址被放在了书名页——人们联系到了曼哈顿的代表们并表示他们已经准备好搬家，到曼哈顿去寻找财富。西印度公司的董事们都大吃一惊。“以前从来没人提过新尼德兰”，他们给施托伊弗桑特写信，“如今它好像把这里搅得天翻地覆，每个人都希望自

己第一个到那里去选择最好的（地）。”[39]范·德·邓克和他的同伴们很快就采取了行动，他们找到了一位在阿姆斯特丹的船长，此人愿意将定居者送到曼哈顿去。大批人群涌入这个海港；140 名自费登船的移民被接受，船长威廉·托马森宣布这艘船已经满员了。另外几百人吃了闭门羹。

然后，范·德·邓克开始利用人们对这个殖民地表现出的巨大兴趣。他给总议会委员会写了一份扣人心弦的请愿书——特别点了委员会主席的名，亚历山大·范·德·卡佩伦（Alexander van der Cappellen），范·德·邓克知道此人是西印度公司的敌人——其中他生动地说明了形势的变化[40]：船只如今蓄势待发，船长和船主们都可以证明，如果他们再有六艘这样的船，上面也会坐满人的。[41]“带着对更好的政府的期盼，”范·德·邓克希望总议会能看到，“更多乘客开始面向新尼德兰，如果有途径、有机会，他们都想去。”然后，凭借他一贯以来对细节的关注，他让那位船长像在公证人面前一样为他作证。

这似乎是利用民众意愿给政客们突然施压的经典案例。就在范·德·邓克展示公众对这个殖民地感兴趣的证据这一天，总议会给西印度公司的各个分部发出了一连串的信，要求它们向海牙派出代表，和来自曼哈顿的代表们一起出席为期两周的联席会议，商议“关于新尼德兰的全部议题”，[42]最后还来了一句：“不得有误。”一周后，范·德·邓克让该公司的阿姆斯特丹分部和他的签了一份合同，其他代表们租了一艘船，这艘 229
船足以将另外 200 名移民运往曼哈顿。该公司将负责这些开销，而代表们则要做细节安排。这艘船将在 6 月的第一天前起航。

现在的他是一个技术炉火纯青的推销者了，他面面俱到，而且取得了成果。如今，他和被指派处理该殖民地事宜的总议会委员会成员们结成了密切的工作关系，他们显然都倾向于他这一边——每个人都收到了范·廷霍芬的抗议。根据委员会的建议，总议会决定从海牙派出一名公证人到这个殖民地去；范·廷霍芬之所以生气是因为如果这样做，这些领导人就会剥夺施托伊弗桑特及其顾问班子的一些政治权力——剥夺西印度公司的一些政治权力——并将它们赋予一位政府官员。在范·德·邓克看来，这是向正确的方向迈出的一步。

然后，在1650年4月，决定性的裁决出来了。在所有委托人——范·德·邓克和他的同伴们，以及来自西印度公司大部分地区分部的代表们——齐聚阿姆斯特丹分部的情况下，委员会发布了“关于新尼德兰政府、维护和居住的临时命令”。[43]当一位委员会委员费力地念着一行行密密麻麻的法律用语的时候，所有人无疑都在椅子上伸长了脖子等他宣布：委员会“通过调查新尼德兰迄今为止维持的政府体系”，现做出结论，总议会成员们“不可、不应再准许西印度公司股东们凭借特许状赋予之特权和利益，无视或反对为了地区边界安全和人口增长向委员会递交之良好计划和提议，进行不当管理”。这就是——委员会的明确定论。

然后是要付诸实施的具体命令。首先，最重要的是，“在新阿姆斯特丹市内成立一个市政府”，在这样的政府成形之前，九人委员会将继续“享有对于人和人之间发生的小案件的司法管辖权……”委员会还提到了公众对于向这个殖民地
230 移民突然产生的兴趣：“前往北美洲和附近岛屿的私人船只有义务运送所有愿意被带往新尼德兰的乘客……”而且委员会建议将总计15000荷兰盾的资金放入一个账户，作为无法承担

旅费的未来定居者们的福利金。

除了这份没有加上主观评论的命令，委员会还发布了一个命令："现任总督彼得·施托伊弗桑特当奉命回国述职。"

就这么多。会议结束了——政府已经明确表示支持曼哈顿代表们的事业。西印度公司的代表们都很气愤，阿姆斯特丹分部迅速准备反驳。此时，范·德·邓克准备使出撒手锏。即使是他的陈述得到了这样掷地有声的支持，他也并未感到满足，因为这些命令放过了西印度公司，它还掌握着这个殖民地。他到委员会演讲。他不再是一个没有把握的局外人；六个月来在海牙进进出出的经历给了他信心。

"尊贵的、伟大的大人们，"他开始说道，那溢于言表的得意之情令他乏味的话语也变得色彩缤纷，"诸位高贵的阁下和您，尊贵的大人，能欣然保护虽然遭受破坏，但蒙主恩宠得以残存的新尼德兰，为那些令人悲伤的事件拨乱反正，此举令人佩服。因此，鄙人斗胆向高贵的大人提议一些十分必要的方法，而且，经过全方位的思考，对于其中牵涉的诸位高贵的阁下有益、有利……"[44]

他不希望总议会忘记曼哈顿殖民地的定居者们遭受的痛苦是西印度公司某些官员采取的灾难性行动所致——"野蛮人、基督教徒甚至尚未断奶的婴孩因那些毫无必要的野蛮行径流了多少鲜血？"他要求委员会将自己在曼哈顿起草的对范·廷霍芬的质询书清单加入记录。他声称，廷霍芬和其他要为印第安之战担责的人应被处决。

范·德·邓克已经确定范·廷霍芬在海牙是不受欢迎的人，他希望能在这种反感的基础上扩大那几个临时命令的影响力，直接将西印度公司从曼哈顿殖民地扫地出门。但是委员会

231 在那方面没有采取行动。不过，它确实批准了一个计划，派曼哈顿代表团中的两个人——包特和范·考文霍芬——带领一众定居者回曼哈顿，此二人要向施托伊弗桑特传达裁决并带一船的枪回去保卫该殖民地。他们欢欣雀跃地和范·德·邓克道别后就立即动身了，而范·德·邓克将留下来确认委员会的命令被总议会采纳。

在他们离开之前，范·德·邓克写了一封密信，让他们送出去。这封信是写给拉·蒙塔尼医师的，他在基夫特和施托伊弗桑特手下都做过事，范·德·邓克瞄准了此人，认为他在这场强权政治游戏中是举足轻重的人物。这封信直到1997年才被人发现——发现者是亚普·雅各布斯博士，一位研究新尼德兰殖民地的杰出的荷兰史学家——此信藏于阿姆斯特丹市档案馆中；它仿佛一道亮光，穿透因几个世纪的时光而变得昏暗不明的房间，说明阿德里安·范·德·邓克在其出使海牙过程中最关键的时刻觉察到了更为广阔的时代背景下的潮流，饶有兴致地、巧妙地玩着这场政治游戏。[45]它还说明了他将自己视为领导这些活动家开展这项事业的人。“出于老交情，我给您匆忙写下这几句话，希望您依然坚信我们对您的善意”，这个人曾经在施托伊弗桑特囚禁他的时候参与审判他，但是似乎尽力在当时和其他时候的讨论中保持中立。在给他的信中，范·德·邓克是这样开场的：“我提过很多事情，口头警告并向雅各布·范·考文霍芬强调您和我不同。”然后，范·德·邓克开始用每个时代的政客都会用的经典手段安抚拉·蒙塔尼。他确信自己会成功，并向拉·蒙塔尼保证“我们相信在很快就要成立的下一届政府中，您将会担任一个不错的职位”。然后他言归正传：“如果您能加入起诉方，那是再好不过了。我请求您尽可能地提供建议并采取行动，协助九人委员会……”然后他改变策略，让拉·蒙塔尼了解风向已经改变，以及继续与西印度公司代表们为伍并非明智之举：“这里人人都知道那场战争的始作俑者还未受到应有的惩罚……廷霍芬在这里不太受宠……他和基夫特总督在那场战争中的所作所为在这里受千夫所指。公司董事们尽力为 232
施托伊弗桑特、他的秘书和他们的支持者们辩护，但是除了少数几个人，董事们本身在这里就不太受宠，而且人们觉得他们也有嫌疑……”

显然，范·德·邓克已经预见到，在不远的将来，新阿姆斯特丹和整个荷兰殖民地将被政府接管，被赋予正常的政治地位，并且成为共和国不可分割的一部分。他在给总议会的一份请愿书中，强调了这个殖民地对于这个刚刚独立的国家的未来扮演的举足轻重的角色：“这个州……自己就比 17 个荷兰省份都大①……在危急关头，它会变成一个坚强的臂膀，提供人员和给养；等人口增加之后，高贵的大人们将可以在你们自己的领地之间开展巨额贸易——大人们对此享有绝对的控制权和权威。”[46]这样的安排是前所未有的——新尼德兰仿佛是荷兰共和国的第八个省份，一个与母国不相邻，与阿拉斯加或夏威夷类似的州。如果这一切成真，当然，历史——美国人、英国人和荷兰人——的结局会大不相同。1650 年春，至少在范·德·邓克的心里，这是真的可能会发生的事情。政府站在殖民地居民们这一边，施托伊弗桑特被召回，而范·德·邓克在远离曼哈顿的大洋彼岸，正在筹建一个新的行政机关。

---

① 他在这里提到的是荷兰人传统上认为是他们领土一部分的所有省份，其中包括那些没有成为这个共和国的一部分却在将来组成新的国家比利时的省份。

第十二章　危险分子

233 毕竟，彼得·施托伊弗桑特是在乡下长大的。而且，军事基地不是让孩子学走路的地方，也不是女人该待的地方。于是，在1650年左右，施托伊弗桑特带着他的妻子和两个年幼的儿子坐上一辆马车，沿着大路北上。五分钟后他们就来到了一片旷野，草地和牧场上零零星星点缀着几片树林。路突然往右一拐，拐进他的秘书范·廷霍芬经营的鲍威利农场的边缘，然后向北，转弯穿过一片荒地，左面的空地前方是一大片耕地，一群获释的奴隶在这里耕种。不久之后，这里就会形成一个叫"诺德韦克"（Noortwyck）或者"北区"（North Distint）的村庄，后来长岛的格林韦克村（松区）的一名移民搬到了这里，并据此给他的这块地取了名。（由此，我们似乎看出，格林威治村的名字来源于此，和英国并无关系。）

从当时被称为鲍威利路的这条小径右转，施托伊弗桑特带着他的家人踏上了一条小路，这条小路通往岛上的一片他正在开垦并打算收为己用的土地。这里有一大片湿地，四周静悄悄的——鹬和野鸭子飞落在湿软的池塘边。强风向河面袭来，水草纷纷压低了腰。青紫色的天空下，一群奶牛静静地匍匐在岸边——此情此景也许令他想起了自己的家乡。这里离他那问题不断的领地首府不过2英里，但那似乎是远在天边的事情了。西印度公司把这块地划给殖民地的总督，让其工人来耕种，因

此基夫特和他前面的几任总督都用过这块地。施托伊弗桑特有
其他的想法。他现在有了家室，他想在这里扎根。因此，他计
划年内就从公司手中买下整个“鲍威利一号”农场，然后再
买下农场两侧的土地，这样他的种植园面积将达到近 300 英 234
亩，从“东河”西岸一直延伸到曼哈顿岛的中心。[1]他在这里
建了一座庄园和一座小礼拜堂。他将在这里度过余生，并于此
地长眠。在未来几个世纪的变幻中，摩登女郎、犹太难民、嬉
皮士和朋克族——托洛茨基（Trotsky）、奥登（Auden）、查利·
帕克（Charlie Parker）、乔伊·雷蒙（Joey Ramone）等人都曾
在此居住——都将从他的墓前①经过。

每天，施托伊弗桑特把两个淘气的孩子（巴尔塔萨和尼古拉斯）留给朱迪斯后，就会骑马离开这个世外桃源，进入纷乱的尘世。他一路上经过公司的果园和墓地，一边走进镇上纵横交错的街道，一边向人们挥手示意，这些人里有家庭主妇、印第安人、酒保、走私者、水手、非洲人、恶棍、野孩子、难民、行为端正的市民，也有斜着肩膀、蒙着眼罩的不法分子，他们都是他的子民。人们一眼就会认出他，他身穿铁甲，手持长剑，在马上一副威风凛凛的贵族派头。人们因为自己的政见要么诚挚地问候他，要么低声咒骂他。然后，他那如橡木般坚实的身影消失在堡垒中，准备开始工作。他已是不惑之年，这些年来，来自各个方面的灾难与挫折困扰着他，但他一直拥有不屈不挠的品性。

不过外界对施托伊弗桑特的中伤并未停止，其中有很大

---

① 历史模糊了曼哈顿的荷兰时期，施托伊弗桑特墓碑的遭遇就像对这一情况的暗喻。他那嵌入了包厘街圣马克教堂地基的墓碑上的年龄和头衔全都是错的。

一部分压力来自范·德·邓克，即便他还在海外。事实上，这段时间以来，每次有挂着荷兰国旗的船只进港时，总会带来新的消息，其中有不少就是关于施托伊弗桑特的负面新闻。1650年2月，西印度公司的董事们在给施托伊弗桑特的信中提及："科内利斯·梅林和阿德里安·范·德·邓克这群煽风点火的人真是无所不用其极，要让每一届政府不得安生！"[2]到了4月，这些董事显然得知了施托伊弗桑特以前曾和范·德·邓克交好一事，他们大为光火，认为是他与此人走得太近，导致范·德·邓克利用这种亲密关系达到了一些政治目的。"我们认为你过去太信任这群罪魁祸首，和他们太熟了，"他们写道，"现在这些人终于露出了他们忘恩负义、奸险狡诈的本性，对付他们你得像狐狸一样狡猾……"[3]

听到董事们如此责备自己，施托伊弗桑特觉得十分气恼，但更令他愤怒的是，范·德·邓克不知用了什么方法说服了荷兰议会，让他们转而支持此人及其盟友。他还听说议会已经为殖民地重组一事发布了几条临时命令，不过他还未接到执行的
235 命令。不仅如此，对范·德·邓克造成的威胁，他并没有尽力去调和缓解，反而选择了快刀斩乱麻。施托伊弗桑特终于受够了不服管的副总督范·丁克拉根。把他送进了监狱。此外，施托伊弗桑特还在九人委员会和他们的同伙中安插了眼线。他几乎已经放弃了允许人们在他们的政府机构中拥有发言权的新奇理念，越来越独断专行。奥古斯丁·赫尔曼和其他反对派的领导人一直在与范·德·邓克通信，让他可以随时了解事态进展。其中有一份急件如此写道："我们现在的处境就像落入狼群的绵羊，同伴之间无论说什么都会引起别人的猜疑。"[4]另一份文件则说："施托伊弗桑特现在根本不用语言或文字治理，

而是用逮捕和刑罚。”[5]看到一封封批评施托伊弗桑特的信件，可以感受到他严酷的背后如同开闸泄洪般的愤怒，这并非没有缘由的。曾经有个孝顺的儿子眼睁睁地看着他那正直的、对神十分虔诚的牧师父亲再婚并急不可耐地投入新婚妻子的怀抱；曾经有个年轻人太过压抑自己的感情，一直不敢向心上人求婚，以至于那女子的兄长断定他没有执子之手、与子偕老的勇气；最终，这位管理者完全信任一位年轻的门徒，结果遭到背叛，在经历天翻地覆的变化后，他遭到驱逐。

在此期间，施托伊弗桑特还得处理一些其他的问题，因为新来的船里装满了乘客，他们在长途旅途中忍受了晕船、无法洗漱的问题，但还是准备好在这里住下了。这也是代表团带来的结果：“会有许多人乘这艘船来到新大陆……许多人乘这两艘船……似乎每艘船都会装满人……”[6]不过从董事们的信中，施托伊弗桑特读出了一丝烦恼的意味：“这些新来的人都做着不切实际的贵族梦，以此来激励自己。”不过他们也不得不承认，“抱着这样的想法也未必是一件坏事”。

具有讽刺意味的是，当范·德·邓克满腔热忱想要罢免施托伊弗桑特的总督一职时，后者做出了一些绝妙的外交工作——抵御北部英国人的进攻，从而保证了殖民地的稳定。事实上，正是由于这两个死对头的努力，纽约才会成为如今的模样。倘若两人中有任何一方失败了，也许在荷兰人建立自己的 236
机构前，英国人就占领了这里，纽约会成为像新英格兰的波士顿那样的港口城市，而美国的文化也将不会是今日形态。

在曼哈顿的三年间，施托伊弗桑特多次催促新英格兰的总督们协同解决边界争端问题，后者虽表示愿意会面磋商，但每次谈到正题时就东拉西扯，不愿深谈。更糟糕的是，1649 年，这些清教徒中他最依赖的支持者——年迈的约翰·温斯罗普去世了。不过施托伊弗桑特的一大法宝就是厚颜无耻，他一直认可这样一条准则，即武力可以令顽固不化的对手妥协，事实上他也将此法付诸实践。施托伊弗桑特偶然发现一位长居阿姆斯特丹的意大利商人将他的荷兰商船开进了纽黑文港口。他断定这艘船——“圣伯尼尼奥号”（St. Benini）在从事走私活动。在荷兰人看来，纽黑文市本是荷兰领土，现在却有许多英国人来此定居，这实在是不成体统。不过这艘船出现的时机正好，这样他接下来引人注目的行动就有了理由。之前施托伊弗桑特曾经卖了一艘西印度公司的船给纽黑文的副总督，并承诺会交付。现在施托伊弗桑特想出了一个大胆的计谋——一面给总督送去外交信函以示友好，一面暗地筹划将“圣伯尼尼奥号”劫出港口——这个计划颇有战时的勇猛风格。在船出发之前，他安排了许多士兵如特洛伊木马般藏在船舱内，并将船驶进了纽黑文港。当船长将船开进纽黑文港口时，施托伊弗桑特事先埋伏在“圣伯尼尼奥号”附近，他的士兵一跃而出，登上船，切断了“圣伯尼尼奥号”的绳索，迅速占领了这艘船，并将其开回了新阿姆斯特丹。

果然不出所料，性格暴躁的纽黑文总督、清教徒西奥菲勒斯·伊顿（Theophilus Eaton）一听说这个消息就暴跳如雷，火速发函宣称施托伊弗桑特侵犯了他殖民地的领土并劫走了一艘从事非军事营运的商船，怒火让他的信语句不通①。[7]对于西奥菲勒斯·伊顿的指责，施托伊弗桑特假装无辜（“也许是我

① “现在最近有一艘被古德伊尔先生购得、属于纽黑文的船，你却派带有武器的士兵（既没有执照，也没有知会该辖区地方执法官原由）就在我们的港口内劫了船……”

在信中的言辞，或者是我的行为有一点儿冒犯到了您……”）。但与此同时他又据理力争声称“圣伯尼尼奥号”是荷兰船只，他们的行为违反了荷兰法律，至于这块有争议的土地，鉴于荷兰人最先发现，理应视为荷兰的领土。[9]在接下来的信件中，他还友善提醒新英格兰的总督们，荷兰海军的力量是如何强大， 237
但他没有提及事实上没有一支海军队伍是归他指挥。

与此同时，施托伊弗桑特还安抚了马萨诸塞的行政长官、温斯普罗的继任者约翰·恩迪科特（John Endecote）（我们“向您致以衷心的祝贺，我们认为英国选您是一个十分明智的决定”[10]），他希望约翰·恩迪科特在处理与曼哈顿有关的问题上可以沿袭温斯普罗的作风。施托伊弗桑特的努力确实获得了回报——他和约翰·恩迪科特之间建立了关系。其实，施托伊弗桑特在任期间的一个谜就是经常向潜在的敌人示好，甚至和他们交朋友，尤其是和英国人，但对自己殖民地的人民不闻不问。纽黑文的伊顿和康涅狄格的爱德华·霍普金斯对荷兰人仍然很恼火，但施托伊弗桑特极力讨好约翰·恩迪科特，对新英格兰南部实施边缘化政策——抢劫别国的船只，占领土地，吹嘘荷兰海军的战斗力——收到了效果。恩迪科特和马萨诸塞的其他官员都希望能维持和平局面，于是他们催促新英格兰的其他官员，让他们同意施托伊弗桑特的建议——进行会谈，并商讨领土划分的问题，此外他们还劝告代表们要“尽自己最大的努力在纽黑文、康涅狄格和荷兰人之间达成协议，除非各方之间爆发战争或冲突，而我们又被迫卷入其中”。[11]

新英格兰的总督们希望在波士顿会面，施托伊弗桑特则建议在曼哈顿，最后双方各退一步，选择了哈特福德，一个离“鲜河”只有几英里的地方。这是一个充满生机的小社区，和其他新英格兰领地分离开来，但其中部地带有一处废弃的岗哨，现在被一群荷兰士兵占领了。27 年前，一群从曼哈顿来的商人在此定居，成为最早来到这里的欧洲人，不过荷兰殖民地的人口太少了，没办法将这个地方纳入自己的管辖范围，只能眼睁睁看着英国人入侵。1650 年 9 月，施托伊弗桑特乘船到了这里，一进港口他就忙着和指挥官吉斯伯特·欧普·戴克（Gysbert op Dyck）打招呼，并向其他的四名行政官员问好。陪同他前来的还有他的秘书和翻译——两个英国人，乔治·巴克斯特和托马斯·威利特（Thomas Willett）。倘若不是当时情况有变，他肯定会依靠范·德·邓克。

238 这场谈判气氛紧张而热烈。[12]新英格兰人拿出了最好的美酒，像招待国家元首一样招待了施托伊弗桑特。伊顿和霍普金斯并不想让步，但在会前施托伊弗桑特和恩迪科特就做了手脚，他们只请了马萨诸塞和新普利茅斯的代表，这些殖民地的人对荷兰人敌意不那么强。而谈判的结果是，施托伊弗桑特放弃了一块原本就已经失去的东西：早就被纽黑文和康涅狄格占据的土地。作为交换，他达成了在英国和荷兰之间划出一道“永久性”边界的目的。协商者划了一条南北走向穿过长岛和北美大陆的边界线：长岛东部三分之二的土地以及大陆东部如今格林威治和康涅狄格的土地归新英格兰所有；长岛以西和大陆其他地方归荷兰所有。如今的长岛被分为两个有明显荷兰语和英语名字的县——纳苏县（Nassau）和苏福克县（Suffolk），这反映了当时的协议，虽然如今两县的边界位于《哈特福德条约》中划定的分界线以东 10 英里处。荷兰人在哈特福德的贸易站被允许保留了下来，他们称其为“希望之屋”（House of Hope）①。

对于施托伊弗桑特而言，此次谈判可谓大获全胜，他只用了一点儿外交手段，再加上哄骗的伎俩，就成功掣肘了军事力量比他更为强大的对手；而且他仅放弃了原本就已不属于他们的领地，就换取了英国人对荷兰殖民地的认可。新英格兰南部的两个殖民地对谈判结果十分不满，却也无可奈何：从那之后荷兰在北美殖民期间，就没有再受到英国人从北部的入侵。

与此同时，在海牙，范・德・邓克的工作也取得了进展。但之后，奥兰治亲王再次惹出事端。6 月 5 日，仍为荷兰省要裁减他军队的命令怒火中烧的威廉亲王，打乱了议会的常规工作[13]。他亲自出面称他会带兵到荷兰各个城市，向部队的指挥官说明只有他才有权解散部队，其他人不得干涉。三天后，范・德・邓克就在海牙市聚集的人群中，看着奥兰治亲王威风 239
凛凛地领头集结一支 400 名士兵的队伍，朝多德雷赫特（Dordrecht）进发。

不过这次任务失败了。眼看奥兰治亲王和荷兰最强大省份的权力角逐即将展开，荷兰省内的各个城镇纷纷行动起来，听命于地方官员的指挥，有些城镇甚至拒绝奥兰治亲王入境。结果奥兰治亲王一怒之下就闯进了海牙的荷兰议会，要求阿姆斯特丹的官员撤回裁军的命令。这些官员也左右为难，只能从合法性的角度给出回应。就事论事般，他们给出一个冰冷的回答，说在这种重大问题上，荷兰省督只会服务于省议会，不会

---

① 这个房子现在还在，它位于哈特福德市区的惠硕普（Huyshope）大道。

反过来，如果非要说谁有资格做出这个决策，那只有议会。现在是和平时期，而军队数量却相当于战时水平，这实在是没有道理。而且如果这些士兵无所事事，就很容易引起动乱，因此现在裁军是势在必行的。

面临这种形势，奥兰治亲王做出了一个前所未有的大胆决定：他下令逮捕了几名荷兰省议会的主要成员，将他们带到附近的洛维斯坦（Loevestein）城堡软禁起来。

没过多久这个令人震惊的消息就传遍了海牙的大街小巷。人们自发走上街头，聚集在海牙议会大厦附近的广场和街道上，交头接耳谈论着这个消息，也因大批骑兵在周围巡逻的场面而担惊受怕。范·德·邓克那位血气方刚的印刷工米希尔·斯特尔在街头散发有关此事的小册子，结果被判处了诽谤罪，还受了鞭刑。[14]

一决胜负的时刻到来了。7 月底，奥兰治亲王的堂兄弟威廉·弗雷德里克率领了一支 10000 人的队伍连夜行军穿过荷兰省，他们准备以武力控制阿姆斯特丹。听到这个消息，所有的荷兰人都陷入了恐慌之中，威廉·弗雷德里克此举无异于重演英国的历史，这会让他们付出惨重的代价。一场政变正在酝酿当中。

然而，天公不作美，由于夜晚行军时遇到了暴风雨，威廉的抢攻计划受到了阻碍，当部队抵达阿姆斯特丹时，天色已经大亮，城内的官员已经接到了通知，并布置好了防线。由于没能出其不意，威廉·弗雷德里克暂停了攻城计划。荷兰议会闻讯随即派出了代表团来和他谈判。信使将威廉遇挫的消息传给了正在吃晚餐的奥兰治亲王。

240 得知自己振兴皇室的梦想就此断送，奥兰治亲王大步走进私人寓所。关于当时的情形，一位作家这样写道："有人听到他用力跺脚，还把帽子扔到地上。"[15]没过多久，奥兰治亲王就妥协了，和政府达成了裁军的协定。一场危机就此消散。

威廉在夺权失败不久之后便去世，这帮了历史一个大忙。当时为了摆脱烦恼，他和堂哥一同去狩猎散心，没想到一回来他就病倒了，染上了致命的天花。11 月 6 日当晚，荷兰议会召开紧急会议，宣布 24 岁的威廉亲王去世这个令人震惊的消息。

威廉二世（奥兰治亲王）激进的夺权运动使得荷兰在曼哈顿的殖民计划搁置了几个月，这段时间内各个政党都持观望态度，等待荷兰最有权势的贵族和荷兰最强大城市的斗争结果。1650 年那个疯狂的夏季发生的事肯定让范·德·邓克十分震惊，他意识到远在万里之外的殖民地尽管看似没有法律体系，但情况并没有比荷兰更混乱或更脆弱。范·德·邓克并没有想着争权夺利，他和同伴只是按章程办事——实际上，他们在北美殖民地以及后来的国家最早行使了一项几乎是神圣的权利：向政府请愿申冤。

在这段疯狂的插曲过后，政府的各项工作又回归了正常。范·德·邓克的计划并没有因延迟而受到影响。威廉去世还不到两周，范·德·邓克就又一次来到了荷兰议会，范·廷霍芬也来了。从冬天一直到春天，这两个人不遗余力地轮流游说议会的政府官员，范·德·邓克希望议会对殖民地政府进行重组的指示得到落实，而范·廷霍芬却想方设法阻止这种情况的发生。不过，范·德·邓克更胜一筹，他成功地将对手逼到了绝境，他向议会提交了范·廷霍芬在印第安战争期间不当行为的书面质询。议会多次要求范·廷霍芬做出合理解释，但他每次都成功地回避了这个问题。

之后，出人意料的是，在这个对范·廷霍芬来说极为重要的政治关头面前，他神秘失踪了。[16]议会得到消息称他计划逃
241 离荷兰，随即罕见地发布了一项命令，禁止范·廷霍芬离境，不过这个命令似乎没有什么效果。范·廷霍芬失踪的消息很快就传开了，施托伊弗桑特和西印度公司的官员听说后既震惊又尴尬。据说范·廷霍芬“身材肥胖，脸又红又肿”，还长着一个鼓鼓的肉瘤，而且他在新阿姆斯特丹早已成家立业，有妻儿，但他成天幻想着要找年轻女子做情人。他之所以要外逃，一方面是因为他在海牙的任务遭受的质疑日渐增多，另一方面则是因为卷入了一段见不得光的恋情——女孩名叫莉丝贝特·克泷（Lysbeth Croon），是阿姆斯特丹一个编织工的女儿。范·廷霍芬欺骗女孩说他还是单身一人，想带她回曼哈顿结婚。这些事渐渐演变成了一桩完完全全的性丑闻。公证人在搜集证据时，有证人出来做证。[一名旅馆承包人的妻子证实说范·廷霍芬曾给她三个荷兰盾，让她给他和他的情人找一个房间，她把他们带到杂货铺里……就在“四海之友”（Universal Friend）标牌那边；此外，一位酒馆店主的妻子还披露范·廷霍芬曾向她展现强烈的友情和爱意，老是叫她“亲爱的”，和她做尽夫妻之事，同床共寝。]后来，范·廷霍芬被海牙的治安官逮捕、罚款，但不久之后他就带着那个女孩逃离了荷兰，登上了一艘开往曼哈顿的船。

1652 年 2 月 10 日，范·德·邓克心情激动地又来到了议会，为他代表的殖民地做最后的陈述。这时候他的对手已经仓皇逃离了荷兰，会议厅里坐的都是整个国家最有名望的人。阿德里安·保乌原本计划在《明斯特和约》谈成后就退休，但

在威廉政变失败后，政府又出面请他回来为国效力，现在由他领导荷兰代表团。保乌其实一直都对美洲殖民地很感兴趣，这是因为在二十多年前，他的哥哥（西印度公司的董事之一）曾在哈德逊河边建立了几座大型的庄园，并用自己的拉丁文姓氏“帕弗尼亚”（Pavonia）为其命名。（但是后来没过多久他就放弃了这个项目，把地卖回给了西印度公司。但这块地是荷兰在如今的新泽西州的第一个永久定居点，也就是后来的霍伯肯市和泽西城。）一同出席这个会议的还有扬·德·维特（Jan de Witt），没过多久他就成了荷兰的主要领导人，并成了当时欧洲最重要的政治家之一。[17]

在这些知名人士面前，范·德·邓克详尽地阐述了自己的观点，并向他们表达了这样一种他和同伴们的理念：曼哈顿及其周围的领地是北美大陆上未经探索的世界中至关重要的据 242
点，但西印度公司浪费了一个绝佳的机会，不过现在要改变还来得及。我们需要注入新的思维，有些领导人在公司内部大行官僚政治，将这里当作封建领地，这种想法需要被抛弃了。我们应当将荷兰的法律体制引入大洋彼岸，赋予那里的居民荷兰公民的权利，使其首府享有和荷兰城市一样的各项权利和保护。施以此政策，殖民地必能繁荣发展，而共和国也能从中获得好处。

预感到自己的游说会获得成功，范·德·邓克趁热打铁，力陈旧政策的种种弊端，并总结了反对西印度公司和施托伊弗桑特的案例，以他典型的做派拿出了支持这些说法的证据——各类信件、分类账目、九人委员会的决议书，以及前几个月他的同伴从新阿姆斯特丹寄回的宣誓声明。[18]这些证据都指向施托伊弗桑特，证明他非但没有执行委员会关于改革的投票决议，还以强权命令进行统治。施托伊弗桑特所谓的正义不过是空泛的、残酷的，尤其是在对待九人委员会的问题上（他没收了这些人的财产，威胁将他们流放或监禁，除非他们发誓说“他和他的政府值得尊敬”[19]）。他甚至还阻挠议会派来的公证人，禁止后者开展工作，后来这个人也加入了反对派，他的信也被收入范·德·邓克所展示的成堆投诉信中。

从这些信件来看，范·德·邓克的计划很有可能会获得成功。“当听到大人们已经开始认真考虑新尼德兰事务时，这里的人们多少有几分欣慰，不过他们还是更急切地希望政府可以尽快采取措施。”[20]有一封信如是说。奥古斯丁·赫尔曼在给范·德·邓克的信中写道：“不管你在那里为了公众利益做了什么，我个人都完全支持你。我们现在急切地等待上面批准拨乱反正。”[21]

新尼德兰的变化对荷兰议会产生了一定影响。其中之一是议会的官员意识到曼哈顿社区不再是一个士兵、皮草商人、妓女等三教九流临时聚集的地方，一个只靠军事管制就能管理的地方。事实上，这些民众都是有身份、有地位的人，他们为了
243 北美家园的未来赴汤蹈火，因此他们的政府也应该对民众承担一定的责任。

接下来，范·德·邓克参与了《哈特福德条约》问题的讨论，这让他感到十分震惊。由于没有处在施托伊弗桑特的前线立场上，他可以轻而易举诋毁施托伊弗桑特向英国人割让领土的做法。在范·德·邓克看来，所谓谈判不过是新英格兰总督“欺骗、蒙蔽公司董事的伎俩而已”[22]。对于签订此条约付出的代价，范·德·邓克感到十分痛心，“如此多优良的港湾、动物、美丽的河流和岛屿，还有风景优美的‘鲜河’（即康涅狄格

河)，在这些地方可以开发 50 个或更多的殖民地……”

报告十分详尽，也没有人替施托伊弗桑特反驳。政府要求西印度公司的董事会就这个问题做出解释，结果董事会内部出现了分歧，分成了不同的派别。泽兰省的代表们宣称，荷兰位于曼哈顿的殖民地被阿姆斯特丹的商会一手操控，因此殖民地出现管理混乱的问题，阿姆斯特丹负有不可推卸的责任。对于这一说法，多德雷赫特的代表表示赞同，并建议对殖民地政府进行重组。这时候，在运河边上一幢漂亮的小房子里，来自代尔夫特的代表们也赞同政府尽快采取行动，“以免这个伟大的国家由于政府无能、管理混乱而毁于一旦”[23]。就在沿路离此不远的地方，扬·维米尔正静静地开始创作自己的绘画杰作。

范·德·邓克的提议获得了议会的认可，他由此开始了对殖民地大规模重组工作的第一步。在政府的压力下，阿姆斯特丹的董事们给施托伊弗桑特下达了一条强制性的命令，要求他“尽快堵住悠悠众口”[24]，为此他要在新阿姆斯特丹建立一个市政府，并设立“尽可能依法治市的法官席”。尽管这个命令在层层传达过程中丢失了其本意，不过还是被执行了，并改变了历史的进程。

但问题是施托伊弗桑特未必来得及制定市政府宪章，因为在 4 月底，议会就起草了一封范·德·邓克参与并期盼已久的信。内容如电报般简短生硬：

致新尼德兰总督彼得·施托伊弗桑特：

尊敬的先生，出于服务公众的目的，我们认为有必要写信给您，望您到现场详尽地告知我们殖民地的相关情

244 况，以及与英国边界线的划分问题。

1652 年 4 月 27 日[25]

这封要求召回施托伊弗桑特的信被交给了范·德·邓克，要他亲自交到施托伊弗桑特手中。范·德·邓克捧着这封信，肯定是欢天喜地走出了房间，来到议会建筑群的院子，他心情舒畅，为自己的成就感到沉醉。范·德·邓克穿过议会大厦前立满柱廊的广场——七十余年前，荷兰下属七个省的领导人在这里会面，签订了荷兰独立宣言，从此荷兰摆脱了西班牙的统治——更加强化了这件事的历史意义。

倘若范·德·邓克是一名日记作家，像比他稍年轻的同时代作家塞缪尔·佩皮斯（Samuel Pepys）一样，那他一定会把这一天的日记标上星号，还会记录下之后在海牙酒馆的狂欢场面：那天来了一大群官员，他们衣着光鲜，戴着黑色的礼帽，穿着长筒靴，披着披风，精致的西装袖口装饰着蕾丝花边。这些人在和从殖民地远道而来的胜利代表聚会时，仿佛突然对平时的生活和日常的政府工作有了认识，吸着鼻烟和畅饮莱茵葡萄酒，并表达自己对范·德·邓克殖民地的一切都很感兴趣，从那里奇特的动植物品种，到地理位置优越、成为探索美洲大陆前哨的岛上首府，再到当地女性的风情万种（在日记中范·德·邓克会如此写道，“这里的人不在意美德”，他们不屑于“亲吻、嬉戏”等情爱游戏，“但在合适的时候，他们又不会拒绝别人的邀请，所有人都做好了恣意放纵的准备”）[26]。毫无疑问，政府官员被范·德·邓克的讲述吸引住了。在范·德·邓克胜利的前一天，议会投票通过一项决议，允许他将自己在新尼德兰的土地传给继承人——这是一项给譬如基利安·

范·伦斯勒这样的继承人保留的权力，这表明范·德·邓克十分期待重返他殖民地的家（并拥有继承人），而他以及他的曼哈顿蓝图也已经赢得了官员们的认可。[27]

正是他的设想让他拥有了这些尊贵的倾听者。新政府一定会将曼哈顿打造成大西洋上的自由贸易中心、一代又一代欧洲人进入北美大陆的门户，而这一届祖国的新政府也会赢得“模范政府”的称号。公民将拥有信仰自由，这一点源于乌特勒支同盟（“人人皆享有自由，尤其是宗教信仰自由的权 245
利……”[28]）。而成文于独立战争之初，实际上的荷兰宪法也将坚持“宽容”的理念收入其中。而且，根据脱离西班牙的荷兰独立宣言，国家将建立在人与生俱来的一定权利的基础上，公民在受到压迫时可以反抗乃至推翻统治者。[29]

范·德·邓克当然喜不自胜，他以为在欧洲的工作结束了，并为返程做了一系列的准备。他这一走已经两年半了，尽管他为自己的庄园雇了几名帮工（工期六年），但他的产业由于他的缺席还是亏损了不少。[30]就在上一年，他的妻子来到尼德兰和他会合，现在他们为返程购买了一些必需的物品并把东西装船。① 此外，范·德·邓克还帮他的母亲卖掉了一些家当，如今他的母亲、弟弟、弟媳，还有家里的仆人准备一起移民到曼哈顿去。这时正是春暖花开的季节，春风拂过，万物复苏。范·德·邓克这位凯旋的使者不久之后就要起航归家了。

---

① 当年范·德·邓克的装船清单仍保存完好，从这份清单上我们可以看出早期的移民需要的物品：磨石、磨盘、盛放钉子的篮子、“农民穿的长袜”、鞋子、亚麻布、“粗羊毛布”、帽子、水壶、丝带、线、书、纸张、“两个盒子、两桶钢”，“8 桶黏鸟胶”、“10 桶白兰地”、“32 块肥皂”、以及“300 磅辣椒、20 磅肉桂”。从这个清单我们可以看出范·德·邓克当时可能想在曼哈顿做一些香料之类的生意。

到了5月，范·德·邓克来到政府委员会，正式提出返回曼哈顿的申请，并要求恢复他的职位——“新阿姆斯特丹下议院主席”[31]，他计划不仅要参与殖民地的行政改革，将施托伊弗桑特的免职书亲手交给他，还要领导这一届的新政府。

当然，他期望的这一切并未发生，一件出乎意料的事发生了，夺走了范·德·邓克本来会实现的历史性成就，让他从历史舞台上退居幕后，他做的历史贡献迄今为止依然让人觉得了不起但不甚明了。这件事的始作俑者并不是施托伊弗桑特——
246 事实上施托伊弗桑特自己的计划也因这件事被打乱了，也不是新英格兰人或新尼德兰的印第安人，更不是沿特拉华河南安营扎寨的瑞典人，而是一个性情残暴冷酷的人。此人53年前出生在东英格兰遍布沼泽的地区，名叫奥利弗·克伦威尔，跟施托伊弗桑特一样，他也是让人爱不起来的人物——他们性格复杂、精力充沛，而且一直让人讨厌。历史上研究克伦威尔的人很多，但按丘吉尔的话说他一直都是一个“模糊不清的人物”。[32]

像施托伊弗桑特一样，历史也给克伦威尔蒙上了一层不真实的面纱。没错，两个都是冷酷顽固型的人。从另一方面来看，克伦威尔不仅是大英帝国的奠基人，也是英国在北美殖民地的缔造者之一。斯图亚特王朝将北美殖民地视为重要的收入来源，而克伦威尔则从宗教的角度帮忙种下了美利坚起源的神话。30岁时，克伦威尔的信仰发生了巨大转变（“噢，我曾欣然藏身于黑暗之中，厌恶光明……”[33]），他推崇注重男子气概和实用的清教主义。与约翰·温斯罗普一样，他也将新英格兰看成“山巅上的光辉之城”，是充满希望的土地。他甚至一度想要移民新英格兰。

克伦威尔少年时便体格强壮，毫无“柔弱之气”[34]，一位编年史家忍不住说道。在查理一世解散议会之前，克伦威尔当选为议会议员，后来因批评国王而声名鹊起。内战爆发时，克伦威尔担任将军，擅长激励人们为国献身。他的做派在军政府中成了主导。那时他还没有成为护国公，但每当军队无人指挥时，他总能很好地发挥领导才能。他可不像现代心理医生，在英国内乱之后他并没有抚慰百姓，让他们身心恢复。真正能带领英国走出废墟的唯一途径就是称霸海外。因此，在英国商人的支持下，克伦威尔提高税收，并下令建造新的军舰，在他的领导下，现代英国海军从无到有。走出内战的阴霾后，克伦威尔成了整个国家的建筑师。

克伦威尔的热情是原始的，他计划将英国的清教运动向国外输出，并且打算让欧洲大陆的王族也人头落地，尽管没有实
现，但清教徒的使命感被传播到了新英格兰。[35]清教徒宣扬拥 247
有上帝选民的身份，种下了美国天命论思想的种子。清教徒注定要征服北美洲这片土地，然后领导世界。

在克伦威尔提出的计划中，引人注意的是取代荷兰成为新的贸易帝国的设想，他认为在英荷两国的博弈中，英国的实力已经逐渐赶超荷兰。克伦威尔的“西方设计”由几部分组成：在美洲，他想助新英格兰一臂之力，将荷兰人赶出曼哈顿岛，而英国商人也已经意识到想要获得整个大陆控制权，这个岛的重要性显而易见；在加勒比海，克伦威尔对一个重要据点——牙买加岛垂涎已久。1655 年，他从西班牙人手中夺取了这个岛，把它变成一个奴隶贸易基地。尽管占领曼哈顿的计划没有

成功，但获得牙买加岛后，英国在未来的几百年从加勒比地区的甘蔗地以及北美南部的棉花田获得的利润还是很可观的，当然也产生了无数悲剧。

英国内战期间，英国本土和北美殖民地之间的贸易往来中断了，而曼哈顿的商业却因此蓬勃发展。如今，克伦威尔希望以法律手段打破荷兰在欧洲、亚洲和北美贸易上的垄断地位。这种历史上多次应用的战术的问题在于，指望敌国遵守本国的法律是不现实的，荷兰自然也没有遵守。英国首次对荷兰的贸易帝国发动袭击，正是范·德·邓克在议会为自己辩护成功的时候。当范·德·邓克趁热打铁，提出申请，要求返回曼哈顿时，在距离海牙西南方 150 英里的多佛海峡，英荷双方的舰队遭遇了。当时的天气很糟，海上刮起了很强的东北风，由于当时的旗语通信和航海定位技术都还未得到发展，双方舰队都摸不清彼此的意图。当时双方指挥官满脑子想的都是所谓的《航海法案》——英国议会最近新颁布的一项保护英国贸易权利的法律，专门针对荷兰。有了这条法案，非英国船只不得进入英国港口装卸货物，途经多佛海峡的外国船必须降半旗表示对英国主权的尊重。当这个消息传到欧洲大陆时，荷兰指挥官还是拒绝执行。

248 双方的指挥官站在军舰的甲板上，甲板随海浪剧烈地晃动，但他们岿然不动，目不转睛地盯着对方的舰队，思考着下一步的部署，他们注定会成为传奇人物，两人组成的画面可以说概括了时代的奇妙冲突。英国的海军统帅是有一头波浪般卷发的罗伯特·布莱克（Robert Blake）。出生于富贵之家的布莱克是牛津大学的高才生，但他直到最近才被派遣出海，这时他已经 50 岁了。而荷兰坚韧好斗的指挥官马尔滕·

特龙普（Maarten Tromp）9 岁就跟随自己的父亲出海，12 岁时遭遇了海盗，他的父亲因此丧命，而他也被迫做了海盗的奴仆。后来他从荷兰海军中脱颖而出，现在已是海军上将和在世的最伟大的水手。两人个性的反转代表了这个时代特征——出身寒微的特罗普，是荷兰奥兰治王室和英国斯图尔特王室的支持者（因帮助王室对抗议会，查理一世曾授予他骑士爵位），而出身富贵的布莱克则是反对王室的议员。

各方对多佛发生的事的描述有所不同，但有一点是一致的，即战争爆发的导火索是荷兰将领特罗普拒绝降半旗来承认英格兰的主权。[36]从下午 4 点到晚上 9 点，42 艘荷兰军舰与 12 艘载有重型武器的英国大型军舰在多佛海峡不期而遇，双方的距离有时近到了火炮平射的射程之内。这次遭遇战的残酷令两国震惊。事实上，过去几十年间两国逐渐累积的矛盾最终导致了这一天，不少荷兰官员早已预料到这一天会到来。几个月前，一名信使带着一个神秘的文件来到了海牙，文件以英文印刷，但即使是不懂英语的人也能轻易辨认出扉页上的标题——一个用大大的红色字体写的单词“AMBOYNA”。这本小册子在 28 年前就出现了，讲的是荷兰人在东印度群岛上对英国人的种种暴行，现在被英国的出版商重新印刷。在荷兰政府的两位伟大政治家中，当时年仅 27 岁的扬·德·维特倾向于相信，这些沙文主义思想的复兴只是英国下层社会的偶然活动；而机智老练的阿德里安·保乌则看出这本小册子意味着英国政府正煽动民众的敌对情绪，为战争做准备。[37]

接下来事态快速朝战争方向发展，阿德里安·保乌迅速动身前往伦敦与克伦威尔的国务委员会（Council of State）进行紧急磋商（顺便一说，他要谈判的对象——克伦威尔的翻译

249 兼外交讲稿撰稿人竟是大名鼎鼎的诗人约翰·弥尔顿[38]）。而在海牙，自1648年签订“永久性”和约后，整座城市弥漫着的宽松的乐观主义情绪消失了。与此同时，荷兰政府也加紧了战争的筹备，一道又一道要求加强防御的命令传达到了海上的舰队，也传到了世界各地的前哨。

战争的爆发对范·德·邓克可谓打击不小。近年来西印度公司的情形每况愈下，而范·德·邓克的政治攻击更令其受到重创。不过随着要与英国开战的传言一出，原本是准军事组织的西印度公司又重新振作起来。公司里曾经手握大权的董事们再次趾高气扬起来。迫于西印度公司董事会的压力，同时担心现在不是进行体制改革的好时机，荷兰议会因此收回了对曼哈顿殖民地下达的一系列命令，取消了对施托伊弗桑特的罢免，并要求范·德·邓克上交之前下发的召回施托伊弗桑特的公文。此外，几周前荷兰政府还对范·德·邓克的活动大加称赞，说这是在荷兰海外省份对荷兰法律全面进步的试点性实践，但转眼间他们又认为这一提议极为危险。因此，议会驳回了他的申请，将他扣留下来。而载着他家人和财物的船只能先行离开。一夜之间，事情就发生了翻天覆地的变化。他从爱国者变成了一名需要严加看管的激进分子。

1652年7月，荷兰共和国对英国宣战，这对两国而言都标志着一个新时代的来临。这两个国家近代史中的关系错综复杂如兄弟一般，在争吵、合作、势不两立之间变动。在第一次全球化的浪潮中，这两个国家为了争夺利润丰厚的国际贸易的控制权而在多佛海峡大打出手，说明他们将彼此看作唯一的竞争对手。英荷两国的斗争贯穿了整个 17 世纪，并且影响了美洲殖民地最初的模样。

正如历史所记载的，第一次“英荷战争”是一场真正的贸易战，但普通民众并没有体会到战争有多激烈——这不能怪他们，因为在这场战争并没有发生火烧民房、掳掠村庄的暴
行，所有的战斗都发生在海上。英国海军先追击了荷兰运输鲱 250
鱼的船队以及运输香料和皮草的商船，荷兰人被迫反击，以保卫其贸易帝国。（“英国人要攻击的是一座金山，”保乌一开始讽刺地说道，“而我们要攻击的是一座铁山。”[39]）

但这并不意味着战事不激烈。双方长期压抑的怒火充分爆发了出来，改写了世界海战史，还使得战术、规则的制定以及技术的创新达到了顶峰，甚至超过了一个世纪后的霍雷肖·纳尔逊（Horatio Nelson）时代。在这个残暴的夏天，多佛海峡和北海爆发的一次又一次冲突，标志着海战开启了“战列线”模式——军舰首尾相连，装有火炮的侧舷向外，组成一个长链，能够给敌人以致命的打击。在世界历史上，这是迄今为止规模最大的一次海战，参战军舰有 200 多艘，它们连成了一条长达 16 英里的长廊，船体之间相互摩擦碰撞，发出尖锐刺耳的声音。火炮的发射惨无人道（这个时代还没有爆炸型炮弹，而是用铁链将炮弹相连这样的低技术创新，被射出去的炮弹割穿绳索并将人体切成碎片）。被击中的船只在剧烈爆炸后，只剩下一些残骸漂浮在海面上。一名在英国船上随行的记者描述道：“船只的桅杆和索具上面沾着脑浆、头发和头骨碎片。”[40]

克伦威尔将荷兰的领导人打了一个措手不及。当他设计建造了新一代大型军舰时，荷兰议会在差点儿因为裁军的问题陷入和奥兰治亲王的内战后，自 1648 年和平条约缔结起大力裁

军。结果，现在无论是荷兰议会，还是东、西印度公司的地区性董事会都不得不将其他问题暂时抛至脑后，全身心捍卫荷兰的贸易航线，并调动更多的船只参战。

至于范·德·邓克，他不仅事业被搁置，还在自己的国家遭到流放，这些让他像囚于笼中的动物一样暴躁。这几个月里，他坐立不安，多次往返于海牙、阿姆斯特丹、莱顿和布雷达之间。在莱顿，他回到以前的大学，拿到了最高法律学位，这使他能够重新出现在荷兰最高法院前。到达阿姆斯特丹后，他又一次来到议会并提出申请，要求允许他出境，但他听说西
251 印度公司给开往北美的所有船长下了命令，禁止让他登船，否则将面临严厉的处罚。[41]在阿姆斯特丹，范·德·邓克组织了一帮有影响力的朋友，带着他们一起来到富丽堂皇的西印度公司总部，会见公司的官员们。但此举只是给了官员们一个机会，发泄他们对范·德·邓克将殖民地夺走的愤怒。他是一个危险分子，一个“臭名昭著的头目”，“无法无天的暴民们”的非法代表。范·德·邓克将此事报告给议会，并竭尽全力地恳求解释说自己的农场“濒临荒废”[42]，说自己等于遭遇了“一次离奇的民事流放”，他甚至还提醒议会自己是爱国英雄的后代，他的先辈在独立战争中率兵解放了布雷达城。但他的努力并没有什么效果，这些官员还是不为所动。

不过，范·德·邓克并没有因此气馁，他突然想出了另一个发展他殖民地的点子。他的使馆陷入停顿状态，家人已经去了曼哈顿。他感到十分孤独，不知所措。在这段空暇时间里，他的脑海中不断浮现新尼德兰的景象：充满野性的原始山脉，环绕着如画风景奔腾向前的宽阔河流。某个秋日的午后，在连续几天的阴雨过后，天气终于放晴了，和煦的阳光照耀大地，

草场上的奶牛沐浴在阳光下，草场被照耀得仿佛带着一层光晕，草叶也被太阳照得闪闪发亮。10 年，还是 12 年前，那时范·德·邓克坐在莫霍克长屋的篝火前，和当地人一起讨论神学问题，周围聚集了几百名居民。部落中那个有着黑眼珠的酋长和范·德·邓克都认同在各自的信仰中神是全能善良的。但他们又争辩说上帝太过沉迷于他跟前永远迷人的女神而疏忽了人间的福祉，任凭恶魔支配烟雾弥漫的住所里的印第安人、岛上要塞里的欧洲人，还有那些肤色各异、说着不同语言的人，所有这些，在印第安人的世界观里，都是邪恶的。

在战事紧张的这几个月里，他的脑海中一直回放着这些画面，于是他拿起笔和纸，将这些东西记录下来，写成一部书，书名就是《新尼德兰记述》。他想以感性的、人文的，却又不失科学性的笔触向读者介绍新尼德兰这块他深爱着的土地。这本书我们在之前的章节也有引用，毫不夸张地说，这部书是范·德·邓克对北美大陆的礼赞。此书的章节分为不同的主题，详细地讲述了那里的河流、森林、野生植物、矿产、风向、季节，当然还有印第安人。所有这一切如今都得到了范·德·邓克这位离开太久的人宠溺般的关注。 252

在这部书的末尾，为了让读者对北美有更直观的感受，他使用了当时流行的一种文学形式——对话，对新尼德兰的方方面面进行了深入的剖析。[43]他将对话的双方设定为一名“荷兰爱国者”和一名新尼德兰人，前者已经读过此书，站在读者的立场上提出问题。范·德·邓克并没有费力地将自己伪装成一个匿名的新尼德兰人，而是像之前一样，直接地提出自己的观点，正如之前在《新尼德兰陈情书》和其他地方一样，范·德·邓克展示出一种几乎诡异的远见。他向读者保证，曼哈顿及其周围地区在未来人口将以指数方式增长，但这倒不是因为荷兰人会移民过去，而是因为荷兰历来就有欢迎来自欧洲其他地方的难民定居的传统。受荷兰人宽容习惯的影响，“来自东欧、德国、威斯特伐利亚（Westphalia）、斯堪的纳维亚、瓦隆（Wallonia）等地的人”将在此定居并为这片土地增加多样的民族风情与活力。

在这一系列的幻想中，范·德·邓克似乎实际上预见了未来延续了几个世纪之久的移民潮，预见了大拨移民涌入埃利斯岛[①]的盛况，也预见了贫民区和犹太社区的形成。他看到让这一切在未来成为可能的一种独特的文化凝聚力——“荷兰人善良真诚，对待外国人就像对本地人一样”，因此“准备来此定居的人”都能融入当地的文化。而范·德·邓克突然爆发出的这种诡异的历史性远见有一个他坚信不疑的基础，就是这个殖民地会一直归荷兰所有，未来的移民不用担心英国人在“未来 50 年”间接管这里。

范·德·邓克的这部书获得了出版许可，但出版被取消，因为战争仍肆虐，政府不希望殖民地获得关注，他们害怕英国人会因此入侵。

最终，在 1653 年末，即范·德·邓回到荷兰四年后，议会终于批准了他的申请，允许他返回曼哈顿，不过他也因此付出了高昂的代价。将他列为危险分子的各方势力没有放过他。阿姆斯特丹董事会的头脑们为他的事业已经支离破碎而倍感高兴。最终，他意识到这么多年来自己一直与之抗争的势力，早

---

① 埃利斯岛，纽约市曼哈顿区（Manhattan，New York）西南上纽约湾（Upper New York Bay）中的一个岛。它是 1892 ~ 1943 年美国的主要移民检查站，于 1954 年关闭，现为博物馆，成了现代美国人的寻根处。

就深深植根于荷兰帝国的各处。他太过超前——如今他才认识到这一点。他生平第一次说自己“意志消沉，万念俱灰”。怀着这样的心情，他又写了另一封请愿书，但语气与他之前所写 253
过的所有东西都不同了：

> 署名人范·德·邓克谦卑地请求董事会批准本人返回新尼德兰的申请，我愿意主动请辞委员会任命的社区主席代表一职，并许诺到达新尼德兰后不再接受任何政府职位。我只想做一名普通居民，享受平静安逸的生活，会服从西印度公司或其董事制定的各项指示和要求。[44]

范·德·邓克的请求终于得到了批准，但他被禁止参与公共政治生活，也不得在殖民地从事法律工作。这样一来新尼德兰就再也没有律师了，也再也没有人能在法庭上维护他了（事实上，施托伊弗桑特的前任副总督鲁伯特·范·丁克拉根也是一名训练有素的律师，他依然在新尼德兰，但由于他支持范·德·邓克的行动，被施托伊弗桑特禁言了，此时他在史坦顿岛安享退休生活）。

在出发前几周，范·德·邓克多次去公证员雅克布·德·温特（Jacob de Winter）的办公室，每次都带着一个或几个男女同伴。他们坐在一起，待公证员仔细草拟了合同的期限和条款，然后各方签字画押。

> 1653年6月4日，新尼德兰大庄园主阿德里安·范·德·邓克聘请亨德里克·科内利斯·布洛克（Hendrik Cornelisz Broeck）为木匠，工期三年，受雇用人需自行携

> 带工具前往新尼德兰，旅费由范·德·邓克支付……
>
> 1653 年 6 月 13 日，新尼德兰大庄园主阿德里安·范·德·邓克聘请斯滕韦克的扬·莫威兹（Jan Mewesz）和埃弗特·扬兹（Evert Jansz）为木匠……
>
> 1653 年 6 月 16 日，阿德里安·范·德·邓克聘请海伦娜·万德（Helena Wand），工期六年，受雇佣人作为女佣需负责雇主家中的各项家务工作并协助他的家庭成员。除提供食宿外，受雇佣人每年将获得 36 荷兰盾的工资。
>
> 254 1653 年 7 月 26 日，居住于新尼德兰的阿德里安·范·德·邓克，兹聘请鹿特丹市的制陶匠亨里克·克拉兹（Henrik Claasz）为其庄园服务……
>
> 1653 年 7 月 28 日，新尼德兰的自由人阿德里安·范·德·邓克聘请安特卫普省的霍玛特·保鲁兹（Gommaart Paulusz）为园丁，工期三年，为范·德·邓克打理花园，负责种植、修剪等工作……

很明显，范·德·邓克最后还是屈服了，他放弃了自己的政治虚荣，但他没有放弃自己的家园，也没有放弃美洲的理想。即便在这场政治斗争中他被打败了，但还是留下了自己坚持理想的证据：一部预示了未来几个世纪进程的著作，短暂地将历史的光辉照耀在几个人的身上，他们被书中描述的大洋彼岸、充满机会之地所吸引，跟随着他的脚步来到了美洲。[45]

第三部分

传　承

第十三章　繁荣

那是1653年的寒冬，一个周四的清晨，在局促又低矮的 257
小屋里，铺着代尔夫特瓷砖的壁炉暖烘烘的，七个男人出了门。他们大步走过下曼哈顿的街巷，走进阿姆斯特丹堡的大门。他们聚集在议事厅里，宣誓永远效忠荷兰议会。尔后，他们一个个低下头，虔诚地聆听牧师的祷告：“……主接纳了我们……沐浴着主的恩泽，我们必将完成主交给我们的任务……”[1]这一情景透露出的最重要的信息是当时与政教分离的年代还相距甚远。

阿德里安·范·德·邓克还留在荷兰，同那条禁止他回美洲的政治裁决苦苦斗争着。而在刚刚组建的城市新阿姆斯特丹，地方执法官已经处理好了第一件公事，在一份声明上签了字。声明里这样写道：“在此通知各位，每周一9点开始的工作例会照常进行，地点是我们一直称作‘城市酒馆’的地方，但从此以后，改称其为‘市政厅’。会上，我们要听取诉讼当事人提出的不同问题，努力给出最好的解决方案。”[2]两周半以后，真正脱离了彼得·施托伊弗桑特政府和西印度公司，他们在海滨一座三层小楼里召开会议，这里长久以来是该镇的活动中心。要是有人不了解这次集会的意义，回荡在庭院里的钟声则向人们宣告了政府的更替。

这次集会看起来平淡无奇，但对与会者来说意义非凡。多

少年来，曼哈顿岛的居民都坚持一个观点：他们的社区不仅仅是一个军事或贸易基地，他们也不是为远方的奴隶主做苦工的
258 农奴，他们是一个近代共和国的公民，有权受到本国法律的保护。自 1653 年 2 月 2 日起，随着城市宪章的签署，新阿姆斯特丹俨然成为一座城市。地方执法官们充分继承了已往的政治遗产和法律传统。他们新组建的市政府已经成形，领导班子包括两名市长和一个法官小组，他们联合在一起便组成了立法机关——借鉴于阿姆斯特丹，以罗马－荷兰法为基础。[3]其中涉及的罗马法的部分还是当年神圣罗马帝国传到荷兰的，其来源可追溯到恺撒大帝和《查士丁尼法典》。2003 年 2 月，纽约市政厅发言人切蛋糕、举杯庆祝该城的宪章颁布 350 周年，他正是在向过去那些小酒馆里的集会致敬。① 这个城市坚实的政治基础并非得益于当年英国将其占领并改名为纽约的日子，而应该归功于这一时刻。

那么，可能有人又会问了："那又能怎样呢？"纽约的法律源头是古罗马，这确实让它在美国众多城市中独树一帜，但这除了能给它增添些许神秘感以外，还有什么其他意义吗？除了历史学家这个小群体会对一个城市的政治基础感兴趣之外，世人通常对此漠不关心。就此而言，还有一点值得注意，那就是施托伊弗桑特一开始就反对采用普选制，自行任命了第一届政府官员，以此来削弱市政府的权力。

重要的是曼哈顿市政府的建立带来了什么。本书开篇就提到，纽约的起源不同于波士顿、哈特福德和其他早期在东海岸

① 庆典在美国印第安博物馆举行，也就是阿姆斯特丹堡的旧址。在珍珠街和昆提斯街（Coenties Slip）拐角的人行道上，市政厅的原址的砖砌轮廓被保留了下来，以为致敬。

建立的城市。之所以不同是因为一位郁郁寡欢但品格坚韧的英国探险家哈德逊偶然为荷兰人绘制了这个地区的地图，这才让纽约有了独特的起源。但是它的重要性要在很久以后才能体现出来——并延续下去——前提是要先有一个真正的体制。市政府的建立恰好提供了这种体制，它是众人长久以来的经验的结晶，能够使多种文化和谐共生。由于范·德·邓克的不懈努力，施托伊弗桑特的长官迫使他发布了一份公告，宣布“根据命名此市的阿姆斯特丹市的风俗，在国家大局稳定的情况下，允许不断发展的‘新阿姆斯特丹’尽快建立市政 259
府……”[4]以上就是阿德里安·范·德·邓克的功绩。纽约市就是在这个基础上建立起来，随后向四面扩展的，它将影响并塑造美洲大陆和美国人的品格。

头几周里，让新政府应接不暇的两件事构成了移民关注问题——在历史问题和荒谬问题间游移——的两面。第一个忙碌的工作日里，一群本地人吵吵嚷嚷地涌进新装潢的会议室，一个个暴跳如雷。当事人约斯特·高德瑞斯（Joost Goderis）一直饱受精神折磨。他娶了个歪眼老婆的事全镇都知道了，这让他忍不了了。前段时间，他外出去“牡蛎岛”（即埃利斯岛）采牡蛎，回到曼哈顿的时候，碰见他所谓的朋友古里安·德威斯（Gulyam d’Wys）正和一群小混混在海岸上晃荡。德威斯想给他的狐朋狗友找些笑料，便让高德瑞斯“再给他一次机会，让他和其妻子再发生一次性关系”（法庭是这么记录的）。高德瑞斯为了维护自己的尊严，装作听不懂。但是德威斯不依不饶地告诉他，“阿拉德·安东尼（Allard Anthony）早就睡过你老婆了”。跟着德威斯的小混混都哈哈大笑起来，说高德瑞斯被戴了绿帽子，还说他“应该学树林里的牛，在头上戴两个犄角”。[5]高德瑞斯忍无可忍，将这件事告到了地方执法官那里。他希望新成立的市政委员会能够将他从精神痛苦中解救出来。

与此同时，在暗无天日的前线，地方执法官们每天都在处理英国和荷兰共和国之间发生的战争带来的副作用。施托伊弗桑特过去反对成立市政府，现在倒乐于借这个机会分出去一些负担，他目前的工作主要是拿着三个月前从荷兰得来的消息做巡回演讲。和任何一场战争一样，报告都充斥着无端的恐惧、谣言和让人无法理解的行为。从一封信里，施托伊弗桑特得知“英国政府最近的举动很奇怪”。据知情人士透露，英国要求“所有的学徒必须重新戴上蓝色帽子”[6]，而荷兰的领导人还在考虑要不要这么做。很明显，这让这两个国家的美洲殖民地夹在中间左右为难。西印度公司像过去对西班牙一样，又开始张罗着劫掠商船。[7]该公司建议以曼哈顿为基地，用“5～6艘常规但是人员配备齐全的护卫舰”[8]进攻英国的殖民地。与此同
260 时，议会担心会遭到突然袭击，于是对外报道说“他们得到消息，新尼德兰面临巨大的危机，马上就会遭到侵略”[9]，又命令施托伊弗桑特和地方执法官加强防御工作。

地方执法官们和施托伊弗桑特一起开会讨论，然后开始采取行动。他们做出的第一个决定是“用高高的栅栏和矮防护墙将城市的大部分区域围起来”。为了给这项工程集资，地方执法官请城镇上富有的居民募捐。施托伊弗桑特捐了150荷兰盾，成为捐款数额最高的人。随后，他们便投入了对细节问题的讨论：在该城市北部边界每隔18英寸就插上一根高12英尺的橡树原木，并将其顶部削尖，以构成一个巨大的栅栏。这些原木要钉到地下3英尺的地方，为加强防御，四周再围上高4英尺的矮防护墙。市政府宣称“工人的工钱每周一结，待遇

可观”，并派出一名传令员告诉众人，市议会正在为这个工程招标。英国人托马斯·巴克斯特（Thomas Baxter）签署了一份协议，为该工程提供木材，工程预计到 7 月初能够完工。从长远来看，这个由市政府精心策划的第一个公共工程项目的引人注目之处不在于围墙本身，而在于绕着围墙的那些街道。几乎能百分之百确定的是，地方执法官们就算是想破了脑袋，也想不到这些高低不平的道路有一天会取代阿姆斯特丹稳固又豪华的交易所，成为全球金融中心。[10]还有一点也值得注意，按照民间的说法，在华尔街外围建造围墙不是为了阻挡印第安人，而是为了隔绝英国人。[11]

曼哈顿居民担心会遭到新英格兰的攻击，康涅狄格、纽黑文、马萨诸塞和普利茅斯的居民也不断听到谣言，说荷兰人会从北部进攻他们。其中一则谣言甚至说荷兰人雇用了印第安人要屠杀正在教堂做礼拜的新英格兰居民。这个消息传到了伦敦，被一个野心勃勃的印刷商恶意扭曲，做成了爆炸性的新闻。三十多年前，在遥远的东南亚的安汶岛即安波那岛上，荷兰士兵屠杀了十名英格兰商人。这件事并没有被英格兰人彻底遗忘，一年前报道该事件的煽动性小册子的再次印刷又唤起了人们对这件事的记忆。现在，在英国的殖民地，似乎有人与康涅狄格或纽黑文地方政府联合在一起，巧妙地利用安波那岛事件煽动新英格兰人进攻他们南面多民族的荷兰殖民地。新的宣 261
传册在英格兰广为传播，甚至被运到了美洲，它的标题为：《安波那岛的悲剧第二部：荷兰人在美洲新尼德兰地区最血腥、最奸诈、最残忍的计划。英国在新英格兰地区的殖民地遭到了彻底的破坏》。它使得民族仇恨成倍地宣泄出来，英国人谴责“印第安人是血腥的民族”，说他们“是执行这项残忍计划的工具"，同时又赞美一位英国的殖民者，因为"他在一夜之间就消灭了1400名印第安人"。此外，英国人还认为这场阴谋反映了荷兰人与生俱来的邪恶，"安波那岛上的残忍行径从东印度群岛蔓延到西印度群岛，这是在荷兰人骨子里的……"

那本宣传册就是战时虚假情报的典型例子，既能迫使荷兰政府展开调查，否认自己遭到的指控，又能让英国公众舆论的火焰越烧越旺。几个月以前，新英格兰的几位领导登陆新阿姆斯特丹，就此事和施托伊弗桑特会面。施托伊弗桑特向他们保证，荷兰人对英国的殖民地真的没有什么企图。而在曼哈顿，清教徒满眼看到的都是这个港口城市的原始、喧闹和不断发展。看到这些景象，他们深知，他们过去大部分的区域贸易已经成为历史了。如果英国想要算计荷兰的殖民地，并控制内陆和整个海岸的航运中心，那最好要加快行动。贸易战也是一个很好的借口，整个计划天衣无缝，不执行就太可惜了。除了把这些材料写到"安波那计划第二部"[12]的宣传册里，新英格兰地区的殖民总督们还亲自写信给克伦威尔，他们预测，如果能够占领哈德逊河河口的小岛，所谓的"西部计划"（通过该计划，英国就能将太平洋沿岸的平原连到一起，使之成为大英帝国的开端）就能够成功执行。克伦威尔刚被封为护国公，有了这个头衔，他就掌握了国王的生杀大权。[13]他很欣赏这个宏伟的计划，认为是时候实行了。于是他回信说，他会派出由四艘护卫舰组成的小型舰队和一支军队去波士顿，它们会给"征服曼哈顿人带来极大的帮助"。[14]

在这个节骨眼上，阿德里安·范·德·邓克终于回到了曼哈顿。我们找不到他回国的任何记录，这虽然让人失望，但是一点也不奇怪。大家视他为英雄，他代表曼哈顿居民在海牙的

各种行为大家也一一效仿。新上任的地方执法官把自己的工作 262
归功于他，还视他为革新党的领袖。但是大家都不敢公然表现出这种情感，因为谁也不想触怒施托伊弗桑特。尤其让人心烦的是，我们只能想象阿德里安·范·德·邓克和施托伊弗桑特碰面的场景，其中肯定包含了各种复杂的情感。上一次他俩在一块儿的时候，施托伊弗桑特以叛国罪为由，监禁了阿德里安·范·德·邓克。从那以后，这个受庇护者在荷兰共和国待了四年。在这四年里，他一直威胁政府免去施托伊弗桑特的职务，并获得了成功，只不过这个决定最后又被撤销了。孤注一掷却满盘皆输的阿德里安·范·德·邓克只好回来，任凭施托伊弗桑特处置。唯一一条记录显示，他回来后不久曾请求施托伊弗桑特让他查阅殖民地的记录，因为他想把有些内容添加进他写的书里。那本书还等着在阿姆斯特丹出版呢。施托伊弗桑特以公司董事的建议为由，拒绝了阿德里安·范·德·邓克。这些董事警告来自“梅斯特·阿德里安·范·德·邓克”的“新的麻烦”，害怕他“会用公司的武器来对付他们”。[15]施托伊弗桑特是个极度危险的敌人，阿德里安·范·德·邓克每走一步都不得不十分谨慎。这时候他没有被写进官方记录就说明了这一点。

但这也并不意味着他已经远离政治。当然，他一回来就忙于处理各种家事，比如重新熟悉自己的房产，帮刚来美洲的亲戚尽快适应这里的生活等。他的母亲搬进了珍珠街的一幢房子里，那里可以越过“东河”看到布鲁克林牧场。[16]他的嫂子也需要人帮她管教一下她那个正处在青春期的儿子。那个家伙确实让人头疼［他名叫吉斯伯特·范·德·邓克（Gysbert van der Donck），经常和科内利斯·梅林的儿子混在一起。他们加入了黑帮，也就是之前嘲笑约斯特·高德瑞斯被戴绿帽子的那一伙人[17]]。但是按阿德里安·范·德·邓克的性格，他确实不会满足于处理这些家庭琐事。

事实上，他似乎重新开始了在海牙中断的事业，只不过现在转为幕后工作罢了。他回来的前几个星期里，又爆发了一场反对施托伊弗桑特的政治起义。随着殖民地不断扩大，邻近曼哈顿的城镇（后来都被并入布鲁克林区和皇后区）也在不断发展。其中有些城镇，比如格雷夫森德（Gravesende，今格雷夫森德）、弗利辛恩（今法拉盛）、米德尔伯格（Middel-burgh，今纽敦）、亨姆斯特德（Heemsteede，今亨普斯特德）、新阿默斯福特（New Amersfoort，今弗雷特兰斯）、布鲁克林（今布鲁克林）、米德渥（Midwout，又称弗拉克博斯，今弗雷特布希）
263 的领导者们开始叫嚣着要获得他们应有的权利。海盗活动也引发了争议。这在殖民地时有发生，是源于当地人的一个反复出现的问题。这些人没办法通过正当的业务获得成功，所以就去做海盗了。最近臭名昭著的恶人是为“围墙工程”提供橡树桩的托马斯·巴克斯特，他在长岛湾一带抢劫，偷马匹。[18]偏远城镇的居民聚集到一起发表声明说，如果西印度公司保护不了他们，他们就不会再交税。

一些历史学家将施托伊弗桑特和长岛城镇之间关系的裂痕解释为英国和荷兰的较量。这些城镇里有许多居民是英国人，而当时荷兰和英国正在交战当中。根据推理，他们认为这种动乱其实相当于一种内部反抗，是一种协助英国取得战争胜利的方式。这一段小插曲也助长了一种普遍的观点：在荷兰殖民地，所有要求获得政治权利的呼声都来自英国居民。[19]这是对整个事件的一种误读。人们之所以有这样的困惑，大概是因为

12 月交给施托伊弗桑特的请愿书是用英文写后再翻译成荷兰语的。在这封题为《来自新尼德兰省殖民地和村庄的抗议及请愿书》里，殖民地居民控诉了施托伊弗桑特的“专制政府”，而且请愿书虽然是用英文写的，但遵循的是荷兰的法律形式。19 世纪的历史学家约翰·布罗德黑德（John Brodhead）一直在搜集有关范·德·邓克在海牙事迹的记录，而且他对范·德·邓克的写作手法非常熟悉。[20]他注意到当前这封请愿书与范·德·邓克的《新尼德兰请愿书》在语气上极为相似，都勇敢地反抗施托伊弗桑特依靠法令维持的统治。研究这个时期的另一位早期的历史学家也注意到这封请愿书和基夫特时期的一些控诉书在风格上相似。[21]本书的第七章和第九章详细讨论过这些控诉书，它们充分证明了范·德·邓克的参与。

长岛城镇的英国和荷兰居民要求在与他们相关的事务上享有发言权，他们有这样的反应并不是因为英荷战争，而是因为新阿姆斯特丹直辖市的成立。事实上，新阿姆斯特丹的执法官不仅支持他们给西印度公司写请愿书，还号召那些领导者穿过树木茂盛的平原和山谷，渡过布鲁克林渡口，在省会和他们集合，以起草一份正式的请愿书。换言之，施托伊弗桑特在1653 年底将要面对的这场小规模叛乱是由范·德·邓克在海 264
牙取得的成果直接导致的。[22]这也是这项工作的延续，将施托伊弗桑特和西印度公司进一步推向政治改革。该事件在范·德·邓克刚回来的几周内就发生了。他非常适合当英国和荷兰领导人之间的调解人：他的妻子是英国人，他的岳父弗朗西斯·道蒂——煽动了这场叛乱的英国牧师——现在是法拉盛的执行牧师，而法拉盛是联名写控诉书的城镇之一。[23]请愿书的执笔人也是范·德·邓克的熟人——乔治·巴克斯特，他同范·德·邓克一样，从基夫特时期开始就是施托伊弗桑特的英文译员。在范·德·邓克接受审讯期间，他还为施托伊弗桑特的委员会服务。尽管他曾和施托伊弗桑特关系密切，但后来也像范·德·邓克一样，同施托伊弗桑特分道扬镳了。

最后一份证据显示，施托伊弗桑特曾向他的长官抱怨过，说范·德·邓克有可能就是最近这次叛乱的幕后操纵者。在一封如今已经丢失的回信中，董事们说："我们不知道你这样怀疑阿德里安·范·德·邓克是否有充分的理由，因为对他所有的指控都没有任何依据，全都只是怀疑和臆测。但是我们也不会偏袒他，我们只是说，鉴于他以前的良好表现，我们才把他推荐给你。如果他违背自己的诺言，有什么不端的行为，我们照样会谴责并惩罚他的。"[24]

眼前浮现的画面并不是英国人入侵殖民地，潜伏数年，然后像特洛伊木马计一样，在交战的时候突然冲出来打得荷兰措手不及。的确，与英国居民的接触中，并没有任何迹象表明他们渴望英国政府的领导。就像他们在控诉书里说的那样，他们逃到这些地区来就是为了躲避英国政府。他们希望能够在曼哈顿周边的地区扎根，享受荷兰共和国更为自由的司法体系。他们写道，荷兰政府是"由全球不同地区的多个国家组成的"[25]。他们想要的就是范·德·邓克为之奋斗多年的东西，即终结西印度公司的统治，通过殖民地城镇的发展让居民都能享受到广泛的权利。用范·德·邓克欣赏的格劳秀斯的话来说，抗议书声明的这些权利是建立在"自然法"[26]的基础上的。

因此，范·德·邓克发起的这场运动至此时仍鼓舞着殖民
265 地的人们，事实上，这场运动还在蔓延。进行政治改革这种长期存在、持续不断且有理有据的呼吁，并非来自英国，而是来

自近代欧洲大陆的中心。

然而，此次运动收效甚微。施托伊弗桑特用他一贯的手法来处理这次抗议。他宣称西印度公司的董事就是“该省绝对的主人”。请愿被拒绝了。施托伊弗桑特非常顽固。

施托伊弗桑特也承担着失败的风险：这种剧变不断地给殖民地施加压力，同时争论也还没有平息下来。没有人知道，克伦威尔派出的舰队已在 1654 年 2 月从英国启航。新阿姆斯特丹很快就会被征服，因为西印度公司在该殖民地部署的守军过于分散，而由于荷兰的入侵威胁，成百上千的新英格兰居民早已成为惊弓之鸟。他们宣布他们准备服从一名英国军事首领的领导，先发制人。

但偏偏天公不作美。由于受到暴风雨的影响，舰队 6 月才到达波士顿港。舰队的指挥官罗伯特·塞奇威克（Robert Sedgwicke）带着“900 名步兵”和“一队骑兵”在波士顿登陆，准备进攻曼哈顿。当天，他在写给克伦威尔的信里这样说道：“一艘英国船驶来，带来了各种印刷好的英国和荷兰间的和平宣言。”扬·德·维特和克伦威尔达成了一项协议，把英吉利海峡的控制权交给了英国，但保留了在地中海和亚洲的贸易霸权。第一次英荷战争结束了，北美地区情势未变。入侵舰队也被召回国了。[27]

有些人或许会说，就是在这个历史时刻，曼哈顿才成为曼哈顿。[28]有了一个初步的代议制政府，这个小岛快速繁荣起来。虽然该岛还是在施托伊弗桑特和西印度政府的官方管辖之下，但是那些商人，包括皮货商、烟农以及法国红酒、代尔夫特瓷砖、盐、马匹、染料木和其他各种商品的托运商，不管他们是英国人、荷兰人还是其他国家在殖民地的代表，都已经如愿以偿做起了生意。商业领袖在市政府当中谋得了职务，成了政治领导，其他行业的人，比如面包师、餐馆老板、教师、牧师就
266 跑过来投靠他们。这些联盟巩固了新阿姆斯特丹市政府，反过来，市政府也进行了一系列大动作。[29]道路全部铺上了鹅卵石；砖房代替了木质房屋；瓦质屋顶投入使用（大部分是红色和黑色，让小镇看起来干净整齐[30]），而茅草屋顶被禁止使用，因为它可能会引发火灾[31]；珍珠街那边还建了一个正规的码头；一个道路交通调查委员会被任命。这个城镇在重新发展起来的过程中沿袭了一个典型的荷兰特征——整洁。街道和门廊被扫得干干净净，树木被修剪得很有美感，公园都是规整的菱形、椭圆形和正方形。政府还下令让农民拆除占据路边重要位置的猪舍和鸡舍。[32]对在主要街道上有空置土地的人，政府征收额外的税费，鼓励他们开发房产。经过城市中心开挖的沟渠被适当加宽，形成一条运河；河堤用木桩加固，河上又架起了漂亮的石桥，加上有山形墙的建筑，整个画面让人联想到小镇的名字。镇上小酒馆的数量比以前多了，但是那种喝得酩酊大醉的人少了。现在酒馆是商人们会面的俱乐部，是他们交换信息的地方，当然也可能是某些人尝试新灵药——咖啡——的聚集地。

这里仍然是一个港口城市，它的触角遍及全球。在这里，海盗、嫖娼、梅毒疤和刀疤是很常见的事。但你也可以瞥见任何社会都向往的平凡生活的美好一面，以及其安静、虔诚的被官方记录忽略的日常。傍晚，一家人围坐在火炉旁，父亲在读《圣经》，认真地把里面的重要事件记录在封面上；一个牧师

给欧洲的家人写信，描述自己每天经过布鲁克林渡口，穿梭于新阿姆斯特丹、长岛和“施托伊弗桑特的鲍威利”的教堂之间的情形；孤儿院的院长也描述了自己管理上的进步。

曼哈顿还在不断发展成熟，这很大程度上归功于市政府的领导。它让人们感觉到这个位于荒野边缘的小岛虽然曾经总在没有法纪和过于专制这两种情况之间左右摇摆，但现在它是可以让每个家庭实现梦想的地方。

殖民地最狡猾的一个居民，也是基夫特和施托伊弗桑特长
期以来的亲信科内利斯·范·廷霍芬在这个时候突然消失了，267
这还挺引人注目的，或许是一个很好的预兆。他曾在海牙反对范·德·邓克，然后又从那里逃走，后来又带着一个年轻的情妇在曼哈顿露面，成了大家的笑料。我们只能想象他的太太会怎么“招呼”他。施托伊弗桑特雇用了他一段时间，但是很快他就变成了一个巨大的麻烦。他常年欺压殖民地的居民，有人还觉察到他在公司的账目上做手脚。随着麻烦事达到了一个高潮，1656 年的一天，他突然就消失了。人们在岸边找到他的帽子和手杖。施托伊弗桑特急切地想要掩盖这件事，好让人们忘记他和这个人之间的联系。所以他很快就宣布科内利斯·范·廷霍芬淹死了。但是大家觉得这件事没这么简单，因为还有另外一件事发生——同样卷入了金融违法事件当中的范·廷霍芬的哥哥，也几乎在同一时间消失了，但之后他又在巴巴多斯（Barbados）出现了。究竟科内利斯·范·廷霍芬身上发生了什么，到现在还是新尼德兰史上的一个未解之谜。

然而，曼哈顿并不是殖民地里唯一一个多事之地，1653 年之后迅速发展起来的不止这个岛的首府。在市政府成立的前一年，为了平息与上游直辖领地伦斯勒斯维克的争端，施托伊弗

桑特按照规章，在奥兰治堡附近打桩标出了一个区域，创造了一个新的小镇——贝弗韦克。这个名字来源于这里的海狸贸易，这个行业现在还很兴盛，整个社区仿佛一夜之间就出现了。镇上分布着磨坊、砖厂和瓦厂，为小镇的建设生产原料。虽是小镇，但是这里的人很有城市居民的意识，他们建造了一座救济院，作为社区的第一个工程。[33]到1660年，这个小镇成为殖民地的第二个城市，有1000位居民。[34]与新阿姆斯特丹相比，这个城市保持了遥远的、荒蛮的美洲西部的感觉。查阅记录，我们大概可以看到印第安人作为城市生活的普通参与者的痕迹。他们寄宿在居民的家里，傍晚的时候拿青灰色的杯子装满啤酒，坐在炉火边；[35]有时候又会手拿钱包，出现在面包店买面包。[36]1659年，莫霍克族的两位酋长曾成功请求法院开庭审理一个不同寻常的案件——他们控诉荷兰人虐待他们的族人。[37]在演变为奥尔巴尼镇之前的12年里，贝弗韦克一直是一个贫瘠的地方，处在阴森森的群山和宽阔的河流之间，工作台上“咚咚”的加工海狸皮的声音就是商业的先声。但它也是一个秩序井然的社区，这里的法院和新阿姆斯特丹及荷兰的法
268 院一样有效地运行着。就人口成分来说，荷兰人多于新阿姆斯特丹人，还有四分之一的人口来自联合省份以外的地区。相比新英格兰城镇，这里的人口更混杂，有德国人、瑞典人、法国人、英格兰人、爱尔兰人、挪威人和非洲人等。

与此同时，在阿姆斯特丹，像赛思·费尔布鲁日（Seth Verbrugge）和迪尔克·德·沃尔夫这样的商业巨头开始利用曼哈顿刚刚形成的稳定局面。他们发型整齐，衣着考究，坐着红皮椅子，伏在精致的雕花桌子上，经营着他们在欧洲的生意；墙上挂着的镶有边框的地图，显示着他们在全球的商业版

图；他们的妻子穿着领子上镶着花边的衣服，上面还嵌着宝石。代理商从他们那里获得了更大的支配和采购权力。[38]这些代理商还利用英国和荷兰商人在加拿大、弗吉尼亚、牙买加及巴西的商业关系，将他们的岛港发展成为大西洋贸易的中心。药物、测量设备、锦缎、优质书写纸张、橘子、柠檬、长尾小鹦鹉、鹦鹉、藏红花、黄樟、撒尔沙植物等出现在新阿姆斯特丹商店里的新产品，反映出居民的生活变得更精致了。[39]

曼哈顿市政府进行了一项革新，其产生的影响之深远超过了殖民地本身存在的时间，同时也让这个小岛的遗产印在了美国人的性格中。回想中世纪，欧洲城市的居民享有一种地方性的公民权：英国的城市称其为自由民，荷兰的城镇称其为市民。阿姆斯特丹最近在实行一种新的双层级的体系，曼哈顿市政府马上就开始效仿。[40]所谓的大市民是指为城市的建设做出了很大贡献的且有影响力的商人，作为交换，他能获得贸易权，在政府制定政策的时候，还有发言权。不同的是它所提供的小市民的身份。[41]几乎每一个新阿姆斯特丹的居民都会申请获得这种身份，即使是身份最卑微的人，比如鞋匠、烟囱清扫工、裁缝、铁匠、帽商、修桶匠、碾磨工、石匠等都能在社区中获得股份，这其实就是一种为少数人提供的股东身份。[41]这个体系鼓励居民相互扶持，在很大程度上消除了流动商人。[42]这些流动商人总是蜂拥而至，快速获取利润之后就马上离开。这也让新阿姆斯特丹成为一个比新英格兰更平等的地方。在新英格兰，自由民或市民的数量从来没有超过总人口的20%。而在新阿姆斯特丹，无论贫穷还是富贵，无论是衣冠楚楚还是衣衫褴褛，几乎每个人都是同一个俱乐部的成员。当港口的运输量增加时，所有的人都能从中获益。

269 再补充一点，从中世纪起，殖民地的工人就从未团结起来组成公会在欧洲形成影响力。这也许是因为西印度公司竭尽全力设置各种障碍，它害怕工人的力量。但是用这种形式来打击公会带来了一定的好处。手艺人拓展了他们的业务：面包师可能会拥有土地，投资烟草运输，能像军人一样有额外的收入。以卑微的手艺人的身份进入殖民地的年轻人可以进入更高的阶层，向更高层社会流动的通道就此产生。弗雷德里克·弗利普森（Frederick Flipsen，又称菲利普斯）从弗里斯兰省来到曼哈顿。1657 年，成为一个普通市民之后他就签约成了一名卑微的木匠。在漫长的职业生涯中，他通过各种渠道钻营取巧，到 1702 年去世的时候，他已经成为美国最富有的人之一了。他在上游的房产，著名的菲利普斯堡庄园占了韦斯切斯特县的 9.2 万英亩土地（恰好也包括了阿德里安·范·德·邓克之前拥有的全部土地）。

这种新的工作关系也伴随着对语言的继承。相比传统公会中的工人，弗雷德里克·弗利普森的工人和殖民地的铁匠、车轮制造商、面包师、枪托制造商等人的助手与他们上级的关系更为松散。[43]一个车轮制造商的学徒也可能会在酒馆里倒酒或是在面包房里帮忙烘烤面包。那时候，一个典型的荷兰单词“baas”指的是“主人”，但是在新世界，这个词有了不同的内涵，美国主义开始形成。没有哪个词比“boss”这个词更具美国风格，甚至是纽约风格了。从特威德到科里昂再到斯普林斯汀①，早期的老板都是美国人，而且都是纽约人。随着新阿

① 是的，斯普林斯汀是新泽西人人崇拜的偶像。但新泽西毕竟是荷兰殖民地的一部分，从过去到现在一直是曼哈顿势力范围的中心。顺便多说一句，斯普林斯汀是最早在新尼德兰定居的荷兰人之一。

姆斯特丹改名为纽约，这个词对英国殖民地居民也有了一种自然的吸引力，因为改编之后的用法很坦白地将其从古老的英国权力系统中区分开来，并阐明了一套不同的权力关系。它仿佛在说："不，我们这里没有阶级制度，但是有人负责。我不是你的主人，也不是你的统治者，我是你的老板。去工作吧。"

在这个发展期和活动期，还出现了其他的风俗和惯例影响着美国文化。它们本来都是微不足道、本身毫无意义的，270
但其表明荷兰殖民地从来没有真正消失，反而变得更广大了。1661 年 10 月，该城市出现了粮食短缺的情况，市政府发布命令，限制城中的面包师烘烤面包，禁止他们做"小蛋糕（koeckjes）、小糕点（jumbles）和甜蛋糕（sweet cake）"。[44]这本是一件小事，但是请注意这个荷兰单词"koeckjes"[45]，它的发音是"cook-yehs"，字面意思是"小蛋糕"。一个多世纪以后的 1796 年，随着第一本美国烹调书《美式烹饪法》的出版，阿梅莉亚·西蒙斯（Amelia Simmons）将当时的标准用法印成铅字。因为第一批曼哈顿人是这么命名的，所以美国人吃的不是饼干（biscuits），而是曲奇（cookies）。

人们还在等面包师烘焙甜品的时候，新阿姆斯特丹的主妇们会拿起一棵卷心菜，把它切得很细，然后蘸上醋和熔化的黄油，旁边再配上一盘有熏肉或小牛肉丸的梭子鱼。她们直截了当地为这道菜取名为"卷心菜沙拉"（Kool-sla）。[46]一个世纪后的 1751 年，一个瑞典的游客来到哈德逊谷，他描述了他的荷兰女房东为他做过的一道菜。从此，书面语当中又多了一个词，虽然保留了原始的荷兰读音，但是在语音方面遵循了美式的拼写：cole slaw（菜丝沙拉）。

随着城镇的扩张，一些周期性的惯例和仪式也发展起来，主流文化也开始盛行。我们可以想象，殖民地最具标志性的遗产是怎么确立的：每年的 12 月初，在新阿姆斯特丹非荷兰籍的家庭里，孩子们会因错过了好玩的而噘嘴生气。因为在荷兰，孩子们放声高歌：

> 圣尼古拉斯，善良又圣洁的人
> 披上你最华丽的外套
> 然后奔向阿姆斯特丹吧！[47]

12 月的第六天，也就是圣餐日这天，这些孩子一睁眼就会发现圣尼古拉斯给他们留了礼物。这在有些人看来是无法忍受的；在曼哈顿的英国、法国、德国和瑞典家庭里，父母都承受了很大的压力，于是他们也继承了荷兰的传统，但还是将这
271 个节日往后推了几周，和被广为庆祝的圣诞节连到了一起。所以圣尼古拉斯开始了他在美洲的旅程。

孩子们在打闹，面包师们在烘焙面包，商人们在尽力往社会上层爬——在荷兰统治的最后十年里，曼哈顿进入成熟期，各种活动愈发频繁。关于曼哈顿在市政府成立后的几年里是如何繁荣兴盛的，直到最近才有人对这个问题进行深入研究，这还多亏了有查尔斯·格林的翻译作品。但讽刺的是，正是这个时期的殖民地生活活动繁多，使得翻译的工作放缓。2002 年的某天，在纽约州立图书馆格林博士的办公室里，我坐在一边看着他工作。这时候他对我说："17 世纪 50 年代后期，我所翻译的法律书更加复杂。"他的桌上堆满了书，都是 18 世纪对荷兰语、拉丁语和法语法律术语进行入门指导的书。他身后的书架上摆着厚厚的 40 卷《荷兰语词典》（*Het Woordenboek der Nederlandsche Taal*）、关于 1500 年荷兰语的权威历史词典，以及 10 卷本的聚焦 16 世纪的《中世纪荷兰语词典》（*Middelnederlandsch Woorden-boek*）。“因为人口越来越多，法律活动也越来越多，”他说，“而且争端也会越来越多。早期土地资源充足，所以土地的界限很模糊。但是现在，人们的居住环境越来越拥挤，他们会为了界线争吵。所以施托伊弗桑特不得不聘请测量人员。然后你可以看到，市政府画了一幅街道图，标明了所有建筑的位置。”[48]

从以上描绘的画面来看，荷兰统治时期的曼哈顿并不像人们以往听说的那样是个杂乱无章的居住地。尽管贸易和航运细节显示该地区在不断繁荣发展，但这并不是最重要的一点。有哪些人住在这里，他们是如何相处的，又是怎么融合的，这些才是殖民地被埋没的遗产。他们从法国大西洋沿岸，丹麦的松树林、伦敦的大街来到曼哈顿。由于市领导发起了一项颇有远见的计划，他们一下船就发现有人主动为自己提供“市民”的身份。如果交不起会费（“价值 20 个荷兰盾的海狸皮”），他们可以分期付款。最终，他们或许会找到一条致富之路，赚取足够的荷兰盾、海狸和贝壳串珠，然后就能说服自己，留下来是值得的。[49]

这个时候建立的哈莱姆村（新哈勒姆，以荷兰的哈勒姆
市命名）位于曼哈顿的北端，是未来美国社会的缩影。这个 272
社区最初的 32 户人家居住在两条小路的两边，他们来自欧洲六个不同的地区——丹麦、瑞典、德国、法国、荷兰以及现在的比利时南部，说五种不同的语言。[50]在这个荒凉的大陆上，他们家家户户挨在一起，比邻而居。在欧洲，这些家庭会分散在不同街区，而在这里他们聚在一起，学会一门通用语言。

没有什么比异族通婚更能体现定居过程中的融合的了，这种现象在各个殖民地都是史无前例的。浏览一下新阿姆斯特丹归正会的婚姻记录，你会发现在这个小地方发生的文化融合的程度在当时来说是非常惊人的。一个德国男人娶了一个丹麦女人。一个来自威尼斯的男人娶了一个阿姆斯特丹的女人。来自“弗兰克瑞克（Vranckryck）的卡利斯（Calis，也就是法国的加来）”的艾萨克·贝斯卢（Isaac Bethloo）和来自“东印度群岛巴达维亚（Batavia）”的莉丝贝特·博特斯（Lysbeth Potters）结了婚。在英国雷丁（Reading）附近的乡村长大的塞缪尔·艾德萨尔（Samuel Edsall）来到曼哈顿，追到了一个名叫珍妮特·韦塞尔斯（Jannetje Wessels）的姑娘，而她的童年则是在德国边境的格尔德兰一个荒凉的乡村度过的。挪威人和德国人结婚，瑞典人和英国人结婚，丹麦人和瑞典人通婚，普鲁士人和德意志人联姻，德国人和丹麦人结婚，法国人和荷兰人结婚。总之，在新阿姆斯特丹教堂举行的婚礼当中有四分之一都是异族通婚。[51]异族通婚在非洲居民当中也时有发生，比如说来自圣托马斯岛（St. Thomas）的男人和来自西非的女人结合。还有黑人和白人通婚的例子。[52]

很容易想象到，范·德·邓克刚从欧洲回来，在新阿姆斯特丹四处走动，一定会把新阿姆斯特丹街道上的各种文化碰撞跟他在阿姆斯特丹的水坝广场上发现的文化融合相比较的。他回来见证了一个他自己促成的东西：美洲第一个文化大熔炉的形成。恰巧在这个大熔炉里，每个人默认的通用语言是荷兰语。17 世纪荷兰人感性的一面——坦率、虔诚、热衷商业、眼界开阔且尊重人与人之间的差异——成了社会的黏合剂。一种社会形态正在形成，外来客对它的评价是：世俗、傲慢、自信、喧嚣。

当然，平等并不是这个多元社会的组成部分，也算不上它 273
的理想。包容（或者称之为“勉强接受”）是近来人类文明的重大飞跃，影响了荷兰共和国和曼哈顿殖民地这两个社会的形成。但是在 17 世纪，没有人会认为白人和黑人、男人和女人、天主教徒和新教徒是平等的，或是应该平等地对待他们。生活在不平等的底层的是非洲人。殖民地的奴隶就是牲口一样的人。为了弄清楚非洲籍曼哈顿人的生活状况，有必要将你脑中成熟的奴隶制度清除掉，因为那是 19 世纪早期存在于美国南部的事情。当时奴隶制刚开始，荷兰人坚决认为，买卖人口是不道德的。所以，在殖民地的记录中，你会很惊讶地发现有一系列对非洲人和他们的生活状况的看法。虔诚的教士乔纳斯·米迦勒形容在他家工作过的妇女“是偷偷摸摸、懒惰又无用的垃圾”[53]；还有就是施托伊弗桑特这个典型的奴隶贩子，他曾控告一个女奴是小偷，又谴责一名男性奴隶“懒惰又不听话”[54]，并下令将这两人贩卖，“好为公司争取最大的利益”。但是也有不少的例子显示，奴隶主们在数年之后重新归还了奴隶自由，因为他们认为奴隶已经尽了自己的本分。个别情况下，还有记录显示欧洲人曾为重获自由的非洲人工作。[55]一些非洲人有地产，而且施托伊弗桑特在一份尚未发布的文件中宣称：“他们的所有权是真实而自由的，他们也享有这种特权，因为大片的土地本来就是要赋予这个省的居民的。”[56]奴隶也享有一些合法的权利，他们多次出现在法庭上，状告欧洲人。

需要牢记的还有殖民地奴隶制度的规模。曼哈顿远离巴西和加勒比海的甘蔗地。在那些地方，劳动力非常重要。奴隶制刚开始的十年里，同一时期不过才几十个奴隶零星地分布在殖民地;[57]等到英国占领该地时，奴隶的数量已经多达 300 人。[58]记录中更值得注意的，不是曼哈顿的奴隶，而是西印度公司奴隶贸易的发展。一开始，该公司拒绝奴隶贸易，怕被玷污了名声，但是后来由于在进行其他的商业投机活动时失利，又看到
274 贩卖人口带来的利益，便转头加入了这一行列，成为历史上最丑恶一幕的重要参与者。

库拉索岛变成了成千上万被束缚的、疾病缠身又晕船的西非人的处理站。记录显示，在管理北美殖民地的过程当中，施托伊弗桑特的头衔一直是新尼德兰、库拉索岛、博内尔岛（Bonaire）和阿鲁巴岛（Aruba）的总督，他通过在库拉索岛的副总督马塞斯·贝克（Matthais Beck）来进行管理。阅读他们信件的过程中会引起争论的是那些在大西洋周围匆匆忙忙搬来搬去的各种货物。1660 年 8 月，一艘到达库拉索岛的船上装载了“724 块松树木板，1245 磅的英国压缩饼干，2 桶烟熏肉，价值 75 金币的豌豆”和“10 个”价值“130 枚八片币”的黑人。[59]

非洲人并不是唯一一个处在不平等地位的群体。对多样的文化进行管理是彼得·施托伊弗桑特最缺乏的工作技能。可以肯定地说，看到曼哈顿的街道变成民族文化的万花筒，施托伊弗桑特并没有多兴奋。宗教是其根源：施托伊弗桑特鄙视犹太教徒，厌恶天主教徒，对贵格会信徒敬而远之，又暗暗讨厌路德教会教徒。也就是说，他是典型的受过良好教育的 17 世纪中期的欧洲人。宗教偏见是社会的主流，新英格兰北部的四个殖民地就是在此基础上建立的。纵观整个欧洲，人们都认为多样性会削弱一个民族。当然，人们认为荷兰的联合省份是个例外，但是他们对横跨大西洋的航行就没那么宽容了。这个以曼

哈顿为基础的殖民地是早期美洲宗教自由的摇篮，然而奇怪的是历史赋予它的唯一认可却是有偏差的。当然，也并不是说它完全错误，只是需要好好梳理一番。

荷兰的包容性在整个欧洲是出了名的，但是这种包容性在他们本国内不断引起争议，且每十年左右就会给主流文化风潮带来一次转变。其中一次转变发生在 1651 年。[60]当时荷兰的总督威廉二世意图发动政变，结果未遂，尔后身亡。此后，荷兰各省的领导在海牙举行了一次大集会。这是继 1579 年之后第一次举行这样的集会，当时是独立的各省的代表为创建一个共同的国家而聚在一起。集会的主题本应和总督之职的空缺有关，却变成了对包容性的辩论。正统加尔文教的一派教徒选择利用这次集会施压，他们认为荷兰的包容性已经失去控制了。 275
事实上，在人们意识到这一点之前，毒品窝点早就遍布荷兰的大街小巷了，甚至连卖淫都合法化了。一股强硬的情绪在荷兰弥漫开来。很长一段时间内，对天主教徒、路德教徒和犹太教徒的镇压非常盛行。

在这种氛围下，内心强烈反对多元化的施托伊弗桑特开始采取行动反对这些因殖民地发展而增加的宗教团体。当时，荷兰归正会的牧师们请求他阻止路德教做礼拜，理由是这样的仪式是在“给其他教派铺路”，这样下去荷兰最终会“成为异教徒和宗教狂热分子的庇护所”。[61]施托伊弗桑特欣然应允。1654 年，23 个犹太教徒来到这里寻求庇护，他们当中一些人是从荷属巴西殖民地逃出来的。[62]你几乎可以想象到施托伊弗桑特摇头的情景。他每天都有成堆的事务需要处理，现在又来了一群犹太人。他的反应很冷淡，但这很符合他的个性。他认为犹太人是个“奸诈虚伪的民族”，如果不加以阻止的话，这些人会把这种奸诈虚伪“传染”给殖民地的人。“出于一些重要的原因”,[63]施托伊弗桑特还禁止其中一个犹太人购置土地。他甚至不准犹太人和市民自卫队一起轮流站岗，理由是“自卫队的市民因要和犹太人成为战友而感到厌恶和不满”[64]。他在一则简短的命令中告诉雅各布·巴西蒙（Jacob Barsimon）和阿塞尔·莱维（Asser Levy）：“如果他们不满这种待遇，随时都可以离开，去哪都可以，我们绝不会阻拦，只要他们高兴。”[65]但是犹太教的领袖亚伯拉罕·德·卢塞纳（Abraham de Lucena）和萨尔瓦多·丹卓达（Salvador Dandrada）熟知他们在荷兰法系里应享有的权利，于是向荷兰共和国求助。阿姆斯特丹的犹太社区向历史悠久的政治传统施压，最终成功维护了自己的权利。[66]施托伊弗桑特的上级高傲地提醒他，法律规定“任何人都有宗教信仰的自由”（还告诉他，一些有势力的犹太人给西印度公司投资了大量资金），命令他不要再插手此事。

逼得荷兰人将这种包容性发挥到了极限的是英国贵格会的教徒。他们跟随其他教派从旧英格兰逃到新英格兰，然后向南进入荷兰的领地。在占长岛大部分说英语的城镇中，他们开始劝服居民改变宗教信仰。正因为他们处处说教，又爱嘲弄别人，还时不时疯疯癫癫（人们常叫他们疯子），这些行为都招致了施托伊弗桑特的鄙视。在他的印象中，这些人会威胁到殖民地的和平和稳定，也许他们就是疯子。施托伊弗桑特觉得自
276 己算是宽宏大量了，因为他没有驱逐这些人，只是派了位英国的牧师过去。此人正是阿德里安·范·德·邓克的岳父弗朗西斯·道蒂。但是他们并不买施托伊弗桑特的账，依旧我行我素，继续保持他们前卫的行事方式。当施托伊弗桑特禁止弗利

辛恩镇支持这些人时，31 位英国籍的村民依照荷兰抗议书的格式写了封陈情书给施托伊弗桑特。他们提醒施托伊弗桑特，宣扬“爱、和平和自由”[67]的法律是荷兰外省的骄傲，它同样适用于“犹太人、土耳其人和埃及人”。因此，他们恭敬地拒绝遵从施托伊弗桑特的要求。所谓的《法拉盛宗教自由陈情书》被认为是美国自由的基础文件之一，是《权利法案》（第一修正案）的前身。它确保了政府“不会为任何宗教机构制定法律，也不会干涉这些机构的自由运作”。但是历史将它写成了一个关于荷兰和英国的故事。[68]英国扮演的角色热爱自由，而施托伊弗桑特代表着非英国殖民地，成为反动的傻瓜。事实上，殖民地暗潮汹涌，真实形势更为复杂。荷兰既是这种极具包容性的法典的源头，有时候又无法实行这一法典。如果说第一修正案可以追溯到《法拉盛宗教自由陈情书》，那么这封陈情书明显是建立在荷兰宪法文件中的宗教自由的保证之上的。

同往常一样，施托伊弗桑特对这封英文陈情书的反应是逮捕并监禁了许多人。他的正统思想在这些行为中表露无遗：为了让自己视为家园的殖民地和岛屿最终变得纯粹，他在拼命抵抗无法阻挡的历史潮流。如果有办法，他或许早就把这些外来的宗教流派一一拔除，把它们一个个全都吓跑，直到殖民地变得和他所欣赏的新英格兰一样——拥有单一的宗教文化，成为加尔文教徒在新世界的一片绿洲。

但是这个地方有它自己的个性，并且在迅速地进化。三十年后，施托伊弗桑特的一位继任者托马斯·唐根（Thomas Dongan）总督无意中提及当时在纽约殖民地迅速发展的各宗教流派——除了英国国教人员、荷兰加尔文教徒、法国加尔文教徒、荷兰路德教教徒、罗马天主教徒以外，还有“吟咏的

贵格会教徒、演说的贵格会教徒、严守安息日的人、反对守安息日的人、再洗礼教派的教徒、无教派人士和犹太教徒”。[69]为
277 了让自己的观点更清晰，他又补充说：“总之，在各种观点当中，一些观点或者大部分观点根本言之无物。”要是施托伊弗桑特听到了，恐怕要气得从坟墓里跳出来。

殖民地发展的过程中，常常会出现让施托伊弗桑特头疼的事，但是也会给他原本就不平静的生活带来机会甚至快乐。1655 年夏末的一天，艳阳高照，脚下的甲板在摇晃，风刚好鼓起了船帆，施托伊弗桑特的发丝也在随风飘动。他又想起了自己在加勒比海那段辉煌的日子。那时候他整天在海上，率领一支有 7 艘炮舰和 300 名军人的小型舰队袭击敌人。后来，他在 34 岁那年进攻西班牙圣马丁，敌方的炮火太过猛烈，他们被击败，他还被炸掉了一条腿。现在他已经 45 岁了，掌管着这个繁荣的省份，他决心要找回昔日的风光。

沿着船的右舷望去，是一片狭长的背靠森林的海滩。50 年前，亨利·哈德逊正是在这片海滩沿着相反的方向航行的。这里的一切都没有变，还是和当年一样荒凉。绕着五月角前进，进入一个多浅滩的海湾，尔后逆流而上，就来到领地当中最容易被忽略的区域。他在西岸两个瑞典堡垒之间抛了锚。施托伊弗桑特在此处精密部署，将他手下的人马分成五队，派出其中一支 50 人的分遣队出发去占领该区的唯一一条道路，好切断敌人在两个堡垒之间的联系。[70]剩下四支队伍留下来修建一堵高 6 英尺，离较近堡垒有投石之距的低矮防护墙。他派了一位名叫迪尔克·史密斯（Dirck Smith）的海军少尉进入该堡

垒，由一名鼓手陪同。少尉带来的信息是一条直截了当的命令：无条件投降。

英荷战争结束了。整个殖民地迎来了又一拔的繁荣。近期，随着巴西落入葡萄牙人手里，西印度公司最终才姗姗来迟地致力于经营以曼哈顿为大本营的殖民地，派遣军队和船只前往那里。施托伊弗桑特终于可以密切关注南部地区了。迄今为止，瑞典人在这里生活了 17 年，他们零星地分布在该区域，其中一部分是他们带来的“森林芬兰人”（forest Finns）[71]。几十年前，这个特殊的芬兰人群体住在俄罗斯的边境地带，后来瑞典人鼓励他们到瑞典中部的一个边远地区居住，因为瑞典政府想要在这个地区开荒。芬兰人的生活方式就是“刀耕火 278
种”，就是用火烧的办法清除一片森林，然后在此基础上耕种，所以这个小群体非常擅长于开垦茂密的原始林地。结果他们把这项工作做得“太好了”，当他们拒绝对这种生活方式加以节制，不愿意停止对森林的破坏时，瑞典人只好把他们送到美洲。瑞典人和“森林芬兰人”一起定居在“南河”，和该地区的印第安人发展起了稳定的皮毛贸易，这激怒了基夫特和施托伊弗桑特。瑞典人还控制了“南河”上的一个荷兰堡垒。现在，施托伊弗桑特开始提要求了，他的原话是“归还我们的财产”[72]。

等待了片刻，瑞典的指挥官出来查看列队的敌军有多少，随后他请求施托伊弗桑特允许自己跟另一座堡垒里的长官沟通一下。后来施托伊弗桑特带着得意这样记录道：“我们断然拒绝了他的请求，他很不满地离开了。”最后，瑞典方面的代理人冯·埃尔斯维克（Von Elswick）到场谈判，他和施托伊弗桑特在堡垒下的一块沼泽地碰面。盛夏时节，蚊虫围着他们嗡嗡乱叫，施托伊弗桑特的铠甲在阳光的照射下熠熠生辉。他自信的肢体语言表明他身后有成百上千名士兵的支持。很明显，他们的交谈中掺杂了好几种语言。为了准确表达意思，他们开始用外交官惯用的拉丁语交谈。他们都知道施托伊弗桑特集结了强大的军队。现在，事情变得很简单：瑞典人是要战斗到底、白白送死，还是向荷兰人投降，然后将德拉瓦河地区拱手相让？

冯·埃尔斯维克别无选择，只能妥协。但在投降之际，他还不忘在言语上攻击一下施托伊弗桑特。他用拉丁语预言“Hodiemihi, eras tibi”,[73]意思是“今天是我们倒霉，但早晚会轮到你们”。他意在立下誓言，瑞典有朝一日定会卷土重来。事实上，这是另一种形式的预言，因为九年后，另一个政权以更强大的身份出现了。就像施托伊弗桑特对待瑞典人那样，它到时候也同样会给施托伊弗桑特下最后通牒。

施托伊弗桑特回避了他的嘲讽，将那两个堡垒占为己有。新瑞典在历史上消失了。他立即采取行动，让人到这个地区定居下来，因为他知道只有这样才有希望继续控制这个地区。当年瑞典人将芬兰人带进来当劳工使用，施托伊弗桑特也准备从这群芬兰人入手。他决定邀请芬兰人在此居住，实际上，他是用奖励的手段鼓励他们继续开荒。[74]这个决定就跟曼哈顿殖民地其他方面的事务一样，扰乱了几个世纪的平静，就像奇怪的回声一样，对美国的历史产生了深远的影响。芬兰人真的在这里扎了根，在荷兰统治的最后十年里，随着定居的消息在这个
279 古老的国家广为传播，有更多的芬兰人加入他们的行列。从18世纪早期到19世纪早期，他们的后代沿着阿巴拉契亚山谷迁徙，穿过南部，来到这个新国度的中心地带。他们带来了开

垦丛林地带的技术，毫不夸张地说，这项技术开拓了美国的边疆，事实上，它的意义还远不止如此。芬兰人凭借他们处理丛林的方式在欧洲北部闻名遐迩。他们走到哪儿，就把技术带到哪儿，而且大受欢迎。一长串证据——V 型切口、屋顶构造，以及一种模块式房间布局——都显示根植在阿巴拉契亚地区、塑造了亚伯拉罕·林肯在印第安纳州童年生活的小木屋，出自瑞典中部的芬兰人之手；在施托伊弗桑特和冯·埃尔斯维克在德拉瓦河蚊虫乱飞的沼泽地进行了拉丁语－荷兰语－瑞典语的谈判之后，这种小木屋就被人们广为利用了。①

准备返回曼哈顿的时候，施托伊弗桑特得意扬扬。他的殖民地一片欣欣向荣。（很大程度上这是他奋力抗争的半代议制政府的功劳，但那是另外一回事了。）他和新英格兰人签署的边界协议开始生效。最终，他不费一炮一弹又再次控制了南部地区。他准备登上旗舰的时候，假肢带来的疼痛肯定也减轻了几分。

如果说施托伊弗桑特此刻正享受着难得的高枕无忧的日子，那么，这样的日子很快就要到头了。在离北部 150 英里的水域，从黎明前开始就有独木舟快速前进，船桨划破了平静的水面。1655 年 9 月 15 日，600 名印第安人在曼哈顿岛的最南端、堡垒的下方登陆，然后涌入曼哈顿的街道。他们射出利

① 插入一则逸事：我那有瑞典和挪威血统的岳父在明尼苏达州北部传统的斯堪的纳维亚乡村有一间小木屋。我告诉他，美国的小木屋起源于芬兰人，他的反应是：“在这里，每个人都知道，如果你想建一座木屋，你就得找芬兰人。”

箭，挥舞着斧头，所到之处，人们无不惨叫连连，惊恐万状。本土和史坦顿岛北部也遭受了类似的袭击。印第安人烧毁了房屋，杀害了数十名欧洲人，还挟持了大量人质。

280 这场短暂的“战争”发生的时候，施托伊弗桑特恰好到南方去对付瑞典人了。历史学家们一直认为这是个奇怪的巧合。为了弄清事情的来龙去脉，一些史学家翻出了一桩事故：一个印第安妇女因偷桃子被一个荷兰人杀死，这则事故被认为引起了那次袭击，于是后者被命名为“桃子战争”。但究竟是什么引起了突袭，从记录当中可以找到证据。新阿姆斯特丹的欧洲居民可以区分该地区不同的部落，在报告 1655 年 9 月的事件时，他们注意到袭击者来自四面八方，比如“麦库阿斯（Maquas）和马肯德斯（Mahikan-ders），来自“北河”上下游的印第安人”[75]，他们写信给施托伊弗桑特。奇怪的是，他们注意到明夸斯吉尔或者瑟斯昆汉诺克斯一族（“南河”地区，准确地说是施托伊弗桑特起航处的一个部落）的酋长也在出现在该事件中。这样一个多文化的印第安人集会毫无道理可言，除非你能像最近那些历史学家那样，换个视角，从印第安人的角度看问题。[76]

我们总是习惯透过随后几个世纪的层层迷雾来看白人和印第安人之间的遭遇，所以我们很难理解 17 世纪印第安人把他们自己看作主导者的情况。在“南河”的明夸斯吉尔一族看来，他们花了 17 年时间和瑞典人建立了贸易关系，不料却被施托伊弗桑特和他的士兵破坏了。所以这些印第安人进行了报复。他们这么做实际上是在保护瑞典人，因为瑞典人给他们带来了宝贵的物资，而且他们比印第安人弱，应该受到保护。而且近些年来搞清楚的一点是，东海岸的印第安人定期和边远的部落结成联盟。如果我们把他们想得复杂一点，那么曼哈顿人的报告就说得通了：这一突袭是明夸斯吉尔一族的酋长精心策划的，这也是施托伊弗桑特遣散新瑞典人直接导致的后果。

这个被误称为“桃子战争”的事件在曼哈顿殖民地的生活当中只是一个小波折，几个星期之内这个风头就过去了。但在这个故事当中，它的意义却远不止如此。像在其他地方一样，这里我们又得靠猜测来填补其中的空白。我们必须想象，一群印第安人从远方来，袭击了欧洲人。在曼哈顿北部一个狭长的山谷里，他们瞥见了文明社会的一角：一间农舍、一个锯木厂和耕作中的土地。他们袭击了这个房屋，屋子的男主人站出来保护家人。他一直都和本地区的印第安人保持着友好的关系，但是这些印第安人从别处来，他们也不会去区分白人当中哪些是朋友，哪些是敌人。男主人被杀害了。他的妻子逃了出去，也许被囚禁了一段时间。很快，一切都结束了，昭示着生 281
命的终结的喊叫声和反抗的哭声，都被茂密的山林吞没了。

这个被杀害的男人就是阿德里安·范·德·邓克。在人生的某些阶段中，他的存在感极强，性格非常生动鲜明，他就像是从历史文献中走出来的三维立体人物。但从欧洲回来以后，在生命的最后几年里，他的形象就变得单调又黯淡无光了。关于他的死，相关记录也很简略，甚至可以说没有记录。我们只知道，1655 年夏天范·德·邓克还活着，但是在 1656 年 1 月之前，他就不在世了。1655 年 9 月的多部落袭击当中，他的房子被印第安人洗劫一空。我们只能把这些残存的记录拼凑到一起，然后加以推测。有趣的是，我们竟然是从施托伊弗桑特口中才得知范·德·邓克死亡的消息，因为他间接地提到了此事。就在曼哈顿人想弄清楚印第安人的袭击事件时，施托伊弗桑特告诉理事会成员，有一个维阔斯盖克族的印第安人会从范·德·邓克家附近赶来，跟他们说一下他了解的情况。施托伊弗桑特提道，这个印第安人“曾是范·德·邓克的好朋友，已经帮范·德·邓克照看牛群有段时间了”[77]。话里动词的时态充当了范·德·邓克的死亡通知，而且他的名字是和袭击联系在一起的，这又成了证明他死亡原因的另一份证据。施托伊弗桑特并不理解自己在“南河”的军事行动和曼哈顿附近的袭击可能有关系，所以他可能从来没有想过自己应该为他曾经对手的死承担间接的责任。

范·德·邓克的妻子玛丽幸存下来了。[78]她的父亲弗朗西斯·道蒂教士此时供职于弗吉尼亚的一座教堂。丈夫死后，玛丽搬到了她父亲那里。她找到了一份执业医师的常规工作，帮助病人清洗、发汗、正骨、接生等。最终，她和一个叫休·奥尼尔（Hugh O'Neale）的英国人结了婚。但奇怪的是，在之后的记录里，人们还是继续称呼她为范·德·邓克夫人（别名奥尼尔夫人）。放弃了范·德·邓克名下曾有规划的大片地产，玛丽把它转赠给了自己的弟弟，她弟弟又把土地都卖了出去。所以，享年 37 岁的阿德里安·范·德·邓克身后没有子孙，也没有财产可供人们回忆他的生平，他很快就被人们遗忘了。

但这话也不完全正确。这里又出现了一个奇特的转折。他
282 写了本叫作《新尼德兰实录》的书，本来已经批准出版了，但由于战争又耽搁了。最后，大约在他离世的那段时间，这本书终于在荷兰出版了。范·德·邓克将自己在殖民地的见闻都记录到了这本书中，书中描绘了那里的风土人情、草木鱼虫、山川河流、微风细雨、皑皑雪景，也讲述了那里的重重危机和不灭的希望。该书成为当时的畅销书，第二年又再版。范·

德·邓克死后又激起了人们对于一个名叫曼哈顿的遥远小岛的兴趣。在那里，普通的欧洲人可以摆脱社会等级、公会和教派的陈旧枷锁；在那里，各色各样的人（克罗地亚人、普鲁士人、佛兰芒人、林堡人、哥本哈根人和迪耶普人）可以牢牢地坚守自己的梦想。[79]

这本书再版的时候，出版商在前面附了首诗，来歌颂作者和他的书的主题：

> 亲爱的读者，若对此地心生向往，不妨怀着愉快的心情前来。
>
> 尽管它也被称作荷兰，却远胜于荷兰。
>
> 这样的旅行难道不吸引人吗？看看范·德·邓克的书吧，
>
> 它像一颗明星，照亮了那里的土地和人们，
>
> 还会告诉你，荷兰通过关怀可以统治新尼德兰。[80]

这首诗虽写得并不怎么样，但最为准确地表达了人们对范·德·邓克的纪念：他是第一个看到曼哈顿岛的希望，梦想曼哈顿的未来并且一生致力于实现这个梦想的人。

范·德·邓克对新世界殖民地的热爱没有随他的去世而消失。他死后还不到一年，紧接着那本书的出版，阿姆斯特丹市政府整合了一份详细的殖民地计划。300 位居民签署了移民协议，市政府还起草了一份很长的启动时期的物资清单：400 双鞋、“50 双普鲁士蓝色长筒袜”、“100 顶红色鲁昂帽”、“8 桶食醋”、250 磅奶酪、15 只火腿、30 条烟熏猪舌头，[81]这些都是他们的装备。受到施托伊弗桑特征服瑞典人的鼓舞，他们决定

在“南河”施托伊弗桑特的一个堡垒附近安置一个新的定居点。一切都重新开始了：一批新居民来了，带来了新的希望。“在丛林中待了五六个小时，我就觉得内心充盈，”一个新移民，也是一位校长在登陆之后不久这样写道，“我看到美丽的橡树和山核桃树，还有适合耕种的良田……我已经开始办学了，目前招了25个学生。”[82]他们把这个定居地称作新阿姆斯
283 特尔。这就是如今特拉华州的纽卡斯尔市。在市中心的广场上，有一座17世纪晚期荷兰风格的小房子，它是用坚固的砖块建成的，还装着红色的百叶窗。这座房子见证了人们为了向范·德·邓克致敬所做的迟来的努力。人们现在的愿望是开发殖民地的潜力，然后跟上英国在北美地区的扩张步伐——前者可以实现，后者则不然。

第十四章　纽约

除非你是“死海古卷”（Dead Sea Scrolls）派的成员或者哲学家黑格尔的追随者，否则，认为英国人必然夺取曼哈顿岛 284
的看法就很可能是错的。罗马的衰落、西班牙无敌舰队的战败、美洲殖民者赢得独立战争、协约国打败希特勒——我们往往会认为过去的事情，尤其是那些大事件，必然会按照历史上的情况发生。但如果我们真的相信这一点，那就是认同了这样一种理论，即我们的行为并非出于己愿，我们只是机器中按照预设指定行事的齿轮。

然而，回头来看，英国人夺取曼哈顿岛在某种程度上确实是显而易见的事实。这在一定程度上是因为史书就是以这种方式来描述这一事件的，因此我们就有了这样一种印象：新英格兰人有如一股无法阻挡的自然之力，就像杯子里漫溢出来的水，在不知不觉中涌向南方的荷兰殖民地。但是，从另一种角度来看，你可能会说是殖民地抛弃了它的荷兰开拓者。亨利·哈德逊播向遥远岛屿的那颗种子已然生根发芽，而且其成长速度确实超过了母株。英国人是那么渴望得到这座岛，这对于曼哈顿岛——对于美洲——来说是再幸运不过的事，尽管当时人们还看不到这一点，但荷兰帝国已经江河日下，而大英帝国才刚刚崛起。范·德·邓克的使命就是揭示历史的力量，他的呼吁是为了让荷兰政府的领导者们留意这一点。然而，维持荷兰

黄金时代运作的体系并不能绵延长存。与此同时，英国人，尤其是那些在美洲的英国人，却在尝试用华丽的辞藻阐述自由主
285 义、自由理性和人权思想，并且乐此不疲。将两大要素——17世纪荷兰人的宽容和自由贸易原则与18世纪英国人的民主自治思想——相结合，就是建立新型社会的方法。我们几乎能够看到指挥棒从一个17世纪的强国手中交到了另一个强国手中，而权力转移的中心就是曼哈顿。

但在这件事上，在荷兰殖民地——乃至新英格兰——都无人能预见结局。这并非新英格兰人浩浩荡荡、横扫南方所致。当时发生的一切是经过精心策划的，是全球范围内的人们共同参与的结果，而且，就像所有戏剧中精彩的最后一幕一样，来了几次大逆转。

当然，整个事件的核心人物是彼得·施托伊弗桑特。施托伊弗桑特的主要对手是一个他永远不会见到的人——此人早几年曾在史书上首次亮相，但那只是惊鸿一瞥。1642年，施托伊弗桑特还在库拉索岛炙热的太阳下发号施令，基夫特掌管着曼哈顿，在北部担任治安官的范·德·邓克还在属于阿姆斯特丹钻石商基利安·范·伦斯勒的大庄园里四处漫游。与此同时，在波士顿村外，九个年轻人从一栋简易的隔板建筑中走了出来，踏上了杂草丛生的漫长道路。[1]四周是奶牛牧场和苹果树，再往外就是广袤无垠的荒野，但在几个世纪的英国传统的影响下，他们和聚在他们身边的那群人透过文明的透镜预见了事件的走向。这九个年轻人是由一位清教徒牧师拨款建造的大学的第一批毕业生，这位牧师名叫约翰·哈佛（John Harvard）。

主持毕业典礼的是马萨诸塞湾殖民地总督约翰·温斯罗

普，彼得·施托伊弗桑特将会和他有密切的关系。但有个人在设计夺取曼哈顿中发挥的作用比其他人都大，此人也是那九个在初秋的早晨来到新英格兰的年轻学者之一。他的名字叫乔治·唐宁（George Downing），是一个表情冷酷、体格健壮，有着侵略野心的 19 岁少年，而且，他恰巧是温斯罗普总督的外甥。

跟哈佛大学第一批毕业生中的大多数人一样，唐宁也十分向往伦敦。在典礼结束不久之后，他就乘船抵达伦敦。在那里，他看到内战初露端倪，宣称自己是一名清教徒革命者，和议会党人们并肩作战。新政府成立时，奥利弗·克伦威尔发现这个年轻人才智过人，而且像斗牛犬一样气势汹汹，于是派他出使海牙。在海牙，唐宁将自己身为英国人的一面展现得淋漓尽致，其中重要的一点是，对荷兰人深恶痛绝。确实，除非你是打算刁难这个国家而不是平息事态，否则让他担任外交官不 286
是一个明智的选择。在外交上，温文尔雅的举止通常是很有必要的，但唐宁唐突无礼，固执己见。扬·德·维特和其他荷兰政府的领导都觉得他令人厌恶，而且他在英国政府的同僚也不待见他。在他手下工作的日记作家塞缪尔·佩皮斯也坦承（尽管是在日记里）他是一个“背信弃义的无赖”[2]。

但是，唐宁拥有得到自己想要的一切的外交手腕。在 1658 年克伦威尔去世，斯图亚特王朝复辟，查理二世登上王位之后，他对于自己命运的掌控能力体现得淋漓尽致。一直以来，唐宁反对王室的态度最为强硬。他曾大力追捕斯图亚特家族的朋友，而如今皇室却已再度执政。为此，他赌了一把。他壮着胆子投靠新任国王，请求他原谅自己当年支持克伦威尔的任性之举，并且将错误归咎于自己在局势动荡的新世界的成长经历。[3]接着，为了向国王表明忠诚，他设陷逮捕了自己的三个朋友，他们曾判处查理的父亲死刑。唐宁的无耻行径得到了国王查理的重赏，他不仅再次被任命为荷兰大使，后来还受封爵位，最后，伦敦的唐宁街也以他的名字命名。（剑桥大学唐宁学院是他的遗赠，因此也是以他的名字命名的。）

于是唐宁又在海牙待了下来。他又开始强烈反对荷兰人及其贸易霸权，并因职责所在从中找寻漏洞。与此同时，在新英格兰，那些在神学思想方面比母国清教徒还要严厉的领导人跟唐宁一样被斯图亚特王朝的复辟搞得晕头转向，而且他们中的大多数人都不像唐宁一般擅长见风使舵。60 年代早期英国殖民地领导人之所以处于进退两难的境地（在美国历史上因多种原因赫赫有名），正是他们在权力和领地上相互争斗的结果。马萨诸塞湾长久以来有皇家特许状保护，根基最为牢固；而康涅狄格和纽黑文这两个南方殖民地则是因移民者们向南涌向荷兰人已经宣示主权的领地而偶然形成的，当时他们还未获得英格兰的正式认可。如今，他们必须向他们一直看不起的皇
287 室低头请愿。对于纽黑文这样一个清教思想最纯粹的地方来说，这是很难堪的，所以领导人们都犹豫不前。

然而，美国康乃迪克却有个人处事更灵活。这个人便是该殖民地长官约翰·温思罗普。他是马萨诸塞湾总督，新英格兰全境清教徒的长老，老约翰·温思罗普的儿子，也就是乔治·唐宁的表兄。老约翰·温思罗普早已去世，这让曾经指望他在荷兰与新英格兰领导人打交道的过程中提供支持的彼德·施托伊弗桑特懊恼不已。如今，带着重大的判断失误，施托伊弗桑特将希望寄托于小温思罗普，希望他能在领导头脑发热的清教徒时保持冷静。小温思罗普在历史上的形象一直是个安静、谦

逊的成功者，他永远活在父亲的阴影下。这个男人仿佛一把黑色小刀，他的成就和政治谋略没有得到应有的认可。

1661 年，温思罗普强压住反对保皇党的冲动事件，提议前往伦敦为该殖民特许状向查理请愿。从他急于出发的表现和告辞的方式就能看出他的狡黠之处。在向纽黑文总督威廉·利特（William Leete）许诺，他也会为这个临时拼凑起来的殖民地递交请愿书、申请特许状之后，他马上乘船出发了，把手里还握着相关文件的威廉·利特一个人留在岸上。[4]接着，他没有选择从波士顿离开，而是与他的朋友彼得·施托伊弗桑特计划好从曼哈顿乘船出发。当然，这座岛是重要的交通枢纽，然而乘荷兰的船只出发便意味着要先到达荷兰，然后必须穿过荷兰到达英格兰。施托伊弗桑特似乎不觉得这有什么奇怪的。

7 月 8 日，温思罗普乘船抵达荷兰港口。一到港口，堡垒发出的炮火声就把他吓了一跳。不过他很快转惊为喜，原来这是他的朋友施托伊弗桑特在以地方长官之礼接见他。（据荷兰语的记录记载，当时为了“向温思罗普总督致敬”而花费的火药不少于 27 磅。[5]）施托伊弗桑特很喜欢温斯罗普，他似乎对所有的英国人都颇有好感。哈特福德虽然发展很快，但杂乱无序。施托伊弗桑特自豪地带着温思罗普参观了在他的治理下井井有条的小省会：这里是堡垒，这里是用砖砌成的施托伊弗桑特新私邸（施托伊弗桑特认为他在堡垒外和远方的农场都应该有房子），这里是北部防御带沿线新建的加固墙，如今还加上了保卫塔和大路上的中心大门。温思罗普显然很兴奋，他一直滔滔不绝，不断发问，称赞着这位总督在治理其城镇方面 288
取得了如此大的成就。温思罗普在新阿姆斯特丹待了 13 天，到临走的时候，他已经在笔记上对该地做了详细的记录，其中包括它的防御工事和军队数量。[6]

想到施托伊弗桑特此时的困境，人们不由得对他生出了几分同情。他清楚英国人正在打他的殖民地的算盘，他也一定对西印度公司未能派遣军队前来守城而感到十分气愤。然而，当他的同胞也同样因被置于孤立无援的境地而感到愤怒时，他只能维护上司们的决定了。

虽然施托伊弗桑特对英国人有所提防，但他还是忍不住想要和温斯罗普就他们各自殖民地的情况互相交流。[7]他丝毫不掩饰自己对新英格兰那种单一文化社会形态的羡慕之情，同时还抱怨他自己所管辖的人都是来自不同国家，鱼龙混杂。压力越大，他似乎就越来越喜欢孤独，说到这，很容易想到他的一个怪癖。热带鸟类是他的一大快乐源泉，这是他在加勒比海地区时养成的爱好。几年间，他命令库拉索岛上的官员们给他寄来各种鸟（其中一个装箱单上写着“致尊敬的 P. 施托伊弗桑特总督大人”，“两笼鹦鹉共 4 只”，“24 只长尾小鹦鹉”），所以那个时候他一定给这些鸟儿造了一个大鸟笼。[8]在他的农场里，伴随着鸟儿们清亮的鸣叫声，他一定也在苦思冥想该如何对付那帮英国人，权衡是该相信他们还是该持怀疑态度。

施托伊弗桑特对温斯罗普的友好招待一直持续到后者离开：后者的船驶向大海时，55 名士兵排列在港口旁以全套军礼恭送他。而在旅程的另一端，温斯罗普安排了一次与西印度公司总督们的会面。他以新教徒的身份与这些总督攀扯关系，于是这帮一直比较保守的生意人都被他说服了。“温斯罗普一直都是我们国家的好友”，这些总督在写给施托伊弗桑特的信中这样说道，并希望他能相信温斯罗普。[9]

温斯罗普提议接下来要从阿姆斯特丹去海牙，如果有人觉得这一行程安排有可疑之处的话，那可能温斯罗普将其解释为家事就糊弄过去了。乔治·唐宁，这位驻海牙的英国外交官毕竟是他的表兄。他们上一次见面是在新英格兰，两人之间还有些交情。唐宁的一毛不拔是众所周知的，后来温斯罗普还给唐 289
宁写过几封信，斥责他一直让自己的母亲生活在贫困中。[10]由于这次协商是秘密进行的，我们也不知道这两个人于 1661 年 9 月见面时的具体情况，但温斯罗普所画的那幅新阿姆斯特丹的防御工事图很快就在政府中流传开来。[11]因此，从逻辑上来推断，荷兰殖民地当时的军事状况信息就是在那个时候被泄露给英国当局的。

接着——这一具有历史重要性的行程进入了下一阶段——温斯罗普来到了伦敦。查理二世的加冕礼刚刚在五个月之前举行，这座城市刚刚摆脱了清教统治的沉重枷锁，沉浸在复辟的狂欢之中：喧嚣的酒馆，俏丽的女仆，剧院中挤满了观看戏剧《哈姆雷特》《可惜她是个娼妓》以及嘲讽清教主义的木偶剧的人群。[12]在这一片欢庆的氛围之下，温斯罗普却悄悄地将视线移开，开始谋算该怎么赢得皇室的宠幸。

温斯罗普——这个身形矮小，单调乏味，长着鹰钩鼻，一副弯弯的眉毛看起来颇具讽刺意味的男子，跟富丽堂皇的会晤室形成了鲜明的对比。那个秋冬他经常卑躬屈膝，对于微小的侮辱一笑而过（还老是被人当成普利茅斯殖民地的约西亚·温斯洛，在讨论的半途中发现国王竟然认为“马萨诸塞湾”和“新英格兰”是同一个地方[13]）。他带来了一份包含着他全部愿望的文件，这些愿望他没有告诉过任何人，尤其是他新英格兰的同僚们。当特许状最终被授予他们时，这帮人都吃了一惊。查理国王同意将康涅狄格的范围从马萨诸塞湾的南部边界开始拓展，其中还包括荷兰的领地以及西边一直到“太平洋地区”的土地。[14]温斯罗普秘不告人、谦虚低调的野心现在总算是露出真面目了。他想要的是马萨诸塞和弗吉尼亚之间的全部土地，他想要自己的土地能一直延伸到太平洋——即便没人明白这有多远。他想要一切，并都得到了。

温斯罗普提议吞并纽黑文殖民地，这让当地的官员们怒火中烧。但是木已成舟，因为温斯罗普拿到了国王的签字。而且的确，他在处理这件事上面态度很好，十分耐心地解释了为什么这样做对所有人都有好处，以至于跟他持相反态度的利特总督也很快屈服了，这就让将来的美国没有一个叫纽黑文的州。
290 该殖民地的那帮饱受痛苦的清教徒叫嚷着要孤注一掷逃向荷兰人的领地，因为他们知道在那里他们是受欢迎的，但他们的领导者也清楚那里正是温斯罗普的下一个目标。

与此同时，施托伊弗桑特也听闻温斯罗普已经获批特许状。于是他就写信给温斯罗普，请他确认是否会遵守十几年前他们在《哈特福德条约》（Hartford Treaty）中划定的边界。然而，温斯罗普的回复却闪烁其词。[15]西印度公司向施托伊弗桑特建议，鉴于“您对温斯罗普总督近期所获批特许状心生焦虑”[16]，所以他应该加强防御。尽管他向公司请求予以增援，但是他们并没有给他军队和船只。

除了温斯罗普所带来的麻烦，施托伊弗桑特还有其他烦恼。自新阿姆斯特丹市的特许状颁布以来，八年间这座城市迅速繁荣起来，但施托伊弗桑特和西印度公司对掌管这座城市越来越没有信心了。在范·德·邓克回来后的几个月中，施托伊弗桑特本有机会支持人们所要求的改革，在整个殖民地上营造一种尊重民意的表象，即便如此，西印度公司也未必会允许这样做。但无论如何，那是他获得民心的最后希望。很快，在长岛和大陆上的那些曾经发誓忠于新尼德兰的英国殖民者开始背弃他们的誓言并宣称自己是康涅狄格的居民。温斯罗普对此持鼓励的态度并且参与策划了这一举动。施托伊弗桑特向总督们抱怨长岛和“西彻斯特”正成为英国人的土地，而且已经侵犯到了乔纳斯·布朗克（Jonas Bronck）和阿德里安·范·德·邓克曾经的地盘。[17]虽然这座城市正在欣欣向荣地发展，但整个殖民地，他写道，正处于“令人悲伤且岌岌可危的境地”[18]。

现在温斯罗普准备开始大动作了，他要将整个荷兰殖民地纳入自己的统辖之下。大陆上的城镇一个接一个地都被命令向康涅狄格“俯首称臣”[19]，并且开始向哈特福德交税。温斯罗普与施托伊弗桑特之间的友谊也不复存在了；现在他以及他在康涅狄格的同僚们就是一副“不仁不义、厚颜无耻、固执己见”[20]的嘴脸。新尼德兰正在土崩瓦解，而施托伊弗桑特却束手无策。

但结局并不是这样，新尼德兰并非死于来自北边的入侵。
在参与这场最终角逐的人当中，温斯罗普是最狡猾的那个，只 291
有一个人能出其右，那就是他的表兄——乔治·唐宁。唐宁从温斯罗普处得到了曼哈顿岛的消息，但将这一消息用作他用。身在海牙市的外交办公室，唐宁看待事情的视野更加开阔。他看到了荷兰的贸易路线交叉相错遍布全世界。散落于印尼群岛上的荷兰哨站像胡须般点缀在印度海岸。当时的日本列岛闭关锁国，荷兰是世界上他们唯一愿意与之交易的国家。[21]荷兰控制了香料、棉花、靛蓝染料、丝绸、蔗糖、铜矿、咖啡以及其他几十种商品的交易。而现在，随着荷兰人向西非进发，唐宁发现他们即将在一个会打破未来几十年平衡的商品上抢占先机：人类。

1661 年 6 月，唐宁出现在荷兰议会前，代表其国家请求拓展版图。他巧言说道，英格兰和荷兰共和国必须“精诚合作，互不伤害”[22]。贸易问题确实十分棘手，但他以一副圣人的模样建议道：“世界很大，足够我们两国做生意了。”这简直都是废话。在与扬·德·威特协商了一份贸易协定之后，他又去了伦敦，立即不屈不挠地劝说国王如今正是攻打荷兰的好时机，可以派遣军队、战船和大炮全力攻打。亲身经历过荷兰的黄金时代，他看到了一拨拨财富给荷兰带来的变化——原本庄严肃穆的加尔文教派服饰换成了绫罗绸缎和法国花枝招展的潮流服饰，田庄里立着人造的罗马式圆柱，有钱的商人家的孩子跟小猪一样长得白胖粉嫩（许多肖像都可佐证）——他认为荷兰人已经变得软弱了。夺取他们位于环大西洋地区的领地的时机已到，可以从其西非的奴隶港口突破。“向几内亚进发吧，”他歇斯底里地怂恿国王的议会，“如果您在那儿重击他们，他们就会向您俯首称臣的。”[23]

据塞缪尔·佩皮斯记载，唐宁巧舌如簧，让整个王廷都陷入“向荷兰开战”的狂热。然而，真正起关键作用的那个人却踌躇不决。登上英国皇位的第二个查理·斯图亚特是一个有着广泛兴趣爱好的人。[24]他着迷于钟表，喜欢重新设计皇家园林，而且经常会把玩他的“皇家御管”（他的望远镜）直到深夜。他喜欢狗、马、唱意大利歌曲、打网球（他每天都会打）以及性爱［可能每天都会做——臭名昭著的内尔·格温（Nell Gwynn）是他众多情人之一，而且宫廷中还有一类开销就叫“皇家私生子”］。他的宫廷是皇室们放浪形骸的缩影，这么多

年来一直如此。他还是个少年时，反皇势力就以重金悬赏其人
头。之后的许多年里他一直在畜棚、森林和他国的宫殿里躲躲 292
藏藏，现在他终于回到他该待的地方了，准备尽情享受了。他也关注着外交政策，但似乎没有一套总的指导方针去领导这个国家该何去何从。他并不是非常喜欢荷兰人，但崇敬他们，而且对于他们曾经愿意在海牙收留他还心怀一点儿感激之情。对于是否要发动军事突袭，他还是犹豫不决。

但他的兄弟已经拿定了主意。28 岁的詹姆士·斯图亚特不仅在身形上要比国王强壮，而且比国王还要会唬人。[25]他是个彻头彻尾的运动健将，一生戎马，喜爱打猎，富有侵略性，堪称男人中的男人。人民并不是很拥戴他，而且一些历史学家还将他冠以丑角之名，但他身上有一样他兄弟没有的精神——不屈不挠。即便他后来开始转信天主教，那也是经过一番深思熟虑的。他仅在位三年就因信奉天主教而被罢黜，即便如此他也没有再次改变宗教信仰。克伦威尔曾提出要缔造一个英吉利帝国，而正是詹姆斯看到了这一想法中的魅力所在。他的兄弟任命他为海军总司令，上任后他就下定决心要实现克伦威尔所提出的梦想。

1661 年，计划初见端倪。第一步，政客、皇室以及商人等处于伦敦权力中心的人物，都认为因国家将注意力转移到内战上而被放任自流的美洲殖民地需要重新整顿了。查理和詹姆斯并不信任那边的清教徒领导们，而且就在国王用特许令打发走温斯罗普不久，他们就发现让新英格兰人掌管曼哈顿岛和哈德逊河廊道是一个错误，因为通过这两个地方能够进入大陆内部。

接着，唐宁就率先提出要制订一个涵盖整个环大西洋地区

的总体规划。通过阅读与之相关的文字、备忘录以及军事指令，我们惊讶地发现这么多的历史事件——曼哈顿岛的转变，美洲殖民地的合并，奴隶贩卖兴起成为一个划时代的产业，西非、加勒比海、南美洲以及北美洲的变革——都是通过在1661～1662年由一小群人在伦敦召开的一系列会议精心策划并发动的。[26]

詹姆斯支持这一计划并催促国王签署批令。战争是这位亲
293 王的看家本领，也正中其怀。在其多年的流亡生涯里，他自告奋勇在法国对抗西班牙的战争中帮助法国人英勇奋战，带领骑兵们在法国北部白雪皑皑的高原上冲锋陷阵，还获得了将军的军衔。[27]然而世事弄人，当这位被流放的英国皇室成员被要求为西班牙而战时，他也毫不犹豫地改变自己的立场又以同样的英勇为西班牙而战。他曾为了一些无关紧要的目的多次冒生命危险，而面对眼前的这件前所未有的大事，他已做好了充分准备。第一个目标就是从荷兰人手中攻占其位于西非的奴隶港口。詹姆斯亲王组建了一个公司为这次行动提供经费，公司起了一个十分花哨的名字“皇家冒险队非洲贸易公司”。（为了纪念詹姆斯开拓几内亚海岸的壮举，皇家铸币厂铸造了一种广为人知的名为“基尼”的新型货币，在贸易结束之后依然流通了很久。[28]）以“英国皇家非洲公司”的名字重组后，这个企业成了从非洲向美洲运输奴隶最多的供应商。[29]（这家公司1667年平淡无奇的上市宣言与其带来的绵延几世纪的影响形成了鲜明的对比：“英国皇家非洲公司清楚地认识到，为了满足种植之需，给英国在非洲的种植园供给充足稳定的黑人奴隶这一点有多么重要。而且他们也已经在向海外输送黑人奴隶了，在上帝的允许下，按照一个平稳的速度，在八天

之内驶向非洲海岸的船只至少能给这些种植园提供3000名黑人奴隶，而且不时还会继续向这些种植园提供一批又一批奴隶……”[30]）

在执行该公司的首次任务时，詹姆斯选了一个名叫罗伯特·霍姆斯（Robert Holmes）、浑身流氓习气的爱尔兰人。詹姆斯命他带领两艘船突袭佛得角（Cape Verde）群岛并沿着几内亚海岸而下。霍姆斯完成了所有任务：詹姆斯的首次企业探险以荷兰奴隶哨岗的溃败而告终。荷兰大使向查理国王表达了其政府的强烈愤怒（毕竟这两个国家当时还处于和平状态），而国王则试图顾左右而言他：“拜托，佛得角是什么地方？那是个肮脏之地。这样一个地方难道如此重要，需要引起这么多纷扰吗？”[31]同时，这场漂亮的胜仗鼓舞了詹姆斯亲王和外交官的士气，让他们着手实施下一阶段的计划。唐宁此时还确信他光凭一张嘴能开脱一切。“不管荷兰如何攻击他们，”在写到 294
詹姆斯的战舰时，他这样写道，“让他们加倍回击，剩下的事交给我从中调解……”[32]

查理现在对地缘政治这一张开局牌有了一些信心，接着他给了唐宁和他的兄弟詹姆斯第二张牌去打。解决北美事端早已成为一项主要的长期目标，奴隶贸易也跟这一目标有着错综复杂的联系。1664年3月，查理国王签署了一份十分特别的文件，慷慨地将北美洲大片土地赠予“我们最亲爱的兄弟詹姆斯约克公爵以及他的后代和财产继承人”。（“……一并赠予的还有所有的土地、岛屿、土壤、河流、港口、矿山、矿物、采石场、树林、沼泽、水域、湖泊、鱼类以及猎鹰、狩猎和捕鸟等权力，再加上以上所说几处岛屿、土地和房产的赋税、利润、商品和地产等……”[33]）那份文件中提到的土地——从缅因延伸到特拉华——是他最近才赐予温斯罗普的康涅狄格殖民地的。赠予他的兄弟这份大礼是为了消除那个过错。这份“公爵特许令”是为了将那条“哈德逊河”单独分出来，而正是由于这样，那些白厅里处理惯全球经济大事的人才会特别感兴趣。

就像一头大象站在黎明中一样，欧洲殖民地依附了40年的这块大陆的全部轮廓逐渐明朗。同样明显的是，到目前为止，新英格兰殖民地的处境就像被置于架子之上，四周都是陆地，未来发展的潜力形禁势格。东北部的海狸正濒临灭绝；未来的希望就在西边，这意味着，首先要沿哈德逊河而上。而其中的关键就是曼哈顿岛。事实证明，他们自己的大量贸易都要经由曼哈顿岛，英国的领导者计算了一下，每年单单运送烟草都要花费他们10000英镑。认识到曼哈顿岛是美洲殖民地的关键所在，1664年1月白厅的一个委员会决定有必要迅速拿下曼哈顿岛。[34]而且，他们希望这座岛能落入到自己人的手中，而不是新英格兰人手中。

一旦做好决定，委员会就立刻行动起来。3月，签署特许令；4月，詹姆斯召见一名叫作理查德·尼科尔斯的人。[35]尼科尔斯40岁，做了一辈子的保皇党人，在詹姆斯王子被流放期间也伴其左右并和他在法国并肩作战。此人精明能干，正是合
295 适的人选。詹姆斯将北美洲殖民地的事项委托给他，他将带领4艘炮艇和450名士兵在当月内出发。[36]不久之后，詹姆斯亲自下海，在一次海军演习中巡航了英吉利海峡，从大海的气息中嗅到了今后战火的所向，充分意识到在曼哈顿岛这一战之后，更多对荷兰人的攻击必须跟上。[37]

与此同时，尼科尔斯向西行驶。这支分遣队出发时状态良

好。到第 16 天时，他们遭遇“漫天大雾”，被侧风和恶劣的天气状况侵袭。尼科尔斯站在他那艘配有 36 门炮的“几内亚号”舰船上根本看不到另外两艘船。从朴次茅斯（Portsmouth）出发十周之后，这支船队登岸，其中两艘从科德角登岸，另外两艘船则在南边的皮斯卡特维（Piscataway）登岸。

尼科尔斯在波士顿登岸时，派人骑马将查理国王的信件递送给新英格兰的总督们，通知他们准备为“我们在美洲的种植园的福利和发展”[38]采取行动。据说，当中对尼科尔斯的到来最为震惊的不是施托伊弗桑特而是约翰·温斯罗普。詹姆斯已经命令尼科尔斯“要旁敲侧击试探温斯罗普先生……要注意有没有什么不同之处”[39]——因为国王已经违反自己的承诺了。温斯罗普心中那个坐拥整个跨大陆的康涅狄格殖民地的梦想就这样被一击而碎。但是，温斯罗普是一位精明的政客，他很快就调整了其目标。当时马萨诸塞湾的领导们对于将权力上交给皇室一直辗转推托、怨声载道、心有不满，而温斯罗普却愿意代劳与施托伊弗桑特进行交涉。对此，尼科尔斯同意了。

此时，施托伊弗桑特正在位于曼哈顿岛北部 150 英里的奥伦治堡，那里正有莫霍克人侵扰。这支分遣队的到来并没有使他猝不及防，但他被误导了。其实通过他的一个英国朋友，在这支英国分遣队抵岸之前他就已经知道了并准备掘壕固守城池，做了一系列的防御工作——安排看守侍卫、准备防御工事、派人沿着长岛海峡（Long Island Sound）打探船队抵达的消息。接着从阿姆斯特丹来了一封非比寻常的信。在这支分遣队出发之前，唐宁出人意料地通知荷兰政府这支分遣队的存在——他称这是为了让荷兰人放下戒心，觉得他们的殖民地没什么可担心的，英国只是派了一名指挥官来盘查新英格兰殖民地的政务而已。

荷兰领导者们完全上了当，董事会让施托伊弗桑特不必有所警戒，尼科尔斯的任务不会影响到他，而且至于那些荷兰殖
296 民地上的英国居民，他们“今后不会再给我们带来这么多麻烦了”，因为与其冒着被“他们之前逃离的政府”迫害的风险，他们宁愿“在我们的管辖下过着和平、自由、充满良知的生活”。所以施托伊弗桑特放松了防卫的警惕，按照计划沿着哈德逊河而上，但刚到达他北部的前哨，他就听到了这个灾难般的消息。当他回到曼哈顿岛时，发现整个岛已经一片混乱。英国的炮艇就泊在下游港口的入口处，将哈德逊河和曼哈顿岛隔断。从布鲁克林来的船只上下来的人们说那些英国城镇的居民已经自发组成了步兵队。在格雷夫森德海湾（Gravesend Bay）抛锚的一艘荷兰船上的水手们报道称，英国的舰队已经向他们开火。

施托伊弗桑特步履沉重地走进奥伦治堡，给殖民地大臣尼科尔斯传去口信，质问他到底有何目的，而且义正词严地告知他，说自己绝不会“姑息任何针对他们的不公正行为”[40]。尼科尔斯的回复第二天早上就到了，信使递交给施托伊弗桑特的信上写道：“以国王陛下的名义，我要求将被称作曼哈顿的岛上的港市锡楚埃特（Scituate）以及全部所属要塞归服国王陛下统领，并由我代为守护。”国王陛下并不想见到“基督徒们鲜血横流”的场景，但如果荷兰人冥顽不灵的话，那他们将“诉诸战争”[41]。

虽然这封来信有如当头一棒，但施托伊弗桑特的反应相当高明：他以这封信没有署名为由将信退了回去。于是尼科尔斯

又写了另一封：

致尊敬的曼哈顿岛总督

尊敬的总督大人：

先前由杰奥上校（Colonell Geo）递交给您的那封未署名的密封信函是在下的疏忽，如今在下已经绳愆纠谬。但首先在下想要声明的是之所以产生这一过失，是因为急切地想回复您19号和26号的来信。除此之外，在下没有别的要说了，因为在上封信中已有所提及。所以请您迅速予以回复以避免不必要的麻烦。感激之至。

您恭敬谦卑的仆人

尼科尔斯敬上[42]

一时之间，谣言四起，市民们在大街上奔走相告。在这种 297
情形之下施托伊弗桑特反而很镇静。他分析了到目前为止所有的相关情报：在新阿姆斯特丹大概有500人能持枪上阵；而尼科尔斯的兵力却将近1000，还有聚在长岛上一共1000多人的兵力，再加上其战舰上的火力。虽然堡垒上配有大炮，但火药不足，所以这些大炮就无用武之地了。情势大概已没有什么希望了，但施托伊弗桑特似乎已下定决心要至死相抗。他告知市政府的领导者们，除了奋死抵抗之外的任何行为都会被祖国“不齿”[43]。

就在这个关头，一艘挂着白旗的小艇划向了岸边。船上的不是别人，偏偏就是温斯罗普还有其他几个新英格兰人。他们请求会面，于是施托伊弗桑特就带他们到了一家酒馆。温斯罗普极力怂恿他的“朋友”投降，并且将一封写着尼科尔斯条件的信交给了他。这些条件十分慷慨——几乎奢侈——然而施托伊弗桑特依然丝毫不为所动。接下来，在市政大厅，新阿姆斯特丹的官员们要求看这封信并且要将这封信公之于众。但施托伊弗桑特了解这帮人：一旦他们听闻这些有利于他们的条件，抵抗就会瞬间瓦解。所以他将那封信撕成了碎片。

此时，大厅里的人们都开始沸腾了。一直被压抑的不满情绪爆发了。西印度公司、施托伊弗桑特自己还有殖民政府——所有这一切都是虚假的，自始至终都是这样。这么多年来，他们一再递交申请，要求在政府中得到话语权，但每次施托伊弗桑特都轻蔑地拒绝了他们，骂他们都是一群无知的蠢货，根本不明白政府的复杂性。而且一直以来，施托伊弗桑特就像一名言听计从的士兵，盲目地执行这个腐败的官僚机构下达的命令。现在他又希望他们能按照他自己的指令去奋死抵抗了。但为什么他们要这样做？明知道西印度公司对他的请求置若罔闻，拒绝派兵增援，那么为什么他们要去抛头颅洒热血，抵御侵略者呢？如果西印度公司拒绝他们要求整改的请愿是因为它的办法要更好，那是另一码事，但事实上它从未拿出任何方案。

最后，市领导者们再次要求查看信件。滑稽的是，施托伊弗桑特把碎片给了他们，而尼卡西斯·德·西勒（Nicasius de Sille）则小心翼翼地将这些碎片粘了回去。[44]

同时，没有得到施托伊弗桑特回复的尼科尔斯命令其战船前进，进入这座城市的射程。长岛上的英国居民们，一个个扛
298 着步枪和长矛，聚集在布鲁克林岸边。这一区域的法国武装民

船听闻这一消息也立马赶到了现场。

接下来的一幕几乎就像是在莎士比亚的戏剧中一样，施托伊弗桑特步履沉重地爬上了堡垒上的城垛，他站在那儿，凝视着那一门门向他的城市瞄准的大炮，其长发随风飘扬。[45]这一刻，他似乎将永远被定格在历史中，离悲剧英雄的形象几乎只有一步之隔。他的领导力以及他性格中的长处和短板，一方面使这座城市的发展令人惊叹，另一方面也导致他自己的人民对他倒戈相向（其中还有家族背叛的情节，他 17 岁的儿子巴尔塔萨也站到了城市领导者们这一边。）他的身边只剩下一名炮手，正等着他下令点火放炮。当时他一定很想下令吧。敌军的船只就停在城墙之外，虽然只有一门大炮但也足够了。只要一发炮弹，敌人就会万炮齐发，整座城市就会被战火吞噬，结束这一切折磨，按照它原本就该结束的方式去结束这一切，一劳永逸，来终止流血和战火。

就在他最悲壮的这一刻，教会的人给他带来了安慰。城里的两名牧师来到了他的身边。这两名牧师是一对姓梅格普兰斯（Megapolensis）的父子，这个超长的姓氏读起来铿锵有力。这个时候很难不去想到施托伊弗桑特的父亲，想象一直以来在他的内心里有两种极端的信念在交战：一方面，由于他的父亲是牧师，他对教会有着坚定的虔诚之心；另一方面，他的骨子里又有一股桀骜不驯的反叛精神。但也许是教会动摇了他，也许是从军事考量上来看，对岸的那些战舰、大炮、法国武装民船，以及闪闪发光、排成一排的武器也让他有所动摇。他明白那些入侵者的长矛和虎视眈眈的目光意味着什么。长久以来在战争中有这样一条规定，如果被包围的堡垒开炮的话，那攻击它的敌军们就能肆意烧杀抢掠，这样一来，整座城池就会被踏为废墟。他已经与这些人共同生活了 17 年之久，他真的愿意让他们身处水深火热之中吗？

牧师们低声跟他交谈了一会儿，接着这三个人就走了下来。[46]

但他还是没有妥协。他又费尽心机向尼科尔斯写了另一封信，信中提到了荷兰人统领这片土地的历史，声称“我们有义务捍卫我们的领地”[47]，他还告知尼科尔斯自己已经得到从荷兰发来的关于两国之间缔结条约的消息，并建议尼科尔斯在做出最终决定之前先与其内政部进行核实。也许这只是他虚张声势的恫吓，但施托伊弗桑特认为英国的这一步棋走得很草
299 率，这一点是正确的。与大使唐宁向查理国王保证的恰恰相反，荷兰人将奋战以保卫他们的权益。而此时，伟大的荷兰海军上将米歇尔·德·勒伊特（Michiel de Ruyter）正准备远征西非。当他的大军横扫西非之后，被詹姆斯抢占的那些荷兰前哨除一个之外其余所有又将重新回到荷兰人手中。全面大战一触即发，而且所有人都认为荷兰人将赢得第二次英荷战争，阻止英国走向霸权之路。

但我们将镜头转回到大视角来看的话，其实英国那时正进入如日中天的历史阶段。1664 年夏末所发生的这些事件使得曼哈顿岛即将成为时代运转的中心轴。那些象征荷兰人的宽檐帽、维米尔的室内设计、“享乐人群”的肖像以及蓝白相间的代尔夫特瓷砖都会成为过去式，而站在前方的则是英国对印度的统治、英国军队以及拨弄历史潮流的大不列颠帝国。

到了最后，施托伊弗桑特的处境真的是孤立无援了，所有人都背弃了他。新阿姆斯特丹的那些主要人物中一共有 93 人（其中还有他自己的儿子）联名请愿要求他避免由战争所带来

的“苦难、悲伤、冲突、对妇女们的羞辱以及对尚在襁褓中的孩子们的扼杀，总之一句话，不能让这1500名无辜的人家破人亡、死于非命”。[48]读到这份请愿书的施托伊弗桑特也许意识到，这证明了他一直以来都是对的：这是个多种族的杂乱社会，所以人们才会毫无骨气，缺乏爱国精神，迫不及待地想要摇旗投降。不同宗教、不同种族的人混在一起削弱了大众的意志，而这就是证据。我们不能去认为这座城里都是一帮毫无忠心的人，但他们确实又很实际，而且不管怎样，他们也没有多少选择的余地。他们在向施托伊弗桑特递交的最后一份请愿书中清楚地表示他们愿意支持他们的邻居和殖民地，但西印度公司让他们孤立无援，所以抛弃公司对他们来说不会有任何良心上的不安。

于是他们就这么做了。新阿姆斯特丹的1500名居民以及新尼德兰殖民地的10000名居民纷纷向一直忽视他们的西印度公司倒戈相向。就连格里耶·雷尼耶曾经阿姆斯特丹的酒吧侍女，后来曼哈顿岛上的第一个妓女，也抛弃了西印度公司。连同一起的还有她的丈夫“土耳其人”安东尼·范·萨利，他有一半的摩洛哥血统，曾经是海盗。现在他们生活在长岛上，是有钱的地主了，而且他们的四个女儿也都嫁给了新阿姆斯特丹中一些有前途的商人。[49]约里斯·拉帕里和他的妻子卡特琳娜·特瑞科曾经是这片殖民地上的金童玉女，而丈夫拉帕里此 300
时刚去世不久，留下他的妻子，他们的孩子也都已经长大成人，有了各自的家庭，一家人宁愿同意抛弃西印度公司也不愿就这样死去。曾经为犹太人的权利而向施托伊弗桑特抗争的波兰籍犹太人阿塞尔·莱维也是如此，而且现在他在曼哈顿岛上开了第一家犹太洁食肉店。[50]不愿意就这样死去的还有“巨人”

曼努埃尔·赫里特，这位曾在 1641 年从绞刑架上逃脱一死的非洲人在过去五年里一直在施托伊弗桑特的农场旁做一个自由的小农场主。[51]对于所有这些人来说，英国的亲王向他们许诺可以按照他们原来的方式平静地生活，在他的统治下比战死要好得多。

于是施托伊弗桑特妥协了。他说“我宁愿你们抬着我的尸体出去”[52]，而大家确实都相信了他。但他并没有这样做，而是钦点了六名使从跟英国人见面讨论投降条件。他们在施托伊弗桑特的农场会面。于是第二周的星期一上午 8 点，施托伊弗桑特穿戴着胸甲，带领着一支军队跛行而出。尽管已经 54 岁了，但他的体格依旧壮实，他的那双小眼睛透着悍光。一旁的鼓手敲着锣鼓，投降的旗子飘扬着。

接着，当所有人的注意力都转向了海滨，看着尼科尔斯带领他的主力军队靠岸时，一小部分英国士兵进入了弃堡。堡垒外面，站满了混杂着不同民族的人群，海港凉风习习，英国的国旗顺着旗杆飘然而上。尼科尔斯宣布以赞助人约克和奥尔巴尼公爵的名义重新命名这座城市。与此同时，在堡垒内，几名士兵爬到了位于大门上方的殖民大臣的办公室内。在历代政府的更迭中，获取执政记录是第一步，因为掌握了一个社会的重要文件就是把握了它的过去和未来。士兵们发现了他们要找的东西：一排排用牛皮订好的笨重书卷，一共 48 本，其书脊上的字母按照从 A 到 Z 再从 AA 到 PP 依次编号。所有的遗嘱、契约、会议记录、通信、投诉书、请愿书、对证书以及协议都被小心翼翼地保存在这里，上面记录着美洲的第一个混杂社会的每一日及每一年的情况。

第十五章　传承的特点

当施托伊弗桑特交出曼哈顿殖民地的时候，美利坚起源的 301
神话已经逐渐成形。从17世纪60年代起，一小部分新英格兰牧师便开始吟唱父辈、祖父辈的赞歌：先驱们勇敢地乘风破浪而来，穿越荒野，开始新的生活。[1]从始至终，牧师们创作的故事都充满了《圣经》的特色。在他们谦逊的叙述中，他们的祖先正是上帝的选民，而美利坚（即新英格兰）正是上帝的应许之地。一个世纪之后，到了革命者这代人，故事就成了神话。约翰·亚当斯就是第一批清教徒的后代，他也崇敬清教徒，将他们视为美利坚神话的始祖。[2]

当然，清教徒将许多特点传给了美利坚民族。他们务实、坦率、认真、虔诚。从亚当斯开始，美利坚人就十分推崇并努力效仿所有这些特征。但是许多人都注意到，在近几十年，人们已经不再推崇清教徒精神，他们也是一些妄自尊大的狂热者。他们的政府是神权的。政府根植狭隘的土壤中。用一名杰出的新英格兰牧师（曾为哈佛大学的校长）的话来说，信仰自由是“万恶之首”[3]。也有人说，“这是撒旦骗取无限宽容的诡计”[4]。清教徒对异见的系统化打压十分残酷、不同寻常且致命。[5]人们因是施洗者圣会或者贵格会的信徒，或者其他新教徒教派的成员而被认为是有罪的，经受结绳的抽打（“撕裂他们的肉体，让他们饱受折磨”），带上铁“马锁”，被砍下耳朵。

他们被抽打后又被绑在马车上，从厚厚的积雪中拖行而过。
302 “白雪和鲜血”汇成一幅生动的织锦。然后他们被吊死在众目睽睽之下。一些人被吊死之后，裸露的尸体被拿到大街上拖行。这些都不是大规模的“滥用私刑”，而是在官方零宽容的政体下法官下达的判决。之后，在17世纪80年代，出现了巫术狂热，这正是历史上最生动的因政教结合而产生危险的例子。

清教徒相信旧世界已经向邪恶投降，他们是上帝派来拯救人类的，在一个新的国度里建立新的社会，在这样的例外论中诞生了美利坚人的信仰，他们认为美利坚社会类似于被傅油圣化了。在1845年，记者约翰·奥沙利文（John O’Sullivan）宣称“据吾等昭昭天命之义，尽取并支配神赐之洲，以大行托付于我之自由权利与联邦自治”[6]，他首创的这句话将被用于在整片大陆上传播“天命论”。在20世纪初，伍德罗·威尔逊（Woodrow Wilson）总统拓展了“天命论”的内涵，将其传播至整个世界。[7]在第一次世界大战之后，威尔逊宣布美利坚因“其人民的才智和国力的上升”以及“有其他国家没有的远见”，已经不仅成为“人类历史上的决定性因素”，还成了“世界之光”。

直到今天，他们依旧坚信的这一信仰，可以直接追溯到第一批清教徒。当第一批领导者的儿子——特顿·马瑟、托马斯·哈钦森、杰里米·贝尔纳普、汤姆斯·普林斯——将他们的信仰写成文字时，他们的故事马上就有了读者。当然，在这一种美利坚历史起源的版本中，陈述者是英国人，听者也是英国人。后来代代美利坚人都相信美利坚的起源是英国，而其他传统是之后穿插进来的。历史正是这样呈现的，不是吗？刚开始的 13 个殖民地是英国殖民地，证据确凿：我们说的语言，我们的政治传统，我们的许多风俗，这一切太显而易见了，我们都没有提出过疑问。

但是我们应该提出疑问。刚开始的殖民地并不都是英国殖民地，曼哈顿殖民地的多民族构成证明了这一点。众所周知，荷兰曾经在北美建立据点。但是在注意到这一点后，国家起源的神话立即将其视为不相关的部分而忽略掉了。它很小，它存
在的时间很短，它并不重要。那不是我们，潜台词如是说，而 303
是别人，那些和我们不同的人的集合，他们有奇特的风俗和不同的语言，他们短暂地出现之后就消失了，只留下了痕迹。

这是不对的。首先，虽然在人口数量上，殖民地很快被新英格兰超过，但它不是一个小地方。它覆盖了东海岸整个中部地区，并包含一开始 13 个州中的 5 个。多亏了现在正在进行的翻译和出版工作，我们所拥有的历史性证据——书面记录——稳步增加。但是我们如此重视荷兰殖民地，很明显是因为我们现在谈论的不是藏在某个隐蔽角落、隐蔽山谷的或者在难以到达的峭壁上的殖民地，我们说的是曼哈顿。奇怪的是，为什么曼哈顿作为大陆上具有重要地理位置的地方，充当欧洲和美洲大门的地方，它的殖民者却没有在未来成立的国家的历史上留下记录？

如果想要故事不仅仅局限在英国人占领了美洲，就需要首先意识到“荷兰人”没有离开。之前来自欧洲各地的人在曼哈顿、长岛、德拉瓦河南岸，被英国人先命名为“阿尔巴尼亚”［原文如此］后叫新泽西的曼哈顿河流那边安家糊口，当地人没有任何理由在施托伊弗桑特交出他的殖民地后离开他们的地盘。实际上，在纽约港口，来自荷兰共和国的载满各种各

样欧洲殖民者的船络绎不绝[8]（直到17世纪80年代，阿姆斯特丹的司法人员还是会漫不经心地忽视政权交替，在移民文件上继续使用"新尼德兰"或"新尼德兰的纽约"[9]这种用语）。在接受施托伊弗桑特的投降后，理查德·尼科尔斯成了纽约的第一任地方长官，他和他的继任者实际上鼓励人们与他们长期以来的敌人进行贸易。他们甚至通过任命知名的荷兰商人在他们的经济议会就职来加强联系。那是因为这些第一批英国地方长官很快发现自己的处境很尴尬，但是也发现这个令人如坐针毡的地方在世界贸易中所处的位置甚至比伦敦还重要。纽约被英国占领后很快就成了全球一个独特的地方：它是唯一直接与世界两大贸易帝国对接的城市。切断和阿姆斯特丹大贸易公司
304 的联系如同断送他们长期以来追求且正在迅速积累的财富。城镇里面的贸易商、面包师、酿酒者、酒吧老板、走私者和骗子与地方长官不谋而合，他们感受到了其中的力量：他们的岛不再是荷兰的殖民地，也不是英国殖民地。它有自己的未来。

英国的接手让人们脑海中出现了这样一幅画面：人们将迎接新的开始，旧人的东西被全部清走，房子里又堆满新人完全不同的东西。但事实上这是一种自然的共存状态。荷兰和英国时代之间的延续是在1664年9月6日那个周六早上确立的。我们可以想象干燥的大地上响起马蹄的振动声，12名骑马者飞驰而来，向北到达大路，然后向西沿着鲍威利路，在彼得·施托伊弗桑特农场前面停下马。也许他们停了一下，好呼吸郊区的空气：这里都是耕地，边上是森林，其间有几片盐沼。（今天，同一片地方上有一个阿拉伯书报摊、一间也门以色列餐厅、一个披萨店、一间日本料理店和一间犹太熟食店。）根据这种场合的先例，施托伊弗桑特和尼科尔斯都没有出席之后

的会议，但是每一个人都选择了一些特派员去谈殖民地交接的问题。施托伊弗桑特的特派员包括四个荷兰人、一个英国人和一个法国人；尼科尔斯的特派员包括他的两个助手和四个新英格兰人，包括约翰·温思罗普。

很遗憾，我们不知道谈判的细节，因为彼得·施托伊弗桑特方的一个举动——如果是真的——可能表明他和殖民者，特别是和阿德里安·范·德·邓克漫长斗争中的一个逆转。国王亲自给尼科尔斯下达了密旨，授权他告知荷兰殖民者“他们可以继续享受他们所有的财富（除了堡垒），享受他们在和我们进行商品交易时候的自由”[10]。但是施托伊弗桑特似乎指示他的人向对方施压以获得明确的保证，并如愿得到了。谈判的结果被称为投降协定，是一份了不起的文件，其中还包含——后来被《纽约市宪章》拓展——在任何其他英国殖民地都没有的权利保证。“这里的荷兰人应享受宗教信仰自由”，其中写到。[11]人们可以自由来去。贸易将不受限制：在任何情况下， 305
“荷兰的船只可以自由驶到这里”。最了不起的是，只要殖民地的政治领导人发誓对国王效忠，就可以“留任原职”[12]。将来“曼哈顿镇”还选出代表，而这些代表，将在公共事务中拥有自由发言权。它预示了《权利法案》的出台，甚至规定“曼哈顿居民区附近不驻扎军队”。

有可能这种不同寻常的自由是约克公爵亲自授权的，他之前宣称他希望曼哈顿所拥有的“豁免权和特权要超越我其他的领地”[13]。如果詹姆斯确实是这些条款的幕后推手，那么他确实配得上用他的头衔命名这个地方。他的想法是，岛上的居民应该被允许维持他们的生活方式，也正是因为这样当地的事务可以正常运转。人们必须明白对于 17 世纪的人来说，纽约这个新城市是多么奇特，它的居民有着各种各样肤色、说着各种各样的语言，以各种方式祈祷的人们也并存。白厅的英国领导者肯定意识到了这个一水之隔的岛屿的独特性，他们可能对它感到疑惑，但同时也明白这是使当地得以正常运转的原因之一。

当然没有任何记录显示英国将具体的承诺写进了他们签订的投降协定。推测荷兰的代表人根据施托伊弗桑特的命令推动了部分条件的敲定，这是具有合理性的。如果真的是这样，这里就有充满讽刺的转折。保护在殖民地出现的独特社会的个人权利和自由，这正是范·德·邓克要争取的也正是施托伊弗桑特在职 17 年间所反对的。现在，面对着他曾坚决、顽固地支持的西印度公司管理的终结，施托伊弗桑特似乎有了转变。如果他自己的领导风格不能够拯救这个地方，那么范·德·邓克的远见——政府致力于支持自由贸易、宗教自由和地方政治代表形式——在未知的未来为这个地方的居民提供了最好的保护。如果这是施托伊弗桑特在最后时刻思考的，那么问题就
306 是：为什么？答案的一部分可能是，虽然殖民地在他担任领导人的这段时间一直十分混乱，但他关心这个地方和这里的人民。他的一些殖民者可能对提案产生了异议，但他显然是有感情的。答案的第二部分是，施托伊弗桑特了解权力。如果他必须放弃殖民地，那么最好的办法就是让殖民地有多种发展方式，让其中一些地方遵循殖民地人们的意愿，而不是让英国人决定殖民地的发展方式。这个结果既不是他个性的反转，也不是完全的割裂，而是一种妥协，为施托伊弗桑特与殖民者长期以来的斗争画上了一个充满讽刺意味的句号。

也许施托伊弗桑特离开谈判桌的时候，心中还是得到了某

些程度的满足。但即便如此，也没有什么价值。他已经失去了他的殖民地，而且西印度公司还在他伤口上撒盐，要求他回到阿姆斯特丹面对在投降过程中“玩忽职守”[14]的指控。在船上经历了艰辛的航行后（那艘船充满讽刺意味的名字——“穿心号”——一定让他暗暗地冷笑），施托伊弗桑特发现他的境遇或多或少和范·德·邓克十多年前相似：在国会面前陈诉自己的案件，同时西印度公司对他进行侮辱谩骂（“玩忽职守或者背叛变节……可耻的投降”），不让他返回美利坚，让他一直在荷兰被流放，使他和家人分离。施托伊弗桑特在失去殖民地后经历了转变的另一证据是，一些曾经谴责他专制统治的曼哈顿人为他辩护，现在说他是在竭尽全力保证殖民地的完整。

施托伊弗桑特请求获得同意返回殖民地这个事实不能忽视。和范·德·邓克一样，但是通过一条完全不同的途径，他也成了一名美利坚人。在英国占领几周后，他可能已经将儿子送走，让儿子在加勒比海自己讨生活（到库拉索后，巴尔塔萨·施托伊弗桑特写信回家，询问家事并请求他的堂兄“照顾在曼哈顿的女儿们”并且“代我亲吻、问候她们”[15]）。但是美利坚是施托伊弗桑特的家，最终议会同意他回去了。他在剩下的日子里成了快速发展的殖民地的一名居民，一个有身份的农场主，一名祖父，一位被当地人称作“将军”的知名人士，他对于源源不断来到的人来说是一个历史之谜。他人生最大的讽刺就是在交出殖民地后，他终于获得了其他殖民者的欢迎。他终于加入了他们，但不是作为一名新尼德兰的居民。他死于1672 年，享年 62 岁，身份是纽约人。[16]

与此同时，尼科尔斯对于自己敲定的协议感到很高兴。他 307
没有开一枪就获得了眼下具有巨大价值且在未来也拥有难以估

量的价值的东西。所有英国的领导人似乎都意识到了这项成就的前景。“我看到曼哈顿岛上的城镇居民对我们的国王俯首称臣，”在签署了协定之后，约翰·温思罗普说道，“通过在荒蛮处安置陛下的臣民，陛下的国土得以扩展。”[17]尼科尔斯迅速寄了一封信给公爵，基本上是在夸耀自己的成就，宣称纽约是“公爵在美利坚城镇中最好的一个镇子”[18]，并且预测在五年内，它将成为英国和北美贸易流中的一个主要港口。

当占领的消息传到查理国王那里的时候，他立即写了一封信给法国。他的姐姐亨利埃塔是奥尔良公爵夫人，路易十四的小姨子（有时是情人）是他最亲密的知己。“您将听到我们占领新阿姆斯特丹的消息，新阿姆斯特丹就位于新英格兰附近，”他欢快地写道，“这个地方对于贸易来说十分重要，是一个非常好的镇子。”[19]荷兰人对这个荒凉的小岛进行了不起的改造，国王写道，“但是我们胜过了他们，现在这里叫作纽约”。

但是1664年的投降不是两个帝国在殖民地争夺上的终结。曼哈顿易主点燃了第二次英荷战争，在这场战争中荷兰占领了英国从苏里南的前哨至巴西北部地区（其糖料种植园十分具有价值），还有东印度群岛的香料岛如恩（Ran），而其他船沿着泰晤士支流麦德威河而上，让英国舰队大吃一惊。他们烧毁了英国一些最好的船，强迫英国白厅求和，通过这些方式，荷兰报复了英国。在条约谈判上，荷兰政府在占领地区上放了英国一马：每一个国家保留自己的战利品，而不是交换回来，如果范·德·邓克知道荷兰政府如此目光短浅，一定会悲伤地摇头。[20]

然而，一些荷兰的领导人，明显认为这是一桩糟糕的交易。在签署和平协议后才过了五年，就爆发了第三次英荷战争，荷兰舰队跨越大西洋开始炮轰英国的地盘。它攻击了英国控制下的加勒比港口，潜入切萨皮克，烧毁即将驶入英格兰的 308
烟草舰队。鲜为人知的是，1673 年 8 月，荷兰的船驶入了纽约的港口，正好是在施托伊弗桑特投降九年之后，夺回了曼哈顿。之后发生的事情发生了反转：小型炮艇舰队的荷兰指挥官威胁要消灭城镇，而在堡垒里，一个执掌大权的英国人焦虑地不知所措，因为他的武器和人手都不如荷兰。英国投降了，荷兰领导下的新政权成立了。英国军队排队走出堡垒，就像当初施托伊弗桑特手下的荷兰人一样，那个曾经叫作新阿姆斯特丹后来又叫作纽约的城镇现在获得了第三个名字：新奥兰治。整个殖民地被转手了：之前被荷兰人叫作贝弗维克，后来尼科尔斯就职后更名为奥尔巴尼的上游贸易小镇现在叫作威廉斯塔德。文书工作还没完成，整个事件又发生了反转。重新执掌殖民地 15 个月后，荷兰签署了另外一份和平协议，将这块地又还回去了。

但即使是这次，也还不是对这个岛和它的贸易城市争夺战争的终结。纽约名字的由来——约克公爵，在他哥哥的阴影下做牛做马了 25 年，等到 1685 年查理去世，约克公爵继承王位，终于获得机会真正施行自己对帝国未来的建设蓝图。但是詹姆斯二世的统治几乎即刻崩塌。因为他之前转信罗马天主教，英国领导者和大多数人怀疑他是天主教的傀儡；当他将天主教徒安排到重要职位上的时候，反抗爆发了。当传出消息说王后怀孕的时候——这意味着天主教的后代正在孕育中——詹姆斯的统治变得岌岌可危。

英国历史将光荣革命描述成一场“邀请”[21]，在这次事件中，詹姆斯被驱逐，荷兰的总督——奥兰治的威廉和他的妻子取代了他的王位。其中有政治粉饰的因素。实际上，荷兰的领导者——上述威廉的儿子，在范·德·邓克身处海牙的时候尝试发动一场政变的人——通过对英国诸岛发动全面入侵结束了荷兰英国的世纪之争。超过 20000 人的军队袭击了德文郡海岸的图尔巴伊，一个月后，威廉高歌凯旋进入伦敦。荷兰军队控制了白厅和所有其他权力中心，荷兰总督登上英国王位。当时
309 许多英国人认为所谓的“邀请”是彻头彻尾的丢人，但是对于其他人来说，玛丽（詹姆斯的女儿）是英国王位的假定继承人，而对于威廉，他们再次得到了一个新教徒的国王，这使得事情变得情有可原了。

当出生在德国的纽约人雅各布·莱斯勒（Jacob Leisler，30 年前，在施托伊弗桑特手下当了西印度公司的士兵）明显认为会得到出生于荷兰的英国国王的同意，于是领导了一小部分加尔文主义激进分子占领了城市时，两个长期对立的国家王室之间的跨政治关系在曼哈顿产生了回响。[22]结果威廉并不感兴趣，莱斯勒的叛乱安静地结束了，据历史记载，莱斯勒和一个伙伴因为叛国受到绞刑并被斩了首。

也许这段非凡历史——30 年里，岛屿和周围的殖民地五次易主的主要结果是它迫使它的居民固化了他们的身份。哪一个欧洲势力掌握最终的控制对于曼哈顿居民来说变得没有那么重要了，重要的是他们自己种族群体之间的关系和他们与贸易者、运货商以及与世界其他地方的亲人之间的关系；[23]重要的是他们的权利，无论是谁获得了对这块地方的控制权，他们都要发出声音，坚持获得相应的尊重，这确保了各个小群体得以

繁荣起来。[24]

所以阿德里安·范·德·邓克的梦想以一种他从来没有想象过的方式变成了现实。正如他所希望的，他为这个地方争取到的社会结构融入了荷兰的宽容和多样性，而作为回报，岛屿如他预言一般快速发展，来自欧洲的殖民者源源不断地融入。但他没有预言到的是，英国人很喜欢这个现实并保留了这个社会结构，这为未来产生空前的能量、活力和创造力提供了支持。

因此，作为英国北美财富中的明珠，殖民地和纽约沿着历史的轨迹盘旋上升。很自然地，更多的英国殖民者纷至沓来，关于这里多元化的人口构成和具有出人头地机会的消息传遍开来，法国人、德国人、苏格兰人和爱尔兰移民也纷纷到来，[25]以至于到 1692 年的时候，一个刚到来的英国军官向他在英国 310
的叔叔抱怨说："我们在这里最不开心的事就是这里来自各个国家的人太多了，英国人是最小的一部分。"[26]

新到来的人清醒地意识到小岛的荷兰渊源，也注意到它对岛上的一切继续施加的影响——从门前有台阶的三角房子到占优势的荷兰语。但是一件有意思的事情发生了。随着时间推移，荷兰人的外在标志成了区域渊源的同义词。按照这个思路，当这些特征随着时间越来越弱化的时候，殖民地的重要性也弱化了。

这个想法存在误区，并且一直存在了几个世纪。过去有些人通过测试哈德逊河谷的荷兰亚文化来确定殖民地的持续性。他们发现直到 19 世纪人们依旧在说荷兰语，荷兰归正会依旧很强大。至今，奥尔巴尼周围区域布满的城镇的名字——鹿特丹、阿姆斯特丹、瓦特弗利特、伦勒斯（以之前的伦斯勒斯维克殖民地命名，那是范·德·邓克开始工作的地方）、科隆尼（也以伦斯勒斯维克命名，保持荷兰语的拼写方式）——加强了与荷兰的联系。直到18世纪50年代，在那个区域的英国行政人员还需要找到说荷兰语的人帮助他们和印第安人打交道，因为那依旧是部落居民唯一会说的欧洲语言。[27]当然，还有伟大的美利坚殖民地家族——范布伦家族、罗斯福家族、范德比尔特家族，他们也可以根据他们的荷兰祖先追溯到新尼德兰时期。

但所有这些都没有说到关键点上。荷兰殖民地之所以重要，是因为它在航线上设立了曼哈顿这个地方，它是一个开放和自由贸易的地区。一种新的精神盘旋在岛屿上空，这是与新英格兰和弗吉尼亚完全不相容的精神，可以直接追溯荷兰在16～17世纪进行的宽容辩论以及笛卡尔、格劳秀斯和斯宾诺莎的心智世界。是的，在哈德逊河谷的城镇有人保留着荷兰传统，但那大多是对英国占领的反抗：和任何地方的少数族裔一样，他们巩固根基，产生自我意识，保卫和发扬自己的传统，甚至在19世纪的时候，来自尼德兰的游客到了美国说“低地荷兰语”的地方，却不能理解他们在说什么，那是在两个世纪之前黄金时代遗留下来的口语。实际上，荷兰最早殖民者的
311 后代身上最具有讽刺意味的一点就是，他们通过最终融入美利坚文化，向他们的遗产表达了最真诚的敬意。[28]

关于荷兰殖民地对美利坚做出重大贡献的这个观点早已说过了。E. B. 奥卡拉汉和约翰·布罗德黑德这两位19世纪纽约

的历史学家，对荷兰渊源十分熟悉，他们看到了这段被忽略的历史的意义，但是他们的观点被无视了，在某种程度上是因为美利坚当时正沉浸在对清教徒起源的怀念中。布罗德黑德代表纽约州在欧洲待了四年，其间他在荷兰和英格兰收集了成千上万份关于纽约起源的文件（关于阿德里安·范·德·邓克的海牙任务就是从中发掘的）。在这之后，布罗德黑德在 19 世纪 40 年代和 50 年代纽约的上流社会发表了一系列讲话，讲话中他列举了被遗忘的荷兰殖民地传奇。在报刊上，他被严厉地责难，而且他提出国家除了新英格兰清教徒以外还有其他祖先的观点也被嘲笑。在回应布罗德黑德的观点时，一名新闻记者的态度表明美利坚人从 17 世纪英格兰所继承的反荷兰的偏见在 19 世纪依旧存在。他认为这实在是荒唐，像美利坚这样一个伟大、强大的国家竟然是通过“学习荷兰省这样一个只有风车、土地贫瘠得只适合当燃料的狭隘的地方的政策……”[29]布罗德黑德写了一篇强硬的回应，但似乎没有被发表。文章开头是这样的：

怀着对清教主义毋庸置疑的尊敬，“当然这是应当的”，以及对清教主义对美利坚命运的影响的估计上，我依旧要冒风险坦率地表达我的不同观点。那些自以为是的人在一切场合都坚称我们社会和政治机构中所有值得称赞的特点都要追溯到“清教徒祖先”和他们的后代身上，甚至到了令人作呕的程度。对杰出的英格兰殖民先锋的溢美之词已经成为风尚。在这种情况下，了解其他美利坚殖民者的历史，发现还有其他人的行为和产生的影响值得在我们国家历史上书写一笔，这其实几乎是一种解脱。对弗

> 312 吉尼亚的“老自治领”，这样一个比新普利茅斯还要早12年的殖民地方只字不提，在我看来，为了还原历史真相，关于荷兰产生的影响及其特征应该被公正地提出来，他们是最早探索并对纽约和新泽西海岸进行殖民的人。[30]

然而，没有人听到布罗德黑德的声音。要使这样的说法成立的部分困难来自记录殖民地的大量文件没有被翻译出来。在20世纪70年代，有两件事发生了改变。第一件事是历史学科走下了神坛。人们突然间对社会历史和“多元文化主义”感兴趣。另外一件事是荷兰殖民地的记录开始被翻译。历史学家开始呼吁重新评价美利坚起源这一块内容。此时出现的一些学术论文的题目——“书写与纠正荷兰殖民地历史”、“考虑荷兰因素的早期美利坚历史”——显示了这一变化。这次重新评价涉及的许多历史学家的名字可以在这本书的尾注、参考文献和致谢中看到，他们的作品也给了我许多参考。斯克里布纳（Scribner）1993年出版了重要的三卷本《北美殖民地百科全书》（*Encylopedia of the North American*），这部著作不仅特别关注了新尼德兰，还特别关注了新瑞典。这标志着学术上关于殖民地和美利坚起源的观点发生了变化。2001年8月，在我写这本书的时候，《纽约时报》出版专栏关注荷兰文件翻译项目，其中写到在荷兰殖民地学家“吵了很长一段时间，要求得到学术肯定后”[31]，风水轮流转，现在“被击败的新尼德兰所产生的影响获得空前的关注”。

将殖民地视为美利坚熔炉的诞生地的观点已经酝酿了一段时间。在过去的几十年里，科学家一直在关注新英格兰和弗吉尼亚之间的一大块地方，并将这个地方称为“中部殖民地”

(The Middle Colonies)。随关注而来的是人们对于这个地区给予国家的一切的感谢，帕特里夏·博诺米（Patricia Bonomi）是美利坚近几十年来顶级的历史学家之一，她写到中殖民地是“美利坚宗教多元主义的诞生地”，“这里的宗教多元主义是西方世界中最复杂的”。宗教多元主义引发了17世纪文化多元 313
主义，来自不同背景的人聚集在一起琢磨出了一些新东西，在新尼德兰消失一个世纪后，它又引发人们的讨论。1782年，法国出生的让·埃克托尔·圣·约翰·德克雷弗克（J. Hector st. John de Crèvecoeur）写了《来自一位美利坚农民的信札》(*Letters from an American Farmer*)，这是最早描述美利坚社会和文化的作品，在他发问的时候，他脑海里想的正是这个地区。

> 什么是美利坚人，这是个新兴的民族？他要么是欧洲人，要么是欧洲人的后代，他们血脉中那种奇怪的混杂，你在别的国家是找不到的。我可以告诉你，在一个家庭里，祖父是英国人，祖母是荷兰人，他们的儿子娶了一个法国女人，他们的四个孙子娶的妻子也来自不同的国家。这样的人就是一个美利坚人，摒弃了他所有古老的偏见和习惯，并从他所拥抱的新生活模式、他服从的新政府以及他掌握的新等级中获得了新的观念和习惯。他被接纳进我们伟大母亲宽广的怀抱，成了一个美利坚人。在这里，来自各个国家的人被融合在一起，成为一个新的种族，他们的努力和后代将有一天在这个世界引起巨大的改变。[32]

我们在“中殖民地”这个标签下所发现的，以及促使德克雷弗克写下这些话的动力，正是荷兰殖民地。此外，还有其他发挥作用的力量：宾夕法尼亚和罗得岛殖民地也因宗教宽容而出名。但是荷兰殖民地的影响更加广泛，这样的影响不是通过推理证明出来，而是从各个方面用证据来证明的。最简单的一点是，美国最先形成多种族社会的地区正是荷兰殖民地的所在地。

我们可以用在此地区首先生根的传奇来支持这种联系。比如，在理查德·尼科尔斯占领纽约并且熟悉了他允许居民所维持的荷兰风俗后，他发现有一种公务员特别有用。殖民地有一种法律公务员，他的工作是代表政府公诉。英国系统中没有这
314 样的官员，在那个时候，罪案受害者或者其亲戚负责上诉。这种荷兰公务员可以使司法系统运行得更加有效。尼科尔斯也设置了这种职务——最初的英文记载中叫这种法律工作者为schout——而且它很快传播到其他殖民地。这一职业最后被称为地方检察官，成为美利坚地方政府的标配。（阿德里安·范·德·邓克刚好是美利坚第一批“地方检察官”之一，他原来的职位就是伦斯勒斯维克殖民地的治安官。）1975 年，耶鲁法学教授 A. J. 赖斯（A. J. Reiss）在关于公务员历史的一篇文章中说道，“美利坚公共起诉人第一次出现是在荷兰建立新尼德兰的时候”，“历史证据十分清楚地显示，1664 年，在这片区域被约克公爵占领时……已经稳固确立的荷兰公共起诉系统被保留下来”，“历史纪录显示，‘schout’这一职位在美利坚最初 13 个殖民地中的 5 个殖民地确立了下来”。[33]

还有许多如同故事一般的传奇。风俗、传统和惯例伴随着美利坚多元化现象，从原来荷兰的领地传播开来。正是在荷兰的殖民地上，美利坚的工人第一次抱怨“老板”；正是在这里，美利坚儿童第一次期待“圣诞老人”[34]（St. a Claus，18 世

纪 70 年代早期，《里温顿的纽约地名词典》上是这样拼写圣诞老人的，上面记录了这个圣人的节日被古代荷兰家庭的后代庆祝，就像庆祝他们平常的节日一样）的到来；正是在这里，美利坚人第一次吃“曲奇”和“卷心菜沙拉”。当然，没有什么比曲奇更没有意义的了，但之所以提到它是因为它无处不在。从大萧条到艾森豪威尔时期，蓝色碟子上的卷心菜沙拉都是一道特色菜。在数不清的烤肉野餐中，它经常被放在烤豆子旁边，被打包放进小塑料碗里，解除汉堡和薯条快餐的腻味，虽然它经常被忽略或者被默默地吃掉，但它显示了曼哈顿殖民地无处不在的存在感。在考虑曼哈顿的贡献时，我们不应该看隐蔽的角落，而是应该看眼前的东西。我们不可能在后院埋着的荷兰蒸汽管中找到它，但是可以在任何城市的电话本上，Singh，Singer，Singletm，Sinkiewicz 那页找到它。

许多遗产不见踪影，因为经过几个世纪的混杂和喧嚣，他 315
们已经被掩盖、改造、嵌入其他更大的系统了。这是合乎道理的：我们不能期待它们在近三个世纪中依然保持原始的模样。相反，我们应该这样认为：如果一样东西是有用的、大家需要的，它就会成为融合的一部分。圣诞老人就是一个绝佳的例子。他是一个戴着主教帽子的苗条家伙，荷属曼哈顿的儿童在圣尼古拉斯节的前夜都会期盼他的到来。按照惯例，他在孩子们的鞋子里留下糖果，但是有时候［正像近一个世纪的绘画里，科内利斯·杜萨尔特（Cornelis Dusart）的“圣尼古拉斯庆典”中那样］也将糖果放在挂在壁炉架的袜子里。当非荷兰裔家庭接纳他时，他的影响力变大，其他文化传统也一点点地嵌入庆祝仪式；媒体［在《哈伯斯周刊》汤姆斯·纳斯特（Thomas Nast）的动画里，圣诞老人变胖了，他的胡子变白了］和公司的广告（白边红衫与可口可乐 20 世纪 30 年代标志性的广告宣传相呼应）改造了他的形象，而他最终的模样是复杂的拼接，完全变成美利坚人的样子，他生根于施托伊弗桑特和范·德·邓克的曼哈顿。

殖民地也对政治历史的格局产生了影响。在范·德·邓克的政治改革运动帮助巩固了荷兰殖民地社会的独特特征后，尼科尔斯的投降协定保证了英国将保持居民想要的权利和特权。1686 年，签署《纽约市宪章》（一些人认为这是现代城市的开端）的时候，它不仅将权利和特权说清楚了，而且还说清楚了他们的起源，承认了“古老城市的居民……享受……各种权利，自由特权和公民权”，这不仅来自它的英国统治者，还来自“荷兰的政府领导者、将军以及总司令”[35]。

你可以将目光从这个宪章上移开，从它背后粗鲁的、好争斗的，大多数人依旧说荷兰语的社会移开，直接看改革及之后的时期。1787 年费城，在制宪会议上，纽约代表团是对给予联邦政府巨大权力的文件最不屑的。之后在奥尔巴尼的会议上，纽约州领导人决定只有将一个关于个人权利的具体法案附在宪法上，他们才会认可这个宪法。26 个坚持这一点的人中
316 一半是英国人，一半是荷兰人；新成立的州已经成为一个远近闻名、招惹争议的地方，它多元化的代表团争取个人权利的悠久历史足以说明该州的坚持不懈。[36]

当然，1791 年颁布《权利法案》的时候，没有人注意到一个世纪前占统治地位的荷兰领导的殖民地在其中发挥了什么作用。当时没有任何荷兰时期的书面历史——距离发掘出仔细记录着范·德·邓克为曼哈顿人民的利益发声的文件还有几十年的时间。

殖民地影响传播的路径也部分证明了其深远的意义。从他们在德拉瓦河的定居点开始，“森林芬兰人”清理了到达阿巴拉契亚山脉的道路，芬兰人、瑞典人、荷兰人和其他先驱者沿着这条路旅行，一路上他们将小木屋增添到美利坚的文化传奇中。但是扩张的主要道路是向北的。曼哈顿岛成了一代代移民通向美利坚的大门，正因如此，荷兰殖民地的传奇被放大。走下小船，人群熙熙攘攘，他们从那不勒斯、汉堡、勒阿弗尔或者利物浦到来，每个人呼吸的空气和他们启程前呼吸的完全不一样。空气中的味道正符合他们的希望，有一种复杂的、令人兴奋的香水味，其中还有浓重的、强劲的、新鲜的、席卷了整个大陆的味道，预示着满是富有希望的未来。这种气味被工厂油料和汗水味加重，又因波兰熏肠和意大利面酱以及马粪、锯屑、屠宰场的味道而变得浓重起来。新来的人浸泡其中，这种前途光明的味道，这种将各族人民融合到新世界的味道，他们将其称为美利坚的味道。之后他们四散开来，而这种味道一直伴随着他们。他们去了哈德逊河上游，那里于 17 ~ 18 世纪的意义，正如同密西西比河于后来时代的意义：生命线、商业和旅行的大道。

在曾经是奥兰治堡皮草交易站的奥尔巴尼，他们一路向西，进入莫霍克河谷。19 世纪早期，在那里，工业时代的政治家们发现了荷兰先驱者两个世纪前就知道的事情：未来和发展就在河谷的西边。1825 年，在历时八年的大型工程完成后，一条长 360 英里的沟渠被开凿了出来，穿越了整个荒原。早在 1634 年的冬天，哈门·曼德茨·范·登·博加特在他首次进入易洛魁地区，进行那场充满危险的探索时，就已经探索过这 317
片荒原。伊利运河对国家的改造是美利坚历史的一个基本组成部分。它开放了大陆内部，增加了人口，将重心由农村转到了城市，帮助美利坚成为工业强国。美利坚得到了改造，第一代曼哈顿人从他们岛上看到的未来在一路高歌中成为现实，无数的人和商品如洪水般涌入曼哈顿。来自欧洲和其他世界各地的人集中到这个岛上，然后沿河而上，向西到达运河。随着商业之路扩展到大陆的核心地带，十字路口的居民点变成了城市，在漫无边际的黄昏风景中，城市的灯光一闪一闪，每一处——托莱多、克利夫兰、底特律、布法罗、密尔沃基、芝加哥、格林湾——都聚集着建立这个城市的种族群体。

这就是为什么曼哈顿殖民地起源的故事这么重要。它的影响面是如此之广，对它做过于具体的断言或定义都是具有风险的，所以才有了我在这里的谨慎尝试：在曼哈顿的帮助下，全局才能调动起来。这当然不是显而易见的：施托伊弗桑特统治的小镇子和大都市没有相似之处，更别说现在这个爆发成大国的国家——说他们有相似之处就如同说橡子和橡树有相似之处一样——但是原始的殖民地做出了贡献，并且这些贡献依旧在那，融入了曼哈顿和美国。

曼哈顿岛定居者的传奇在神话和政治的层面之下，这些定居者将人们生活中长期存在的固有框架重新修改，创造出一个空间更广阔的社会，在这个社会里任何人都有上升的渠道。但是他们并非有意要做这些事情。这里有促成殖民地形成的国家的宽容政策，但也有对它的无视或拒绝。这是一个既偶然又有计划的社会。美利坚并没有一个像清教徒神话的形成那般清晰的框架。同时，神话也有不好的一面：建立“山巅上的光辉之城”变成了“天命论”，它很容易就变成廉价的战争口号。第一批曼哈顿人到达这里的时候，并没有崇高的理想。不论是农民、制革工人、妓女、车轮制造人、酒吧女侍、啤酒酿造者或商人，这些人来这里是希望过上更好的生活。他们创造的地方有一种独特的混乱，但是很真实，从某些方面来说，很现代。

直到1908年，一位犹太移民被国家的可能性、力量、先进性以及他在美利坚大熔炉般的社会中看到的打破旧根的希望所陶醉，写下了一个剧本，这个被叫作《大熔炉》的剧目连续上演了136周（当然是在百老汇上演）。“大熔炉”这个词 318
在那时才被纳入词典，但剧本的作者伊斯雷尔·赞格威尔（Israel Zangwill）描述的是一些已经酝酿了很久的东西。当然，像“熔炉”和“多元化主义”这样的词语从很久以前就变得名过其实并且广受争议。移民是应该抛弃他们旧的种族划分，还是将这种种族性保留下来，和主流文化保持一定距离？很快，问题就变成了“什么是美利坚人？”或者就此而言，“什么是英国人？”“什么是德国人？”或者“什么是意大利人、以色列人、土耳其人？”在多元主义的社会，争论是普遍存在的。

不过，长时间以来，多元文化观点的力量不可否认。而它的内涵——宽容在如今的重要性更甚之前。2001年9月，恐怖袭击摧毁世贸中心，震惊全世界，它不仅打击了美国的金融中心，而且还影响到了下曼哈顿那数平方英亩，曾经被称为新阿姆斯特丹的地区。一种事物从另一种事物中发展出来，这个事实证明宽容依旧是一种力量。但愿，它依旧是进步社会的基石。让宽容发展，证明宽容可以发挥作用，这是第一批曼哈顿人集体才智的产物。

尾声　书面记录

319 经历了这个故事中的所有风风雨雨，在阿姆斯特丹堡的议事厅和楼上的行政办公室里，以曼哈顿为中心的新尼德兰殖民地的历任秘书都尽了他们的本分：做记录并归档文件。土地买卖、房屋建设、牲畜被盗、打架斗殴、酒精税征收以及财产损失等，事无巨细，全都被记录在案。鹅毛笔在进口的粗纸上书写时发出沙沙的声音。西印度公司的董事们发布了他们的命令，殖民地的领袖们写下了他们的抗议。一封封书信流向库拉索岛、弗吉尼亚、波士顿、阿姆斯特丹。鹅毛笔被放进墨水瓶里蘸了蘸，又开始书写，纸上出现了一行又一行异常卷曲的荷兰语字母。

理查德·尼科尔斯的军队占有这些资料之后，它们的下落如何？这里不得不用一句老生常谈的话来总结：历史往往是由成功者写就的。英国人没有将荷兰殖民地的相关记录载入美国早期历史，其中或许掺杂了英国人对荷兰人的怨恨。17 世纪爆发的三次英荷战争让这两个互为对手的国家嫌隙更深。用英文发表的冗长文章中，有一篇的标题是这样的：“荷兰人的家谱或亲属关系显示他们是靠装在黄油盒子里的马粪喂养大的”。这足以提醒我们，英国人对荷兰人的憎恶简直已经到了一种近乎荒唐的地步。这种厌恶还体现在英语中一系列与“荷兰”（Dutch）有关的短语上，比如“各付己账的聚餐或娱乐活动”（Dutch treat)、“酒后之勇”（Dutch courage）、“莫名其妙的话”（double Dutch）、“不公平的交易”（a Dutch bargain）、“AA制”（going Dutch）和“得不到感激的安慰”（Dutch comfort）等。这些短语都有贬损之意，而且都是17世纪流传下来的，后来又从英国传到美国。

其他早期殖民地的书面记录都得以保存并用来创作美国的 320
起源故事，但那些非英属殖民地的资料被随意对待，遭人驳斥，最终被人遗忘。[1]接下来的三个世纪里，那些断断续续的记录讽刺又戏剧性地反映了这个殖民地本身是多么不受重视。就像电影《变色龙》里多变的主人公一样，这个档案总是和美国历史上的重大事件和重要人物有着千丝万缕的联系。1685年，詹姆斯国王下令整顿殖民地，于是，这些资料被扔到马车上运往波士顿。三年后，新国王威廉和玛丽推翻詹姆斯的统治，这些资料又被送回纽约。也许就是在往返途中，一些卷宗遗失了（1638年以前的资料全都不复存在，1649～1652年范·德·邓克向总议会陈述殖民地案件这一重要时期的资料也都不见了）。1741年，保存这些资料的阿姆斯特丹堡（现称乔治堡）被人付之一炬，多数人认为这是奴隶策划的一起阴谋事件。尽管门房被烧毁了，但是卷宗被一位有心的秘书扔到窗外，得以幸存。那天刮着大风，许多书页被吹走了，但是大多数资料仍保存完好。

革命不断发展的过程中，纽约市一片混乱。成群的激进分子无所不用其极，妄图扰乱英国政府的管理。有人甚至以殖民地的皇家总督威廉·特赖恩（William Tryon）的性命相要挟。1775年12月1日早晨，威廉·特赖恩准备处理公事的时候发现自己在纽约港“戈登公爵夫人号”摇摇晃晃的甲板上，离本该在他管辖之下的民众已经有几百码的距离了。[2] 当天，还有一个新麻烦同样引起了威廉·特赖恩的注意，而且当时威胁他性命的那个激进分子也牵涉其中。于是，他给该省的副部长写了封紧急信件：

> 阁下：
>
> 我得到可靠消息，康涅狄格一个民众组织的头目艾萨克·西尔斯（Isaac Sears）很快就要闯入纽约城，想要依靠暴力抢夺秘书办公室里的公共档案。[3] 因此，在我和议会商议出如何更好地保护这些资料之前，为了国王的利益考虑，我要求你立即将你管理的法案和记录放到“戈登公爵夫人号”上去。其中，有关土地专利权和公共委员
> 321 会的档案是重中之重，应该被最先转移到船上。
>
> 您忠实的仆人
>
> 威廉·特赖恩

泰伦急于保护的不仅有英国殖民地纽约的文献资料，还有早期荷兰殖民地的文献资料。战争期间，这些资料一直留在泰伦潮湿的船舱里，长了很多霉菌，现在还能明显看到书页上有发霉的痕迹。[4] 从法国作家让·埃克托尔·圣·约翰·德克雷弗克写给本杰明·富兰克林的信来看，当关乎纽约市和各殖民地命运的战斗达到高潮时，这些资料又被转移到伦敦塔里了。[5] 最后，获胜的殖民者又把它们要了回来。不可思议的是，这些文件在动乱的战争中居然能保留下来。虽然最后纽约州的首席部长报告说，许多书页都“发霉得很厉害，

而且严重损毁”[6]了，但他补充说，自己已经“尽了最大的努力来保护这些资料，经常把它们拿出来晒太阳、通风，有几次还一页页地擦拭过”。

下个世纪之交，这些文件里的信息看起来似乎能够载入史册了。1801 年，纽约州议会委员会宣布“应该立即采取行动，翻译部长办公室里那些用荷兰语写的纽约州的文献资料”[7]。众人或许都认为这个法令能被认真对待，因为它是立法部的掌权人阿龙·伯尔颁布的。当时阿龙·伯尔马上要离开纽约，去担任托马斯·杰斐逊的副总统（三年后却因在一次决斗中杀死亚历山大·汉密尔顿而变得声名狼藉）。但直到 1818 年，这些资料的全面翻译工作才开始。被选拔出来进行这项工作的是弗朗西斯·阿德里安·范·德·肯普（Francis Adrian van der Kemp），他是个上了年纪的荷兰牧师，当过兵，曾移民到纽约。四年后，他完成了整整 12000 页的译本。

事实上，这个小插曲在殖民地记录的历史中类似于一出闹剧。单靠一个人的力量是不可能有这样的成书速度的。此外，范·德·肯普的英文水平有限，而且那时候他快要双目失明了。为了在飞速翻译时保住眼睛，他只是匆匆浏览了一下那些文件，还时不时地中断翻译工作，服用颠茄制剂（一种致命毒药）。范·德·肯普最终的“杰作”就是 24 卷的翻译手稿， 322
这些手稿完全是败笔——集合了大错小错[8]以及大量无法解释的空缺。这样的结果远比翻译手稿没有价值还要糟糕，因为所有人都以为这些手稿翻译得很精准，于是把它们收藏在奥尔巴尼的州立图书馆里，准备供历史学家使用。上天有时候还是很仁慈的，最终，这一整套手稿（从未出版过，只有原稿）在一场大火中付之一炬，没能进一步混淆历史。

20 世纪早期，再次有人试图让美国的这段历史重见光明。他们极力寻找一名能够准确理解 17 世纪荷兰语的译者。最终，他们找到一个腼腆、敦实、在荷兰出生的工程师，他有语言天赋，而且在译文的准确性方面非常执着。可惜的是，范·拉尔的翻译工作刚开始两年，1911 年，一场突如其来的大火席卷了纽约大厦，而纽约州立图书馆也在这座大厦里。大量的书卷被烧毁。不过所幸这些关于荷兰的记录再次逃过一劫。原因有些讽刺：这些记录被认为不太重要，于是被放在底层的书架上，所以书架倒下的时候，上层的英国殖民地记录恰好护住了它们，这才没有被烧毁。尽管如此，经过火灾和水淋，有些文件还是被毁了，另外一些也严重受损，范·拉尔两年的工作成果也付诸东流了。就像小说人物的反应一样，他看似陷入了极度的惊愕，但火灾之后很长一段时间内，他都像往常一样继续去工作。不过他的工作地点变成了一堆烟熏火燎的废墟，还是露天的，而他就在这堆废墟中翻翻找找，看有没有残存的书页。之后，他继续受雇于纽约州档案馆，最终译出了四卷本的荷兰语资料（这些资料半个世纪里都没有被出版）。但是那次火灾让他精神崩溃，于是就慢慢退出了这个庞大而且厄运连连的项目。

到了 20 世纪 70 年代，也就是水门事件发生时期，人们再次开始努力破解这些荷兰语手稿中的秘密。当时，杰拉尔德·福特战胜理查德·尼克松，当选美国总统。他任命刚刚完成第四个任期的纽约州州长纳尔逊·洛克菲勒为副总统。前往华盛顿之前，洛克菲勒投了一小笔资金到该项目中。随后，寻找译员的工作又开始了。

323 整个翻译工作远比想象的要困难得多。荷兰语在 300 年的时间里发生了巨大的变化。18 世纪，荷兰语的书写风格也有了转变，因此，现代说荷兰语的人经常看不懂 18 世纪以前写就的文件。那么，这项翻译工作需要大量的技术性知识，比如度量衡方面的问题，一个 aam 里有多少 mengelen，一个 daelder 实际上和一个 Carolus guilder 等值，但又低于一个 rijksdaelder。[①] 由此看来，这份工作简直是难上加难。

当负责寻找译员的资深的图书管理员彼得·克里斯托夫在一次会议上遇到查尔斯·格林的时候，两人都十分震惊。当时格林已经完成了日耳曼语言学的博士论文，主要集中研究荷兰语。回忆起他们见面时的情景，克里斯托夫告诉我说："我还没来得及开口说话，他就问我，'在你这个圈子里，有没有工作机会给研究 17 世纪荷兰语文件的人?'我回答说：'天啊，巧了。'"

那是 1974 年。从那以后，格林只有一份工作，就是翻译殖民地的档案。与其他所有非营利事业发展遇到的阻碍类似，这项工作每年都会出现资金不足的状况。意料之内，该项目的大部分资金都是由有荷兰血统的美国人捐赠的。另外，国家人文基金会也有一项相匹配的拨款。随着格林的翻译成果相继出版（迄今已出版 18 卷），他也成了美国殖民研究的一位核心人物。格林不仅成功地将美国在非英国殖民时期的历史记录展现给研究者们，而且还拓宽了殖民研究的范围，使其不再局限于仅以英格兰为研究中心。为了对他的努力表示敬意，1999

---

① aam 和 mengelen 都是旧式液体单位，一般常用来计量葡萄酒。daelder、Carolus guider 和 rijksdaelder 为 17 世纪钱币。如想进一步了解此处度量衡的换算方式，请参考 https://www.newnetherlandinstitute.org/research/online-publications/guide-to-seventeenth-century-dutch-coins-weights-and-measures/。——编者注

年，美国国家内务部宣布将这12000页的荷兰殖民地手稿列为国家珍宝。除了给这些烧焦的书卷一份迟来的尊严，国家还拨款用于书卷的保存。

近年来，撰写有关荷兰殖民地的博士论文和学术论文的历史学家们越来越意识到这一课题的重要性。他们的成果很大程度上归功于格林和珍妮·维尼玛（荷兰历史学家，过去的18年都在给格林当助手）。我同样十分感激他们，不仅因为他们的翻译让这些记录变得能够理解，而且他们还允许我在他们身
324 旁工作，耐心回答我的各种问题，为我指引探索的方向，甚至允许我自由查看书架和文件柜里的资料，饱览他们花费多年才搜集来的奥秘。同样有价值的是，相比仅从书上汲取的那些信息，跟他们在一起让我能够更深切地感受到殖民地人民的存在。纽约州立图书馆坐落在奥尔巴尼市中心，在一座20世纪70年代的死气沉沉的建筑里。但是他们所在的拐角处的办公室的一隅处于伦勃朗和维米尔时期。待在那里的时候，我反而觉得自己过得更充实、更疯狂。当查理·格林滔滔不绝地讲述17世纪的航海风险时，他口中那些荷兰的航海术语已经几百年没有在荷兰出现过了。他有个很动人的习惯，总是用现在时来谈论人物："范·廷霍芬有很多肮脏的秘密，但他也是曼哈顿岛上最狡猾的人。"他这样描述一个在1656年最后一次在曼哈顿出现的人。

受到他们的感染，我觉得这些文件就是珍贵的工艺品，上面承载着无法言说的故事。坐在珍妮·维尼玛身边，浏览着那些英国占领曼哈顿之前写成的、发黄的、布满霉点的书页时，我发现其中有一页和其他的截然不同。典型的书写员的字体比较圆润，还带一些复杂的小花饰。而这一页上的字体笔画很

粗、参差不齐且上下起伏。“哦，这肯定是施托伊弗桑特写的，”珍妮不假思索地说，“他当时肯定写得很匆忙，又没有秘书在身边。”此人的字迹和他的性格之吻合令人惊讶，而且这封还未公布的信确实显得很紧急。他是写给西印度公司的董事们的，目的是告诉他们英国的护卫舰已经到达港口了，后者的大炮已经瞄准了这座城市。在信的末尾，施托伊弗桑特补充说，他会把信交给一位船长，此人会神不知鬼不觉地穿过“地狱之门”，然后出海。但是如今这封信在我手中，这就证明此人并未出海。长岛失守了，施托伊弗桑特通知他的上司说，新英格兰人大举跨过河流，准备进攻曼哈顿岛。而曼哈顿城里此时粮食短缺，弹药不足，士兵纷纷表示不愿意为一个不肯援助他们的公司冲锋陷阵。从信中可以明显感觉到施托伊弗桑特的愤怒：他不停地在寻求援助，可是公司那些头目对此视若无睹，使他陷入绝望的境地。这时的施托伊弗桑特已经不是过去那个固执的、挺过各种残酷打击的殖民地管理人了，他只是个被无能的官僚机构困住的可怜人。

另外，还有一件小事表明这些饱经风雨的卷册如何揭示了人类生活的片段。奥兰治堡（奥尔巴尼）的前哨有自己的行
政部门。多年来，一个名为约翰内斯·迪克曼（Johannes 325
Dijckman）的人一直担任秘书，负责做会议记录。关于此人，我们知道的并不多，他只是个普通人，没在历史上留名。但是别的地方提到了他酗酒的问题。[9]“随着时间流逝，你会发现他的字迹越来越难辨认，”格林说，“之后，1655 年的一天，在会议中途，会议记录上的字迹变了。一个新人接手了这份工作，从此就再也没见到原来的字迹了。”[10]不久之后，迪克曼出现在执事的账簿上。他在领贫困救济金，而且余生都在领取这

些救济。“迪克曼做的最后几页记录上面全是污渍和斑点，”维尼玛说，“没人知道那是什么，也许只是水，也许是酒，还有可能是他的眼泪。”

去新尼德兰旅行

这本书部分参考了“新尼德兰项目”的翻译资料，这个项目设在纽约州立图书馆。对这个项目感兴趣的读者可以登录这个机构的网站（www. nnp. orglai）了解到更多相关情况，上面有这个殖民地历史的信息，并可以虚拟化地游览新尼德兰（也可以了解到我写的这本书）。同时，那些想要支持这个重要的非营利事业的人也可以通过“新尼德兰的朋友”（a Friend of New Netherland）在线做一些事情。

注　释

序言

1. Bayard Tuckerman, *Peter Stuyvesant, Director-General for the West India Company in New Netherland*, preface.
2. A. J. F. van Laer, "The Translation and Publication of the Manuscript Dutch Records of New Netherland, with an Account of Previous Attempts at Translation," 9.
3. 关于过往译本的资料来源详见本书“尾声”部分的注释。
4. Bertrand Russell, *A History of Western Philosophy*, 581.
5. Mariana G. van Rensselaer, *History of the City of New York in the Seventeenth Century*, 1: 49.
6. E. B. O'Callaghan and Berthold Fernow, trans *Documents Relative to the Colonial History of the State of New York*, 3: 106. Hereafter cited as Docs. Rel.

第一章

1. 在刻画我心目中的哈德逊时，我使用了人们普遍接受的所有资料来源：Richard Hakluyt, *The Principal Navigations Voyages Traffiques and Discoveries of the English Nation*, vol. 3; Samuel Purchas, *Hakluytus Posthumus or Purchas his Pilgrimes*, vol. 13; G. M. Asher, ed., *Henry Hudson the Navigator: The Original Documents in Which His Career Is Recorded*; Henry Cruse Murphy, *Henry Hudson in Holland*; John Meredith Read, Jr., *A Historical Inquiry Concerning Henry Hudson, His Friends, Relatives, and Early Life, His Connection with the Muscovy Company, and Discovery of Delaware Bay*; Llewelyn Powys, *Henry Hudson*; and Edgar Mayhew Bacon, *Henry Hudson: His Times and His Voyages*。我还查阅了 Philip Edwards, ed., *Last Voyages: Cavendish, Hudson, Ralegh, The Original Narratives*; Donald S. Johnson, *Charting*

the Sea of Darkness: *The Four Voyages of Henry Hudson*; and Douglas McNaughton, "The Ghost of Henry Hudson"。

2. Abacuk Pricket 的日志载于 Purchas, *Hakluytus Posthumus or Purchas his Pilgrimes*, vol. 13, 该日志证实哈德逊在伦敦有一所房子; Powys, *Henry Hudson*, 1 称这所房子在"伦敦塔附近"。莫斯科大楼原址位于希兴里 (Seething Lane), 但是, 据 Armand J. Gerson et al. , *Studies in History of English Commerce During the Tudor Period*, 33 (引自 Husting Roll 341, 29) 记载, 该公司在 1570 年之前"因为最近的一场大火搬到了圣安东尼 (St. Antholin) 伦敦教区内或附近的某条名为公爵街 (Dukes Street) 的街道上"。圣安东尼教堂位于考德维那街区的布奇道 (Budge Row)。在还原哈德逊的路线时, 我用到了 Adrian Prockter and Robert Taylor, *The A to Z of Elizabethan London* 中重印的"Agas 地图", John Wellsman, ed. , *London Before the Fire* 中重印的 Claes Jansz Visscher 绘制的 1616 年前后的伦敦街景, 以及 John Stow 的 *A Survey of London Written in the Year 1598*。
3. 莫斯科公司中的哈德逊家族关系的主要论据是在 Read, *A Historical Inquiry Concerning Henry Hudson* 中提出的。
4. Ibid. , 41.
5. Jessica A. Browner, "Wrong Side of the River: London's disreputable South Bank in the sixteenth and seventeenth century"; and A. L. Beier, "Vagrants and the Social Order in Elizabethan England," 10 – 11.
6. 有关莫斯科公司和都铎时代中期的史料来源为 David Loades, *The Mid-Tudor Crisis*, *1545 – 1565*; Richard Hakluyt, *The Discovery of Muscovy*; Purchas, *Hakluytus Posthumus*; Charlotte Fell-Smith, *John Dee*; Raymond H. Fisher, *The Russian Fur Trade*, *1550 – 1700*; Peter J. French, *John Dee*: *The World of an Elizabethan Magus*; Armand Gerson, Earnest Vaughn, and Neva Ruth Deardorff, *Studies in the History of English Commerce During the Tudor Period*; Henry Harrisse, *John Cabot*, *the Discoverer of North-America*, *and Sebastian His Son*; Garrett Mattingly, *The Armada*; Samuel Eliot Morison, *The European Discovery of America*, vol. 1, *The Northern Voyages*; Geraldine M. Phipps, *Sir John Merrick*: *English Merchant-Diplomat in Seventeenth Century Russia*; David B. Quinn and A. N. Ryan, *England's Sea Empire*, *1550 – 1642*; E. G. R. Taylor, Tudor Geography; T. S. Willan, *The Muscovy Merchants of 1555*; and James A. Williamson, *The Age of Drake*。
7. Loades, *The Mid-Tudor Crisis*, *1545 – 1565*, 73.
8. 塞缪尔·艾略特·莫里森 (*The Great Explorers*, *40 – 41*) 谈及此人的名字也可能被写作 Cabotto 和 Gabote。
9. E. G. R. Taylor, *Tudor Geography*, 86.

10. Ibid. , 34.
11. Ibid. , 81 - 85.
12. Conyers Read, *Mr. Secretary Walsing-ham*, 3: 371.
13. Powys, *Henry Hudson*, 26.
14. Albert Gray, "An Address on the Occasion of the Tercentenary of the Death of Richard Hakluyt."
15. Donald Johnson, *Charting the Sea of Darkness*, 20.
16. "地球物理研究所地球物理学副研究员 Martin Jeffries 称，北极深冬时节，地表海冰覆盖范围达约 1000 万平方英里，夏季浮冰会缩减至 600 万平方公里，" Ned Rozell 说，"海冰减少可能是气候变化的另一个线索。" 参见 *Alaska Science Forum Article 1255*（October 5, 1995）。
17. Hakluyt, *Principal Navigations Voyages*, 3: 567.
18. Purchas, *Hakluytus Posthumus*, 13: 306 - 07.
19. Ibid. , 313.
20. Ibid. , 329.
21. Ibid. , 328.
22. Ibid. , 300.

第二章

1. Harry Sieber, "The Magnificent Fountain: Literary Patronage in the Court of Philip III."
2. Simon Schama, *The Embarrassment of Riches*, 53.
3. H. F. K. van Nierop, *The Nobility of Holland*, 212.
4. John Adams, *A collection of state papers . . .*, 399.
5. 阿德里安·范·德·邓克在他叙述有关哈德逊的故事时称，哈德逊曾在荷兰生活过。虽然史学家们认为这种说法是出于荷兰人将新尼德兰的所有权据为己有的私心，因而将其否定，但是哈德逊非常熟悉这个国家，而且他与普朗修斯和洪特有交情，所以哈德逊会不假思索地决定前往荷兰也是不难理解的。
6. G. M. Asher, ed. , *Henry Hudson the Navigator: The Original Documents in Which His Career Is Recorded*, 245.
7. Ibid. , 246.
8. Ibid. , 253.
9. Ibid. Llewelyn Powys, *Henry Hudson*, 81.
10. Purchas, *Hakluytus Posthumus or Purchas his Pilgrimes*, 13: 356.
11. J. F. Jameson, *Narratives of New Netherland*, 1609 - 1664, 37.
12. John Heckewelder, *History, Manners, and Customs of the Indian Nations*, 71 - 75.
13. 本处和接下来段落中的引用均来自 Juet's journal as reprinted in

Purchas, *Hakluytus Posthumus*, vol. 13。

14. I. N. P. Stokes, ed., *Iconography of Manhattan Island, 1498 – 1909*, 2：44.
15. Van Meteren, in Asher, *Henry Hudson*, 150.
16. 英语版与荷兰语版来源同上。
17. 这一场面的所有细节皆来自 Abacuk Prickett 对于这场哗变的叙述，这一场景印在了帕切斯的 *Hakluytus Posthumus* 中。Prickett 的描述是有失偏颇、不足采信的——他把他自己和与他一道生存下来的伙伴们描述为这场哗变中无可非议的旁观者，故意将那些在返航途中死去的船员指为罪魁祸首——但是我们没有理由不相信那些关于天气、着装等方面的细节。
18. Asher, *Henry Hudson*, 255. 这家新公司的特许状被制作的时间是在 1612 年。真正的考验从 1618 年开始，在那之前，他们曾尝试穿越那些叛变者声称他们发现的航道，但都无功而返。
19. 关于 Vogels 的信息取自 Van Cleaf Bachman, *Peltries or Plantations*：*The Economic Policies of the Dutch West India Company in New Netherland, 1623 – 1639*, 3 – 6。

第三章

1. Van Cleaf Bachman, *Peltries or Plantations*：*The Economic Policies of the Dutch West India Company in New Netherland, 1623 – 1639*, 16.
2. I. N. P. Stokes, ed., *Iconography of Manhattan Island, 1498 – 1909*, 4：41.
3. Bachman, *Peltries or Plantations*, 31.
4. E. B. O' Callaghan, *The History of New Netherland*, 1：31.
5. Docs. Rel., 1：35 – 36.
6. K. H. D. Haley, *The Dutch in the Seventeenth Century*, 158.
7. A. J. F. van Laer, trans., *Documents Relating to New Netherland, 1624 – 1626, in the Henry E. Huntington Library*, "Provisional Regulations for the Colonists," and Van Laer, Note, p. 256。"克拉斯·皮特斯赞教授就是著名的内科医师尼古拉斯·彼得森·蒂尔普，他是伦勃朗的名画《蒂尔普教授的解剖课》的中心人物，这幅画如今被挂在海牙的莫瑞泰斯皇家美术馆（Mauritshuis）中。从 1622 年开始直到 1674 年去世，他一直是议会的成员，而且曾担任阿姆斯特丹市政委员和市长。Hans Bontemantel 称其一直都自称为'克拉斯·彼得斯（Claes Pieterss）'，'蒂尔普'则是他的绰号，这个绰号来自画在他的前门上的花。"
8. George Olin Zabriskie and Alice P. Kennedy, "The Founding Families of New Netherland, No. 4—The Rapalje-Rapelje Family."
9. Joel Munsell, *A Documentary History of the State of New York*, 3：32.

10. 关于拉帕里和特瑞科的参考资料散落在许多殖民记录中，我们可以通过 E. B. O'Callaghan，*Calendar of Historical Manuscripts in the Office of the Secretary of State* 一书的索引追溯他们的生命轨迹。
11. Patricia Bonomi，*A Factious People*，277.
12. 请参见 2003 年 4 月 2 日采访 *The New York Genealogical and Biographical Record* 一书的编辑 Harry Macy 以及拉帕里的一位后人的报道。
13. 美国鱼类及野生动物管理局（United States Fish and Wildlife Service）新英格兰南部和纽约沿海生态系统计划。"纽约湾流域的重要栖息地和栖息地综合体。"
14. Robert Grumet，*Native American Place Names in New York City*，24.
15. Adriaen van der Donck，*A Description of New Netherland*，trans. Diederik Goedhuys，74.
16. Grumet，*Native American Place Names*，23 – 24.
17. Stokes，*Iconography*，4：60.
18. J. F. Jameson，*Narratives of New Netherland*，*1609 – 1664*，77.
19. Van Laer，"Annals of New Netherland：The Essays of A. J. F. van Laer，" ed. and annot. Charles Gehring，12.
20. Jameson，*Narratives*，76.
21. Shirley Dunn，*The Mohicans and Their Land* 1609 – 1730，76.
22. Van der Donck，*Description*，90 – 91.
23. Van Laer，*Documents Relating*，55.
24. Ibid.，39.
25. 关于米努伊特的家庭和早年生活的信息取自 C. A. Weslager，*A Man and His Ship*：*Peter Minuit and the Kalmar Nyckel*，14 – 20。
26. Van Laer，*Documents Relating*，44.
27. 这些事件的时间顺序很难说清，史学家们也在争论到底是费尔哈斯特还是米努伊特买下了曼哈顿岛。我的叙述是以我自己阅读的所有相关原始资料，以及不同的史学家们提出的论据为依据的。我反对近几十年来否认米努伊特是买下这座岛的人，剥夺他传奇地位的说法，我赞成恢复其地位。原因如下：给费尔哈斯特的"进一步指示"的要点，以及米努伊特前往尼德兰和他返回的日期都说明，董事们已经受够了费尔哈斯特并且已经意识到，幸亏米努伊特带来该省需要一个新的中心基地的情报。一些史学家已经注意到关于 1626 年 5 月之前定居者的证据，但是这并不意味着该公司已经买下了这座岛。更确切地说，通过这些事件的整体影响力，我们可以看出是米努伊特在控制并整顿该省。这是缺乏领导力、地位不稳的费尔哈斯特做不到的事情。
28. Dave Barry，"A Certified Wacko Rewrites History's GreatestHits"，

Milwaukee Journal-Sentinel, 26 December 1999.

29. Bryan Sykes, *The Seven Daughters of Eve*: *The Science That Reveals Our Genetic Ancestry*, 279 – 280.
30. J. C. H. King, *First People*, *First Contacts*: *Native Peoples of North America*, 8.
31. Stuart Banner, "Manhattan for $24: American IndianLand Sales, 1607 – 1763."
32. Docs. Rel., 1: xxv.
33. John Romeyn Brodhead, *An Address Delivered Before the New York Historical Society.*
34. Van Laer, *Documents Relating*, 45 – 59.
35. Ibid., 180.
36. Translation from Van Laer, "Annals of New Netherland," 14.
37. Docs. Rel., 1: 38.
38. Cornelis Melyn, "The Melyn Papers, 1640 – 1699," 124.
39. Charles Gehring, trans. and ed., *Land Papers 1630 – 1664*, 8.
40. A. J. F. van Laer, *New York Historical Manuscripts* 1: 45. Hereafter cited as *NYHM.*
41. Bontemantel Papers 包括从总督到下层人员在内的新尼德兰行政人员的薪酬记录。这些文件显示，一名士兵每月的收入是 8 ~ 9 荷兰盾。
42. Janny Venema, "The Court Case of Brant Aertsz van Slichtenhorst Against Jan van Rensselaer," paper read during the 2000 Rensselaerswijck Seminar in Albany, New York.
43. Van Laer, *Documents Relating*, 176.
44. *NYHM* 4: 8.
45. Ibid., 4.
46. Ibid., 1: 55. 在同一系列的卷 4: 5 中，托马斯·比奇（此处称为 Tomas Bescher）被称为英国人。
47. Van Laer, *Documents Relating*, 188, 198 – 199.
48. G. M. Asher, *Dutch Books and Pamphlets Relating to New-Netherland*, 122 – 123.
49. *Governour Bradford's Letter Book*, 3: 53 – 54, 转载于 Stokes, *Iconography*, 4: 70。
50. Ibid., 3: 54 – 55, reprinted in Stokes, *Iconography*, 4: 71.
51. Jameson, *Narratives*, 122.

第四章

1. 我在刻画我心目中的查理时的主要资料来源为 Charles Carlton, *Charles I*: *The Personal Monarch*; Pauline Gregg, *King Charles I*; Lucy

Aikin, *Memoirs of the Court of King Charles the First*; 以及 J. P. Kenyon, *The Stuarts*: *A Study in English Kingship*。

2. J. P. Hore, *The History of Newmarket and the Annals of the Turf*, 1: 155.
3. Ibid., 2: 18.
4. R. C. Lyle, *Royal Newmarket*, 11.
5. C. V. Wedgwood, *The Political Career of Peter Paul Rubens*, 45.
6. Carlton, *Charles I*, 184.
7. Kenyon, *The Stuarts*, 98 – 99.
8. Docs. Rel., 1: 55.
9. Carlton, *Charles I*, 125, 144 – 145.
10. Docs. Rel., 1: 49.
11. Docs. Rel., 1: 45.
12. East India Company, *A True Relation Of The Uniust, Cruell, And Barbarous Proceedings against the English at Amboyna In the East-Indies ...*, *E3*.
13. East India Company, *A Remonstrance Of The Directors Of The Netherlands East India Company, presented to the Lords States Generall of the united Provinces, in defence of the said Companie, touching the bloudy proceedings against the English Merchants, executed at Amboyna*, *C2*.
14. John Dryden, *Amboyna*: *A Tragedy. As it is Acted By Their Majesties Servants.*
15. Paul Zumthor, *Daily Life in Rembrandt's Holland*, 155 – 157.
16. 我对范・登・博加特的旅行的描述取材自他的日志以及 Harmen Meyndertsz van den Bogaert, trans. and ed. by Charles T. Gehring, William A. Starna, and Gunther Michelson, *A Journey into Mohawk and Oneida Country*, *1634 – 1635* 中发表的相关评论，以及对查尔斯・格林和易洛魁学者巩特尔・米切尔森（Gunther Michelson）的采访。
17. 这是范・登・博加特的说法；米切尔森称这句话的实际含义是“再发射”。
18. Van den Bogaert, *A Journey into Mohawk*, 10.
19. 根据范・登・博加特的记录，这首歌谣的内容是：“*ha assironi atsimachkoo kent oyakaying wee onneyatte onaondage koyockwe hoo senoto wanyagwegannehooschenehalaton kasten kanosoni yndicko.*”“*kaying wee*, *onneyatte*, *onaondage*, *koyockwe*, *hoo senotowany*”这几个词指的分别是莫霍克、奥奈达、奥内达加、卡尤加、赛内卡。在 2002 年 2 月 7 日的访谈中，范・登・博加特的日志 1988 年译本的莫霍克语译者巩特尔・米切尔森给了我这首歌谣的译文。

20. Van den Bogaert, *Journey into Mohawk Country*, 52 – 63.
21. 这一事件取材自 David de Vries 的日志，其发表于 J. F. Jameson, *Narratives of New Netherland, 1609 – 1664*, 186 – 234。
22. Jaap Jacobs, "A Troubled Man: Director Wouter van Twiller and the Affairs of New Netherland in 1635."
23. *NYHM*, 1: 108 – 109.
24. Ibid., 2: 162, 267, 323, 373.
25. Ibid., 4: 89.
26. Charles Gehring, trans, *Council Minutes, 1655 – 1656*, 68 – 69.
27. *NYHM*, 4: 360 – 361.
28. Ibid., 97 – 100.
29. 感谢 Firth Haring Fabend 与我分享她的见解，她认为此案例是"宽大处理"的一种形式。
30. *NYHM*, 4: 269.
31. Ibid., 49.
32. Ibid., 1: 107.
33. 关于雷尼耶和范·萨利的某些细节取材自 Leo Hershkowitz, "The Troublesome Turk"。
34. Mariana G. Van Rensselaer, *History of the City of New York in the Seventeenth Century*, 1: 119.
35. *NYHM*, 4: 46.
36. Ibid., 1: 70.
37. Ibid., 4: 46.
38. Ibid., 1: 11.
39. Ibid., 67.
40. Docs. Rel., 3: 18.
41. A. J. F. van Laer trans., *Van Rensselaer BowierManuscripts*, 307.
42. Ibid., 166, 181.

第五章

1. A. T. van Deursen, *Plain Lives in a Golden Age*, 11.
2. Simon Schama, *Embarrassment of Riches: An Interpretation of Dutch Culture in the Golden Age*, 557.
3. Keith L. Sprunger, *Trumpets from the Tower: English Puritan Printing in the Netherlands, 1600 – 1640*, 29.
4. K. H. D. Haley, *The Dutch in the Seventeenth Century*, 167.
5. Translated from E. H. Kossman and A. F. Mellink, eds., *Texts Concerning the Revolt of the Netherlands*, 165.
6. 关于这场围绕荷兰宽容的辩论，我参考了下述资料：Jonathan Israel,

"The Intellectual Debate About Toleration in the Dutch Republic"; Jonathan Israel, "Toleration in Seventeenth-Century Dutch and English Thought"; and James Homer Williams, " 'Abominable Religion' and Dutch (In) tolerance: The Jews and PeterStuyvesant"。

7. M. E. H. N. Mout, "Limits and Debates: A Comparative View of Dutch Toleration in the Sixteenth and Early Seventeenth Centuries," 41.
8. Ibid., 46.
9. Dava Sobel, *Galileo's Daughter: A Historical Memoir of Science, Faith, and Love*, 302.
10. Haley, *Dutch in the Seventeenth Century*, 118.
11. T. H. Lunsingh Scheurleer and G. H. M. Posthumus Meyjes, *Leiden University in the Seventeenth Century*, 280.
12. Ibid., 283.
13. R. Feenstra and C. J. D. Waal, *Seventeenth-Century Leyden Law Professors and Their Influence on the Development of the Civil Law*, 9 - 11.
14. Edward Dumbauld, *The Life and Legal Writings of Hugo Grotius*, 62.
15. Richard Tuck, *Philosophy and Government, 1572 - 1651*, 166 - 69.
16. Schama, *Embarrassment of Riches*, 195.
17. 这段关于荷兰人家居的话和分析引自 Witold Rybczynski, *Home: A Short History of an Idea*, Chapter 3。
18. 在描述关于笛卡尔在莱顿和周边地区度过的时光，包括他与那里的教授们的联系和论战时，我的资料来源是 Stephen Gaukroger, *Descartes: An Intellectual Biography*, 321 - 386。
19. René Descartes, *Discourse on Method*, 44.
20. A. J. F. van Laer, *Van Rensselaer Bowier Manuscripts*, 520.
21. Janny Venema, "Beverwijck: A Dutch Village on the American Frontier, 1652 - 1664," 366 - 367; Oliver Rink, *Holland on the Hudson*, 152.
22. Van Laer, *Van Rensselaer Bowier Manuscripts*, 524.
23. Adriaen van der Donck, *A Description of the New Netherlands*, trans. Jeremias Johnson, ed. Thomas F. O'Donnell, 7.
24. Oliver Rink, "Unraveling a Secret Colonialism, Part I," 14.
25. Ibid., 15.
26. *NYHM* 3, 81.
27. 在描述新阿姆斯特丹居民"工作的多元化"时，我的资料来源是 Dennis Maika, "Commerce and Community: Manhattan Merchants in the Seventeenth Century," 38 - 59。
28. David M. Riker, "Govert Loockermans: Free Merchant of New

Amsterdam."

29. J. F. Jameson, *Narratives of New Netherland, 1609 - 1664*, 208.
30. 卢克曼斯的家的所在地的相关资料提供者是纽约出土博物馆（New York Unearthed）的考古学家 Diane Dallal。
31. *NYHM* 1, 320 - 322.
32. 五年后到访此地的法国牧师 Isaac Jogues 估计这里的人口有 400 ~ 500；18 种语言这个数字就是根据他的说法得出的。Jameson, *Narratives*, 259.
33. Ibid., 212.
34. I. N. P. Stokes, ed., *Iconography of Manhattan Island, 1498 - 1909*, 4：78, 79.
35. *NYHM* 1, 336 - 337.
36. Ibid., 338 - 339.
37. Ibid., 347 - 349.
38. 评论者提到了这艘于 1641 年 8 月 20 日抵达的船。我认为他们的依据是德·弗里斯的日志，后者在日志中记录了这个日期（Jameson, *Narratives*, 211）。但是，这与事实不符。这艘船的船长当时正在新阿姆斯特丹与一名商人签订合同，安排 1641 年 6 月 30 日的下一次运输。我猜是德·弗里斯弄错了月份，也许这艘船的抵达日期是 6 月 20 日。
39. *NYHM* 1：341 - 342.
40. Van Laer, *Van Rensselaer Bowier Manuscripts*, 204. 该描述涉及之前曾短暂任职的治安官；我假设范·德·邓克会得到同样的办公室徽章。

第六章

1. James Riker, *Revised History of Harlem*, 132.
2. *NYHM* 1：19.
3. Ibid., 93 - 94.
4. Ibid., 55.
5. Ibid., 57 - 58.
6. 威廉·弗里霍夫为我说明了基夫特的家族关系，他在其论文"Neglected Networks：New Netherlanders and Their Old Fatherland—The Kieft Case"对此进行了详细阐述。
7. "Broad Advice," H. C. Murphy, trans., *Vertoogh van Nieu Nederland*, [*by A. van der Donck*] *and*, *Braeden raedt aende Vereenichde Nederlandsche provintien*, [*by I. A. G. W. C., pseud. Of C. Melyn*], *Two rare tracts, printed in 1649 - 50, Relating to the administration of affairs in New Netherland*, 139.

8. 感谢亚普·雅各布斯对此提出的见解，他在其著作 *Een zegenrijk gewest*: *Nieuw-Nederland in de zeventiende eeuw* 中拓展了相关内容。
9. Ernst van den Boogaart, "The Servant Migration to New Netherland, 1624 – 1664", 55.
10. Docs. Rel., 12: 19.
11. 关于米努伊特希望能建立一个新社会的观点来自 Weslager, *A Man and His Ship*, 第 4 ~ 6 章。
12. *NYHM* 4: 107.
13. Ibid., 60.
14. Adriaen van der Donck, *A Description of New Netherland*, Goedhuys, trans, 92.
15. J. F. Jameson, *Narratives of New Netherland, 1609 – 1664*, 213.
16. *NYHM* 4: 115 – 116.
17. Jameson, *Narratives*, 211.
18. *NYHM* 4: 124.
19. Jameson, *Narratives*, 214.
20. *NYHM* 4: 125.
21. Ibid., 126.
22. Docs. Rel., 1: 202 – 203.
23. Ibid., 203.
24. Jameson, *Narratives*, 226 – 229.
25. Ibid., 228; "Broad Advice," Murphy, trans., *Vertoogh van Nieu Nederland*, 149.
26. 关于荷兰人性格中的宽容的发展轨迹，具体细节源自 Jaap Jacobs, "Between Repression and Approval"。
27. 关于这个观点，我借鉴了 Willem Frijhoff, "New Views on the Dutch Period of New York"。
28. 这一段中的事件源自 *NYHM* 2: 32, 33, 34 – 35, 39 – 40, 70, 87, 88, 96; 4: 119, 197。

第七章

1. Adriaen van der Donck, *A Description of New Netherland*, Hanny Veenendaal and the author, 15.
2. Ibid., 48.
3. Van der Donck, *Description*, Johnson, trans., 63 – 64.
4. Van der Donck, *Description*, Goedhuys, trans., 59.
5. Van der Donck, *Description*, Johnson, trans., 49.
6. Ibid., 51.
7. Ibid., 58.

8. Ibid. , 23.
9. Van der Donck, *Description*, Goedhuys, trans. , 37 – 38.
10. Van der Donck, *Description*, Johnson, trans. , 28.
11. Ibid. , 5.
12. A. J. F. van Laer, *Van Rensselaer Bowier Manuscripts*, 573 – 574.
13. *NYHM* 4：173.
14. Van Laer, *Van Rensselaer Bowier Manuscripts*, 636.
15. Ibid. , 631.
16. Ibid. , 636.
17. Ibid. , 640.
18. E. B. O' Callaghan, *The History of New Netherland*, 1：460.
19. A. J. F. van Laer, trans. and ed. , *Minutes of the Court of Rensselaerswyck*, 1：61, 67 – 68, 79.
20. Van Laer, *Van Rensselaer Bowier Manuscripts*, 616, 649, 650, 666.
21. Ibid. , 631.
22. O'Callaghan, *History of New Netherland*, 1：462.
23. The Dutch Imagination and the Representation of the New World, c. 1570 – 1670," 18.
24. Van der Donck, *Description*, Goedhuys, trans. , 90.
25. Ibid. , 101.
26. Ibid. , 115.
27. Ibid. , 119.
28. Van der Donck, *Description*, Johnson, trans, 95.
29. Van der Donck, *Description*, Goedhuys, trans, 133.
30. Thomas O'Donnell, Introduction, Van der Donck, *Description*, Johnson, trans, x.
31. Ada Van Gastel, "Van der Donck's Description of the Indians: Additions and Corrections," *William and Mary Quarterly*, July 1990.
32. Van der Donck, *Description*, Goedhuys, trans, 127.
33. Ibid. , 129.
34. Ibid. , 130.
35. O'Callaghan, *History of New Netherland*, 1：338 – 339.
36. Shirley Dunn, "Enlarging Rensselaerswijck." Dunn 称在最兴盛时期，伦斯勒斯维克绵延"70 多万英亩"。我把范·伦斯勒的那一大片被称为克拉弗拉克（Claverack）的土地也算了进去。
37. Docs. Rel. , 1：212 – 214.
38. 1644 年新尼德兰地方议会会议纪要（*NYHM* 4：190）显示 6 月 6 日范·德·邓克在阿姆斯特丹堡的法庭上。
39. Docs. Rel. , 1：190 – 191. 感谢阿姆斯特丹自由大学（Vrije

Universiteit Amsterdam）的威廉·弗里霍夫博士为我详细说明了他的观点，他认为那些殖民者的函件大部分是范·德·邓克所书，而博加德斯很有可能是 1643 年和 1644 年写的函件的作者。我就是在他的理论基础上进行推测的，他在以下著作中阐明了自己的观点：*Wegen van Evert Willemsz.*：*Een Hollands weeskind op zoek naar zichzelf*, *1607 – 1647*, 735 – 738。

40. A. F. A. van Laer, *Minutes of the Court of Rensselaerswyck*, *1648 – 1652*, *1*: *10*; Docs. Rel. 1: 431, 532 – 533.
41. Docs. Rel., 1: 211. 原件错将日期标注为 1642 年。

第八章

1. 关于对圣马丁岛的进攻细节请见 Charles T. Gehring and J. A. Schiltkamp, trans. and ed., *Curaçao Papers*, *1640 – 1665*, *32 – 35*, 以及册子 "Broad Advice"。
2. Peter Lowe, *Discourse on the Whole Art of Chyrurgerie*（1596）, as quoted in Richard A. Leonardo, *History of Surgery*, 153.
3. John Woodall, *The Surgeon's Mate*（1617）, as quoted in Henry H. Kessler and Eugene Rachlis, *Peter Stuyvesant and His New York*, 48.
4. Martha Eerdmans, *Pieter Stuyvesant*: *An Historical Documentation*, 52 – 55.
5. Gehring and Schiltkamp, *Curaçao Papers*, 37 – 48.
6. "Broad Advice", H. C. Murphy trans., 160 称施托伊弗桑特"先前拐走了他在弗拉讷克（Franiker）的房东的女儿，而且被抓个正着，因为他父亲的缘故，他被释放了，否则他本来是要颜面扫地的"。
7. Charles T. Gehring, *Council Minutes*, 1652 – 1654, 223.
8. 传记信息源自 J. D. Uhlenbeck, "Genaelogie van het geslacht Farret"。在大部分的资料中他都被称为 Johan，但是家谱显示他出生时名叫 John。
9. 法雷和施托伊弗桑特之间的书信往来保存于阿姆斯特丹的荷兰海事博物馆（Nederlands Scheepvaart Museum）。我是以由该博物馆的图书管理员 J. P. Puype 誊写，查尔斯·格林的"新尼德兰计划"收藏的抄本为基础进行创作的。尼德兰中心（Netherlands Center）的 Hanny Veenendaal 为我提供了通俗译文。
10. I. N. P. Stokes, ed., *Iconography of Manhattan Island*, *1498 – 1909*, 4: Supplementary Addenda for 1645.
11. Gehring and Schiltkamp, *Curaçao Papers*, 36 – 39.
12. 感谢查尔斯·格林建议我跟随这 450 名随着施托伊弗桑特走街串巷的士兵的脚步。
13. Joao Capistrano de Abreu, *Chapters of Brazil's Colonial History*, *1500 –*

1800, 83.

14. 关于在巴西的医疗和战斗情况，请参考 F. Guerra, “Medicine in Dutch Brazil”。
15. Duarte de Albuquerque Coelho, *Memorias diarias de la guerra del Brasil*, quoted in Abreu, *Chapters of Brazil's Colonial History*, 82.
16. 感谢 Elisabeth Paling Funk 为我翻译这首诗。
17. 关于施托伊弗桑特返回尼德兰的旅程的一些信息，我参考了 Alma R. VanHoevenberg, “he Stuyvesants in the Netherlands and New Netherland”。
18 . Docs. Rel. , 1: 213.
19. 许多著作描写过这一幕。我参考的是 J. Cameron Lees, *St. Giles', Edinburgh: Church, College, and Cathedral, From the Earliest Times to the Present Day* 第 21 章中对那些最早描述的综述。
20 . Charles Carlton, *Charles I: The Personal Monarch*, 166.
21 . Docs. Rel. , 1: 127.
22. Docs. Rel. , 1: 127, 133, 134.
23. Exodus 22: 18, King James Version.
24. 我参考了 Barbara Mowat 的 “Prospero's Book” 中对于 16 ~ 17 世纪的英格兰神学与巫术鱼龙混杂的情况的阐释。
25. Docs. Rel. , 1: 305.
26. John Winthrop, *Journal of John Winthrop*, Richard Dunn, James Savage, and Laetitia Yaendle, ed. , 462 – 463.
27. 关于哈钦森的事迹，我参考了 Ibid. , 473 – 446, and Selma R. Williams, *Divine Rebel: The Life of Anne Marbury Hutchinson*, chapters 1, 9, and 14。
28. E. B. O'Callaghan, *The History of New Netherland*, 1: 257.
29. 关于道蒂和基夫特的冲突的信息来自 Adriaen van der Donck *Remonstrance of New Netherland*, Docs. Rel. , 1: 305 以及宣传册 “Broad Advice”, 159。
30. 道蒂和范・德・邓克都在新阿姆斯特丹法庭上的日期详见 *NYHM* 4, 266 – 274。可能只有范・德・邓克的对手西蒙・波斯（Simon Pos）本人在这些记录中提及的日期到场，范・德・邓克和玛丽・道蒂后来应该是在 7 月见面，范・德・邓克当时从北方回来了。
31. Docs. Rel. , 1: 157.
32. 阿格洛恩斯、范・德・邓克和基夫特的这一幕取自 Adriaen van der Donck, *A Description of New Netherland*, Diederik Willem Goedhuys, trans. , 48 – 49。
33. Ibid. , 129.
34. Van der Donck, *Description*, trans. , Jeremias Johnson, ed. Thomas

F. O'Donnell, xxvii.

35. 关于《阿姆斯特丹堡和约》的详情来自 *NYHM* 4, 232 – 234。
36. 在对纳斯比战役（Battle of Naseby）进行简略描述的时候，我参考了 Joshua Sprigge, *Anglia rediviva*; Mark Kishlansky, *A Monarchy Transformed*, 165 – 166; *After the Battle of Naseby*（画的作者为 Sir John Gilbert）；以及询问了 Naseby Website 上的村民（www. hillyer. demon. co. uk）。
37. 关于施托伊弗桑特抵达的情况取自 "Broad Advice", 162 – 164, 以及 Van der Donck, *Remonstrance*, Docs. Rel. , 1: 309 – 310。

第九章

1. Docs. Rel. , 1: 310.
2. Docs. Rel. , 1: 446.
3. *NYHM* 4, 365 – 67.
4. Ibid. , 369.
5. 这些在当时的荷兰共和国是平常之物的玻璃残片是从这一时期的新阿姆斯特丹的城镇发掘出来的。被挖掘出来的还有西洋双陆棋和克里比奇纸牌。资料来源：Joyce Goodfriend, "The Sabbath Keeper"; Anne-Marie Cantwell and Diana di Zerega Wall, *Unearthing Gotham: The Archaeology of New York City*, Introduction; Nan Rothschild et al. , "The Archaeological Investigation of the Stadt Huys Block"。
6. Docs. Rel. , 1: 195 – 196.
7. Docs. Rel. , 1: 198 – 199.
8. *NYHM* 4, 370 – 371.
9. Docs. Rel. , 1: 203 – 204.
10. *NYHM* 2, 407. 这份合同的价值是 450 *schepels*；*1 schepel* 等于 0. 764 蒲式耳。
11. 关于将范·德·邓克视为政坛新秀的政客的看法，我借鉴了 Ada Louise Van Gastel 博士的观点，他在博士论文的第四章 "Adriaen van der Donck, New Netherland, and America" 中刻画过这个形象。
12. 这封信是在 Docs. Rel. , 1: 205 – 209 中。感谢威廉·弗里霍夫博士与我分享他关于范·德·邓克是此信作者的观点。
13. *NYHM* 4, 406 – 407.
14. "Remonstrance," Docs. Rel. , 1: 310.
15. *NYHM* 4, 417 – 422.
16. 关于"艾美莉亚公主号"的货物详情出自 Charles Gehring, "Wringing Information from a Drowned Princess," and Simon Groenveld, "New Light on a Drowned Princess—Information from London"。

17. Edmund S. Morgan, *The Puritan Dilemma*, 59 - 61, 103 - 104.
18. Charles Gehring, trans. and ed., *Correspondence, 1647 - 1653*, 6 - 7; Baxter: Ibid, 8.
19. Ibid., 8.
20. Ibid., 9.
21. Charles Gehring, trans. and ed., *Delaware Papers: Dutch Period*, 1648 - 1664, 1 - 12, and endnote 1.
22. Ibid., 18.
23. Ibid., 12.
24. Ibid., 22.
25. *NYHM* 4, 338 - 341.
26. 福里斯特事件详情出自 Ibid, 442 - 445。
27. 普洛登事件记载在 Van der Donck's "Remonstrance," Docs. Rel. 1: 289 中，更完整的情况记述于 Murphy, "Representation of New Netherland," in Coll. New-York Historical Society, 2nd series, vol. 11, 1849, 322 - 326。普洛登在 1632 年致国王查理的请愿书原件——称他和他的同胞们"愿意自行出资""在一个被称为马纳蒂（Manati）或长岛的偏远之地"建立一个殖民地——载于 Public Records Office, Calendar of State Papers, Colonial Series, 1574 - 1660, 6: 154。此处我还参考了 John Pennington, "An Examination of Beauchamp Plantagenet's Description of the Province of New Albion"。
28. 范·登·博加特的结局载于 *NYHM* 4, 480 - 481, and A. F. A. van Laer, *Minutes of the Court of Rensselaerswyck, 1648 - 1652*, 105。我还参考了 Charles Gehring et al., trans. and eds., of Harmen Meyndertz van den Bogaert's *A Journey into Mohawk Country and Oneida Country, 1634 - 1635*, xxi。
29. *NYHM* 4, 255 and Van Laer, *Minutes of the Court*, 11.
30. Charles Gehring, "Totidem Verbis," *De Nieu Nederlanse Marcurius*, 4, 1988.
31. E. B. O'Callaghan, *The History of New Netherland*, 2: 71 - 78.
32. Van Laer, *Minutes of the Court*（July 23, 1648 entry）.

第十章

1. "艾美莉亚公主号"残骸的相关信息以及梅林与奎伊特的生还事迹载于 Charles Gehring, "Wringing Information from a Drowned Princess"。Simon Groenveld, "New Light on a Drowned Princess——Information from London"; 以及同时期的宣传册"Broad Advice"。
2. 这封请愿书现已不存于世，但施托伊弗桑特在 *NYHM* 4: 580 中引用了其内容。

3. Ibid. , 489.
4. Adriaen van der Donck, *A Description of New Netherland*, trans. Diederik Willem Goedhuys, 142.
5. Ibid. , 141.
6. Ibid. , 140.
7. Jan Kupp, " Dutch Notarial Acts Relating to the Tobacco Trade of Virginia, 1608 - 1653" .
8. Simon Schama, *The Embarrassment of Riches: An Interpretation of Dutch Culture in the Golden Age*, 196 - 197.
9. Maika, " Commerce and Community: Manhattan Merchants in the Seventeenth Century," 31 - 36; Kupp, "Dutch Notarial Acts" .
10. Oliver Rink 的 *Holland on the Hudson* 在 1986 年首次提出这一观点，自那以后，历史学家就开始对以英国人的视角出发将曼哈顿视为一片混乱的看法进行了修正。例如，Wayne Bodle， "Themes and Directions in Middle Colonies Historiography, 1980 - 1994" (1994 年 7 月）中提到了这个新观点，作者认为这个荷兰殖民地"并未在 1664 年前的十年中凋敝，而是与许多同时代的英国殖民地一样有着长期发展轨迹"且其"以自由企业制度为特征"。
11. 关于范·德·邓克居所的考古证据载于 Nan A. Rothschild and Christopher N. Matthews, "Phase 1A - 1B Archaeological Investigation of the Proposed Area for the Construction of Six Tennis Courts on the Parade Grounds of Van Cortlandt Park", 13 - 14; William Tieck, *Riverdale, Kingsbridge, Spuyten Duyvil: New York City; a Historical Epitome of the Northwest Bronx*, 4, 9; Christopher Ricciardi, "From Private to Public: The Changing Landscape of Van Cortlandt Park; Bronx, New York, in the Nineteenth Century", 16; and Anne-Marie Cantwell and Diana diZerega Wall, *Unearthing Gotham*, 264。
12. Docs. Rel. , 1: 250 - 252.
13. Ibid. , 351 - 352.
14. "Remonstrance", J. F. Jameson, *Narratives of New Netherland, 1609 - 1664*, 349 - 351.
15. Ibid. , 350.
16. Ibid.
17. 逮捕范·德·邓克和之后的议会会议详情出处同上，Van der Donck, "Remonstrance", 350 - 352, and Van Laer, *NYHM* 4: 580 - 584。
18. Docs. Rel. , 1: 321 - 322, 352 - 353.
19. Ibid. , 4: 584.
20. Docs. Rel. , *NYHM* 1: 322.
21. Ibid. , 3: 85 - 86; Docs. Rel. , 1: 321 - 322.

22. “Remonstrance” in Jameson, Narratives; Docs. Rel., 1: 311; *NYHM* 4: 595 – 597.
23. *NYHM* 4: 587.
24. Docs. Rel., 1: 355 – 358.
25. *NYHM* 4: 600 – 601.
26. Docs. Rel., 1: 275.
27. *NYHM* 4: 607 – 609.
28. Charles Gehring, *Correspondence, 1647 – 1653*, 44 – 53.
29. Ibid., 601.
30. Ibid., 219, 603, 605; ibid., 3: 114, 121, 151.
31. Docs. Rel., 1: 354 – 355.

第十一章

1. 我对阿德里安·保乌乘马车到明斯特的旅途的描写是以格拉尔德·特鲍赫（Gerard ter Borch）的画作 *Entry of Adriaen Pauw and Anna van Ruyten-burgh into Münster*、艾莉森·麦克尼尔·凯特林（Alison McNeil Kettering）在 *Gerard ter Borch and the Treaty of Münster* 中对此画作的分析，以及 Jonathan Israel，“Art and Diplomacy: Gerard Ter Borch and the Münster Peace Negotiations, 1646 – 1648”为基础的。保乌于 1 月抵达，但是这幅画将他正式抵达的时间描绘为绿草如茵的春天，据凯特林称这是特鲍赫自作主张之举，因为这能让画面更好看。
2. 我在描写《威斯特伐利亚和约》及其重要性时参考了 Heinz Schilling, “War and Peace at the Emergence of Modernity”; John Elliott, “War and Peace in Europe: 1618 – 1648”; Anja Stiglic, “Ceremonial and Status Hierarchy on the European Diplomatic Stage: The Diplomats' Solemn Entries into the Congressional City of Münster”; and Volker Gerhardt, “On the Historical Significance of the Peace of Westphalia: Twelve Theses” ——all in Klaus Bussman and Heinz Schilling, *1648: War and Peace in Europe*。
3. Volker Gerhardt, “On the Historical Significance of the Peace of Westphalia: Twelve Theses,” footnote 6.
4. Israel, “Art and Diplomacy,” 94.
5. J. G. N. Renaud, *Het Huis en de Heren van Heemstede Tijdens de Middeleeuwen*; tulips: Simon Schama, *Embarrassment of Riches: An Interpretation of Dutch Culture in the Golden Age*, 354.
6. 这句话出自法国诗人弗朗索瓦·芬乃伦，引自 François Fénelon, in Christopher White, *Rembrandt*, 27。
7. Stephen Gaukroger, *Descartes: An Intellectual Biography*, 188.
8. Ibid., 412 – 413.

9. Peter van der Coelen, *Everyday Life in Holland's Golden Age: The Complete Etchings of Adriaen van Ostade*, 130.
10. Schama, *Embarrassment of Riches*, 472 –478.
11. K. H. D. Haley, *The Dutch in the Seventeenth Century*, 64.
12. Docs. Rel. , 1: 259.
13. Ibid. , 1: 258.
14. Ibid. , 319.
15. Ibid. , 265.
16. Ibid. , 260 –261.
17. Ibid. , 264.
18. Ibid. , 262.
19. Ibid. , 346: "……以及那里出产的水果和毛皮的一些样品……"
20. Adriaen van der Donck, *Description of New Netherland*, *trans. Jeremias Johnson*, ed. Thomas F. O'Donnell, 31 –32.
21. Docs. Rel. , 1: 346: "… a perfect map of the country …"
22. Joep de Koning, "From Van der Donck to Visscher"; Robert R. Macdonald, "The City of New Amsterdam Located on the Island of Manhattan in New Netherland."
23. Docs. Rel. , 1: 261.
24. Ibid. , 317.
25. 这些探讨君主政体的宣传册藏于海牙的洪塞拉尔图书馆（Knuttel 目录编号 6377 –6383），关于它们的重要性的资料出处为 Pieter Geyl, *Orange and Stuart*, 47 –48。
26. Jonathan Israel, *Radical Enlightenment: Philosophy and the Making of Modernity, 1650 – 1750*, 168 – 80; Plockhoy and Van den Enden: ibid. , 176 –179; Wim Klever, "Conflicting 'Considerations of State'. Van den Enden's Opposition Against de la Court's Aristocratic Republicanism and Its Follow-Up in Spinoza's Work"; Plockhoy: Bart Plantenga, "The Mystery of the Plockhoy Settlement in the Valley of Swans."
27. 许多史学家帮助我理解这一影响历史的改变。我要感谢与我就此话题进行对话的丹佛大学的 Joyce Goodfriend 和新罕布什尔大学的 Cynthia van Zandt；我还要感谢纽约大学的 Karen Ordahl Kupperman 和中田纳西州大学的 James Homer Williams，感谢他们在纽约哥谭中心（Gotham Center）的 2001 年哥谭历史盛会（2001 Gotham History Festival）上就此话题发表的讲话。
28. Docs. Rel. , 1: 319 –320.
29. Herbert H. Rowen, *Princes of Orange: The Stadtholders in the Dutch Republic*, 82.

30. E. F. Kossmann, *De boekhandel te's-Gravenhage tot het eind van de 18de eeuw*, 365 – 66; Marika Keblusek, *Boeken in de hofstad: Haagse boekcultuur in de Gouden Eeuw*; Craig E. Harline, *Pamphlets, Printing, and Political Culture in the Early Dutch Republic*, 126.
31. Craig E. Harline, *Pamphlets, Printing, and Political Culture in the Early Dutch Republic*, 73.
32. Kossmann, *De boekhandel te's-Gravenhage*; online catalogue of the Koninklijke Bibliotheek, The Hague.
33. Jonathan Israel, *Dutch Primacy in World Trade 1585 – 1740*, 163.
34. Joan Vinckeboons, Gunter Schilder, and Jan van Bracht, *The Origins of New York*, 18.
35. Benjamin Schmidt, "Mapping an Empire: Cartographic and Colonial Rivalry in Seventeenth-Century Dutch and English North America"; Joep de Koning, "From Van der Donck to Visscher"; Vinkeboons, Schilder and Van Bracht, *Origins of New York.*
36. Robert T. Augustyn and Paul E. Cohen. *Manhattan in Maps*, 32 – 33.
37. William Hoffman, "Van der Donck-Van Bergen"; Ada Van Gastel, "Adriaen van der Donck als woordvoerder van de Nieuw-Nederlandse bevolking."
38. Docs. Rel., 1: 369.
39. Charles Gehring, *Correspondence, 1647 – 1653*, 83 – 84. Vinckeboons, et al., *The Origins of New York*, 17 – 18 虽然承认这块殖民地在 1650 年 2 月和 3 月兴起的热潮表明陈情书是在当时发表的，但其最终的结论还是此抗议书应该是在这一年的晚些时候发表的，因为斯特尔在扉页上写的地址是"on the Buitenhof"，但是他是直到 3 月 10 日才搬到那里的。然而殖民地民众中的热潮为何会兴起？唯一的解释就是陈情书发表了。对于扉页上的信息有几种解释。一方面，我们知道斯特尔后来会搬到 Buitenhof 的另一个地方，所以，他可能为了对此社区表示支持，将他更早的地址也写成那里。另外一种可能性是斯特尔知道他将搬到一个有名的地点，考虑到他大概是在此抗议书发表的时间前后就搬去了那里，所以他在实际在那里生活之前就印上了那里的地址。斯特尔也没有理由将发表时间推延数月。西印度公司给施托伊弗桑特的信中称"如今全天下"都对这个殖民地感兴趣，此信的日期是 2 月 16 日。Craig E. Harline, *Pamphlets, Printing, and Political Culture in the Early Dutch Republic, 92* 称制作出版宣传册通常需要一个月的时间，因此与 2 月的日期吻合，并且提出陈情书是在 1650 年初面世的。
40. Jaap Jacobs, "A Hitherto Unknown Letter of Adriaen van der Donck", 4 – 5.

41. Docs. Rel. , 1：376 – 377.
42. Docs. Rel. , 1：377 – 381.
43. Ibid. , 387 – 391. 我从这段似乎是向当时房间里的人们传达的话中推断出这道命令是被念出来，这段话的开头是这样的："因此，我们认为阁下会按照西印度公司各分部召集的董事提出的建议和沟通信息行事，他们中的主要人物均有出席……"
44. Ibid. , 395.
45. Jacobs, "A Hitherto Unknown Letter". 感谢雅各布斯博士与我探讨了这封信及其重要性，并允许我转载其译文。
46. Docs. Rel. , 1：347.

第十二章

1. I. N. P. Stokes, ed. , *Iconography of Manhattan Island, 1498 – 1909*, 6：142.
2. Charles Gehring, *Correspondence, 1647 – 1653*, 82.
3. Ibid. , 88.
4. Docs. Rel. , 1：452.
5. Ibid. , 453.
6. Gehring, *Correspondence, 1647 – 1653*, 90, 92.
7. Ibid. , 13 – 14.
8. Ibid. , 18 – 19.
9. 详见伊顿与旋托伊弗桑特之间的通信，ibid, 21。
10. Ibid. , 49 – 50.
11. Ronald Cohen, "The Hartford Treaty of 1650," 328.
12. 关于《哈特福德条约》，我参考了 Jaap Jacobs, "The Hartford Treaty"; Ronald Cohen, "The Hartford Treaty of 1650：Anglo-Dutch Cooperation in the Seventeenth Century"; and Charles Gehring, *Correspondence*, 1647 – 1653。
13. Herbert H. Rowen, *John de Witt, Grand Pensionary of Holland*, 28 – 29.
14. E. F. Kossmann, *De boekhandel te's-Gravenhage tot het eind van de 18de eeuw*, 366.
15. Rowen, *John de Witt, Grand Pensionary*, 36.
16. 范·廷霍芬的性丑闻载于 Docs. Rel. , 1：514 – 517。
17. Rowen, *John de Witt, Grand Pensionary*, 57 – 60.
18. 范·德·邓克致总议会的请愿书和证明文件载于 Docs. Rel. , 1：438 – 457。
19. Ibid. , 453.
20. Ibid. , 446.
21. Ibid. , 444.

22. Ibid. , 458.
23. Ibid. , 464 – 465.
24. Gehring, *Correspondence, 1647 – 1653*, 149.
25. Docs. Rel. , 1：472.
26. Adriaen van der Donck, *Description of New Netherland*, *trans.* Diederik Willem Goedhuys, 108.
27. Docs. Rel. , 1：470.
28. M. E. H. N. Mout, "Limits and Debates：A Comparative View of Dutch Toleration in the Sixteenth and Early Seventeenth Centuries," 40 – 41.
29. Stephen E. Lucas, "The *Plakkaat van Verlatinge*：A Neglected Model for the American Declaration of Independence," 192.
30. Rockefeller Archives, Amsterdam Notarial Records Related to New Netherland, No. 2279 V, page 24. Notary Jacob de Winter. 1652 May 15.
31. Docs. Rel. , 1：473.
32. 我关于克伦威尔的主要资料来源是：Christopher Hill, *God's Englishman*; Maurice Ashley, *The Greatness of Oliver Cromwell*; and Antonia Fraser, *Cromwell, the Lord Protector*。
33. Fraser, *Cromwell, the Lord Protector*, 38.
34. Christopher Hill, *God's Englishman：Oliver Cromwell and the English Revolution*, 39.
35. Anders Stephanson, *Manifest Destiny：American Expansion and the Empire of Right*, Chapter 1.
36. 我对多佛岸边的情节描写是以下列宣传册为依据的："A Declaration of the Parliament of the Commonwealth of England, Relating to the Affairs and Proceedings …" and "Nootwendige Observatien op het Antwoort van H. Staten Generael… ," 41 – 43; Roger Hainsworth and Christine Churches, *The Anglo-Dutch Naval Wars*, chapter 1; and David Howarth, *The Men-of-War*, 48 – 67。
37. Rowen, *John de Witt, Grand Pensionary*, 65，以及宣传册"De Rechte Beschryvingh van alle het gene den Heer Adriaen Paau Ambassadeur Extraordinary"。保乌的思想状态在 1652 年 6 月 11 日面对议会的讲话中已经显露无遗，该宣传册与"A Declaration of the Parliament of the Commonwealth of England ..."合订在一起。
38. Leo Miller, *John Milton's Writings in the Anglo-Dutch Negotiations, 1651 – 1654*, 3 – 13.
39. Hainsworth and Churches, *Anglo-Dutch Naval Wars*, 17.
40. Howarth, *The Men-of-War*, 60.
41. Docs. Rel. , 1：476.

42. Ibid. , 477.
43. Van der Donck, Description, trans. Goedhuys, 156 – 162.
44. Gehring, *Correspondence, 1647 – 1653*, 203.
45. Rockefeller Archives, Amsterdam Notarial Records Related to New Netherland, No. 2280, pages 18 – 65. Notary Jacob de Winter.

第十三章

1. Berthold Fernow, trans. and ed. , *The Records of New Amsterdam 1653 – 1674*. Hereafter cited as RNA.
2. Ibid. , 49.
3. J. W. Wessels, *History of the Roman-Dutch Law*, 22 – 25, 124 – 129.
4. Jerrold Seymann, *Colonial Charters, Patents and Grants to the Communities Comprising the City of New York*, 14 – 19.
5. *RNA*, 1: 51, 53, 58, 59 – 61.
6. Charles Gehring, *Correspondence, 1647 – 1653*, 232.
7. Ibid. , 226.
8. Docs. Rel. , 1: 484.
9. Ibid. , 487.
10. *RNA*, 1: 65 – 67, 69, 72 – 74, 90.
11. Simon Schama, *The Embarrassment of Riches: An Interpretation of Dutch Culture in the Golden Age*, 348.
12. “安波那岛惨案第二部，或真实关系……”
13. Antonia Fraser, *Cromwell: The Lord Protector*, 450 – 458.
14. John Thurloe, *A Collection of the State Papers…*, 1: 721 – 722.
15. Gehring, *Correspondence, 1647 – 1653*, 220 – 221.
16. William Hoffman, “Van der Donck-Van Bergen,” 233.
17. *RNA*, 1: 51, 61, 65.
18. Charles Gehring, *Council Minutes, 1652 – 1654*, 91 – 93.
19. 这是对这个荷兰殖民地典型的鄙视。著名史学家 Dixon Ryan Fox 在 1940 年写道，他重申了人们普遍接受的看法，即“在新尼德兰，我们不认为荷兰人群体会和在新英格兰的人一样坚决要求公共特权……”而且“……新尼德兰当地的自治政府体制是由于新英格兰清教徒入侵而建立并发展起来的”。荷兰殖民地居民长久以来的请愿行动在范·德·邓克精心策划、慷慨激昂地代表自治政府前往海牙请愿时达到了高潮，然而史学家对此都略过不提，这种视而不见的做法的唯一解释就是英格兰中心主义。（Dixon Ryan Fox, *Yankees and Yorkers*, 71 – 75.）
20. John Romeyn Brodhead, *The History of the State of New York, 1609 – 1691*, 2: 571.

21. Mariana van Rensselaer, *History of the City of New York in the Seventeenth Century*, 1：349.
22. 感谢威廉·弗里霍夫博士，他的帮助使我得以系统地阐述出自己的观点，即范·德·邓克在 1653 年 12 月的抗议书中发挥了作用。
23. Brodhead, *History of the State of New York*, 1：411, 555, 615.
24. Gehring, *Correspondence, 1654 - 1658*, 11.
25. Ibid., 92.
26. 这个新阿姆斯特丹治安官的请愿书的配套文件是这样表述的："……因为自然法则赋予所有人为福利以及保障自由和财产而集合的权力……"（Ibid., 100）；施托伊弗桑特在他的回复中反驳道："自然法则并没有赋予所有人这样的权利。"（Ibid., 102.）
27. Thurloe, *State Papers*, 2：418 - 419.
28. 我要特别感谢 Dennis Maika，其于 1995 年发表的博士论文"Commerce and Community：Manhattan Merchants in the Seventeenth Century"改变了史学家们对荷兰统治时期的曼哈顿的看法。通过将焦点从西印度公司转向曼哈顿出现的新型商人 - 企业家，Maika 说明了该殖民地崛起的关键时间并非 1664 年，即接管该地区的时间，而是 1653 年城市宪章签署的年份。
29. 关于这个见解，我参考并概述了东安格利亚大学的 Simon Middleton 于纽约市 2001 年"伦斯勒斯维克研讨会"上发表的讲话"Artisans and Trade Privileges in New Amsterdam"。
30. Van Rensselaer, *History of the City of New York*, 2：138；I. N. P. Stokes, ed., Iconography of Manhattan Island, 1498 - 1909, 4：129.
31. Gehring, *Council Minutes, 1655 - 1656*, 186.
32. Stokes, *Iconography*, 4：129，引用范·伦斯勒的原话。
33. Janny Venema, "Beverwijck：A Dutch Village on the American Frontier, 1652 - 1664," 75 - 81.
34. Martha Shattuck, "A Civil Society：Court and Community in Beverwijck, New Netherland, 1652 - 1664," 9 - 11.
35. Charles Gehring, ed. and trans., *Fort Orange Court Minutes, 1652 - 1660*, 354.
36. Ibid., 355.
37. Ibid., 463 - 464.
38. Schama, *The Embarrassment of Riches*, 313, 320 - 321.
39. Maika, "Commerce and Community," 128 - 129；Gehring, *Council Minutes, 1652 - 1654*, 162.
40. *RNA*, 7：150.
41. Ibid., 150 - 153.
42. Ibid., 149 - 154. 我对新阿姆斯特丹的"公民权利"（burgherright）

体系的概述参考了 Maika，“Commerce and Community”，特别是第三章。

43. Venema，“Beverwijck，” 304.
44. *RNA*，3：391.
45. Peter Rose，*The Sensible Cook：Dutch Foodways in the Old and New World*，34 – 35.
46. Ibid.，Pehr Kalm，*The America of 1750：Peter Kalm's Travels in North America；the English Version of 1770*，28. 新阿姆斯特丹菜式样例（梭子鱼、肉丸）来自 *The Sensible Cook*。
47. Paul Zumthor，*Daily Life in Rembrandt's Holland*，185.
48. Personal interview，Albany，New York，June 18，2002.
49. *RNA*，7：200；Maika，“Commerce and Community，” 224.
50. James Riker，*Revised History of Harlem：Its Origin and Early Annals*，183.
51. Joyce Goodfriend，*Before the Melting Pot：Society and Culture in Colonial New York City*，1664 – 1730，17.
52. Samuel Purple，ed.，*Collections of the New-York Genealogical and Biographical Society*，vol. 1，*Marriages from 1639 – 1801 in the Reformed Dutch Church*，*New York.*
53. Stokes，*Iconography*，4：74.
54. Gehring，*Council Minutes*，1655 – 1656，267 – 268.
55. Peter Christoph，“The Freedmen of New Amsterdam，” *de Halve Maen*，161.
56. Charles Gehring，unpublished translation of New Netherland document no. 10（3）. 332.
57. Robert Swan，“The Black Presence in Seventeenth-Century Brooklyn，” *de Halve Maen*，1. 某些史学家称施托伊弗桑特本人拥有 40 名奴隶，但是我认为这一数字过高。这是根据 1660 年一位牧师的报告得出的数字，该牧师称在“该种植园”有“40 个黑人”，但是当时“该种植园”已经变成了一个村庄，而且我们知道有几个获得自由的黑人家庭也在那里，就在如今第四大道的附近置下了房产。所以这“40 个黑人”的数字肯定是既包括奴隶也包括黑人自由民。
58. Goodfriend，*Before the Melting Pot*，13.
59. Charles Gehring and J. A. Schiltkamp，eds.，*Curaçao Papers*，*1640 – 1665*，175.
60. 关于 1651 年发生的事件，我参考了 Jonathan Israel，“The Intellectual Debate”；Jonathan Israel，The Dutch Republic，706 – 709；and James Williams，“‘Abominable Religion’ and Dutch（In）tolerance：The Jews and Petrus Stuyvesant”。

61. Stokes, *Iconography*, 142.
62. Leo Hershkowitz, "New Amsterdam's Twenty-Three Jews—Myth or Reality?"
63. Gehring, *Council Minutes, 1655 - 1656*, 166.
64. Ibid., 81.
65. Ibid., 128.
66. Ibid., 261 - 262; Gehring, *Correspondence*, 1654 - 1658, 83.
67. Docs. Rel., 14: 402 - 403.
68. 关于《法拉盛宗教自由陈情书》的历史重要性，我参考了 Haynes Trebor, "The Flushing Remonstrance"; and David Voorhees, "The 1657 Flushing Remonstrance…"。
69. Docs. Rel., 3: 415.
70. 这一场景细节来自 Charles Gehring, *Delaware Papers*, 1: 37 - 47，以及 Charles Gehring, "*Hodie Mihi, Cras Tibi*: Swedish-Dutch Relations in the Delaware Valley"。
71. 关于森林芬兰人，我的参考资料是 Terry Jordan and Matti Kaups, *The American Backwoods Frontier: An Ethnic and Ecological Interpretation*; Terry Jordan, "The Material Cultural Legacy of New Sweden on the American Frontier"; Per Martin Tvengsberg, "Finns in Seventeenth-Century Sweden and Their Contributions to the New Sweden Colony"; 以及 Juha Pentikainen, "The Forest Finns as Transmitters of Finnish Culture from Savo Via Central Scandinavia to Delaware"。
72. Charles Gehring, *Delaware Papers, 1648 - 1664*, 39.
73. Ibid., 39.
74. Ibid., 46, 54.
75. Ibid., 35.
76. 感谢新罕布什尔大学的 Cynthia J. van Zandt 与我分享这一看法。在其于美国历史学会 1998 年年会上提交的一篇题为"'…our river savages…betook themselves (unknown to us) and went to Manhattan City, in New Holland, to exact revenge on our behalf': Cross-Cultural and Multi-Ethnic Alliances in the 17th-Century Mid-Atlantic"的论文中，她曾对此看法进行概述。
77. Gehring, *Council Minutes, 1655 - 1656*, 204.
78. William Hoffman, "Van der Donck-Van Bergen," 340 - 341.
79. 这些国籍信息来自 1656 年这个殖民地公布的婚姻记录。
80. 感谢 Elisabeth Paling Funk 翻译这首诗。
81. "300 位居民"这一数字来自 Docs. Rel., 2: 4; 物资清单来自 Docs. Rel., 1: 643 - 644。
82. Docs. Rel., 2: 17.

第十四章

1. Samuel Eliot Morison, The Founding of Harvard College, 257 - 258; F. O. Vaille and H. A. Clarke, eds., The Harvard Book…, 25 - 32.
2. John Beresford, *Godfather of Downing Street*, 150.
3. Ibid., 29.
4. John Romeyn Brodhead, *The History of the State of New York*, 1: 695; Robert Black, *Younger John Winthrop*, 209 - 210.
5. Docs. Rel., 2: 460.
6. Black, *Younger John Winthrop*, 210; Brodhead, *History of the State of New York*, 1: 695. Detailed notes: Doris Quinn, "Theft of the Manhattans."
7. E. B. O'Callaghan, *Calendar of Historical Manuscripts in the Office of the Secretary of State*, 296.
8. Charles Gehring and J. A. Schiltkamp, *Curaçao Papers, 1640 - 1665*, 115.
9. Docs. Rel., 14: 525.
10. John Beresford, *Godfather of Downing Street: Sir George Downing*, 128.
11. Doris C. Quinn, "Theft of the Manhattans," 29.
12. 请参见塞缪尔·佩皮斯 1661 年 7～10 月的日记；以及 Robert C. Black III, *The Younger John Winthrop*, 212。
13. Black, *Younger John Winthrop*, 244.
14. Ibid., 225.
15. Ibid., 264.
16. Docs. Rel., 14: 551.
17. Ibid., 2: 230, 484 - 88; O'Callaghan, *Calendar of Historical Manuscripts*, 307.
18. Docs. Rel., 2: 484.
19. Black, *Younger John Winthrop*, 268.
20. Docs. Rel., 2: 484.
21. Jonathan I. Israel, *Dutch Primacy in World Trade, 1585 - 1740*, 172; other products: Israel, chapters 5 and 6.
22. Beresford, *Godfather of Downing Street*, 155; Downing's attitude and convictions: Pieter Geyl, *Orange and Stuart*, 191.
23. Keith Feiling, B*ritish Foreign Policy 1660 - 1672*, 130 - 131.
24. 我对查理的描述的依据是 Antonia Fraser, *Royal Charles: Charles II and the Restoration*; John Macleod, *Dynasty: The Stuarts, 1560 - 1807*, chapters 8 and 9; and Arthur Bryant, ed., *The Letters*,

Speeches, and Declarations of King Charles II。

25. 我对詹姆斯的描述部分参考了 Maurice Ashley, *James II*; Jock Haswell, *James II, Soldier and Sailor*; and J. S. Clarke, *The Life of James the Second*…。
26. Feiling, *British Foreign Policy, 97 - 131*; Docs. Rel., 3: 51 - 66; Royal African Company, "The several declarations of the Company of Royal Adventurers of England Trading into Africa…"
27. Haswell, *James II*, 104 - 120.
28. K. G. Davies, *The Royal African Company*, 181.
29. Ibid., 346.
30. Royal African Company, "The several declarations of the Company of Royal Adventurers of England Trading into Africa…"
31. Feiling, *British Foreign Policy*, 125.
32. Beresford, *Godfather of Downing Street*, 170.
33. Peter Christoph and Florence Christoph, eds., *Books of General Entries of the Colony of New York, 1664 - 1673*, 1 - 4.
34. Feiling, *British Foreign Policy*, 124.
35. Brodhead, *History of the State of New York*, 1: 736.
36. Black, *Younger John Winthrop*, 272.
37. Ashley, *James II*, 80.
38. Docs. Rel., 3: 61.
39. Ibid., 55.
40. Christoph, *General Entries*, 25.
41. Ibid., 26.
42. Ibid., 27.
43. Brodhead, *History of the State of New York*, I, 739.
44. Docs. Rel., 2: 445 - 447.
45. E. B. O'Callaghan, *History of New Netherland*, 2: 525 - 526.
46. Docs. Rel., 2: 509; O'Callaghan, *History of New Netherland*, 2: 525 - 526; Brodhead, *History of the State of New York*, 1: 740.
47. Christoph, *General Entries*, 29.
48. Docs. Rel., 2: 248.
49. Leo Hershkowitz, "The Troublesome Turk: An Illustration of Judicial Process in New Amsterdam."
50. Leo Hershkowitz, "New Amsterdam's Twenty-Three Jews—Myth or Reality?"
51. Charles Gehring, unpublished translation of New Netherland documents no. 10 (3): 329 and 10 (3): 330.
52. Brodhead, *History of the State of New York*, 1: 741 - 742.

第十五章

1. Harry M. Ward, "The Search for American Identity: Early Histories of New England."
2. David McCullough, *John Adams*, 245, 254.
3. 引用尤里安·奥克斯（Urian Oakes）的原话，出自 Thomas Jefferson Wertenbaker, *The Puritan Oligarchy: The Founding of American Civilization*, 33。
4. Ibid., 32.
5. 本段中的例子出处 Ibid., 224 - 240。
6. Stephanson, *Manifest Destiny: American Expansion and the Empire of Right*, 42.
7. 关于威尔逊对于这一说法的阐述以及他的原话，我参考的资料是 ibid., chapter 4。
8. Christian Koot, "In Pursuit of Profit: The Netherlands' Trade in Colonial New York, 1664 - 1688," talk given at Conference on New York City History, CUNY Graduate Center, October 2001.
9. Rockefeller Notarial archives, Jacob de Winter, Notary, nos. 2309, 2313, 2326.
10. Docs. Rel., 3: 57.
11. "The Dutch here": Peter Christoph and Florence Christoph, eds., *Books of General Entries of the Colony of New York, 1664 - 1673*, 36 - 37.
12. Ibid., 35 - 37.
13. Leo Hershkowitz, "The New York City Charter, 1686."
14. Docs. Rel., 2: 420, 491.
15. Charles Gehring and J. A. Schiltkamp, trans. and eds., *Curaçao Papers, 1640 - 1665*, 220.
16. Docs. Rel., 3: 363 - 379, 419 - 510; John Romeyn Brodhead, *The History of the State of New York, 1609 - 1691*, 2: 131 - 132.
17. 约翰·温斯罗普写给克拉伦登伯爵的信，"The Clarendon Papers," Collections, New-York Historical Society (1869), 58。
18. Docs. Rel., 3: 106.
19. Arthur Bryant, ed., *The Letters, Speeches, and Declarations of King Charles II*, 168.
20. Docs. Rel., 2: 516 - 517.
21. Jonathan Israel, *The Anglo-Dutch Moment*, chapter 3, "The Dutch Role in the Glorious Revolution," especially 124 - 129.
22. David Voorhees, "The 'fervent Zeale' of Jacob Leisler"; Firth Haring Fabend, "The Pro-Leislerian Dutch Farmers in New York: A 'Mad

Rabble,' or 'Gentlemen Standing Up for Their Rights'?"
23. Joyce D. Goodfriend, *Before the Melting Pot: Society and Culture in Colonial New York City*, chapter 4 and 5.
24. Milton Klein, "Origins of the Bill of Rights in Colonial New York," 391.
25. Goodfriend, *Before the Melting Pot*, 16, 56 – 60.
26. Charles Lodwick, "New York in 1692 …," 244. 371.
27. James Tanis, "The Dutch-American Connection … ," 24.
28. Firth Haring Fabend, *Zion on the Hudson: Dutch New York and New Jersey in the Age of Revivals*, especially chapter 10.
29. *Newark Daily Advertiser*, December 6, 1850.
30. John Romeyn Brodhead, unpublished manuscript, Brodhead Collection, the Rutgers University.
31. Editorial, *New York Times*, 7 August 2001.
32. J. Hector St. John de Crèvecoeur, *Letters from an American Farmer*, 46 – 47.
33. W. Scott van Alstyne, Jr., "The District Attorney—An Historical Puzzle"; A. J. Reiss, "Public Prosecutors and Criminal Prosecution in the United States of America." 和历史上的几乎所有事物一样，关于地区检察官职务的起源仍然存在争议，但是 Reiss 和 van Alstyne 提出的论点直截了当地说明了具有影响力的一连串事件。关于地区检察官职务起源于"schout"职务的说法，最强有力的反面论点很有意思，因为其带有经典的美国英格兰中心主义特征。Jack Kress（"Progress and Prosecution"）指出，英格兰没有荷兰这样的地区检察官职务，英属美洲殖民地的首批地区检察官正是出现在这个荷兰殖民地的所在地，第一批地区检察官被英国人称为"scout"，这似乎清晰地表明了他们的职务起源于荷兰。但是，随后他又否定了这个论点，因为他认为荷兰人的影响力不可能那么持久，因为这个荷兰殖民地很小，而且荷兰人统治的时期"很短，仅从 1653 年持续到 1664 年，而且 schout 制度是否有足够的时间生根发芽还是个问题……"除了把这个殖民地的建立时间弄错了 30 年，Kress 还采用了美国历史学家们一直以来对这个荷兰殖民地采用的经典推理模式：假设这个殖民地并未真实存在过，然后根据这一假设，否定反面的证据。
34. Elisabeth Paling Funk, "Washington Irving and the Dutch Heritage," manuscript in progress, chapter 3: "The Popular Culture of New Netherland." 感谢作者寄给我这一作品的一部分。
35. 该宪章刊登于 Stephen Schechter, *Roots of the Republic: American Founding Documents Interpreted*, 91。我对于该殖民地的政治遗赠的

一部分理解来自 Leo Hershkowitz, "The New York City Charter, 1686"; Robert C. Ritchie, *The Duke's Province: A Study of New York Politics and Society, 1664 – 1691*, chapter 1; Paul Finkelman, "The Soul and the State: Religious Freedom in New York and the Origin of the First Amendment"; Milton M. Klein, "Origins of the Bill of Rights in Colonial New York"; Betsy Rosenblatt, "New York State's Role in the Creation and Adoption of the Bill of Rights"。

36. Rosenblatt, "New York State's Role in the Creation and Adoption of the Bill of Rights"; "Albany Committee," *New York Journal and Weekly Register*, April 26, 1788.

尾声

1. 关于殖民地记录的历史、状态和保存，我的资料来源是: The A. J. F. van Laer Papers, New York State Library; the John Romeyn Brodhead Papers, Rutgers University; the Andrew Elliot Papers, New York State Library; A. J. F. van Laer, "The Translation and Publication of the Manuscript Dutch Records of New Netherland, with an Account of Previous Attempts at Translation," New York State Library Education Department Bulletin, January 1, 1910; Vivian C. Hopkins, "The Dutch Records of New York: Francis Adrian van der Kemp and De Witt Clinton," *New York History*, October 1962; New York Secretary of State, "Inventory of Dutch and English Colonial Papers"; Hugh Hastings, ed., *Public Papers of George Clinton*, 1: 7 – 10; Charles Gehring, "New Netherland Manuscripts in United States Repositories," *de Halve Maen* 57 (August 1983); Charles Gehring, "New Netherland Translating New York's Dutch Past," *Humanities* (November/December 1993); Ronald Howard, "John Romeyn Brodhead," *de Halve Maen* 59 (July 1985); Peter Christoph, "Story of the New Netherland Project," *de Halve Maen* 61 (September 1988); Charles K. Winne, Jr., "Arnold J. F. van Laer (1869 – 1955), An Appreciation," in A. J. F. van Laer, trans., *New York Historical Manuscripts: Dutch*, vol. 1; Application Form, U. S. Department of the Interior, "Save America's Treasures" Program, Project: Dutch Colonial Manuscripts, 1638 – 1670; and interviews with Charles Gehring, Peter Christoph, Christina Holden, Janny Venema。
2. 关于泰伦的信息主要来自 Paul David Nelson, *William Tryon and the Course of Empire*, and from original documents in the Andrew Elliot Papers at the New York State Library。
3. J. V. N. Yates, "Report of the Secretary of State, relative to the records

&c. in his office," 44.

4. Interview (August 27, 2002) with Maria Holden, conservator, New York State Archives.
5. 一般认为，这些被保护的文献记录在整个战争期间都是被放在“戈登公爵夫人号”和“沃里克号”(Warwick)上，但是让·埃克托尔·德克雷弗克在1783年写给本杰明·富兰克林的信显示，这些文献记录是在冲突中被移到了伦敦塔中。请参见 J. Hector St. John de Crèvecoeur, *Letters from an American Farmer*, 341。
6. Yates, "Report of the Secretary of State" 46.
7. Van Laer, "Translation and Publication of the Manuscript Dutch Records of New Netherland."
8. 历史学家们始终怀疑范·德·肯普的翻译是有问题的。查尔斯·格林也给出了公正的评估，他在发现尚未被大火毁灭的其中的两卷本后，也认为译文非常糟糕。
9. 实际上，施托伊弗桑特在写给西印度公司董事的信中都称呼他为“酒鬼约翰内斯·迪克曼”。
10. 字迹的改变出现在1655年5月9日，也出现在 Charles Gehring, Fort Orange Court Minutes, 1652 – 1660 的第193页。

参考文献

信件、期刊、小册子、地图、论文、理事会会议记录以及其他的主要资料来源

Adams, John. *A collection of state-papers, relative to the first acknowledgment of the sovereignty of the United States of America, and the reception of their minister plenipotentiary, by their high mightinesses the States-General of the United Netherlands.* The Hague, 1782.

Aglionby, William. *The Present State of the United Provinces of the Low Countries as to the Government, Laws, Forces, Riches, Manners, Customes, Revenue, and Territory of the Dutch.* London: John Starkey, 1671.

Albany Committee, *The New York Journal and Weekly Register,* April 26, 1788.

Asher, G. M. *Dutch Books and Pamphlets Relating to New-Netherland.* Amsterdam: Frederik Muller, 1854.

——, ed. *Henry Hudson the Navigator: The Original Documents in Which His Career Is Recorded.* New York: The Hakluyt Society, 1860.

Augustyn, Robert T., and Paul E. Cohen. *Manhattan in Maps, 1527–1995.* New York: Rizzoli, 1997.

Bontemantel, Hans. The Bontemantel Papers. New York: New York Public Library.

Bradford, William. *Of Plymouth Plantation.* New York: Knopf, 1966.

Brodhead, John Romeyn. *An Address Delivered Before the New-York Historical Society.* New York: New-York Historical Society, 1844.

——. The John Romeyn Brodhead Papers. New Brunswick, N.J.: Alexander Library, Rutgers University.

Bryant, Arthur, ed. *The Letters, Speeches, and Declarations of King Charles II.* London: Cassell, 1935.

Church of Scotland. *The Booke of Common Prayer, And Administration Of The Sacraments, And other parts of divine Service for the use of the Church of Scotland.* Edinburgh: Robert Young, 1637.

Christoph, Peter R., ed. *New York Historical Manuscripts: English.* Vol. 22, *Administrative Papers of Governors Richard Nicolls and Francis Lovelace, 1664–1673.* Baltimore: Genealogical Publishing, 1980.

Christoph, Peter R., and Florence A. Christoph, eds. *The Andros Papers.* 3 vols. Vol. 1, *1674–1676;* Vol. 2, *1677–1678;* Vol. 3, *1679–1680.* Syracuse, N.Y.: Syracuse University Press, 1989–1991.

——. *Books of General Entries of the Colony of New York, 1664–1673*. Baltimore: Genealogical Publishing, 1982.

Clarendon, Edward, Earl of. *The Clarendon Papers*. Collections of the New-York Historical Society, 1869.

Clinton, George. *The Public Papers of George Clinton*, vols. 1 and 8. Albany, N.Y.: State Legislative Printer, 1904.

Connecticut Colony. *The Public Records of the Colony of Connecticut, Prior to the Union with the New Haven Colony*. Hartford: Brown & Parsons, 1850.

Crèvecoeur, J. Hector St. John de. *Letters from an American Farmer, describing certain provincial situations, manners, and customs . . . of the people of North America*. Philadelphia: Mathew Carey, 1793.

Descartes, René. *Discourse on Method*. Garden City, N.Y.: Anchor Books, 1974.

Downing, George, Sir. *A discourse written by Sir George Downing, the king of Great Britain's envoyee extraordinary to the states of the United-Provinces. Vindicating his royal master from the insolencies of a scandalous libel, printed under the title of "An Extract out of the register of the States General of the United Provinces, upon the memorial of Sir George Downing, envoyee, &c." and delivered by the agent de Heyde for such, to several publick ministers: whereas no such resolution was ever communicated to the said envoyee, nor any answer at all returned by their Lordships to the said memorial*. London, 1664.

Dryden, John. *Amboyna: A Tragedy. As it is Acted By Their Majesties Servants*. London, 1691.

Du Moulin, Pierre. *The Monk's Hood Pull'd Off, or, The Capucin Fryar Described*. London: James Collins, 1671.

East India Company. *A Remonstrance Of The Directors Of The Netherlands East India Company, presented to the Lords States Generall of the united Provinces, in defence of the said Companie, touching the bloudy proceedings against the English Merchants, executed at Amboyna*. London, 1632.

——. *A True Relation Of The Uniust, Cruell, And Barbarous Proceedings against the English at Amboyna In the East-Indies, by the Neatherlandish governour and Councel there. Also the copie of a Pamphlet, set forth first in Dutch and then in English, by some Neatherlander; falsly entituled, A True Declaration Of The Newes that came out of the East-Indies, with the Pinace called the Hare, which arrived at Texel in June, 1624*. London, 1624.

Edwards, Philip, ed. *Last Voyages: Cavendish, Hudson, Ralegh, The Original Narratives*. Oxford: Clarendon Press, 1988.

Eerdmans, Martha. *Pieter Stuyvesant: An Historical Documentation; compiled upon request of the Provincial Government of Friesland in Commemoration of the Pieter Stuyvesant Festival, Wolvega, Friesland, July 12–16, 1955*. Grand Rapids: Eerdmans, 1957.

Elliot, Andrew. Andrew Elliot Papers, 1767–1785. Albany: New York State Library.

England and Wales. *Articles of peace & alliance, between the most serene and mighty prince Charles II. by the grace of God king of England, Scotland, France and Ireland, Defender of the Faith, &c. and the High and Mighty Lords the States General of the United Netherlands, concluded the 21/31 day of July, 1667*. London, 1667.

Farret, Johan, and Peter Stuyvesant. Poetry exchange between Johan Farret and Peter Stuyvesant. In the collection of the Nederlands Scheepvaart Museum, Amsterdam. Photocopy, New Netherland Project, New York State Library, Albany.

Fernow, Berthold, trans. and ed. *The Records of New Amsterdam, 1653–1674*. 7 vols. New York: The Knickerbocker Press, 1897. Reprint, Baltimore: Genealogical Publishing Co., Inc., 1976.

A friend to this commonwealth. *The case stated between England and the United Provinces, in this present juncture. Together with a short view of those Netherlanders in their late practises as to religion, liberty, leagues, treaties, amities. Publish'd for the information and a warning to England.* London, 1652.

Gehring, Charles, trans. and ed. *Correspondence, 1647–1653*. New Netherland Document Series. Syracuse, N.Y.: Syracuse University Press, 2000.

——. *Correspondence, 1654–1658*. New Netherland Document Series. Syracuse, N.Y.: Syracuse University Press, 2003.

——. *Council Minutes, 1652–1654*. New York Historical Manuscripts Series. Baltimore: Genealogical Publishing Co., Inc., 1983.

——. *Council Minutes, 1655–1656*. New Netherland Document Series. Syracuse, N.Y.: Syracuse University Press, 1995.

——. *Delaware Papers: Dutch Period, 1648–1664*. New York Historical Manuscripts Series. Baltimore: Genealogical Publishing Co., Inc., 1981.

——. *Delaware Papers: English Period, 1664–1682*. New York Historical Manuscripts Series. Baltimore: Genealogical Publishing Co., Inc., 1977.

——. *Fort Orange Court Minutes, 1652–1660*. New Netherland Documents Series. Syracuse, N.Y.: Syracuse University Press, 1990.

——. *Fort Orange Records, 1656–1678*. New Netherland Documents Series. Syracuse, N.Y.: Syracuse University Press, 2000.

——. *Land Papers, 1630–1664*. New York Historical Manuscript Series. Baltimore: Genealogical Publishing Co., Inc., 1980.

——. *Laws and Writs of Appeal, 1647–1663*. New Netherland Documents Series. Syracuse, N.Y.: Syracuse University Press, 1991.

——. New Netherland Colonial Manuscripts. Unpublished translations, nos. 10(3):329, 10(3):330, 10(3):332.

Gehring, Charles T., and J. A. Schiltkamp, trans. and eds. *Curaçao Papers, 1640–1665*. New Netherland Documents. Interlaken, N.Y.: Heart of the Lakes Publishing, 1987.

Gemeente Archief, Amsterdam. *English Translations of Notarial Documents in the Gemeente Archief in Amsterdam Pertaining to North America*. Historic Hudson Valley Collections, Rockefeller Archives, Pocantico Hills, New York.

Great Britain, Parliament. *A declaration of the Parliament of the commonwealth of England, relating to the affairs and proceedings between this commonwealth and the States General of the United Provinces of the Low-Countreys, and the present differences occasioned on the States part. And The answer of the Parliament to three papers from the ambassadors extraordinary of the States General, upon occasion of the late fight between the fleets*. London, 1652.

Grotius, Hugo. *The Jurisprudence of Holland*. R. W. Lee, trans. 2 vols. Oxford: Clarendon, 1926.

Hakluyt, Richard. *The Discovery of Muscovy*. London: Cassell and Co., 1904.

——. *The Original Writings & Correspondence of the Two Richard Hakluyts*. London: Hakluyt Society, 1935.

——. *The Principal Navigations Voyages Traffiques and Discoveries of the English Nation*. 12 vols. Glasgow: 1903–05.

Hartgers, Joost. *Beschrijvinghe van Virginia, Nieuw Nederlandt, Nieuw Engelandt en d'Eylanden Bermudes, Berbados, en S. Christoffel*. Amsterdam: Joost Hartgers, 1651.

Hastings, Hugh, ed. *Ecclesiastical Records of the State of New York*, vol. 1. Albany: Lyon, 1901.

Jameson, J. F. *Narratives of New Netherland, 1609–1664.* New York: Charles Scribner's Sons, 1909; New York: Barnes and Noble, 1937.

——, ed. *Privateering and Piracy in the Colonial Period: Illustrative Documents.* New York: Macmillan, 1923.

Kalm, Pehr. *The America of 1750: Peter Kalm's Travels in North America; the English version of 1770.* Revised and edited by Adolph B. Benson. New York: Wilson-Erickson, 1937.

Knuttel, W. P. C. *Catalogus van de pamfletten-verzameling berustende in de Koninklijke bibliotheek.* 's Gravenhage: Algemeene landsdrukkerij, 1889–1920.

Kossman, E. H., and A. F. Mellink, eds. *Texts Concerning the Revolt of the Netherlands.* London: Cambridge University Press, 1974.

Lodwick, Charles. "New York in 1692: Letter from Charles Lodwick, to Mr. Francis Lodwick and Mr. Hooker, Dated May 20, 1692, Read Before the Royal Society of London." *Collections of the New-York Historical Society,* 2nd ser., vol. 2. New York, 1849.

Melyn, Cornelis. "The Melyn Papers, 1640–1699." *The New-York Historical Society Collections, 1913.* New York: New-York Historical Society, 1914.

Munsell, Joel, ed. *A Documentary History of the State of New York.* 4 vols. Albany: Weed, Parsons, 1865.

Murphy, Henry Cruse, "The Representation of New Netherland." *Collections of New-York Historical Society,* 11, 1849.

New-York Historical Society. *Collections.* New York: New-York Historical Society, 1869.

New York (State) Secretary of State. *Inventory of Records and Files in the Office of the Secretary of State, 1818.* Albany: New York State Library.

Nootwendige Observatien op het Antwoort van de Republiicke van Engelant Op drie schriften overgelevert by d' Ambassadeurs vande H. Staten Generael vande Vereenichde Provintien aen den Raedt van Staet, ter occasie van het laetste Zeegevecht tussen de Vlooten van beyde Republiicken. 1652. Knuttel no. 7148.

O'Callaghan, E. B. *Calendar of Historical Manuscripts in the Office of the Secretary of State.* Albany, N.Y.: Weed, Parsons, 1865.

——, trans. *Voyages of the Slavers St. John and Arms of Amsterdam, 1659, 1663, Together with Additional Papers Illustrative of the Slave Trade Under the Dutch.* Albany, N.Y.: J. Munsell, 1867.

O'Callaghan, E. B., and Berthold Fernow, trans. *Documents Relative to the Colonial History of the State of New York.* 15 vols. Albany, N.Y.: Weed, Parsons and Company, 1856–1887.

Olin, John C., ed. *A Reformation Debate: John Calvin and Jacopo Sadoleto, Sadoleto's Letter to the Genevans and Calvin's Reply.* Grand Rapids, Mich.: Baker Book House, 1979.

Pepys, Samuel. *The Diary of Samuel Pepys.* New York: Cassell, 1886.

Present State of Holland, or a Description of the United Provinces, The. London, 1745.

Prockter, Adrian, and Robert Taylor, eds. *The A to Z of Elizabethan London.* London: London Topographical Society, 1979.

Public Records Office. *Calendar of State Papers, Colonial Series, 1574–1660, Preserved in the State Paper Department of Her Majesty's Public Record Office.* London, 1860.

Purchas, Samuel. *Hakluytus Posthumus or Purchas his Pilgrimes.* 20 vols. Glasgow: MacLehose, 1905–07.

Purple, Samuel, ed. *Collections of the New-York Genealogical and Biographical Society,* Vol. 1, *Marriages from 1639–1801 in the Reformed Dutch Church, New York.* New York: New York Genealogical and Biographical Society, 1890.

De Rechte Beschryvingh van alle het gene den Heer Adriaen Paau Ambassadeur Extraordinary van wegen de Hoog: Moog: Heeren Staten Generael, der Vrye Vereenichde Nederlan-

den, met het Parlement van Engelant getracteert, heeft nopende een goede Vreede tusschen beyde Repulijcquen. Amsterdam, 1652. Knuttel no. 7136.

Rijksmuseum te Leiden. *Album studiosorum Academiae lugduno batavae MDLXXV–MDCCCLXXV.* The Hague: Nijhoff, 1875.

Rivington's New York Gazetteer. December 23, 1773, December 8, 1774.

Royal African Company. *The several declarations of the Company of Royal Adventurers of England Trading into Africa, inviting all His Majesties native subjects in general to subscribe, and become sharers in their joynt-stock. Together with His Royal Highness James duke of York and Albany, &c. and the rest of the said royal companies letter to the Right Honourable Francis lord Willoughby of Parham, &c. Intimating the said companies resolutions to furnish His Majesties American plantations with negroes at certain and moderate rates.* London, 1667.

Schechter, Stephen L., ed. *Roots of the Republic: American Founding Documents Interpreted.* Madison, Wis.: Madison House, 1990.

The Second Part of the Tragedy of Amboyna: Or, a True Relation of a Most Bloody, Treacherous, and Cruel Design of the Dutch in the New Netherlands in America. For the total Ruining and Murthering of the English Colonies in New-England. Being extracted out of several Letters very lately written from New-England to several Gentlemen and Merchants in London. London, 1653.

Seymann, Jerrold. *Colonial Charters, Patents and Grants to the Communities Comprising the City of New York.* New York: The Board of Statute Consolidation of the City of New York, 1939.

Snow, Dean R., Charles T. Gehring, and William A. Starna, eds. *In Mohawk Country.* Syracuse, N.Y.: Syracuse University Press, 1996.

Sprigge, Joshua. *Anglia rediviva; England's recovery (1647).* Facsimile reproduction. Gainesville, Fla.: Scholars' Facsimiles & Reprints, 1960.

Stokes, I. N. P., ed. *Iconography of Manhattan Island, 1498–1909.* 6 vols. New York: Robert H. Dodd, 1915–1928.

Stow, John. *A Survey of London Written in the Year 1598.* Stroud, Gloustershire: Alan Sutton Publishing Ltd., 1994.

Temple, William. *Observations Upon the United Provinces of the Netherlands.* Edited by Sir George Clark. Oxford: Clarendon, 1972.

Thurloe, John. *A Collection of the State Papers of John Thurloe, Esq.; Secretary, First, to the Council of State, And afterwards to The Two Protectors, Oliver and Richard Cromwell.* 7 vols. London, 1742.

Van den Bogaert, Harmen Meyndertsz. *A Journey into Mohawk and Oneida Country, 1634–1635.* Trans. and ed. by Charles T. Gehring, William A. Starna, and Gunther Michelson. Syracuse, N.Y.: Syracuse University Press, 1988.

Van der Coelen, Peter, ed. *Everyday Life in Holland's Golden Age: The Complete Etchings of Adriaen van Ostade.* Amsterdam: Museum het Rembrandthuis, 1998.

Van der Donck, Adriaen. *Beschryvinge van Nieuw-Nederlant.* Amsterdam: Evert Nieuwenhof, 1655. Second edition, 1656.

——. *A Description of New Netherland.* Trans. Diederik Willem Goedhuys. Unpublished, 1991.

——. *A Description of the New Netherlands.* Trans. Jeremias Johnson, ed. Thomas F. O'Donnell. Syracuse, N.Y.: Syracuse University Press, 1968.

——. *The Representation of New Netherland: concerning its location, productiveness and poor condition, presented to the States General of the United Netherlands and printed at The Hague in 1650.* Trans. H. C. Murphy. New York: Bartlett & Welford, 1849.

——. *Remonstrance of New Netherland, and the Occurrences there, addressed to the high and mighty Lords States General of the United Netherlands, on the 28th July 1649; with Secretary van Tienhoven's Answer.* Ed. Edmund O'Callaghan. Albany: Weed, Parsons, 1856.

——. *Vertoogh van Nieu Nederland, [by A. van der Donck] and, Braeden raedt aende Vereenichde Nederlandsche provintien, [by I. A. G. W. C., pseud. Of C. Melyn], Two rare tracts, printed in 1649-50, Relating to the administration of affairs in New Netherland.* Trans. H. C. Murphy. New York: Baker, Godwin, 1854.

——. *Vertoogh van Nieu-Neder-Land, Weghens de Gheleghentheydt, Vruchtbaerheydt, en Soberen Staet desselfs.* 's Gravenhage: Michiel Stael, 1650.

Van Laer, A. J. F. A. J. F. Van Laer Papers, 1909–1952. Albany: New York State Library.

——, trans. *Documents Relating to New Netherland, 1624–1626, in the Henry E. Huntington Library.* San Marino, Calif.: Henry E. Huntington Library and Art Gallery Press, 1924.

——. *New York Historical Manuscripts: Dutch.* Vol. 1, *Register of the Provincial Secretary, 1638–1642.* Baltimore: Genealogical Publishing Co., 1974.

——. *New York Historical Manuscripts: Dutch.* Vol. 2, *Register of the Provincial Secretary, 1642–1647.* Baltimore: Genealogical Publishing Co., 1974.

——. *New York Historical Manuscripts: Dutch.* Vol. 3, *Register of the Provincial Secretary, 1648–1660.* Baltimore: Genealogical Publishing Co., 1974.

——. *New York Historical Manuscripts: Dutch.* Vol. 4, *Council Minutes, 1638–1649.* Baltimore: Genealogical Publishing Co., 1974.

——. *Van Rensselaer Bowier Manuscripts, being the letters of Kiliaen Van Rensselaer, 1630–1643, and other documents relating to the colony of Rensselaerswyck.* Albany: University of the State of New York, 1908.

——, trans. and ed. *Minutes of the Court of Rensselaerswyck, 1648–1652.* Albany: University of the State of New York, 1922.

Van Strien, Kees. *Touring the Low Countries: Accounts of British Travellers, 1660–1720.* Amsterdam: Amsterdam University Press, 1998.

Van Tienhoven, Cornelis. "Answer to the Representation of New Netherland." In E. B. O'Callaghan and Berthold Fernow, trans. *Documents Relative to the Colonial History of the State of New York.* Vol. 1. Albany, N.Y.: Weed, Parsons and Company, 1856–1887.

Wellsman, John, ed. *London Before the Fire: A Grand Panorama, from Original Seventeenth Century Engravings by Visscher, Hollar and de Witt.* London: Sidgwick & Jackson, 1973.

Winthrop, John. *Journal of John Winthrop, 1630–1649.* Richard Dunn, James Savage, and Laetitia Yaendle, eds. Cambridge: Harvard University Press, 1996.

Yates, J. V. N. "Report of the Secretary of State, relative to the records &c. in his office." Albany: New York State Senate, January 5, 1820.

二级文献

Abreu, Joao Capistrano de. *Chapters of Brazil's Colonial History, 1500–1800.* Trans., Arthur Brakel. New York: Oxford University Press, 1997.

Aikin, Lucy. *Memoirs of the Court of King Charles the First.* Philadelphia: Carey, Lea and Blanchard, 1833.

Akrigg, G. P. V. *Jacobean Pageant, or The Court of King James I.* Cambridge: Harvard University Press, 1963.

Archdeacon, Thomas J. *New York City, 1664–1710: Conquest and Change.* Ithaca: Cornell University Press, 1979.

Ashley, Maurice. *The Greatness of Oliver Cromwell.* New York: Macmillan, 1958.

——. *James II*. London: Dent, 1977.

Bachman, Van Cleaf. *Peltries or Plantations: The Economic Policies of the Dutch West India Company in New Netherland, 1623-1639*. Baltimore: Johns Hopkins Press, 1969.

Bacon, Edgar Mayhew. *Henry Hudson: His Times and His Voyages*. New York: G. P. Putnam's Sons, 1907.

Bailey, Rosalie Fellows. *Pre-Revolutionary Dutch Houses*. New York: William Morrow, 1936.

Baltzell, E. Digby. *Puritan Boston and Quaker Philadelphia*. New York: Free Press, 1979.

Barnes, Donna R., and Peter G. Rose. *Matters of Taste: Food and Drink in Seventeenth Century Dutch Art and Life*. Syracuse, N.Y.: Syracuse University Press, 2002.

Barnet, Sylvan, ed. *The Complete Signet Classic Shakespeare*. New York: Harcourt Brace Jovanovich, 1972.

Beresford, John. *The Godfather of Downing Street: Sir George Downing, 1623-1684*. London: Cobden-Sanderson, 1925.

Bergeron, David M. *King James and Letters of Homoerotic Desire*. Iowa City: Iowa University, 1999.

Black, Robert C., III. *The Younger John Winthrop*. New York: Columbia University Press, 1966.

Blackburn, Roderic H., and Ruth Piwonka. *Remembrance of Patria: Dutch Arts and Culture in Colonial America, 1609-1776*. Albany, N.Y.: Albany Institute of History and Art, 1988.

Blakely, Allison. *Blacks in the Dutch World: The Evolution of Racial Imagery in a Modern Society*. Bloomington: Indiana University Press, 1993.

Bliss, Robert. *Revolution and Empire: English Politics and the American Colonies in the Seventeenth Century*. Manchester, U.K.: Manchester University Press, 1990.

Blom, J. C. H., and E. Lamberts, eds., James C. Kennedy, trans. *History of the Low Countries*. New York: Berghahn Books, 1999.

Bogert, Frederick W. *Bergen County, New Jersey, History and Heritage*. Vol. 2, *The Colonial Days, 1630-1775*. Bergen County, N.J.: The Bergen County Board of Chosen Freeholders, 1983.

Bonomi, Patricia U. *A Factious People: Politics and Society in Colonial New York*. New York: Columbia University Press, 1971.

——. *Under the Cope of Heaven: Religion, Society, and Politics in Colonial America*. New York: Oxford University Press, 1986.

Boxer, C. R. *The Dutch Seaborne Empire: 1600-1800*. New York: Alfred A. Knopf, 1965.

Brodhead, John Romeyn. *The History of the State of New York, 1609-1691*. 2 vols. New York: Harper & Brothers, 1871.

Burrows, Edwin G., and Mike Wallace. *Gotham: A History of New York City to 1898*. New York: Oxford University Press, 1999.

Bussman, Klaus, and Heinz Schilling. *1648: War and Peace in Europe*. 3 vols. Münster: Westfälisches Landesmuseum, 1998.

Calder, Isabel. *The New Haven Colony*. New Haven: Yale University Press, 1934.

Cantwell, Anne-Marie, and Diana diZerega Wall. *Unearthing Gotham: The Archaeology of New York City*. New Haven: Yale University Press, 2001.

Carlton, Charles. *Charles I: The Personal Monarch*. 2nd ed. London: Routledge, 1995.

Ceci, Lynn. "The Effect of European Contact and Trade on the Settlement Pattern of Indians in Coastal New York, 1524-1665: The Archaeological and Documentary Evidence." Doctoral dissertation, CUNY Graduate Center, 1977.

Chiodo, John J. "The Foreign Policy of Peter Stuyvesant: Dutch Diplomacy in North America, 1647 to 1664." Doctoral dissertation, University of Iowa, 1974.

Clarke, Desmond, ed. *The Unfortunate Husbandman: an account of the life and travels of a*

Real Farmer in Ireland, Scotland, England and America, by Charles Varley or Varlo. London: Oldbourne, 1964.

Clarke, J. S. *The Life of James the Second, King of England, &c. Collected Out of Memoirs Writ of His Own Hand.* 2 vols. London, 1816.

Cohen, David Steven. *The Dutch-American Farm.* New York: New York University Press, 1992.

Commager, Henry Steele. *Jefferson, Nationalism, and the Enlightenment.* New York: George Braziller, 1975.

Cooke, Jacob Ernest, editor in chief. *Encyclopedia of the North American Colonies.* 3 vols. New York: Charles Scribner's Sons, 1993.

Cooper, Victor. *A Dangerous Woman: New York's First Lady Liberty, The Life and Times of Lady Deborah Moody.* Bowie, Md.: Heritage, 1995.

Davids, Karel, and Jan Lucassen, eds. *A Miracle Mirrored: The Dutch Republic in European Perspective.* Cambridge: Cambridge University Press, 1995.

Davies, K. G. *The Royal African Company.* London: Routledge, 1999.

Denevan, William, ed. *The Native Population of the Americas in 1492.* Madison: University of Wisconsin Press, 1978.

Dietz, Johann. *Master Johann Dietz, Surgeon in the Army of the Great Elector and Barber to the Royal Court.* New York: Dutton, 1923.

Dodge, Ernest S. *Northwest by Sea.* New York: Oxford University Press, 1961.

Dumbauld, Edward. *The Life and Legal Writings of Hugo Grotius.* Norman: University of Oklahoma, 1969.

Dunn, Shirley. *The Mohicans and Their Land 1609–1730.* Fleischmans, N.Y.: Purple Mountain Press, 1994.

Dyer, Louisa A. *The House of Peace.* New York: Longmans, Green, 1956.

Fabend, Firth Haring. *A Dutch Family in the Middle Colonies, 1660–1800.* New Brunswick, N.J.: Rutgers University Press, 1991.

——. *Zion on the Hudson: Dutch New York and New Jersey in the Age of Revivals.* New Brunswick, N.J.: Rutgers University Press, 2000.

Feenstra, R., and C. J. D. Waal. *Seventeenth-Century Leyden Law Professors and Their Influence on the Development of the Civil Law.* Amsterdam/Oxford: North-Holland Publishing Co., 1975.

Feiling, Keith. *British Foreign Policy 1660–1672.* London: MacMillan, 1930.

Fell-Smith, Charlotte. *John Dee.* London: Constable & Co., 1909.

Fisher, Raymond H. *The Russian Fur Trade, 1550–1700.* Berkeley: University of California Press, 1943.

Foster, Stephen. *Their Solitary Way: The Puritan Social Ethic in the First Century of Settlement in New England.* New Haven: Yale University Press, 1971.

Fouquet, P. *Oud Amsterdam: Afbeeldingen der Voornaamste Gebouwen en Gezichten uit den Jare 1600–1790.* Amsterdam: Allert de Lange, 1923.

Fox, Dixon Ryan. *Yankees and Yorkers.* New York: University Press, 1940.

Fraser, Antonia. *Cromwell: The Lord Protector.* New York: Knopf, 1973.

——. *Royal Charles: Charles II and the Restoration.* New York: Dell, 1979.

Fremantle, Katherine. *The Baroque Town Hall of Amsterdam.* Utrecht: Haentjens Dekker & Gumbert, 1959.

French, Peter J. *John Dee: The World of an Elizabethan Magus.* London: Routledge & Kegan Paul, 1972.

Friedman, Lawrence. *Crime and Punishment in American History.* New York: Basic Books, 1993.

Frijhoff, Willem. *Wegen van Evert Willemsz.: Een Hollands weeskind op zoek naar zichzelf, 1607–1647.* Nijmegen: Sun, 1995.

Funk, Elisabeth Paling. "Washington Irving and the Dutch Heritage." Manuscript in progress.

Gaukroger, Stephen. *Descartes: An Intellectual Biography.* London: Clarendon Press, 1995.

Gehring, Charles T. *A Guide to Dutch Manuscripts Relating to New Netherland.* Albany: University of the State of New York, 1978.

Gerson, Armand, Earnest Vaughn, and Neva Ruth Deardorff. *Studies in the History of English Commerce During the Tudor Period.* New York: University of Pennsylvania, 1912.

Geyl, Pieter. *Orange and Stuart.* New York: Scribner's, 1969.

Goebel, Julius. *Law Enforcement in Colonial New York: A Study in Criminal Procedure.* New York: Commonwealth Fund, 1944.

Goodfriend, Joyce D. *Before the Melting Pot: Society and Culture in Colonial New York City, 1664–1730.* Princeton, N.J.: Princeton University Press, 1992.

Greenberg, Mark. *The Hague.* New York: Newsweek Books, 1982.

Gregg, Pauline. *King Charles I.* London: J.M. Dent & Sons, 1981.

Grumet, Robert Steven. *Historic Contact: Indian People and Colonists in Today's Northeastern United States in the Sixteenth Through Eighteenth Centuries.* Norman: University of Oklahoma, 1995.

——. *Native American Place Names in New York City.* New York: Museum of the City of New York, 1981.

Hainsworth, Roger, and Christine Churches. *The Anglo-Dutch Naval Wars, 1652–1674.* Gloucestershire: Sutton, 1998.

Haley, K. H. D. *The Dutch in the Seventeenth Century.* London: Thames and Hudson, 1972.

Hall, Michael, Lawrence Leder, and Michael Kammen, eds. *The Glorious Revolution in America.* Chapel Hill: University of North Carolina Press, 1964.

Harline, Craig E. *Pamphlets, Printing, and Political Culture in the Early Dutch Republic.* Dordrecht: Martinus Nijhoff, 1987.

Harrisse, Henry. *John Cabot, the Discoverer of North-America, and Sebastian His Son.* New York: Argosy-Antiquarian, 1968.

Hart, Simon. *The Prehistory of the New Netherland Company: Amsterdam Notarial Records of the First Dutch Voyages to the Hudson.* Amsterdam: City of Amsterdam Press, 1959.

Haswell, Jock. *James II, Soldier and Sailor.* New York: St. Martin's, 1972.

Heckewelder, John. *History, Manners, and Customs of the Indian Nations.* 1819. Reprint, Philadelphia: Historical Society of Pennsylvania, 1876.

Hill, Christopher. *God's Englishman: Oliver Cromwell and the English Revolution.* New York: Dial Press, 1970.

Holmes, Martin. *Elizabethan London.* New York: Frederick A. Praeger, 1969.

Hoppin, Charles Arthur. *The Washington Ancestry and Records of the McClain, Johnson, and Forty Other Colonial American Families.* 3 vols. Greenfield, Ohio: Privately Printed, 1932.

Hore, J. P. *The History of Newmarket and the Annals of the Turf.* 3 vols. London: Baily & Co., 1886.

Howarth, David. *The Men-of-War.* Alexandria, Va: Time-Life Books, 1978.

Hughes, Robert. *Culture of Complaint: The Fraying of America.* Oxford: Oxford University Press, 1993.

Huizinga, Johan. *Dutch Civilisation in the Seventeenth Century.* New York: Frederick Ungar, 1968.

Innes, J. H. *New Amsterdam and Its People: Studies, Social and Topographical, of the Town under Dutch and Early English Rule.* Princeton, N.J.: Princeton University Press, 1902.

Israel, Jonathan I. *Dutch Primacy in World Trade, 1585–1740*. Oxford: Clarendon Press, 1989.

——. *The Dutch Republic*. Oxford: Oxford University Press, 1995.

——. *Radical Enlightenment: Philosophy and the Making of Modernity, 1650–1750*. Oxford: Oxford University Press, 2001.

Jacobs, Jaap. *Een zegenrijk gewest: Nieuw-Nederland in de zeventiende eeuw*. Amsterdam: Prometheus, 1999.

Jameson, J. Franklin. *Willem Usselinx*. New York: G. P. Putnam's Sons, 1887.

Jennings, Francis. *The Ambiguous Iroquois Empire*. New York: Norton, 1984.

Johnson, Amandus. *The Swedish Settlements on the Delaware*. 2 vols. New York: University of Pennsylvania, 1911.

Johnson, Donald S. *Charting the Sea of Darkness: The Four Voyages of Henry Hudson*. New York: Kodansha America, 1995.

Jones, Charles W. *Saint Nichlas of Myra, Bari, and Manhattan: Biography of a Legend*. Chicago: University of Chicago, 1978.

Jordan, Terry, and Matti Kaups. *The American Backwoods Frontier: An Ethnic and Ecological Interpretation*. Baltimore and London: The Johns Hopkins University Press, 1989.

Kammen, Michael. *Colonial New York*. New York: Scribner's, 1975.

Keblusek, Marika. *Boeken in de hofstad: Haagse boekcultuur in de Gouden Eeuw*. Hilversum, Netherlands: Verloren, 1997.

Kenney, Alice P. *Stubborn for Liberty: The Dutch in New York*. Syracuse, N.Y.: Syracuse University Press, 1975.

Kenyon, J. P. *The Stuarts: A Study in English Kingship*. London: Severn House, 1977.

Kessler, Henry H., and Eugene Rachlis. *Peter Stuyvesant and His New York*. New York: Random House, 1959.

Kettering, Alison McNeil. *Gerard ter Borch and the Treaty of Münster*. The Hague: Mauritshuis, 1998.

King, J. C. H. *First People, First Contacts: Native Peoples of North America*. London: British Museum, 1999.

Kishlansky, Mark. *A Monarchy Transformed: Britain 1603–1714*. New York: Penguin, 1997.

Klooster, Wim. *The Dutch in the Americas, 1600–1800*. Providence, R.I.: The John Carter Brown Library, 1997.

Koolhaas, Rem. *Delirious New York: A Retroactive Manifesto for Manhattan*. Rotterdam: 010 Publishers, 1994.

Kossmann, E. F. *De boekhandel te 's-Gravenhage tot het eind van de 18de eeuw*. 'S-Gravenhage: M. Nijhoff, 1937.

Kupperman, Karen Ordahl, ed. *America in European Consciousness, 1493–1750*. Chapel Hill: University of North Carolina, 1995.

——. *Indians and English: Facing Off in Early America*. Ithaca: Cornell University Press, 2000.

Kurlansky, Mark. *Cod: A Biography of the Fish that Changed the World*. New York: Walker & Co., 1997.

Lane, Kris E. *Pillaging the Empire: Piracy in the Americas 1500–1750*. Armonk, N.Y.: Sharpe, 1998.

Lees, J. Cameron. *St. Giles', Edinburgh: Church, College, and Cathedral, From the Earliest Times to the Present Day*. Edinburgh: Chambers, 1889.

Leonardo, Richard A. *History of Surgery*. New York: Froben Press, 1943.

Loades, David. *The Mid-Tudor Crisis, 1545–1565*. London: Macmillan, 1992.

Lyle, R. C. *Royal Newmarket*. London: Putnam & Co., 1945.

Macleod, John. *Dynasty: The Stuarts, 1560–1807*. New York: St. Martin's, 1999.
McCullough, David. *John Adams*. New York: Simon & Schuster, 2001.
Maika, Dennis J. "Commerce and Community: Manhattan Merchants in the Seventeenth Century." Doctoral dissertation, New York University, 1995.
Mak, Geert. *Amsterdam*. Cambridge: Harvard University Press, 2000.
Mattingly, Garrett. *The Armada*. Boston: Houghton Mifflin, 1959.
Meinig, D. W. *The Shaping of America, A Geographical Perspective on 500 Years of History*. Vol. I: *Atlantic America, 1492–1800*. New Haven: Yale University Press, 1986.
Merwick, Donna. *Death of a Notary: Conquest and Change in Colonial New York*. Ithaca: Cornell University Press, 1999.
Miller, Leo. *John Milton's Writings in the Anglo-Dutch Negotiations, 1651–1654*. Pittsburgh: Duquesne University Press, 1992.
Milton, Giles. *Nathaniel's Nutmeg*. London: Hodder & Stoughton, 1999.
Morgan, Edmund S. *The Puritan Dilemma: The Story of John Winthrop*. Boston: Little, Brown, 1958.
Morison, Samuel Eliot. *The European Discovery of America*. 2 vols. New York: Oxford University Press, 1971–1974.
——. *The Founding of Harvard College*. Cambridge: Harvard University Press, 1935.
——. *The Great Explorers*. New York: Oxford University Press, 1978.
Morison, Samuel Eliot, Henry Steele Commager, and William E. Leuchtenburg. *The Growth of the American Republic*, 7th ed. Vol. 1. New York: Oxford University Press, 1980.
Murphy, Henry Cruse. *Henry Hudson in Holland*. The Hague: M. Nijhoff, 1909.
Murray, David. *Indian Giving: Economics of Power in Indian-White Exchanges*. Amherst: University of Massachusetts, 2000.
Nelson, Paul David. *William Tryon and the Course of Empire*. Chapel Hill: University of North Carolina, 1990.
Nissenson, S. G. *The Patroon's Domain*. New York: Columbia University Press, 1937.
Nute, Grace Lee. *Caesars of the Wilderness: Medard Chouart, Sieur des Grosselliers and Pierre Esprit Radisson, 1618–1710*. St. Paul: Minnesota Historical Society Press, 1978.
O'Callaghan, E. B. *The History of New Netherland*. 2 vols. New York: D. Appleton, 1848.
——. *The Register of New Netherland, 1626 to 1674*. Albany, N.Y.: J. Munsell, 1865.
Otterspeer, Willem. *Groepsportret met Dame*. Amsterdam: Bert Bakker, 2000.
Parks, George Bruner. *Richard Hakluyt and the English Voyages*. New York: American Geographical Society, 1928.
Parr, Charles McKew. *The Voyages of David de Vries, Navigator and Adventurer*. New York: Thomas Y. Crowell Co., 1969.
Patterson, Jerry E. *The City of New York: A History Illustrated from the Collections of the Museum of the City of New York*. New York: Harry N. Abrams, 1978.
Phipps, Geraldine M. *Sir John Merrick: English Merchant-Diplomat in Seventeenth Century Russia*. Newtonville, Mass.: Oriental Research Partners, 1983.
Powys, Llewelyn. *Henry Hudson*. New York: Harper & Brothers, 1928.
Price, J. L. *Holland and the Dutch Republic in the Seventeenth Century: The Politics of Particularism*. Oxford: Clarendon Press, 1994.
Quinn, Arthur. *A New World: An Epic of Colonial America from the Founding of Jamestown to the Fall of Quebec*. Winchester, Mass.: Faber and Faber, 1994.
Quinn, David B., and A. N. Ryan. *England's Sea Empire, 1550–1642*. London: Allen & Unwin, 1983.
Read, Conyers. *Mr. Secretary Walsingham and the Policy of Queen Elizabeth*. 3 vols. Cambridge: Harvard University Press, 1925.

Read, John Meredith, Jr. *A Historical Inquiry Concerning Henry Hudson, His Friends, Relatives, and Early Life, His Connection with the Muscovy Company, and Discovery of Delaware Bay*. Albany, N.Y.: John Munsell, 1866.

Regin, Deric. *Traders, Artists, Burghers: A Cultural History of Amsterdam in the 17th-Century*. Amsterdam: Van Gorcum & Comp. B. V., 1976.

Reich, Jerome R. *Leisler's Rebellion: A Study of Democracy in New York, 1664–1720*. Chicago: Chicago University Press, 1953.

Renaud, J. G. N. *Het Huis en de Heren van Heemstede Tijdens de Middeleeuwen*. Heemstede: Vereniging Oud-Heemstede-Bennebroek, 1952.

Ricciardi, Christopher. "From Private to Public: The Changing Landscape of Van Cortlandt Park; Bronx, New York, in the Nineteenth Century." Masters thesis, Syracuse University, 1997.

Reitbergen, P. J. A. N. *A Short History of the Netherlands*. Amersfoort, Netherlands: Bekking, 1998.

Riker, James. *Revised History of Harlem: Its Origin and Early Annals*. New York: New Harlem Publishing Co., 1904.

Rink, Oliver. *Holland on the Hudson: An Economic and Social History of Dutch New York*. Ithaca: Cornell University Press, 1986.

Ritchie, Robert C. *The Duke's Province: A Study of New York Politics and Society, 1664–1691*. Chapel Hill: University of North Carolina Press, 1977.

Rogers, P. G. *The Dutch in the Medway*. London: Oxford University Press, 1970.

Rose, Peter G. *The Sensible Cook: Dutch Foodways in the Old and New World*. Syracuse, N.Y.: Syracuse University Press, 1989.

Rothschild, Nan. *New York City Neighborhoods: The 18th Century*. San Diego: Academic Press, 1990.

Rowen, Herbert H. *John de Witt, Grand Pensionary of Holland, 1625–1672*. Princeton, N.J.: Princeton University Press, 1978.

——. *John de Witt: Statesman of the 'True Freedom.'* Cambridge: Cambridge University Press, 1986.

——. *The Princes of Orange: The Stadholders in the Dutch Republic*. Cambridge: Cambridge University Press, 1988.

Royal Netherlands Academy of Arts and Sciences. *The World of Hugo Grotius (1583–1645). Proceedings of the International Colloquium Organized by the Grotius Committee*. Amsterdam: APA-Holland University Press, 1984.

Russell, Bertrand. *A History of Western Philosophy*. London: George Allen and Unwin, 1946.

Rutkow, Ira M. *Surgery: An Illustrated History*. St. Louis: Mosby, 1993.

Ruttenber, E. M. *Indian Tribes of Hudson's River to 1700*. 1872. Reprint: Saugerties, N.Y.: Hope Farm Press, 1992.

Rybczynski, Witold. *Home: A Short History of an Idea*. New York: Viking, 1986.

Savelle, Max. *The Colonial Origins of American Thought*. Princeton, N. J.: Van Nostrand, 1964.

Schama, Simon. *The Embarrassment of Riches: An Interpretation of Dutch Culture in the Golden Age*. New York: Knopf, 1987.

Scharf, J. Thomas. *The History of Westchester County*. Philadelphia: Preston, 1886.

Schechter, Stephen L., and Richard B. Bernstein, eds. *New York and the Union*. Albany: New York State Commission on the Bicentennial of the United States Constitution, 1990.

Scheurleer, T. H. Lunsingh, and G. H. M. Posthumus Meyjes. *Leiden University in the Seventeenth Century*. Leiden: Universitaire Pers Leiden, 1975.

Schmidt, Benjamin. "Innocence Abroad: The Dutch Imagination and the Representation of the New World, c. 1570–1670." Doctoral dissertation, Harvard University, 1994.

Shattuck, Martha. "A Civil Society: Court and Community in Beverwijck, New Netherland, 1652–1664." Doctoral dissertation, Boston University, 1993.

Shonnard, Frederic. *History of Westchester County, New York, from its earliest settlement to the year 1900.* Harrison, N.Y.: Harbor Hill, 1974.

Siefker, Phyllis. *Santa Claus, Last of the Wild Men.* Jefferson, N.C.: McFarland, 1997.

Simmons, Amelia. *American Cookery.* Albany, N.Y.: Charles & George Webster, 1796.

Sobel, Dava. *Galileo's Daughter: A Historical Memoir of Science, Faith, and Love.* New York: Walker, 1999.

Spencer, Hazelton. *The Art and Life of William Shakespeare.* New York: Harcourt, Brace, 1940.

Sprunger, Keith L. *Trumpets from the Tower: English Puritan Printing in the Netherlands, 1600–1640.* Leiden: E. J. Brill, 1994.

Stephanson, Anders. *Manifest Destiny: American Expansion and the Empire of Right.* New York: Hill and Wang, 1995.

Sweetman, Jack. *The Great Admirals: Command at Sea, 1587–1945.* Annapolis, Md.: Naval Institute Press, 1997.

Sykes, Bryan. *The Seven Daughters of Eve: The Science That Reveals Our Genetic Ancestry.* New York: Norton, 2001.

Tantillo, L. F. *Visions of New York State: The Historical Paintings of L. F. Tantillo.* Wappingers Falls, N.Y.: The Shawangunk Press, 1996.

Taylor, E. G. R. *Tudor Geography.* New York: Octagon, 1968.

Thompson, Benjamin F. *History of Long Island: From Its Discovery and Settlement to the Present Time.* 3 vols. New York: Dodd, 1918.

Thornton, Russell. *American Indian Holocaust and Survival: Population History Since 1492.* Norman: University of Oklahoma, 1987.

Tieck, William. *Riverdale, Kingsbridge, Spuyten Duyvil: New York City; A Historical Epitome of the Northwest Bronx.* Old Tappan, N.J.: F. H. Revell Co., 1968.

Trudel, Marcel. *The Beginnings of New France 1524–1663.* Toronto, Ontario: McClelland and Stewart, 1973.

Tuchman, Barbara W. *The First Salute.* New York: Knopf, 1988.

Tuck, Richard. *Philosophy and Government, 1572–1651.* Cambridge: Cambridge University Press, 1993.

Tuckerman, Bayard. *Peter Stuyvesant, Director-General for the West India Company in New Netherland.* New York: Dodd, Mead, 1893.

Vaille, F. O., and H. A. Clarke, eds. *The Harvard Book, A Series of Historical, Biographical, and Descriptive Sketches, by Various Authors.* Cambridge, Mass.: Welch, Bigelow, 1875.

Van den Boogaart, E., ed. *Johan Maurits Van Nassau-Siegen, 1604–1679: A Humanist Prince in Europe and Brazil.* The Hague: The Johan Maurits van Nassau Stichting, 1979.

Van Den Brink, Herman. *The Charm of Legal History.* Amsterdam: Adolf M. Hakkert, 1974.

Van Deursen, A. T. *Plain Lives in a Golden Age: Popular Culture, Religion and Society in Seventeenth-Century Holland.* Cambridge: Cambridge University Press, 1991.

Van Gastel, Ada Louise. "Adriaen Van der Donck, New Netherland, and America." Doctoral dissertation, University of Pennsylvania, 1985.

Van Gelder, H. E. *'S-Gravenhage in Zeven Eeuwen.* Amsterdam: Meulenhoff, 1937.

Van Nierop, H. F. K. *The Nobility of Holland: From Knights to Regents, 1500–1650.* Cambridge: Cambridge University Press, 1993.

Van Rensselaer, Mariana G. *History of the City of New York in the Seventeenth Century*. 2 vols. New York: Macmillan Company, 1909.

Venema, Janny. "Beverwijck: A Dutch Village on the American Frontier, 1652–1664." Doctoral dissertation, Vrije Universiteit Amsterdam, 2003.

Vigne, Randolph, and Charles Littleton, eds. *From Strangers to Citizens: The Integration of Immigrant Communities in Britain, Ireland and Colonial America, 1550–1750*. Portland, Ore.: Sussex Academic Press, 2001.

Vinckeboons, Joan, Gunter Schilder, and Jan van Bracht. *The Origins of New York*. Zurich: Edition Seefeld, 1988.

Voorhees, David William. *The Holland Society: A Centennial History 1885–1985*. New York: The Holland Society, 1985.

Wagman, Morton. "The Struggle for Representative Government in New Netherland." Doctoral dissertation, Columbia University, 1969.

Wedgwood, C. V. *The Political Career of Peter Paul Rubens*. London: Thames and Hudson, 1975.

Wertenbaker, Thomas Jefferson. *The Puritan Oligarchy: The Founding of American Civilization*. New York: Scribner's, 1947.

Weslager, C. A., *A Man and His Ship: Peter Minuit and the Kalmar Nyckel*. Wilmington, Del.: Kalmar Nyckel Foundation, 1989.

Weslager, C. A., with A. R. Dunlap. *Dutch Explorers, Traders and Settlers in the Delaware Valley, 1609–1664*. Philadelphia: University of Pennsylvania Press, 1961.

Wessels, J. W. *History of the Roman-Dutch Law*. Grahamstown, Cape Colony: African Book Company, 1908.

White, Christopher. *Rembrandt*. London: Thames and Hudson, 1984.

Willan, T. S. *The Muscovy Merchants of 1555*. Manchester, Eng.: Manchester University Press, 1953.

Williams, Bernard. *Descartes: The Project of Pure Enquiry*. New York: Penguin, 1978.

Williams, Selma R. *Divine Rebel: The Life of Anne Marbury Hutchinson*. New York: Holt, Rinehart and Winston, 1981.

Williamson, James A. *The Age of Drake*. 5th ed. London: Adam & Charles Black, 1965.

Wilstach, Paul. *Hudson River Landings*. New York: Tudor Publishing, 1933.

Zandvliet, Kees. *Mapping for Money: Maps, Plans, and Topographic Paintings and their Role in Dutch Overseas Expansion During the 16th and 17th Centuries*. Amsterdam: Batavian Lion International, 1998.

Zuckert, Michael P. *Natural Rights and the New Republicanism*. Princeton, N.J.: Princeton University Press, 1994.

Zumthor, Paul. *Daily Life in Rembrandt's Holland*. New York: Macmillan, 1963.

文章、会谈、演说和报告

Atkins, T. Astley. "Adriaen Van der Donck: An Address Delivered Before the Westchester Historical Society," Yonkers, New York, 1888.

Andrade, Manuel Correia de. "The Socio-Economic Geography of Dutch Brazil." In E. Van den Boogaart, ed. *Johan Maurits Van Nassau-Siegen, 1604–1679: A Humanist Prince in Europe and Brazil*. The Hague: The Johan Maurits van Nassau Stichting, 1979.

Bankoff, H. Arthur, Frederick A. Winter, and Christopher Ricciardi. "Archaeological Excavations at Van Cortlandt Park, the Bronx, 1990–1992." Report on file with the New York City Landmarks Preservation Commission.

Banner, Stuart. "Manhattan for $24: American Indian Land Sales, 1607–1763." Paper presented to the Law and Economics Workshop, John M. Olin Center for Law and Economics, University of Michigan Law School, October 25, 2001.

Barry, Dave. "A Certified Wacko Rewrites History's Greatest Hits." *Milwaukee Journal-Sentinel,* December 26, 1999.

Becker, Alfred. "Mr. Adriaen Van der Donck, the Earliest Lawyer in New York." *New York State Bar Association Report* 27 (1904).

Beier, A. L. "Vagrants and the Social Order in Elizabethan England" *Past and Present* 64 (August 1974).

Berlin, Ira. "From Creole to African: Atlantic Creoles and the Origins of African-American Society in Mainland North America." *William and Mary Quarterly* 53 (April 1996).

Bodle, Wayne. "Themes and Directions in Middle Colonies Historiography, 1980-1994." *William and Mary Quarterly* 51 (July 1994).

Bonomi, Patricia U. "The Middle Colonies: Embryo of the New Political Order." In Alden T. Vaughan and George Athan Billias, eds., *Perspectives on Early American History.* New York: Harper & Row, 1973.

Browner, Jessica A. "Wrong Side of the River: London's disreputable South Bank in the sixteenth and seventeenth century." *Essays in History* 36 (1994).

Christoph, Peter R. "The Freedmen of New Amsterdam." *Journal of the Afro-American Historical Society* 5, nos. 3 and 4 (1984).

———. "Story of the New Netherland Project." *de Halve Maen* (September 1988).

Cohen, David. "How Dutch Were the Dutch of New Netherland?" *New York History* 62 (1981): 43-60.

Cohen, Ronald D. "The Hartford Treaty of 1650: Anglo-Dutch Cooperation in the Seventeenth Century." *New-York Historical Society Quarterly* (October 1969).

de Koning, Joep. "From Van der Donck to Visscher." *Mercator's World* 5, no. 4 (July/August 2000).

———. "Make Governors Island a Beacon of History." *New York Newsday,* May 24, 2001.

Dunn, Shirley, "Enlarging Rensselaerswijck: 17th Century Land Acquisition on the East Side of the River." In Nancy Anne McClure Zeller, ed. *A Beautiful and Fruitful Place: Selected Rensselaerswijck Seminar Papers.* Albany, N.Y.: New Netherland Publishing, 1991.

Fabend, Firth Haring. "The Pro-Leislerian Dutch Farmers in New York: A 'Mad Rabble,' or 'Gentlemen Standing Up for Their Rights'?" *de Halve Maen,* 63 (March 1990).

———. "What Historians Really Know About New York's History." Talk prepared for the Annual Meeting, Friends of New Netherland, January 22, 2000.

———. "Church and State, Hand in Hand: Compassionate Calvinism in New Netherland." *de Halve Maen* 75 (Spring 2002).

Finkelman, Paul. "The Soul and the State: Religious Freedom in New York and the Origin of the First Amendment." In Stephen L. Schechter and Richard B. Bernstein, eds. *New York and the Union.* Albany: New York State Commission on the Bicentennial of the United States Constitution, 1990.

Fockema Andreae, S. J. "Data on the Dutch Background of Peter Stuyvesant." *de Halve Maen* 39 (January 1964).

Freyre, G. "Johan Maurits Van Nassau-Siegen from a Brazilian Viewpoint." In E. Van den Boogaart, ed. *Johan Maurits Van Nassau-Siegen, 1604-1679: A Humanist Prince in Europe and Brazil.* The Hague: The Johan Maurits van Nassau Stichting, 1979.

Frijhoff, Willem. "Dominee Bogardus als Nieuw-Nederlander," *Jaarboek van het Central Bureau voor Genealogie.* Den Haag: Central Bureau voor Genealogie, 1996.

——. "Identity Achievement, Education, and Social Legitimation in Early Modern Dutch Society: The Case of Evert Willemsz (1622–23)." International Symposium in Europe, Netherlands, 1999.

——. "Neglected Networks: New Netherlanders and Their Old Fatherland—The Kieft Case." Paper delivered at the 2001 Rensselaerswijck Seminar in New York City.

——. "New Views on the Dutch Period of New York," *de Halve Maen* 70 (Fall 1997).

Gehrhardt, Volcker. "On the Historical Significance of the Peace of Westphalia: Twelve Theses." In Klaus Bussman and Heinz Schilling. *1648: War and Peace in Europe*. 3 vols. Münster: Westfälisches Landesmuseum, 1998.

Gehring, Charles. "The Founding of Beverwijck, a Dutch Village on the Upper Hudson." *Dutch Settlers Society of Albany Yearbook* 51 (1989–1993).

——. "*Hodie Mihi, Cras Tibi:* Swedish-Dutch Relations in the Delaware Valley." In Carol E. Hoffecker, Richard Waldron, Lorraine E. Williams, and Barbara E. Benson, *New Sweden in America*. Newark: University of Delaware, 1995.

——. "New Netherland—Translating New York's Dutch Past." *Humanities* 14 (November-December 1993).

——. "New Netherland Manuscripts in United States Repositories." *de Halve Maen* 57 (August 1983).

——. "Totidem Verbis." *De Nieu Nederlanse Marcurius* 4 (1988).

——. "Wringing Information from a Drowned Princess." Paper presented to the Rensselaerswijck Seminar, Albany, New York, 1994.

Goodfriend, Joyce D. "The Dutch in 17th-Century New York City: Minority or Majority?" In Randolph Vigne and Charles Littleton, eds. *From Strangers to Citizens: The Integration of Immigrant Communities in Britain, Ireland and Colonial America, 1550–1750*. Portland, Ore.: Sussex Academic Press, 2001.

——. "New Netherland in the Atlantic World: Comments and Reflections." *de Halve Maen* 70 (Winter 1997).

——. "The Sabbath Keeper." *Seaport* (Fall 2001).

——. "Writing/Righting Dutch Colonial History," *New York History* (January 1999).

Goosens, Eymert-Jan. "Monuments to Peace in the Netherlands." In Klaus Bussman and Heinz Schilling. *1648: War and Peace in Europe*. 3 vols. Münster: Westfälisches Landesmuseum, 1998.

Gray, Albert. "An Address on the Occasion of the Tercentenary of the Death of Richard Hakluyt." London: The Hakluyt Society, 1917.

Groenveld, Simon. "New Light on a Drowned Princess—Information from London." *de Halve Maen* 74 (Summer 2001).

Grumet, Robert S. "Hunting Indian History," "Trade, War and Diplomacy," "The English Imprint," "Survival of the Fittest," "The Diaspora." Series published in *Hudson Valley* (January-June 1991).

Guerra, F. "Medicine in Dutch Brazil." In E. Van den Boogaart, ed. *Johan Maurits Van Nassau-Siegen, 1604–1679: A Humanist Prince in Europe and Brazil*. The Hague: The Johan Maurits van Nassau Stichting, 1979.

Heck, Earl Leon. "A Sketch of Adriaen Van der Donck: Colonizer, Statesman and First Historian of Early New York." Unpublished typescript presented to the New York State Library, Albany, 1960.

Hershkowitz, Leo. "New Amsterdam's Twenty-Three Jews—Myth or Reality?" In Shalom Goldman, ed., *Hebrew and the Bible in America: The First Two Centuries*. Hanover, N.H.: Brandeis University Press, 1993.

——. "The New York City Charter, 1686." In *Roots of the Republic: American Founding Documents Interpreted.* Madison, Wis.: Madison House, 1990.

——. "The Troublesome Turk: An Illustration of Judicial Process in New Amsterdam." *New York History* vol. 46, no. 4 (October 1965).

Hoetink, H. R. "Some Remarks on the Modernity of Johan Maurits." in E. Van den Boogaart, ed. *Johan Maurits Van Nassau-Siegen, 1604–1679: A Humanist Prince in Europe and Brazil.* The Hague: The Johan Maurits van Nassau Stichting, 1979.

Hoffman, William. "Van der Donck-Van Bergen." *New York Genealogical and Biographical Record* 67. New York: New York Genealogical and Biographical Society, 1936.

Hopkins, Vivian C. "The Dutch Records of New York: Francis Adrian Van Der Kemp and De Witt Clinton." *New York History* (October 1962).

Howard, Ronald. "John Romeyn Brodhead." *Dictionary of Literary Biography* 30 (1984).

Hutchinson, William R. "Diversity and the Pluralist Ideal." In William Peter, ed., *Perspectives on American Religion and Culture.* Malden, Mass.: Blackwell, 1999.

Israel, Jonathan I. "Art and Diplomacy: Gerard Ter Borch and the Münster Peace Negotiations, 1646–8." In Jonathan I. Israel, *Conflicts of Empires: Spain, the Low Countries and the Struggle for World Supremacy, 1585–1713.* London: The Hambledon Press, 1997.

——. "The Dutch Role in the Glorious Revolution." In Jonathan I. Israel, ed., *The Anglo-Dutch Moment.* Cambridge: Cambridge University Press, 1991.

——. "The Intellectual Debate About Toleration in the Dutch Republic." In C. Berkvens-Stevelinck, J. Israel, and G. H. M. Posthumus Meyjes, eds., *The Emergence of Tolerance in the Dutch Republic.* Leiden: Brill, 1997.

——. "Toleration in Seventeenth-Century Dutch and English Thought." In Jonathan I. Israel, *Conflicts of Empires: Spain, the Low Countries and the Struggle for World Supremacy, 1585–1713.* London: The Hambledon Press, 1997.

Jacobs, Jaap. "Between Repression and Approval: Connivance and Tolerance in the Dutch Republic and in New Netherland." *de Halve Maen* 71 (Fall 1998).

——. "The Hartford Treaty: A European Perspective on a New World Conflict." *de Halve Maen* 68 (Winter 1995).

——. "A Hitherto Unknown Letter of Adriaen van der Donck." *de Halve Maen* 71 (Spring 1998).

——. "A Troubled Man: Director Wouter van Twiller and the Affairs of New Netherland in 1635." Paper presented at the Conference on New York State History, Bard College, Annandale-on-Hudson, New York, June 6, 2003.

Jordan, Terry G. "The Material Cultural Legacy of New Sweden on the American Frontier." In Carol E. Hoffecker, Richard Waldron, Lorraine E. Williams, and Barbara E. Benson, *New Sweden in America.* Newark: University of Delaware, 1995.

Kielty, Bernardine. "The Sidewalks of New York." Pamphlet published for the Bowman Hotels by the Little Leather Library Corporation, New York, 1923.

Klein, Milton M. "Origins of the Bill of Rights in Colonial New York," *New York History* (October 1991).

Klever, Wim. "Conflicting 'Considerations of State'. Van den Enden's Opposition Against de la Court's Aristocratic Republicanism and Its Follow-Up in Spinoza's Work," *Foglio Spinoziano* (online journal), no. 17 (2001).

Klooster, Wim. "Winds of Change: Colonization, Commerce, and Consolidation in the Seventeenth-Century Atlantic World." *de Halve Maen* 70, no. 3 (Fall 1997).

Koot, Christian. "In Pursuit of Profit: The Netherlands' Trade in Colonial New York, 1664–1688. Paper presented at the Conference on New York City History, CUNY Graduate Center, October 2001.

Kress, Jack. "Progress and Prosecution." *Annals of the American Academy of Political and Social Sciences* 423 (1976).

Kross, Jessica. "The Dutch and the English in New York," *Journal of Urban History* 21 (1994).

Kupp, Jan. "Dutch Notarial Acts Relating to the Tobacco Trade of Virginia, 1608–1653." *William and Mary Quarterly* 30 (October 1973).

Kupperman, Karen Ordahl. "Early American History with the Dutch Put In." *Reviews in American History* 21 (1993).

Lovejoy, David S. "Equality and Empire: The New York Charter of Libertyes, 1683." *William and Mary Quarterly* 21 (1964).

Lucas, Stephen E. "The *Plakkaat van Verlatinge:* A Neglected Model for the American Declaration of Independence." In Rosemarijn Hoefte and Johanna C. Kardux, *Connecting Cultures: The Netherlands in Five Centuries of Translatlantic Exchange.* Amsterdam: VU University Press, 1994.

Macdonald, Robert R. "The City of New Amsterdam Located on the Island of Manhattan in New Netherland." Museum of the City of New York website (www.mcny.org), n.d.

McNaughton, Douglas. "The Ghost of Henry Hudson." *Mercator's World* (May–June 1999).

Martinez, Andrès. "Editorial Observer—Translating New York's History into English." Editorial, *New York Times,* August 7, 2001.

Martinez, Jeanette. "New Netherland Documentary Projects." *de Halve Maen* 66 (Spring 1993).

Matson, Cathy. "Damned Scoundrels' and 'Libertisme of Trade': Freedom and Regulation in Colonial New York's Fur and Grain Trades." *William and Mary Quarterly* 51 (July 1994).

Middleton, Simon. "Artisans and Trade Privileges in New Amsterdam." Paper presented at the Rensselaerswijck Seminar, New York City, 2001.

——. "How it came that the bakers bake no bread: A Struggle for Trade Privileges in Seventeenth-Century New Amsterdam." *William and Mary Quarterly* 58 (April 2001).

Mout, M. E. H. N. "Limits and Debates: A Comparative View of Dutch Toleration in the Sixteenth and Early Seventeenth Centuries." In C. Berkvens-Stevelinck, J. Israel, and G. H. M. Posthumus Meyjes, eds., *The Emergence of Tolerance in the Dutch Republic.* Leiden: Brill, 1997.

Mowat, Barbara. "Prospero's Book." *Shakespeare Quarterly* 52, no. 1 (2001).

Murrin, John. "English Rights as Ethnic Aggression: The English Conquest, the Charter of Liberties of 1683, and Leisler's Rebellion in New York." In William Pencak and Conrad Wright, eds., *Authority and Resistance in Early New York.* New York: New-York Historical Society, 1988.

——. "The New York Charter of Liberties, 1683 and 1691." In Stephen Schechter, ed., *Roots of the Republic: American Founding Documents Interpreted.* Madison, Wis.: Madison House, 1990.

New York City Landmarks Preservation Commission. "Street Plan of New Amsterdam and Colonial New York." Report number LP-1235, June 14, 1983.

——. "Van Cortlandt Mansion." Report number LP-0890, July 22, 1975.

Newark *Daily Advertiser,* December 6, 1850.

Page, Willie F. "By Reason of Their Colour: Africans in New Netherland, 1626–1674." *de Halve Maen* 71 (Winter 1998).

Pennington, John. "An Examination of Beauchamp Plantagenet's Description of the Province of New Albion." In *Memoirs of the Historical Society of Pennsylvania* 4, Part I. Philadelphia: McArty & Davis, 1840.

Pentikainen, Juha. "The Forest Finns as Transmitters of Finnish Culture from Savo Via Central Scandinavia to Delaware." In Carol E. Hoffecker, Richard Waldron, Lorraine E. Williams, and Barbara E. Benson, *New Sweden in America.* Newark: University of Delaware, 1995.

Plantenga, Bart, "The Mystery of the Plockhoy Settlement in the Valley of Swans," *Mennonite Historical Bulletin* (April 2001).

Postma, Johannes. "A Monopoly Relinquished: The West India Company and the Atlantic Slave Trade." *de Halve Maen* 70 (Winter 1997).

Quinn, Doris C. "Theft of the Manhattans." *de Halve Maen* 66 (Summer 1993).

Reiss, A. J. "Public Prosecutors and Criminal Prosecution in the United States of America." *Juridical Review* (April 1975).

Riker, David M. "Govert Loockermans: Free Merchant of New Amsterdam." *de Halve Maen* 62 (September 1989).

Rink, Oliver A. "Unraveling a Secret Colonialism." *de Halve Maen* 59, 60 (Spring and Summer 1987).

Rosenblatt, Betsy L. "New York State's Role in the Creation and Adoption of the Bill of Rights." *New York History* (October 1991).

Rothschild, Nan A., and Arnold Pickman. *The Archaeological Excavations on the Seven Hanover Square Block.* Report on file with the New York City Landmarks Preservation Commission, 1990.

Rothschild, Nan A., Diana diZerega Wall, and Eugene Boesch. *The Archaeological Investigation of the Stadt Huys Block: A Final Report.* Report on file at the New York City Landmarks Preservation Commission, 1987.

Rothschild, Nan A., and Christopher N. Matthews. *Phase 1A–1B Archaeological Investigation of the Proposed Area for the Construction of Six Tennis Courts on the Parade Grounds of Van Cortlandt Park, the Bronx, New York.* Report submitted to the City of New York Department of Parks and Recreation, n.d.

Rowen, Herbert. "The Revolution that Wasn't: The *Coup d'Etat* of 1650 in Holland." In Craig E. Harline, ed., *The Rhyme and Reason of Politics in Early Modern Europe: Collected Essays of Herbert H. Rowen.* Kluwer Academic Publishers, Dordrecht, the Netherlands, 1992.

Rozell, Ned. "Sea Ice Reduction May Be Another Climate Change Clue." *Alaska Science Forum,* Article 1255 (October 5, 1995).

Schmidt, Benjamin. "Mapping an Empire: Cartographic and Colonial Rivalry in Seventeenth-Century Dutch and English North America." *William and Mary Quarterly* 54 (1997).

Shattuck, Martha Dickinson. "The Dutch and the English on Long Island: An Uneasy Alliance." *de Halve Maen* 68 (Winter 1995).

Sieber, Harry. "The Magnificent Fountain: Literary Patronage in the Court of Philip III." *Cervantes: Bulletin of the Cervantes Society of America* 18.2 (1998).

Swan, Robert J. "The Black Presence in Seventeenth-Century Brooklyn." *de Halve Maen* 63 (Winter 1990).

Tanis, James R. "The Dutch-American Connection: The Impact of 'The Dutch Example' on American Constitutional Beginnings." In Stephen L. Schechter and Richard B. Bernstein, eds. *New York and the Union.* Albany: New York State Commission on the Bicentennial of the United States Constitution, 1990.

Trebor, Haynes. "The Flushing Remonstrance." Pamphlet commissioned by Bowne House, Flushing, New York, 1957.

Tvengsberg, Per Martin. "Finns in Seventeenth-Century Sweden and Their Contributions to the New Sweden Colony." In Carol E. Hoffecker, Richard Waldron, Lorraine E.

Williams, and Barbara E. Benson, *New Sweden in America.* Newark: University of Delaware, 1995.

Uhlenbeck, J. D. "Genaelogie van het geslacht Farret." *De Nederlandsche Leeuw* 55 (1937).

United States Fish and Wildlife Service, Southern New England-New York Bight Coastal Ecosystems Program. "Significant Habitats and Habitat Complexes of the New York Bight Watershed." Charlestown, R.I., 1997.

Van Alstyne, Jr., W. Scott. "The District Attorney—An Historical Puzzle." *Wisconsin Law Review* (January 1952).

Van den Boogaart, Ernst. "The Servant Migration to New Netherland, 1624–1664." In P. C. Emmer, ed., *Colonialism and Migration; Indentured Labour Before and After Slavery.* Dordrecht: Martinus Nijhoff, 1986.

Van Gastel, Ada. "Adriaen van der Donck als woordvoerder van de Nieuw-Nederlandse bevolking," *Jaarboek van het Central Bureau voor Genealogie.* Den Haag: Central Bureau voor Genealogie, 1996.

——. "Adriaen van der Donck in Rensselaerswyck: 1641–1643." *de Halve Maen* 60 (Winter 1987).

——. "Van der Donck's Description of the Indians: Additions and Corrections." *William and Mary Quarterly* (July 1990).

Van Hoevenberg, Alma R. "The Stuyvesants in the Netherlands and New Netherland." *The New-York Historical Society Quarterly Bulletin* 10 (April 1926).

Van Laer, A. J. F. "Annals of New Netherland: The Essays of A. J. F. Van Laer," edited and annotated by Charles Gehring. Pamphlet published in Albany, New York: New Netherland Project, 1999.

——. "The Translation and Publication of the Manuscript Dutch Records of New Netherland, with an Account of Previous Attempts at Translation." Pamphlet printed in Albany: University of the State of New York, 1910.

Van Winkle, Edward. "The Stuyvesant Family Bible." *The New-York Historical Society Quarterly Bulletin* 18 (April 1934).

Van Zandt, Cynthia J. " '. . . our river savages . . . betook themselves (unknown to us) and went to Manhattan City, in New Holland, to exact revenge on our behalf': Cross-Cultural and Multi-Ethnic Alliances in the 17th Century Mid-Atlantic." Paper presented to the American Historical Association Annual Meeting, January 10, 1998.

Van Zwieten, Adriana. "On Her Woman's Troth: Tolerance, Custom, and the Women of New Netherland." *de Halve Maen* 72 (Spring 1999).

Venema, Janny. "The Court Case of Brant Aertsz van Slichtenhorst Against Jan van Rensselaer." *de Halve Maen,* 74 (Spring 2001).

Voorhees, David William. "The 1657 Flushing Remonstrance in Historical Perspective." Remarks delivered at the Unveiling Ceremonies of the Flushing Remonstrance Queens Borough Public Library, Flushing, New York, November 19, 1999.

——. "First Families." *Seaport* (Fall 2001).

——. "The 'fervent Zeale' of Jacob Leisler." *William and Mary Quarterly* 51 (July 1994).

——. "In the Republic's Tradition: The Persistence of Dutch Culture in the Mid-Atlantic Colonies after the 1664 English Conquest." *de Halve Maen* 74 (Fall 2001).

Wagman, Morton. "The Origin of New York City's Government: From Proprietary Control to Representative Democracy." *de Halve Maen* 57 (February 1983).

Ward, Harry M. "The Search for American Identity: Early Historians of New England." In Alden T. Vaughan and George Athan Billias, eds., *Perspectives on Early American History.* New York: Harper & Row, 1973.

White, Philip. "Municipal Government Comes to Manhattan." *New-York Historical Society Quarterly* 37, no. 2 (April 1953).

Williams, James Homer. " 'Abominable Religion' and Dutch (In)tolerance: The Jews and Petrus Stuyvesant." *de Halve Maen* 71 (Winter 1998).

Wright, Langdon G. "Local Government and Central Authority in New Netherland." *New-York Historical Society Quarterly* 57, no. 1 (January 1973).

Zabriskie, George Olin. "The Founding Families of New Netherland, No. 4—The Rapalje-Rapelje Family." *de Halve Maen* 46 (January 1972), 7–8, 16; 47 (April 1972), 11–13; 47 (July 1972), 11–14.

Zabriskie, George Olin, and Alice P. Kenney. "The Founding of New Amsterdam: Fact and Fiction." *de Halve Maen* 50, 51, 52 (1976 and 1977).

Zeller, Nancy Anne McClure, ed. *A Beautiful and Fruitful Place: Selected Rensselaerswijck Seminar Papers*. Albany, N.Y.: New Netherland Publishing, 1991.

索　引

（索引中的页码为本书页边码）

图书在版编目(CIP)数据

世界中心的岛：曼哈顿传奇 /（美）萧拉瑟（Russell Shorto）著；陈丽丽，吴奕俊译. --北京：社会科学文献出版社，2019.9

书名原文：The Island at the Center of the World: The Epic Story of Dutch Manhattan and the Forgotten Colony That Shaped America

ISBN 978-7-5201-4594-7

Ⅰ. ①世… Ⅱ. ①萧… ②陈… ③吴… Ⅲ. ①美国-历史 Ⅳ. ①K712.0

中国版本图书馆 CIP 数据核字（2019）第 054872 号

世界中心的岛
——曼哈顿传奇

著　　者 /［美］萧拉瑟（Russell Shorto）
译　　者 / 陈丽丽　吴奕俊
校　　者 / 于舒畅

出 版 人 / 谢寿光
责任编辑 / 李　洋　沈　艺

出　　版 / 社会科学文献出版社 · 甲骨文工作室（分社）（010）59366527
地址：北京市北三环中路甲 29 号院华龙大厦　邮编：100029
网址：www.ssap.com.cn
发　　行 / 市场营销中心（010）59367081　59367083
印　　装 / 三河市东方印刷有限公司

规　　格 / 开　本：889mm × 1194mm　1/32
印　张：16.125　插　页：0.625　字　数：361 千字
版　　次 / 2019 年 9 月第 1 版　2019 年 9 月第 1 次印刷
书　　号 / ISBN 978-7-5201-4594-7
著作权合同登记号 / 图字 01-2014-4058 号
定　　价 / 86.00 元